"十二五"规划教材

经济管理数学模型

主编 赵仪娜
编著 戴雪峰 戴永红 吕金阳
　　　刘康民 张改英

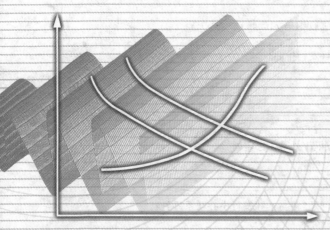

西安交通大学出版社
XI'AN JIAOTONG UNIVERSITY PRESS

内容提要

本书介绍了如何运用数学知识对经济管理中的实际问题建立数学模型。通过一些典型案例介绍运用合适的数学工具和相关学科的知识的建模过程,使读者初步掌握模型假设、求解、分析、应用。本书所选示例的背景大多和经济、管理、商业、金融、保险等领域有关,知识覆盖面广,旨在给读者提供解决实际问题的思路和具体方法。

本书适合于经济管理类专业的大学本科高年级学生,也可供经济管理工作者参考。

图书在版编目(CIP)数据

经济管理数学模型/赵仪娜主编.—西安:西安交通大学出版社,2014.2(2019.1重印)
ISBN 978-7-5605-5987-2

Ⅰ.①经… Ⅱ.①赵… Ⅲ.①经济管理-数学模型-高等学校-教材 Ⅳ.①F224.0

中国版本图书馆 CIP 数据核字(2014)第 019536 号

书　　名	经济管理数学模型
主　　编	赵仪娜
责任编辑	叶　涛
出版发行	西安交通大学出版社 (西安市兴庆南路 10 号　邮政编码 710049)
网　　址	http://www.xjtupress.com
电　　话	(029)82668357　82667874(发行中心) (029)82668315(总编办)
传　　真	(029)82668280
印　　刷	陕西宝石兰印务有限责任公司
开　　本	727mm×960mm　1/16　印张 24.5　字数 457 千字
版次印次	2014 年 2 月第 1 版　2019 年 1 月第 3 次印刷
书　　号	ISBN 978-7-5605-5987-2
定　　价	42.00 元

读者购书、书店添货,如发现印装质量问题,请与本社发行中心联系、调换。
订购热线:(029)82665248　(029)82665249
投稿热线:(029)82664954
电子信箱:jdlgy@yahoo.cn

版权所有　侵权必究

前　言

经济管理科学近几十年来获得了飞速的发展,取得了丰硕的成果,这些成果的重要标志之一就是经济管理科学更加数学化和定量化,人们越来越重视用数学定量地解决经济管理领域中的各种问题。

要用数学定量地解决经济管理中的问题,首先要建立与这些问题有关的数学模型。近几十年来,全国高等院校的理工类和经济管理类专业纷纷开设了数学模型课程,教材种类也很多,但专门的经济管理专业的数学建模的教材还不多。在此背景下,为配合课程教学,我们编写了本书,以期为经济、金融和管理专业的学生提供一本学习经济数学模型和方法的教材。

我们的总体编写思路是:

(1) 教材编写排序时考虑了学生的知识背景。使用教材的对象是大学二年级或三年级的学生,已经系统学习了微积分、线性代数、概率统计等基础数学,但还没有接触过实际问题,开设数学模型课程的目的就是为学生搭建起数学与实际问题的桥梁。我们是从学生掌握的数学知识的体系进行章节分类的,内容由简单逐渐变复杂,更易于学生接受。作为经济数学建模的一本入门教材,其基点是引领读者梳理数学与客观世界的关系,沿着数学的脉络切入经济世界。

(2) 教材编写十分重视突出经济问题的背景。在每个模型中,经济问题是占主导地位的,解决问题着重强调数学模型的建立,而数学理论的讲解则在其次。在阐述数学知识时,基本上采取说明式的方法阐述数学的原理和思想,省略了定理证明。在数学的描述上做到简练、实用。在每个模型的编排上尽量还原客观问题的本来面目。

(3) 教材编写注重问题的时代感。虽然数学理论是经典的,但经济数学模型是具有时代性的,希望书中的实际问题离读者所学专业尽可能近些。我们一方面搜集了经济管理领域经常碰到的和数学有关的问题,同时也搜集了在经济管理中比较典型的数学模型,例如投入产出问题、影子价格问题、投资组合问题、期权定价问题等经济前沿问题,以使读者更能体会数学建模的应用性和威力。

从发展的角度讲,经济发展是无止境的,经济问题数学模型的应用是无限的。数学知识的应用技巧千变万化,难以穷尽。想通过大量的例子来涵盖经济数学模型的全部无异于九天揽月,希望通过本书尽量给读者一个最基本的整体解决实际问题的数学建模过程。

全书共分为九部分:经济数学模型绪论、经济应用模型、金融应用模型、微积分应用模型、微分与差分方程应用模型、线性代数应用模型、概率应用模型、统计应用模型和运筹管理应用模型。

本教材每一章节所给出的数学模型基本上彼此独立,自成体系。在使用教材时,教师可根据学生的基础及教学时数任意取舍。

数学建模涉及的数学分支众多,我们希望更多的新的经济管理案例充实到本书中来,因此,在编写这本书时吸收了许多相关领域的一些研究成果和参考文献,在此谨向被参考的文献著(作)者表示真诚的谢意。

参加本书编写工作的有赵仪娜、戴雪峰、戴永红、吕金阳、刘康民、张改英,全书的内容是大家合作完成的,由赵仪娜统稿主编。

对书中的疏漏和不足之处,敬请专家、同行、读者批评指正。

编 者
2014.2

目 录

第一章 经济数学模型绪论 ……………………………………………… (1)
  1.1 导 言 ………………………………………………………………… (1)
  1.2 什么是数学模型? …………………………………………………… (2)
  1.3 建立数学模型的基本方法和步骤 …………………………………… (4)
  1.4 数学建模举例 ………………………………………………………… (7)

第二章 经济应用模型 …………………………………………………… (11)
  2.1 经济分析中的边际和弹性模型 ……………………………………… (11)
  2.2 需求、供给与均衡价格模型 ………………………………………… (18)
  2.3 市场动态均衡价格模型 ……………………………………………… (23)
  2.4 拉格朗日乘子的经济意义 …………………………………………… (25)
  2.5 实物交换模型 ………………………………………………………… (28)
  2.6 保险人的收益率模型 ………………………………………………… (31)
  2.7 古诺产量竞争模型 …………………………………………………… (33)
  2.8 哈罗德-多马经济增长模型与新古典增长模型 …………………… (38)
  2.9 乘数与加速数模型 …………………………………………………… (45)
  2.10 物价指数模型 ……………………………………………………… (49)
  2.11 利益分配的合作对策模型 ………………………………………… (55)

第三章 金融应用模型 …………………………………………………… (62)
  3.1 资金的时间价值 ……………………………………………………… (62)
  3.2 连续资金流的现值与终值模型 ……………………………………… (71)
  3.3 简单的投资决策模型 ………………………………………………… (73)
  3.4 资产组合模型理论基础 ……………………………………………… (77)
  3.5 两种资产投资组合模型 ……………………………………………… (83)
  3.6 马科维茨投资组合模型 ……………………………………………… (87)
  3.7 期权定价模型 ………………………………………………………… (101)

第四章　微积分应用模型 (113)
4.1　数学模型常用的最优化方法简述 (113)
4.2　最优价格模型 (119)
4.3　消费者均衡模型 (124)
4.4　牲畜的最佳出售时机 (127)
4.5　确定性存储模型 (130)
4.6　森林灭火模型 (140)
4.7　道格拉斯生产函数与经济增长模型 (144)

第五章　微分与差分方程应用模型 (149)
5.1　简单的人口增长模型 (149)
5.2　产品销售模型 (155)
5.3　传染病模型 (161)
5.4　人口的预测和控制模型 (168)
5.5　市场经济中的蛛网模型 (172)
5.6　贷款偿还模型 (179)
5.7　阻滞增长模型的差分形式 (183)
5.8　交通网络控制模型 (190)

第六章　线性代数应用模型 (194)
6.1　价格弹性矩阵 (194)
6.2　交通网络流量分析模型 (197)
6.3　两个城市支付基金的流动模型 (199)
6.4　投入产出数学模型 (201)
6.5　按年龄分布的离散化人口预测模型 (215)
6.6　森林管理模型 (221)
6.7　层次分析法模型 (225)

第七章　概率应用模型 (238)
7.1　经济决策模型 (238)
7.2　单周期随机存储模型 (245)
7.3　(s, S)随机存储模型 (249)
7.4　飞机票超额预订模型 (254)
7.5　最优广告费模型 (257)

7.6 经济轧钢模型 ··· (261)

7.7 随机性人口模型 ··· (264)

第八章 统计应用模型 ··· (267)

8.1 回归分析模型 ··· (267)

8.2 独立性检验模型 ··· (280)

8.3 主成分分析模型 ··· (283)

8.4 聚类分析模型 ··· (290)

8.5 马尔可夫链模型 ··· (294)

第九章 运筹管理应用模型 ··· (306)

9.1 线性规划模型 ··· (306)

9.2 对偶规划与影子价格模型 ··· (315)

9.3 特殊线性规划模型 ·· (323)

9.4 目标规划模型 ··· (336)

9.5 投资组合的规划模型 ·· (343)

9.6 动态规划模型 ··· (350)

9.7 非线性规划模型 ··· (356)

9.8 对策论模型 ·· (364)

9.9 排队论模型 ·· (374)

参考文献 ··· (384)

第一章

经济数学模型绪论

1.1 导　言

　　数学模型的历史可以追朔到人类开始使用数字的时代。人类使用数字的过程就是不断地建立各种数学模型的过程。特别是在 20 世纪 70 年代后,由于数学模型的广泛性与实用性而被迅速推广开来。从 20 世纪 80 年代起,运用数学模型研究实际问题的风气越来越浓,正像人们所说的"数学无处不在"已成为不可争辩的事实。不论是经济、法律、医学、农业、交通、军事等领域,数学模型已不再是陌生的名词。在工程领域,电气工程师必须建立所要控制的生产过程的数学模型,以便对控制装置做出相应的设计和计算,才能实现有效的过程控制。气象工作者为了得到准确的天气预报,一刻也离不开根据气象站、气象卫星汇集的气压、雨量、风速等资料建立数学模型。生理医学专家有了药物浓度在人体内随时间、空间变化的数学模型,就可以分析药物的疗效,有效地指导临床用药。城市规划师需要建立一个包括人口、经济、交通、环境等大系统的数学模型,为领导层对城市发展规划的决策提供科学依据。厂长经理们根据产品的需求状况、生产条件和成本、贮藏费用等信息,筹划出合理安排生产和销售的数学模型。最值得一提的是经济领域,自从 1969 年首届诺贝尔经济学奖授予将数学和统计方法应用于经济分析的荷兰经济学家廷贝亨以后,在世界范围内出现了一股经济研究数学化的热潮。在这个风向标的作用下,经济研究内容和方法发生了天翻地覆的变化,经济学研究也出现了和数学关系极为密切的新兴内容,如数理金融、计量经济学、金融工程等,过去的一些传统专业诸如人口学、市场学、价格学、财政学、金融学、会计学等等都无一不和数学模型有关。特别是随着计算机的出现及飞速发展,一些复杂的计算问题得以解决,更使数学在经济管理领域中大显身手,数学正在以空前的广度和深度向经济管理领域渗透。

　　建立数学模型的工作是综合性的,所需要的知识和工具是综合性的,所研究的问题是综合性的,所需要的能力当然也是综合性的。所以学习数学模型是在学习综合的数学知识和方法。如果想要用数学模型解决实际中较大、较复杂的问题，必须与掌握各种不同知识的人协同合作，发挥每个人的专长，用集体智慧解决问题，这是数学模型解决实际问题的一个特点。这本书将向读者介绍一些经济管理中常见的模型，旨在引导读者初步掌握数学建模的方法，同时提高数学思维和计算能力。

1.2　什么是数学模型？

一、原型与模型

原型是指人们在现实世界里关心、研究或从事生产、管理的实际对象。例如在科技领域中的电力系统、生态系统、环境污染过程等；在经济领域里的社会经济系统、生产销售过程、计划决策过程等都可能是人们关心的原型。模型是指为了某个特定目的将原型的某一部分信息简缩、提炼而构造的原型替代物。模型不是原型，既简单于原型，又高于原型。例如飞机模型，虽然在外观上比飞机原形简单，而且也不一定会飞，但是它很逼真，也足以让人们想象飞机在飞行的过程中机翼的位置与形状的影响和作用。一个城市的交通图是该城市(原型)的模型，看模型比看原型清楚得多，此时城市的人口、道路、车辆、建筑物的形状等都不重要，但城市的街道、交通线路和各单位的位置等信息都一目了然，这比看原型清楚得多。类似的例子举不胜举。

同一个原型，为了不同的目的可以有许多不同的模型。因为人们对原型有不同方面目的的要求，所以模型只要求能反映与某种目的有关的那些方面的特征。模型的形式很多，大体上可以分为形象模型和抽象模型，前者包括直观模型、物理模型等，后者包括思维模型、符号模型、数学模型等。本书专门讨论数学模型。

二、数学模型

当一个数学结构作为某种形式语言(即包括常用符号、函数符号、谓词符号等符号集合)解释时，这个数学结构就称为数学模型。换言之，数学模型可以描述为：对于现实世界的一个特定对象，为了一个特定目的，根据特有的内在规律，做出一些必要的简化假设，运用适当的数学工具得到的一个数学结构。也就是说，数学模型是通过抽象、简化过程，使用数学语言对实际现象的一个近似的刻画，以便于人们更深刻地认识所研究的对象。

数学模型并不是新的事物，自从有了数学，也就有了数学模型。事实上，人所共知的欧几里德几何、微积分、柯西积分公式、万有引力定律、能量转换定律、广义相对论等都是非常好的数学模型。我们设想,如果现在没有这些数学模型,那么世界将是什么样子。

实际中,能够直接使用数学方法解决的实际问题是不多的,通过合理假设,从形式上杂乱无章的现象中抽象出恰当的数学关系,构建并求解这个实际问题的数学模型,这要比定性思维和领导拍板决策科学得多。我们后面将表述问题、建立模型、求解模型、解释模型、检验模型这一过程称为数学建模。

三、数学模型的分类

数学模型的分类方法有多种,下面是常用的几种分类。

(1) 按照建模所用的数学方法的不同,可分为:初等数学模型;微积分模型;线性代数模型;概率统计模型;运筹学模型;控制论模型、模糊数学模型、灰色系统模型等。

(2) 按照数学模型应用领域的不同,可分为人口模型、交通模型、体育模型、经济预测模型、金融模型、环境模型、生态模型、企业管理模型等。

(3) 按照模型的表现特性可分为:确定性与不确定性模型,静态模型与动态模型;离散模型与连续模型;线性模型与非线性模型等。

(4) 按照人们对建模机理的了解程度的不同,有所谓的白箱模型、灰箱模型、黑箱模型。

这是把研究对象比喻为一只箱子里的机关,通过建模过程来揭示它的奥妙。白箱主要指物理、力学等一些机理比较清楚的学科所描述的现象,以及相应的工程技术问题,这些方面的数学模型大多已经建立起来,还需深入研究的主要是针对具体问题的特定目的进行修正与完善,或者是进行优化设计与控制等。灰箱主要指生态、经济等领域中遇到的模型,人们对其机理虽有所了解,但还不很清楚,故称为灰箱模型,在建立和改进模型方面还有不少工作要做。黑箱主要指生命科学、社会科学等领域中遇到的模型,机理知之甚少,甚至完全不清楚,故称为黑箱模型。

应该指出的是,这三者之间并没有严格的界限,而且随着科学技术的发展,情况也是不断变化的。

四、经济数学模型

当把数学模型与经济问题有机结合在一起时,就产生了经济数学模型。所谓经济数学模型,是以经济问题为研究对象,以社会经济活动为内容,以数学方法为工具,把各经济因素间的数量关系抽象为数学表达式,以再现所研究的经济现象。所以,经济数学模型是对客观经济数量关系的简化反映,是经济分析中科学抽象和高度综合的一种重要形式。

经济数学模型是研究分析经济数量关系的重要工具,它是经济理论和经济现实的中间环节。它在经济理论的指导下对经济现实进行简化,但在主要的本质方面又近似地反映了经济现实,所以是经济现实的抽象。经济数学模型能起明确思路、加工信息、验证理论、计算求解、分析和解决经济问题的作用,特别在对量大面广、相互联系、错综复杂的数量关系进行分析研究时,更离不开经济数学模型。运用经济数学模型来分析经济问题,预测经济走向,提出经济对策已是大势所趋。诸如最优价格模型、经济学中的边际弹性理论、金融工程中的期货期权理论、最优化和影子价格等都是经济和数学的完美结合。数学模型使经济学从定性研究向定量研究转化,更加具有理性。

在经济数学模型中,用到的数学知识非常广泛,其中包括微积分、概率论、数理统计、随机过程、矩阵理论、微分方程、对策论、线性规划、非线性规划、控制理论、动态规划、图论等等,它们应用于经济学的许多学科,特别是数理经济学和计量经济学。

1.3 建立数学模型的基本方法和步骤

数学建模面临的实际问题是多种多样的,而且大多比较复杂,所以建立数学模型需要哪些方法和步骤并没有固定的模式。建模的目的不同,分析的方法不同,采用的数学工具不同,所得的模型的类型也不同。不可能有一定的准则和适用于一切实际问题的数学建模方法。但是建立数学模型的方法和步骤也有一些共性的东西,掌握这些共同的规律,将有助于数学模型的建立。

一、数学建模的方法

数学建模的方法按大类来分,大体上可分为三类:

1. 机理分析法

机理分析法就是根据人们对现实对象的了解和已有的知识、经验等,分析研究对象中各变量(因素)之间的因果关系,找出反映其内部机理规律的一类方法。建立的模型常有明确的物理或现实意义。使用这种方法的前提是我们对研究对象的机理应有一定的了解,模型也要求具有反映内在特征的意义。机理分析要针对具体问题来做,因而没有统一的方法。

2. 测试分析法

测试分析法是一种统计分析法。当我们将研究对象视为一个"黑箱"系统,对系统的输入、输出数据进行观测,并以这些实测数据为基础进行统计分析,按照一定准则找出与数据拟合最好的模型。当我们对对象的内部规律基本不清楚,就可以用测试分析建立数学模型。测试分析有一套完整的数学方法。

3. 综合分析法

对于某些实际问题,人们常将上述两种建模方法结合起来使用,例如用机理分析法确定模型结构,再用测试分析法确定其中的参数。

二、数学建模的基本步骤

1. 模型准备

对原始实际问题进行调查了解,抽象出语言叙述的模型及相应的数据条件等,称为原始模型。实际上抽象出原始模型时常常已对模型的进一步建立及求解有了一些想法,比如采用哪种类型模型等。此步骤注意要将所有搜集到的信息表述出来,不要遗漏。

2. 模型假设

这是非常关键的步骤,不同的假设将导致建立不同的模型。利用合理的、必要的假设,可简化模型使无法下手的问题易于解决。但过度的简化而得到模型可能无实用价值,舍不得简化又可能导致得到一个无法求解的模型或模型的解非常复杂,以致无法应用。到底简化到什么程度要看问题的性质与建模的目的以及建立模型中的某些需要。这里要提醒注意,对于一个假设,最重要的是它是否符合实际情况,而不是为了解决问题的方便。

通常做出合理假设的依据,一是出于对问题内在规律的认识,二是来自对数据或现象的分析,也可是两者的综合。作假设时既要运用与问题相关的物理、化学、生物、经济等方面的知识,又要充分发挥想象力、洞察力和判断力,善于辨别问题的主次,抓住主要因素,舍弃次要因素,尽量使问题简化(比如线性化、均匀化等)。经验在这里也常起重要作用

有些假设在建模过程中才会发现。因此在建模时要注意调整假设。

3. 模型建立

根据所做的假设,利用适当的数学工具,建立各个量之间的等式或不等式关系,列出表格,画出图形或确定其他数学结构。为了完成这项数学模型的主体工作,常常需要广博的应用数学知识,除了微积分、微分方程、线性代数及概率统计等基础知识外,还将用到诸如规划论、排队论、图与网络及对策论等。推而广之,可以说任何一个数学分支都可能应用到建模过程中。当然,这并非是要求你对数学的各个分支都精通,事实上,建模有一个原则,即尽量采用简单的数学工具,以便使更多的人了解和使用。当然建模时需要有灵活、清醒的头脑和创造

性思维的能力。

4. 模型求解

根据模型的性质,选择适当方法求解。目前各种算法的数学软件很多,为提高计算效率,尽可能多用计算软件解决问题。求解的结果可能是解析方法,也可能是近似解,再根据建模目的对系统进行预测,决策与控制。

5. 模型检验

把上述结果翻译回原问题,并与实际数据进行比较,检验模型的适用性与合理性。如果模型不实用,必须从模型假设那里重新开始,直到得到可用模型。

6. 模型推广

在一个领域里解决问题时建立的模型,常常简单地稍加处理后即可以推广到其他领域。讨论一下这方面内容常可增加模型的应用价值。

三、构建经济数学模型应注意的问题

经济数学模型的特点是在对客观经济现象研究时许多假设是相对的、有条件的。经济研究中应用数学方法时,必须以客观经济活动的实际为基础,以最初的基本假设为条件,一旦突破了最初的基本假设,就需要研究探索使用新的数学方法;一旦脱离客观经济实际,数学的应用就失去了意义。因此,在构建和运用经济数学模型时须注意以下问题。

(1) 首先对所研究的经济问题要有明确的了解、细致周密的调查。分析经济问题运行的规律,获取相关的信息和数据,明确各经济变量之间的数量关系。如果条件不太明确,则要通过假设来逐渐明确,从而简化问题。

(2) 明确建模的目的。出于不同的目的,所建模型可能会有很大的差异。建模目的可能是为了描述或解释某一经济现象,可能是预报某一经济事件是否发生,或者发展趋势如何,还可能是为了优化管理、决策或控制等。总之,建立经济数学模型是为了解决实际经济问题,所以建模过程中不仅要建立经济变量之间的数学关系表达式,还必须清楚这些表达式在整个模型中的地位和作用。

(3) 在经济实际中只能对可量化的经济问题进行数学分析和构建数学模型,对不可量化的事物只能建造模型概念,而模型概念是不能进行数量分析的。尽管经济模型是反映事物的数量关系的,但必须从定性开始,离开具体理论所界定的概念,就无从对事物的数量进行分析和讨论。

(4) 不同数学模型的求解一般涉及不同的数学分支的专门知识,所以建模时应尽可能利用自己熟悉的数学分支知识。同时,也应针对问题学习了解一些新的知识,特别是计算机科学的发展为建模提供了强有力的辅助工具,熟练掌握一些数学软件或经济软件如 Matlab、Mathematic、Lindo 也是必不可少的。

(5) 根据调查或搜集的数据建立的模型,只能算作一个"经验公式",只能对经济现象做出粗略大致的描述,据此公式计算出来的数据只能是个估计值。同时,模型相对于客观实际不可避免地产生一定误差,一方面要根据模型的目的确定误差允许的范围;另一方面,要分析误差来源,若误差过大,须寻找补救方案。

(6) 用所建经济数学模型去说明或解释处于动态中的经济现象时,必须注意时空条件的变化,必须考虑不可量化因素的影响作用以及在一定条件下次要因素转变为主要因素的可能性。

经济数学模型有它的局限性。这种局限性既表现在它的建立要受人们对客观经济现实认识能力和仿真手段的限制,还表现在它的应用是有条件的,不能脱离应用者的学识、经验和判断能力。模型所说明的问题一旦触犯了人们的利益,模型本身常会遭到强烈的反对。在阶级、社会集团的经济利益相互冲突的情况下,客观的经济发展过程绝不会完全按照经济数学模型所反映的途径发展。

1.4 数学建模举例

数学的应用已渗透到了各个领域,数学无处不在。有的问题貌似无法和数学问题关联,但在一定的假设下也可以建立数学模型。本节给出两个不同领域的数学建模应用例子,分别是生活中的问题和经济问题。

一、椅子能在不平的地面上放稳吗?

把椅子往不平的地面上一放,通常只有三只脚着地,放不稳,然而只要稍挪动几次,就可以四脚着地,放稳了。对这个问题,下面用数学语言给以表达。

1. 模型假设

为了明确问题,对上述现象中的有关因素在符合日常生活的前提下,对椅子和地面都要作一些必要的假设。

(1) 椅子四条腿一样长,椅脚与地面接触可视为一个点,四脚的连线呈正方形。

(2) 地面高度是连续变化的,沿任何方向都不会出现间断(没有像台阶那样的情况),即地面可视为数学上的连续曲面。

(3) 对于椅脚的间距和椅腿的长度而言,地面是相对平坦的,使椅子在任何位置至少有三只脚同时着地。为保证这一点,要求对于椅脚的间距和椅腿的长度而言,地面是相对平坦的。因为在地面上与椅脚间距和椅腿长度的尺寸大小相当的范围内,如果出现深沟或凸峰(即使是连续变化的),此时三只脚是无法同时着地的。

2. 模型建立

中心问题是用数学语言表示四只脚同时着地的条件、结论。

首先用变量表示椅子的位置,由于椅脚的连线呈正方形,以中心为对称点,正方形绕中心的旋转正好代表了椅子的位置的改变,于是可以用旋转角度 θ 这一变量来表示椅子的位置。如图 1.1 所示,对角线 AC 与 x 轴重合,椅子绕中心点 O 旋转后,正方形 $ABCD$ 转至 $A'B'C'D'$ 位置,对角线 AC 与 x 轴夹角 θ 表达了椅子的位置。

其次要把椅脚着地用数学符号表示出来,如果用某个变量表示椅脚与地面的竖直距离,当这个距离为 0 时,表示椅脚着地了。椅子要挪动位置说明这个距离是位置变量的函数。

由于正方形的中心对称性,只要设两个距离函数就行了,记 A、C 两脚与地面距离之和为 $f(\theta)$,B、D 两脚与地面距离之和为 $g(\theta)$,显然 $f(\theta)$、$g(\theta) \geqslant 0$,由假设(2) 知 f、g 都是连续函数,由假设(3) 知 $f(\theta)$、$g(\theta)$ 至少有一个为 0。当 $\theta = 0$ 时,不妨设 $g(\theta) = 0$,$f(\theta) > 0$。这样改变椅子的位置使四只脚同时着地,就归结为如下命题:

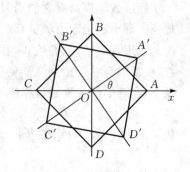

图 1.1

已知 $f(\theta)$、$g(\theta)$ 是 θ 的连续函数,对任意 θ,$f(\theta) \cdot g(\theta) = 0$,且 $g(0) = 0$,$f(0) > 0$,则存在 θ_0,使 $g(\theta_0) = f(\theta_0) = 0$。

3. 模型求解

将椅子旋转 $\pi/2$,对角线 AC 和 BD 互换,由 $g(0) = 0$,$f(0) > 0$ 可知 $g(\pi/2) > 0$,$f(\pi/2) = 0$。令 $h(\theta) = f(\theta) - g(\theta)$,则 $h(0) > 0$,$h(\pi/2) < 0$。由 f、g 的连续性知 h 也是连续函数,由连续函数的介值定理,必存在 $\theta_0(0 < \theta_0 < \pi/2)$ 使 $h(\theta_0) = 0$,$g(\theta_0) = f(\theta_0)$。由 $g(\theta_0) \cdot f(\theta_0) = 0$,所以 $g(\theta_0) = f(\theta_0) = 0$。

4. 模型评注和推广

本模型用函数的观点来解决问题,引入合适的函数是关键。模型的巧妙之处就在于用变量 θ 表示椅子的位置,用 θ 的两个函数表示椅子四只脚与地面的竖直距离。运用这个模型,不但可以确信椅子能在不平的地面上放稳,而且可以指导我们如何通过旋转将地面上放不稳的椅子放稳。

进一步分析这个问题的假设,四脚连线成正方形并不是本质的。例如考虑椅子四脚呈长方形的情形,仍将椅子的一条对角线作为 x 轴,将椅子绕对称中心旋转 π,用类似方法也可得到相同结论。读者还可以进一步讨论四脚连线为不规则四边形的椅子能在不平的地面上放稳的问题。

二、连续投资问题

1. 问题的提出

某部门在今后五年内考虑给下列项目投资,已知如下条件:

项目 A,从第一年到第四年每年年初均需投资,并于次年末回收本利 115%;

项目 B,第三年初需要投资,到第五年末回收本利 125%,但规定最大投资额不超过 4 万元;

项目 C,第二年初需要投资,到第五年末回收本利 140%,但规定最大投资额不超过 3 万元;

项目 D,五年内每年初可购买公债,于当年末归还,可获利息 6%。

该部门现有资金 10 万元,问它应如何确定给这些项目每年的投资额,使到第五年末部门所拥有的资金的本利总额最大。

2. 建模与求解

这是一个连续投资问题,可以用多种数学方法建模求解。下面用线性规划模型来建立数学关系式。用 $x_{jA}, x_{jB}, x_{jC}, x_{jD}(j=1,2,3,4,5)$ 表示第 j 年初分别用于项目 A,B,C,D 的投资额(即决策变量),根据题设条件,用表格(见表 1.1)将变量列出(表中空格部分表示该项目当年的投资为 0):

表 1.1

年份 项目	1	2	3	4	5
A	x_{1A}	x_{2A}	x_{3A}	x_{4A}	
B			x_{3B}		
C		x_{2C}			
D	x_{1D}	x_{2D}	x_{3D}	x_{4D}	x_{5D}

下面讨论这些决策变量 $x_{jA}, x_{jB}, x_{jC}, x_{jD}(j=1,2,3,4,5)$ 应满足的线性约束条件。

第一年年初仅对项目 A、D 进行投资,因年初拥有资金 10 万元,设项目 A、D 的投资额分别为 x_{1A}、x_{1D},则有:

$$x_{1A} + x_{1D} = 100000$$

同理，第二年对项目 A、C、D 的投资额应满足方程：$x_{2A} + x_{2C} + x_{2D} = 1.06x_{1D}$，而第三年、第四年、第五年对项目 A、B、D；项目 A、D；项目 D 的投资额应分别满足如下的方程：

$$x_{3A} + x_{3B} + x_{3D} = 1.15x_{1A} + 1.06x_{2D}$$
$$x_{4A} + x_{4D} = 1.15x_{2A} + 1.06x_{3D}$$
$$x_{5D} = 1.15x_{3A} + 1.06x_{4D}$$

另外，项目 B、C 的投资额度应受如下条件的约束：

$$x_{3B} \leqslant 40000$$
$$x_{2C} \leqslant 30000$$

由于连续投资问题要求第五年末部门所拥有的资金的本利总额最大，故其目标函数为：

$$\text{Max } z = 1.15x_{4A} + 1.40x_{2C} + 1.25x_{3B} + 1.06x_{5D}$$

有了如上的分析，我们可给出连续投资问题的线性规划模型为

$$\text{Max } z = 1.15x_{4A} + 1.40x_{2C} + 1.25x_{3B} + 1.06x_{5D}$$

$$\begin{cases} x_{1A} + x_{1D} & = 100000 \\ -1.06x_{1D} + x_{2A} + x_{2C} + x_{2D} & = 0 \\ -1.15x_{1A} - 1.06x_{2D} + x_{3A} + x_{3B} + x_{3D} & = 0 \\ -1.15x_{2A} - 1.06x_{3D} + x_{4A} + x_{4D} & = 0 \\ -1.15x_{3A} - 1.06x_{4D} + x_{5D} & = 0 \\ x_{2C} \leqslant 30000 \\ x_{3B} \leqslant 40000 \\ x_{jA}, x_{jB}, x_{jC}, x_{jD} \geqslant 0 \quad (j = 1,2,3,4,5) \end{cases}$$

用 matlab 求解得

第一年投资为：$x_{1A} = 34783$ 元，$x_{1D} = 65217$ 元

第二年投资为：$x_{2A} = 39130$ 元，$x_{2C} = 30000$ 元，$x_{2D} = 0$ 元

第三年投资为：$x_{3A} = 0$ 元，$x_{3B} = 40000$ 元，$x_{3D} = 0$ 元

第四年投资为：$x_{4A} = 45000$ 元，$x_{4D} = 0$ 元

第五年没有任何投资。

由此求出第五年末该部门所拥有的资金的本利总额为：143750 元，即部门赢利 43.75%。

3. 模型的推广

可以将投资项目扩充为 n 项，在计算期内，每个投资项目的投资年限和投资回收期各不相同，仍然可以建立线性规划模型。

第二章

经济应用模型

2.1 经济分析中的边际和弹性模型

一、边际的概念

如果一个经济指标 y 是另一个经济指标 x 的函数 $y=f(x)$,那么当自变量在 x_0 有改变量 Δx 时,对应有函数的改变量 Δy。在经济学中,当自变量在 x_0 处有一个单位改变量时,所对应的函数改变量

$$\Delta y = f(x_0 + \Delta x) - f(x_0)$$

称为该函数所表示的经济指标在 x_0 处的边际量。

相应于 Δx,y 在 $(x_0, x_0+\Delta x)$ 的平均变化率是

$$\frac{\Delta y}{\Delta x} = \frac{f(x_0 + \Delta x) - f(x_0)}{\Delta x}$$

由边际的概念,在上式中取 $\Delta x=1$ 或 $\Delta x=-1$ 就可得到边际量的表达式。但边际概念的定义和计算使我们想到用函数 $y=f(x)$ 的导数作为 y 的边际量,如果按纯粹的数学概念来讲,似乎行不通,因为导数定义要求自变量增量必须趋向于零,而实际问题中自变量 x 的经济意义通常是按计件的产量或销量作为单位的,改变量为小数且趋于零不合乎实际。但我们可以这样考虑,对于现代企业来讲,其产销量的数额和一个单位产品相比是一个很大数目,1 个单位常常是其中微不足道的量,可以认为改变一个单位的这种增量是趋近于零的。正是这个缘故,在经济理论研究中,总是用导数

$$f'(x_0) = \lim_{\Delta x \to 0} \frac{f(x_0 + \Delta x) - f(x_0)}{\Delta x}$$

表示经济变量 y 在 x_0 的边际量,即认为 $f'(x)$ 的经济意义是自变量在 x_0 处有单位改变量时所引起函数 y 的改变数量,其导函数 $f'(x)$ 称为函数 $f(x)$ 的边际函数。

二、经济学中常用的边际函数

1. 边际成本

在经济学中,边际成本定义为产量为 Q 时再增加一个单位产量时所增加的成本。当成本函数 $C(Q)$ 可导时,在经济上认为 $C'(Q)$ 就是边际成本。在实际问题中企业为了生产要有厂房、机械、设备等固定资产,在短期成本函数中作为固定成本 C_0,它是常数,而生产中使用劳力、原料、材料、水电等方面的投入随产量的变化而改变,生产的这部分成本是可变成本,以 $C_1(Q)$ 记,于是成本函数可表示为

$$C(Q) = C_0 + C_1(Q)$$

此时边际成本为

$$C'(Q) = (C_0)' + C_1'(Q) = C_1'(Q)$$

由此,边际成本与固定成本无关,它等于边际可变成本。

经济学中有许多总成本的函数的表达形式,常见的有(其中 a, b, c, d 均为正的常数):

(1) $C(Q) = aQ^2 + bQ + c$ (2) $C(Q) = \sqrt{aQ + b}$

(3) $C(Q) = aQ^3 - bQ^2 + cQ + d$ (4) $C(Q) = \dfrac{aQ(Q+b)}{Q+c} + d$

(5) $C(Q) = \dfrac{aQ^2(Q+b)}{Q+c} + d$ (6) $C(Q) = Q^a \exp(bQ+c) + d$

在实际经济量化分析问题中,经常将产量为 Q 时的边际成本 $C'(Q)$ 和此时已花费的平均成本 $\dfrac{C(Q)}{Q}$ 做比较,由两者的意义知道,如果边际成本小于平均成本,则可以再增加产量以降低平均成本,反之如果边际成本大于平均成本,可以考虑削减产量以降低平均成本。由此可知,当边际成本等于平均成本时可使产品的平均成本最低。

2. 边际收入和边际利润

在经济学中,边际收入定义为销量为 Q 时再多销售一个单位产品时所增加的收入。设收入函数 $R = R(Q)$ 是可导的,认为 $R'(Q)$ 就是边际收入。设利润函数为 $L = L(Q)$,由于利润函数是收入函数与成本函数之差,边际利润是

$$L'(Q) = R'(Q) - C'(Q)$$

因此,边际利润 $L'(Q)$ 是利润函数 $L(Q)$ 关于销量的一阶导数,它近似等于销量为 Q 时再销售一个单位产品所增加(或减少)的利润。

为求得最大利润,由微积分知识,应有 $L'(Q) = R'(Q) - C'(Q) = 0$,$L''(Q) = R''(Q) - C''(Q) < 0$,也即 $R'(Q) = C'(Q)$,$R''(Q) < C''(Q)$,所以经济

学中的最大利润原理为:当边际收入等于边际成本且边际收入的变化率小于边际成本的变化率时,利润最大。

在经济学中还经常用到边际效用、边际产量、边际劳动生产率等概念,它和边际成本、边际收入、边际利润的经济解释方法大同小异,在此不再阐述。

3. 边际需求与供给

需求是指在一定价格条件下,单位时间内消费者想购买且有支付能力的商品量。供给是指在一定价格条件下,单位时间内企业愿出售且可供出售的商品量。价格是影响供需的最主要因素。在某些市场情况下,商品价格由生产厂家确定,而市场需求量受价格调节,一般而言,商品价格低,需求就旺盛,而生产者就不愿多生产。若用 p 表示某商品的价格,需求量函数为 $Q = \varphi(p)$,则它是单调递减函数。供给函数为 $Q = \psi(p)$,则它是单调递增函数。边际需求函数为 $\varphi'(p)$,它表示当价格增加一单位时,需求减少的量。边际供给为 $\psi'(p)$,它表示当价格增加一单位时,生产者增加的产量。

厂家的利润函数可表为
$$L(p) = L(Q(p)) = pQ(p) - C(Q(p))$$
由极值的必要条件
$$\frac{\mathrm{d}L(p)}{\mathrm{d}p} = 0$$
可以得到
$$Q(p) + p\frac{\mathrm{d}Q}{\mathrm{d}p} - \frac{\mathrm{d}C(Q)}{\mathrm{d}Q}\frac{\mathrm{d}Q}{\mathrm{d}p} = 0 \tag{2.1}$$

这是由边际需求和边际成本确定的价格 p 的方程,又由函数取极大值的充分条件 $L''(p) < 0$,得
$$2Q'(p) + pQ''(p) - \frac{\mathrm{d}^2 C(Q)}{\mathrm{d}Q^2}(Q'(p))^2 - \frac{\mathrm{d}C}{\mathrm{d}Q}Q''(p) < 0$$
即
$$\left[2 - Q'(p)\frac{\mathrm{d}^2 C(Q)}{\mathrm{d}Q^2}\right]Q'(p) + \left(p - \frac{\mathrm{d}C(Q)}{\mathrm{d}Q}\right)Q''(p) < 0 \tag{2.2}$$

满足方程(2.1)和不等式(2.2)的解 p,将是生产厂商有望达到最大利润的价格定位。

以成本函数为 $C(Q) = aQ^2 + bQ + c$ 为例,边际成本函数是 $\frac{\mathrm{d}C(Q)}{\mathrm{d}Q} = 2aQ + b$,假设价格 p 关于生产量 Q 的函数 $P(Q) = s + tQ, (s > 0, t < 0)$,于是边际收益函数
$$\frac{\mathrm{d}R(Q)}{\mathrm{d}Q} = p(Q) + Qp'(Q) = s + 2tQ$$

求解方程式 $2aQ + b = s + 2tQ$,得

$$Q = \frac{s-b}{2(a-t)}$$

这就是能取得最大利润时的产量。

三、弹性的概念

为清楚阐述弹性概念,先给出一个简单引例。

设 $y = x^2$,当 x 由 10 变到 11 时,y 由 100 变到 121。显然,自变量和函数的绝对改变量分别是 $\Delta x = 1, \Delta y = 21$,而它们的相对改变量 $\frac{\Delta x}{x}$ 和 $\frac{\Delta y}{y}$ 分别为

$$\frac{\Delta x}{x} = \frac{1}{10} = 10\%$$

$$\frac{\Delta y}{y} = \frac{21}{100} = 21\%$$

这表明,当自变量 x 由 10 变到 11 的相对变动为 10% 时,函数 y 的相对变动为 21%,这时两个相对改变量的比为

$$E = \frac{\frac{\Delta y}{y}}{\frac{\Delta x}{x}} = \frac{21\%}{10\%} = 2.1$$

E 的意义是:$x = 10$ 时,当 x 改变 1% 时,y 平均改变 2.1%,我们称 E 为从 $x = 10$ 到 $x = 11$ 时函数 $y = x^2$ 的平均相对变化率,也称为平均意义下函数 $y = x^2$ 的弹性。

E 的大小度量了 $f(x)$ 对 x 变化反应的强烈程度。在经济学中,常常要定量描述一个经济变量对另一个经济变量变化的反应程度,为此定义弹性的概念。

设函数 $y = f(x)$ 在 x_0 处可导,$f(x_0) \neq 0$,如果极限

$$\lim_{\Delta x \to 0} \frac{\Delta y / f(x_0)}{\Delta x / x_0} = \lim_{\Delta x \to 0} \frac{[f(x_0 + \Delta x) - f(x_0)]/f(x_0)}{\Delta x / x_0}$$

存在,则称此极限值为函数 $y = f(x)$ 在点 x_0 处的点弹性,记为 $\left.\frac{Ey}{Ex}\right|_{x=x_0}$,即

$$\left.\frac{Ey}{Ex}\right|_{x=x_0} = \lim_{\Delta x \to 0} \frac{x_0}{f(x_0)} \cdot \frac{\Delta y}{\Delta x} = \frac{x_0}{f(x_0)} f'(x_0)$$

称 $\frac{Ey}{Ex} = \frac{x}{f(x)} f'(x)$ 为函数 $y = f(x)$ 的点弹性函数($f(x) \neq 0$),简称弹性函数。

而称

$$\frac{\Delta y/f(x_0)}{\Delta x/x_0} = \frac{[f(x_0+\Delta x)-f(x_0)]/f(x_0)}{\Delta x/x_0}$$

为函数 $y=f(x)$ 在以 x_0 与 $x_0+\Delta x$ 为端点的区间上的弧弹性。

弧弹性表达了函数 $f(x)$ 当自变量 x 从 x_0 变到 $x_0+\Delta x$ 时函数的平均相对变化率,而点弹性是函数 $f(x)$ 在点 x_0 处的相对变化率。

为什么不使用变化率而要使用这种相对变化率来表达自变量改变对函数的反应呢?由弹性定义看到,弹性是一个无量纲的量,它与 x 和 y 的计量单位都无关,所以应用时很方便。以对水果的需求函数为例,在我国将以 m 千克/元来度量,在美国以 n 千克/美元来度量,无法比较两国需求对价格的反应,用弹性分析就可避免这种不便。正因为弹性可不受计量单位的限制,所以在经济活动分析中广泛采用,常用的有需求价格弹性、收入价格弹性、成本产量弹性等。

由弹性的定义,可以粗略地说,弹性是当自变量的值每改变百分之一所引起函数变化的百分数。这给相关的经济分析带来了很大的方便。

四、需求价格弹性

需求价格弹性是指某种商品需求量的变动率与该商品价格的变动率之比,用来衡量某种商品的需求量对其价格变动的反应程度。设某商品的需求函数为 $Q=Q(p)$,$Q(p)$ 是可导函数,需求价格弹性的计算公式为

$$\varepsilon = \frac{\dfrac{\Delta Q}{Q}}{\dfrac{\Delta p}{p}} = \frac{\Delta Q}{\Delta p} \cdot \frac{p}{Q}$$

当价格与需求量的变动量很微小时,可以采用点弹性计算公式来计算需求价格弹性

$$\varepsilon = \frac{\dfrac{\mathrm{d}Q}{Q}}{\dfrac{\mathrm{d}p}{p}} = \frac{\mathrm{d}Q}{\mathrm{d}p} \cdot \frac{p}{Q}$$

可以这样解释 ε 的经济意义:当商品的价格为 ε 时,价格改变 1% 时需求量变化的百分数。

由经济理论知道,一般商品的需求函数为价格的减函数,从而 $Q'(p)<0$,这说明需求价格弹性 ε 一般是负的。由此,当商品的价格上涨(或下跌)1% 时,需求量将下跌(或上涨)约 $|\varepsilon_p|\%$,因此在经济学中,比较商品需求弹性的大小时,总是考虑其绝对值。

在实际问题中也常用下式来计算价格与数量变动较大时的弹性值

$$\varepsilon = \frac{\dfrac{\Delta Q}{\dfrac{Q_1+Q_2}{2}}}{\dfrac{\Delta p}{\dfrac{p_1+p_2}{2}}} = \frac{\Delta Q}{\Delta p} \cdot \frac{p_1+p_2}{Q_1+Q_2}$$

上式计算公式也被叫做"中点"弹性计算公式。

根据需求价格弹性值的大小,需求价格弹性可以划分成以下5类:

(1) **缺乏弹性**:$0 < |\varepsilon| < 1$,表示价格变动1%时,需求量的变动幅度小于1%。生活必需品的需求大多缺乏弹性。

(2) **富有弹性**:$1 < |\varepsilon| < \infty$,表示价格变动1%时,需求量的变动幅度大于1%。奢侈品的需求大多富有弹性。

(3) **单位弹性**:$|\varepsilon| = 1$,表示价格变动1%时,需求量的变动幅度正好也等于1%。此时,需求曲线为一条正双曲线。

(4) **完全有弹性**:$|\varepsilon| = +\infty$,表示价格变动1%时,需求量的变动为无穷大。完全有弹性的需求曲线为一条水平线。

(5) **完全无弹性**:$|\varepsilon| = 0$,表示不管价格如何变动,需求量始终不变。完全无弹性的需求曲线为一条垂线。

五、需求弹性、总收益与价格之间的关系

总收益是指厂商销售一定量产品所得到的收入总和,等于某种商品的销售量与其价格的乘积:$R = pQ$。这里的销售量 Q 对消费者来说就是购买量。

总收益取决于商品的销售量与价格两个因素,且与它们正相关。然而由于销售量与价格负相关,当价格下降时,需求量会增加;反之,价格上升时,需求量会减少。价格变动时,厂商的总收益到底是增加还是减少,取决于商品需求价格弹性的大小。

设总收益函数为 $R = pQ$,若价格有微小的变动 Δp,则收益函数的改变量为

$$\Delta R = (p+\Delta p)(Q+\Delta Q) - pQ = p\Delta Q + \Delta p Q + \Delta p \Delta Q$$

$$\approx p\Delta Q + \Delta p Q = \Delta p Q \left(1 + \frac{\Delta Q}{\Delta p} \cdot \frac{p}{Q}\right)$$

即总收益的变动量近似为

$$\Delta R \approx Q(1-|\varepsilon|) \cdot \Delta p$$

若商品富有弹性,即 $|\varepsilon| > 1$,则 $(1-|\varepsilon|) < 0$。当价格下降,$\Delta p < 0$,从而 $Q\Delta p < 0$ 时,$\Delta R > 0$,意味着总收益随着价格的下降而增加;当价格上升,$\Delta p > 0$,从而 $Q\Delta p > 0$ 时,$\Delta R < 0$,意味着总收益随着价格的上升而减少。

同理,若商品缺乏弹性,$|\varepsilon|<1$,则$(1-|\varepsilon|)>0$。当价格下降,$\Delta p<0$,从而 $Q\Delta p<0$ 时,$\Delta R<0$,意味着总收益随着价格的下降而减少;当价格上升,$\Delta p>0$,从而 $Q\Delta p>0$,$\Delta R>0$,意味着总收益随着价格的上升而增加。

若是单位弹性,即$|\varepsilon|=1$,则$\Delta R=0$,这说明提价或降价对总收入无影响。经济学家认为影响需求价格弹性大小的因素有:

(1) 商品在人们生活中的重要性程度与需求价格弹性负相关;
(2) 替代品的多少与替代程度的高低与需求价格弹性正相关;
(3) 对某种商品的支出在消费支出中的比重与需求价格弹性负相关;
(4) 时间的长短与需求价格弹性正相关;
(5) 商品用途的多少与需求价格弹性正相关。

六、需求的收入弹性

需求的收入弹性是指某种商品的需求量的变动率与消费者收入的变动率之比,它用来衡量某种商品的需求量对消费者收入变动的反应程度。

设需求关于收入的函数为 $Q=Q(M)$,其中 M 表示消费者的收入。需求收入弹性的计算公式为

$$E_M = \frac{\frac{\Delta Q}{Q}}{\frac{\Delta M}{M}} = \frac{\Delta Q}{\Delta M} \cdot \frac{M}{Q}.$$

当收入与需求量的变动量很微小时,可以采用点弹性计算公式来计算需求收入弹性

$$E_M = \frac{\mathrm{d}Q}{\mathrm{d}M} \cdot \frac{M}{Q}$$

有时也用下列公式计算需求收入弧弹性

$$E_M = \frac{\frac{\Delta Q_d}{\frac{Q_1+Q_2}{2}}}{\frac{\Delta M}{\frac{M_1+M_2}{2}}} = \frac{\Delta Q}{\Delta M} \cdot \frac{M_1+M_2}{Q_1+Q_2}$$

若需求收入弹性 $E_M>0$,则称这样的商品为正常商品,其中若 $E_M<1$,则认为是缺乏弹性的,例如生活必需品;若 $E_M>1$,则认为是富有弹性的,例如奢侈品或高档商品。若需求收入弹性 $E_M<0$,则认为该商品是低档或劣质产品,即吉芬(Giffen)商品。

德国统计学家恩格尔在 1857 年指出,随着家庭收入的增加,食物支出在家

庭总消费支出中所占的比重将不断下降。恩格尔定律表为公式为

$$食物支出对收入的比率 = \frac{食物支出变动百分比}{收入变动百分比}$$

上式又称为食物支出的收入弹性。

把恩格尔定律推而广之,一个国家越穷,每个国民的平均收入中(或平均支出中)用于购买食物的支出所占比例就越大,随着国家的富裕,这个比例呈下降趋势,即食物支出的收入弹性应当逐渐变小。

在经济学所有的实证性规律中,恩格尔定律是最可靠的。该定律不仅适用于当时的横断面情况,而且在时间序列分析中也被证明是正确的。在恩格尔定律作用下,随着社会经济的发展,农产品价格将不断相对降低,农场主和农业工人不仅会相对减少,而且会绝对减少,人口将从农村流向城市。如果这些调整进行得不够及时,农业部门的人均收入就会低于非农业部门的人均收入,不仅提高收入分配的不公平程度,而且会减少有效需求(在横断面分析中,穷人的消费倾向总是高于富人),影响宏观经济的持续稳定增长。

例 2.1 假设某种商品的恩格尔函数为

$$Q = Q(M) = a\exp\left(\frac{b}{M}\right) \quad a > 0$$

边际函数为

$$Q'(M) = -\frac{ab}{M^2}\exp\left(\frac{b}{M}\right)$$

弹性函数为

$$\frac{M}{Q}Q'(M) = -\frac{b}{M}$$

因此当 $b < 0$ 时,认为该种商品为正常商品,需求量对于消费者收入的弹性将随着收入 M 的增加而递减,也就是说消费者收入水平越高,商品需求量相对于收入变化而言的影响就越小,当 $b > 0$ 时,该商品为吉芬商品。

2.2 需求、供给与均衡价格模型

一、需求与价格模型

对某种商品或服务的需求是指消费者在一定时期内,在每一价格水平下愿意且有能力购买的该商品或服务的数量。与需求量相对应的价格称为需求价格,它表示消费者购买一定数量的产品所愿意支付的最高价格。消费者对商品的需求由两因素组成:购买欲望和购买能力。

需求分为个别需求和市场需求。个别需求即单个消费者在每一价格水平

下愿意而且有能力购买的某种商品的数量。市场需求是在每一价格水平下,所有消费者对某种商品的需求量的总和。

影响需求量的因素很多,主要几种为:①商品自身的价格;②其他相关商品的价格;③消费者的收入水平;④消费者对未来价格的预期;⑤消费者的偏好;⑥人口的多少。

商品的需求量主要是上述六个因素的函数。在这六个因素中,商品自身的价格对需求量的影响是最重要的。因此,经济学家将需求函数定义为需求量是价格的函数。如果用 Q_d 表示某种商品的需求量,p 表示该商品的价格,则需求函数可以表示为

$$Q_d = Q_d(p)$$

在其它条件不变的情况下,一般商品的需求规律是需求量与价格呈反方向变动,在不影响结论的前提下,经济学大多使用线性需求函数,其形式为

$$Q_d(p) = \alpha - \beta p$$

其中 α、β 均为正实数。参数 α 表示商品价格为零时的需求量,即社会的极大需求量。参数 β 表示商品需求随价格增长的下降率,也就是边际需求。

在经济学中,把反映某种商品的需求量与其价格相互关系的曲线称为需求曲线。在经济学中,习惯用纵轴表示价格,横轴表示供给量。线性需求曲线如图 2.1 所示。

需求与价格模型不一定都是线性的,此外经济学家认为大多数商品的需求量随价格的上升而下降,且下降的速度递增。非线性的需求曲线如图 2.2 所示。

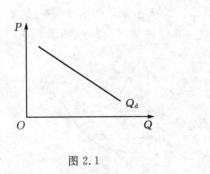
图 2.1

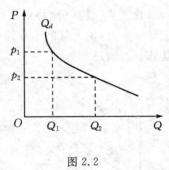
图 2.2

例如某商品的需求函数为 $Q_d(p) = ap^{-b}, a > 0, b > 0$,对其求导

$$\frac{dQ_d}{dp} = -abp^{-b-1} < 0, \quad \frac{d^2 Q_d}{dp^2} = ab(b+1)p^{-b-2} > 0$$

上式说明该商品的需求量随价格的上升而下降,且下降的速度递增。

在某些特殊的市场,需求曲线会呈现出其他形态,此时需求函数的一阶导

数可能为非负数。例如珠宝、证券、炫耀性商品、投机性商品等。

二、供给与价格模型

供给是指厂商在一定时期内,在每一价格水平下愿意且有能力出售的某种商品或服务的数量。供给由厂商出售商品的意愿和出售能力两因素决定。厂商出售一定数量的商品所愿意接受的最低价格叫做供给价格。

供给分为个别供给和市场供给。个别供给是指单个厂商对某种产品的供给。市场供给是市场上所有厂商对某种产品供给的总和。在每一价格水平上将各厂商对某种产品的供给相加,就可以得到市场供给。

影响供给量的因素很多,主要有①商品自身的价格;②要素价格;③厂商对价格的预期;④自然条件;⑤厂商数量。

商品的供给量是上述各种因素的函数。在这些因素中,商品自身的价格对供给量的影响是最重要的,经济学家将供给函数定义为商品的供给量是其价格的函数。供给函数可以表示为

$$Q_s = Q_s(p)$$

经济学家认为,在其他因素不变的条件下,商品的供给规律是产品的供给量与该产品的价格正相关。最简单的供给与价格的线性模型为

$$Q_s(p) = a + bp$$

反映某种产品的供给量与它的价格相互关系的曲线叫供给曲线。类似于需求函数,用纵轴表示价格,横轴表示供给量,线性供给函数的供给曲线如图2.3。

也可以建立非线性供给与价格模型。经济学家认为大多数商品的供给随价格的上升而上升,但上升的速度递减。非线性的需求曲线如图2.4所示。其数学表达式一般满足

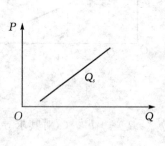

图 2.3

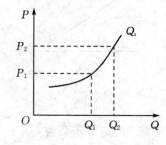

图 2.4

$$\frac{\mathrm{d}Q_s}{\mathrm{d}p} > 0, \quad \frac{\mathrm{d}^2 Q_s}{\mathrm{d}p^2} < 0$$

例如,某商品的供给与价格模型为
$$Q_s(p) = bp^\beta, \beta > 0, b > 0$$
求导数得
$$\frac{\mathrm{d}Q_s}{\mathrm{d}p} = b\beta p^{\beta-1} > 0, \frac{\mathrm{d}^2Q_s}{\mathrm{d}p^2} = b\beta(\beta-1)p^{\beta-2}$$

所以 Q_s 是 p 的单调递增函数,符合供给价格关系的基本规律。当 $\beta > 1$ 时,$\frac{\mathrm{d}^2Q_s}{\mathrm{d}p^2} > 0$,供给函数曲线为下凸,符合价格越高、供给增长越快的规律。而当 $0 < \beta < 1$ 时,$\frac{\mathrm{d}^2Q_s}{\mathrm{d}p^2} < 0$,供给函数曲线为上凸的,即随着价格的增长,虽然供给会增长,但增长的速度会变缓慢。

三、均衡价格

经济学中的均衡是指模型中的所有经济主体都选择了最优决策(人们预期这种决策将给自己带来最大利益),从而不再改变自己决策时的状况。正确的预期,是均衡的基本特征。

均衡价格是指供给与需求相等时的价格,或者说是买卖双方都愿意接受的市场价格。在均衡价格下的交易量称为均衡数量。均衡价格的数学模型为

$$\begin{cases} Q_d = Q_s \\ Q_d = Q_d(p) \\ Q_s = Q_s(p) \end{cases}$$

经济学家认为均衡价格的形成是供求双方在竞争过程中自发形成的,是一个价格自发决定的过程。均衡价格是唯一能持久的价格,是一种平衡价格。其他价格均是不稳定价格,会引起生产或消费的变动。均衡价格的形成过程可以用图 2.5 说明。设供给曲线和需求曲线相交于点 $E(Q_0, p_0)$,如果生产企业以价格 p_0 供应商品量 Q_0,那么消费者会以价格 p_0 购买商品量 Q_0,所以在这样的价格水平上商品没有过剩。

如果企业供应的商品量不是 Q_0,例如供应量为 $Q_1 > Q_0$,如图 2.6,那么只有当价格为 $p_1 (p_1 < p_0)$ 时,消费者才会购买 Q_1 产品,因此企业只好降低价格,但若将价格降为 p_1,企业只愿意供应 Q_2 数量的产品,从而削减产量。但是 Q_2 数量的产品不能满足消费者的需求,从而推动价格上升到 p_2,这一过程循环往复,价格水平越接近 p_0,供应和需求量越趋于 Q_0。同理可以分析 $Q_1 < Q_0$ 时的情况。以上分析说明了均衡价格的稳定性。但这种稳定性是有条件的,具体分析参看本书的蛛网模型一节。

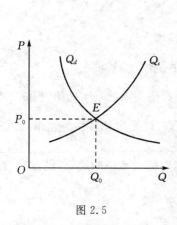

图 2.5

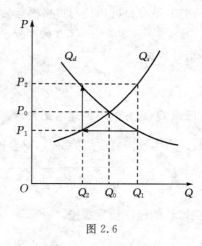

图 2.6

均衡价格和均衡数量不是一成不变的。随着商品需求和供给的变化,均衡价格和均衡数量都会发生改变。如图 2.7、图 2.8 所示。

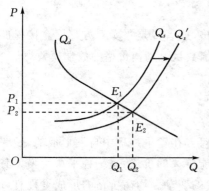

需求不变,供给增加

图 2.7

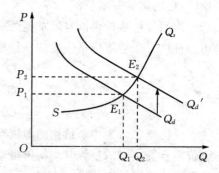

供给不变,需求增加

图 2.8

在图 2.7 中,假定需求不变,如果供给从 Q_s 增加到 Q_s',均衡点就会从 E_1 点移动到 E_2 点,于是,均衡价格下降到 p_2,均衡数量增加到 Q_2。在图 2.8 中,假定供给不变,如果需求增加,均衡点就会从 E_1 点移动到 E_2 点,均衡价格上升到 p_2,均衡数量上升到 Q_2。

综上所述,在其他条件不变的情况下,供给的变动会分别引起均衡价格的反方向变动和均衡数量的同方向变动,需求的变动则会引起均衡价格和均衡数量按相同方向发生变动。需求、供给的变动与均衡价格和均衡数量的变动之间的这种内在联系即为供求法则或供求定律。但实际上,在商品市场上,供求的变化是相当复杂的。例如,当需求变化时,供给也许并不是不变的,并且供给变化与需求变化的方向和程度有可能一致,也可能不一致。

2.3 市场动态均衡价格模型

上一节在需求、价格和均衡模型中讨论了商品的价格变化主要服从市场供求关系,一般情况下,商品供给量 Q_s 是价格 p 的单调递增函数,商品需求量 Q_d 是价格 p 的单调递减函数,为简单起见,分别设该商品的需求函数 $Q_d(p)$ 和供给函数 $Q_s(p)$ 分别为

$$Q_d(p) = \alpha - \beta p, \quad Q_s(p) = a + bp \tag{2.3}$$

其中 a, b, α, β 均为常数,且 $b > 0, \beta > 0$。

当供给量与需求量相等时,由(2.3)式可得供求平衡时的价格

$$p_e = \frac{\alpha - a}{\beta + b} \tag{2.4}$$

即 p_e 为均衡价格。

一般地说,当某种商品供不应求,即 $Q_s < Q_d$ 时,该商品价格要上涨,当供大于求,即 $Q_s > Q_d$ 时,该商品价格要回落。因此,商品在市场中的价格随着时间的变化围绕着均衡价格 p_e 上下波动,价格 p 是时间的函数 $p = p(t)$。根据供求关系变化影响价格变化的分析,假设 t 时刻的价格 $p(t)$ 的变化率 $\dfrac{\mathrm{d}p}{\mathrm{d}t}$ 与 t 时刻的超额需求量 $Q_d - Q_s$ 成正比,于是有方程

$$\frac{\mathrm{d}p}{\mathrm{d}t} = k[Q_d(p) - Q_s(p)]$$

其中 $k > 0$,用来反映价格的调整速度。

将(2.3)代入上述方程,可得

$$\frac{\mathrm{d}p}{\mathrm{d}t} = k[\alpha - a - (\beta + b)p] = k(\beta + b)\left(\frac{\alpha - a}{\beta + b} - p\right) \tag{2.5}$$

令 $\lambda = k(\beta + b), \lambda > 0$,因为 $\dfrac{\alpha - a}{\beta + b} = p_e$,所以方程(2.5)为

$$\frac{\mathrm{d}p}{\mathrm{d}t} = \lambda(p_e - p)$$

这是一阶线性微分方程,通解为

$$p(t) = p_e + Ce^{-\lambda t}$$

假设初始价格为 $p(0) = p_0$,代入上式,得 $C = p_0 - p_e$,于是上述价格模型的解为

$$p(t) = p_e + (p_0 - p_e)e^{-\lambda t}$$

由 $\lambda > 0$ 知，$t \to +\infty$ 时，$p(t) \to p_e$，说明随着时间不断推延，实际价格 $p(t)$ 将逐渐趋近均衡价格 p_e。

如果消费者手中货币过多，对涨价的承受能力极强，而商品生产能力相对不足，例如需求函数 Q_d 是常数，供给函数 Q_s 也是常数，令 $\delta = Q_d - Q_s > 0$，则有

$$\frac{\mathrm{d}p}{\mathrm{d}t} = k[Q_d(p) - Q_s(p)] = k\delta$$

解得价格函数为

$$p(t) = k\delta t + c$$

当 $t \to +\infty$ 时，$p(t) \to \infty$，也就是会发生通货膨胀。拟制通货膨胀的关键是降低消费资金的投放量和增加商品的供应量。

如果企业生产的产品不脱销时，可以认为商品的市场需求量 $Q_d(p)$ 即为该商品的销售量，商品的市场供给量 $Q_s(p)$ 即为该商品的生产量。故此时发生的商品库存量为 $Q_s(p) - Q_d(p)$。设企业生产和存贮单位商品的成本分别为 q 和 r，在需求函数和供给函数满足 (2.3) 式的条件下，下面讨论为了使销售商品的利润最大，该商品的最优价格问题。

设总销售收入为 R，总成本为 C，由简单的经济学理论知识可知收入函数和成本函数分别为

$$R = Q_d(p)p$$
$$C = Q_s(p)q + r[Q_s(p) - Q_d(p)]$$

销售总利润

$$\begin{aligned}L(p) &= R - C \\ &= Q_d(p)p - Q_s(p)q + r[Q_s(p) - Q_d(p)] \\ &= (\alpha - \beta p)p - (a + bp)q - r[(a - \alpha) + (b + \beta)p] \\ &= -\beta p^2 + [\alpha - bq - r(b + \beta)]p + r(\alpha - a) - aq\end{aligned}$$

由于商品不脱销，所以生产量 Q_s 应不小于销售量 Q_d，即 $Q_s \geqslant Q_d$，由此得出

$$p \geqslant p_e = \frac{\alpha - a}{\beta + b}$$

即商品销售价格应不小于均衡价格，故商品最优价格问题转化为求函数 $L(p)$ 在区间 $[p_e, +\infty)$ 上的最大值点。

函数 $L(p)$ 的图像如图 2.9 所示。函数的驻点为

$$p^0 = \frac{\alpha - bq - r(b + \beta)}{2\beta}$$

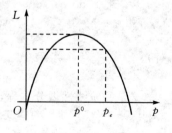

图 2.9

又由 $\dfrac{d^2L}{dp^2}=-2\beta<0$，从而 p^0 是是函数 $L(p)$ 的极大值点。

由 $L(p)$ 图像可知：当 $p_e<p^0$ 时，最优价格为 p^0；当 $p_e>p^0$ 时，最优价格为 p_e。综上所述，最优价格为 $\max\{p_e,p^0\}$。

2.4 拉格朗日乘子的经济意义

一、问题背景

在讨论函数的极值问题时，往往会遇到函数的自变量要受到某些条件的限制，这就是条件极值问题。拉格朗日乘数法是求条件极值的一种重要方法。其主要思想是引入一个新的参数 λ（即拉格朗日乘子），将约束条件与原函数联系到一起，使能配成与变量数量相等的等式方程，从而得到原函数极值的各个变量的解。本节以二元函数为例说明拉格朗日乘子的经济意义。

二、拉格朗日乘数法

为了方便解释拉格朗日乘子的经济意义，设约束条件形式为 $\varphi(x,y)=C$，在此约束条件下求函数 $z=f(x,y)$ 的极值。

当满足约束条件的点 (x_0,y_0) 是函数 $f(x,y)$ 的条件极值点，且在该点函数 $\varphi(x,y)$ 满足隐函数存在条件时，由方程 $\varphi(x,y)=C$ 决定了隐函数 $y=g(x)$，于是点 x_0 就是一元函数 $z=f(x,g(x))$ 的极值点，满足以下方程

$$\frac{dz}{dx}=f_x+f_y g'(x)=0$$

代入 $g'(x_0)=-\dfrac{\varphi_x(x_0,y_0)}{\varphi_y(x_0,y_0)}$，就有

$$f_x(x_0,y_0)-f_y(x_0,y_0)\frac{\varphi_x(x_0,y_0)}{\varphi_y(x_0,y_0)}=0$$

即 $f_x\varphi_y-f_y\varphi_x=0$，亦即 $(f_x,f_y)\cdot(\varphi_y,-\varphi_x)=0$。

可见向量 (f_x,f_y) 与向量 $(\varphi_y,-\varphi_x)$ 正交。注意到向量 (φ_x,φ_y) 也与向量 $(\varphi_y,-\varphi_x)$ 正交，即得向量 (f_x,f_y) 与向量 (φ_x,φ_y) 线性相关，即存在实数 λ，使

$$(f_x,f_y)-\lambda(\varphi_x,\varphi_y)=0$$

亦即

$$\begin{cases}f_x-\lambda\varphi_x=0\\ f_y-\lambda\varphi_y=0\end{cases}$$

由上述讨论可见，函数 $z=f(x,y)$ 在约束条件 $\varphi(x,y)=C$ 之下的条件极

值点应是方程组(2.6)的解：

$$\begin{cases} f_x(x,y) - \lambda \varphi_x(x,y) = 0 \\ f_y(x,y) - \lambda \varphi_y(x,y) = 0 \\ \varphi(x,y) = C \end{cases} \quad (2.6)$$

实际应用时，引进拉格朗日函数

$$L(x,y,\lambda) = f(x,y) + \lambda(C - \varphi(x,y))$$

称其中的实数 λ 为拉格朗日乘子，则(2.6)即为方程组

$$\begin{cases} L_x(x,y,\lambda) = 0 \\ L_y(x,y,\lambda) = 0 \\ L_\lambda(x,y,\lambda) = 0 \end{cases}$$

即

$$\begin{cases} \dfrac{\partial f}{\partial x} = \lambda \dfrac{\partial \varphi}{\partial x} \\ \dfrac{\partial f}{\partial y} = \lambda \dfrac{\partial \varphi}{\partial y} \\ C - \varphi(x,y) = 0 \end{cases} \quad (2.7)$$

三、拉格朗日乘子的经济意义

设方程组(2.7)的解为 λ^*, x^*, y^*，将约束条件右端常数 C 看为变量，则显然 λ^*, x^*, y^* 分别是 C 的函数：

$$\lambda^* = \lambda(C), \quad x^* = x(C), \quad y^* = y(C)$$

相应 $z = f(x,y)$ 的值 z^* 也可视为 C 的函数：

$$z^* = f(x^*(C), y^*(C))$$

z^* 对 C 求导得

$$\frac{dz^*}{dC} = \frac{\partial f}{\partial x^*} \frac{dx^*}{dC} + \frac{\partial f}{\partial y^*} \frac{dy^*}{dC}$$

将方程组(2.7)中前两式代入上式中

$$\frac{dz^*}{dC} = \lambda^* \left(\frac{\partial \varphi}{\partial x^*} \frac{dx^*}{dC} + \frac{\partial \varphi}{\partial y^*} \frac{dy^*}{dC} \right)$$

$\varphi(x,y) = C$ 两边对 C 求导

$$\frac{\partial \varphi}{\partial x} \frac{dx}{dC} + \frac{\partial \varphi}{\partial y} \frac{dy}{dC} = 1$$

所以

$$\frac{dz^*}{dC} = \lambda^*$$

由上式可见拉格朗日乘子 λ^* 是目标函数的条件极值对约束常数 C 的导数。从经济学的角度来看，λ 代表当约束条件中常数 C 增加或减少一个单位值时，z

相应变化的量。根据这一数学含义,其经济意义随目标函数、约束条件的经济意义和度量单位不同而有不同的经济解释。例如,当目标为求效用函数极大,约束常数为预算时,λ 表示该预算的边际效用,即增加单位预算时效用函数的改变量。当目标为求收益函数极大,约束常数为资源限量时,λ 表示该资源的边际收益,即增加单位资源时收益函数的改变量。当目标为求费用函数极小,约束常数为产出水平时,λ 表示产出的边际费用,即增加单位产出时费用函数的改变量。

例 2.2 设某产品的生产函数为 $z = 2\ln x + 4\ln y$,其中 x,y 分别是两种原料的投入量,设两种原料的单价分别为 4 元和 3 元,现在用 10000 元购买原料,问怎样分配两种原料的投入量,才能获得最大的产量?这时费用的边际产量是多少?

解 由题意,要求在两种原料投入的费用约束 $4x+3y=10000$ 条件下,求产出函数 $z = 2\ln x + 4\ln y$ 的最大值。构造拉格朗日函数
$$L(x,y,\lambda) = 2\ln x + 4\ln y + \lambda(10000 - 4x - 3y)$$
解方程组
$$\begin{cases} \dfrac{\partial L}{\partial x} = \dfrac{2}{x} - 4\lambda = 0 \\ \dfrac{\partial f}{\partial y} = \dfrac{4}{y} - 3\lambda = 0 \\ 10000 - 4x - 3y = 0 \end{cases}$$

解得问题最优解为
$$x^* = \frac{2500}{3} \approx 833.33,\ y^* = \frac{20000}{9} \approx 2222.22,\ \lambda = \frac{6}{10000} = 0.0006$$
所以两种原料的投入量分别是 833.33 元和 2222.22 元时,产出达到最大值。本题中 λ 的经济意义为关于费用的边际产量,即当两种原料的投入费用达到 10000 元时,再增加一元的投入,会使产量增加 0.0006 单位。

四、多变量多约束下拉格朗日乘子的经济意义

将以上讨论的问题推广到多变量多约束。我们研究有 m 个等式约束:
$$\varphi_i(x_1, x_2, \cdots, x_n) = C_i \quad i = 1, 2, \cdots, m$$
在此条件下,求一个函数 $f(x_1, x_2, \cdots, x_n)$ 的极值问题。构造拉格朗日函数
$$L = f(x_1, x_2, \cdots, x_n) + \sum_{i=1}^{m} \lambda_i(C_i - \varphi_i(x_1, x_2, \cdots, x_n))$$
同样称 $\lambda_i(i=1,2,\cdots,m)$ 为拉格朗日乘数。类似于上面的讨论,可以证明,拉格朗日乘数 $\lambda_i(i=1,2,\cdots,m)$ 是函数 $f(x_1,x_2,\cdots,x_n)$ 的条件极值 $f^*(x_1^*, x_2^*, \cdots, x_n^*)$ 对约束常数 C_i 的一阶偏导数,即

$$\lambda_i = \frac{\partial f^*}{\partial C_i}, \qquad i = 1, 2, \cdots, m$$

其经济意义随目标函数、约束条件的经济意义和度量单位不同而有不同的解释。

2.5 实物交换模型

一、问题背景

实物交换是人类发展史上一种重要的交换方式，在当今的社会生活中也是屡见不鲜。实物交换问题可以出现在个人之间或国家之间的各种类型的贸易市场上，例如：甲有玉米若干千克，乙有山羊若干只，因为各自的需要，甲乙希望相互交换一部分，达到双方满意的结果。显然，交换的结果取决于双方对两种物品的偏爱程度和需要程度，而对于偏爱程度很难给出确切的定量关系，因此可以采用图示的方法建立实物交换的数学模型，确定实物交换的最佳交换方案。

二、模型分析

首先作如下假设：
(1) 交换不涉及其他因素，只与交换双方对所交换物品的偏爱程度有关。
(2) 交换按等价交换准则进行，等价交换准则是指两种物品用同一种货币衡量其价值，进行等价交换。

不失一般性，设交换前甲占有数量为 x_0 的物品 X，乙占有数量为 y_0 的物品 Y，交换后甲所占有的物品 X、Y 的数量分别记为 x、y，于是乙占有 X、Y 的数量分别为 $x_0 - x$ 和 $y_0 - y$。这样在 xOy 平面直角坐标系上，长方形 $0 \leqslant x \leqslant x_0$，$0 \leqslant y \leqslant y_0$ 内任一点的坐标 (x, y) 都代表了一种交换方案。引入二维点坐标后，我们就把所考虑的范围限制在一个有限的平面区域中，从而使问题得到简化。但这还不够，因为交换只是在其中的一个点发生。为找到这个点，引入无差别曲线概念。

对甲方来说，如果占有 x_1 数量的 X 和 y_1 数量的 Y（图 2.10 中的 p_1 点）与占有 x_2 的 X 和 y_2 的 Y（图中 p_2 点），对甲来说是同样满意的，称 p_1 和 p_2 对甲是无差别的。或者说 p_1 与 p_2 相比，甲愿意以 Y 的减少 $(y_1 - y_2)$ 换取 X 的增加 $(x_2 - x_1)$，所有与 p_1、p_2 具有同样满意程度的点组成一条甲的无差别曲线 MN，而比这些点的

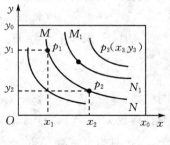

图 2.10

满意程度更高的点如 $p_3(x_3,y_3)$ 则位于另一条无差别曲线 M_1N_1 上。这样，甲有无数条无差别曲线，不妨将这族曲线记作

$$f(x,y) = c_1$$

c_1 称满意度，随着 c_1 的增加，曲线向右上方移动。

无差别曲线是一条由隐函数确定的平面曲线或可以看成二元函数 $f(x,y)$ 的等高线，虽然 $f(x,y)$ 没有具体的表达式，但我们可以讨论这族无差别曲线的特点。直观看，无差别曲线有以下几个特点：

（1）无差别曲线是彼此不相交的。因为若两条无差别曲线相交，则在交点处具有两个不同的满意度，这与无差别曲线定义矛盾。

（2）无差别曲线是单调递减的。由交换常识可知在满意度一定的前提下，交换的两种物品成反比关系，当 x 增加时，y 是减少的；

（3）满意度大的无差别曲线在满意度小的无差别曲线上方。例如对甲来说，用同样的玉米换取更多的羊只会更满意。

（4）无差别曲线上升的速度是递减的，即无差别曲线是下凸的。因为交换的特点是物以稀为贵。当某人拥有较少的物品时，他愿意用其较少部分物品换取较多的另一种物品，反之当其拥有较多的物品时，他愿意用其较多部分物品换取较少的另一种物品。这在数学上可以描述为当 x 较小时，交换是用较少的 Δx 换取较多的 Δy、当 x 较大时，交换是用较多的 Δx 换取较少的 Δy。具有这种特点的曲线是下凸的（见图 2.11）。

无差别曲线概念的提出是用图形方法建立实物交换模型的基础，确定这种曲线需要收集大量的数据，还可以研究无差别曲线的解析表达式及其性质。

同样，乙对物品 X 和 Y 也有一族无差别曲线，记作

$$g(x,y) = c_2$$

不管无差别曲线 f、g 是否有解析表达式，每个人都可根据对两种物品的偏爱程度用曲线表示它们，为用图解法确定交换方案提供了依据。

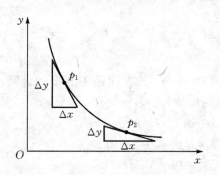

图 2.11

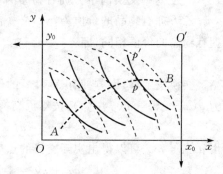

图 2.12

由于交换是在甲乙双方进行的,甲方的物品减少对应乙方物品的增加,反之亦然。将双方的无差别曲线画在一起可以观察到交换的发生特点。如图 2.12,图中甲的无差别曲线族 $f(x,y) = c_1$ 如前图用实线表示,而乙的无差别曲线族 $g(x,y) = c_2$ 原点在 O',x、y 轴均反向,用虚线表示。当甲的满意度 c_1 增加时无差别曲线向右上移动,当乙的满意度 c_2 增加时无差别曲线向左下移动,于是在交换区域中,任何一点都有甲和乙各一条无差别曲线通过。甲乙两条无差别曲线的交点表示甲乙交换发生。两族无差别曲线中的曲线彼此发生相交的情况只有相切于一点或者相交于两点的可能。如果交点不是切点,则过此点的甲乙两无差别曲线还在另一点相交,由无差别曲线的定义,在这两条曲线上甲乙双方具有同样的满意度,而这是不可能的。因为这两条曲线一条是下凸另一条是上凸的,过所围区域内任一点的无差别曲线具有与这两条无差别曲线不同的满意度且一定与其中的一条相交,这就导致在同一交点处对某方来说有两种满意度的情况,因此交点不是切点时不发生实际交换。简单分析可知相切于一点的点都可以发生实际交换。这些相切于一点的点构成交换区域的一条曲线,图中用点线表示,记为 AB,称其为交换路径。这样,借助无差别曲线概念将交换方案从矩形区域缩小为其中的一条交换路径曲线 AB 上。

关于实际交换究竟在交换路径曲线 AB 的哪一点上发生,要借助交换的原则。显然,越靠近 B 端甲的满意度越高而乙的满意度越低,靠近 A 端则反之。要想把交换方案确定下来,需要依据双方同意的某种准则。由假设(2),若交换按等价交换的原则进行,不妨设交换前甲占有的 x_0(物品 X)与乙占有的 y_0(物品 Y)具有相同的价值,设 X 单价为 a,Y 单价为 b,则交换前甲方拥有物品的价值为 ax_0,乙方拥有物品的价值为 by_0,交换前甲乙拥有物品的价值相同,即

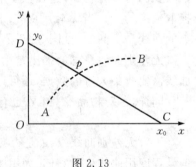

图 2.13

$$ax_0 = by_0$$

交换发生后,甲方拥有 X 和 Y 的价值为 $ax + by$,乙方拥有 X 和 Y 的价值为 $a(x_0 - x) + b(y_0 - y)$,按等价交换的原则应该有

$$ax + by = a(x_0 - x) + b(y_0 - y)$$

由 $ax_0 = by_0$ 可以得出实际交换的点 (x, y) 满足关系式:

$$ax + by = s \quad (s = ax_0 = by_0)$$

x_0, y_0 在图形上分别相应于图 2.13 中 x 轴、y 轴上的 C、D 两点,由上述分

析,符合等价交换准则的点在直线 CD 上,双方满意的交换方案必是 CD 与 AB 的交点 p。

三、模型评价

这个模型很有特点,它给出了怎样研究和了解没有具体关系式函数的问题。本题巧妙地用图形方法建模,解决了涉及到不易定量表示的模糊概念建模问题。其中在建模中引入的无差别曲线概念及对无差别曲线的讨论是数学建模图解法的一种方法。

2.6 保险人的收益率模型

一、问题背景

养老保险是与人们生活密切相关的一种保险类型。通常保险公司会在计划中详细列出保险费和养老金的数额,并提供多种方式的养老金计划让投保人选择。保险公司在设计保险产品时,既要保证自身的盈利,又要考虑保险人的利益。本节讨论投保人的收益率问题,建立典型养老保险品种的盈利模型,并分析了实例。

二、建立模型

下面的养老保险品种具有代表性。

设投保人从 m 岁时开始投保,每年交费 c 元,一直交到 n 岁为止,从 p 岁起,每年领取养老金 d 元,以后每年增加 e 元,直到死亡。死亡后,保险公司一次性支付 a 元。若预期寿命为 k 岁,银行年利率为 λ,分析投保人的收益率情况。

根据问题的规定和实际情况,做出如下合理的假设。

(1) 交纳保险费与领取养老金的时间分别为每年的年初与年末。
(2) 预期寿命时间即为领取养老金的最后年份。
(3) 银行的年利率不随时间变化。
(4) $k \geqslant n \geqslant m; n \leqslant p \leqslant k; m、n、p$ 均为正整数, $c、d、e、a、\lambda$ 均非负。

用 ξ 表示投保收入(领取的总金额+利息);用 ω 表示投保费(投保总金额+利息)。根据所假设的条件可知,投保人的收益取决于领取的养老金总金额。定义投保收益率 η 指标如下:

$$\text{投保收益率 } \eta = \frac{\text{领取总金额(包括利息)} - \text{投保总金额(包括利息)}}{\text{投保总金额(包括利息)}}$$

即
$$\eta = \frac{\xi - \omega}{\omega} \quad (2.8)$$

如果投保收益率越大，那么投保人获利越丰厚。据假设及其定义，$\eta > 0$ 表示投保人获利；$\eta = 0$ 表示投保人和保险公司等价交换；$\eta < 0$ 表示保险公司获利。

因为资金有时间价值，所以投保资金和领取的保费产生的利息其实也是保险总金额的一部分。所以在计算投保人的收益率时，必须考虑到所有资金所产生的利息。

若以复利计算，总投保费 ω 为
$$\omega = \sum_{i=m}^{n}(\omega_{1i} + r_{1i}) = \sum_{i=m}^{n} c\,(1+\lambda)^{k-i} \quad (2.9)$$

其中 ω_{1i} 表示第 i 岁时投保金额；r_{1i} 表示 ω_{1i} 所对应的利息。

以复利计算，死亡时的总投保收入 ξ 为
$$\xi = \sum_{j=p}^{k}(\xi_{1j} + r_{2j}) + a = \sum_{j=p}^{k}[d + e(j-p)](1+\lambda)^{k-j} + a \quad (2.10)$$

其中 ξ_{1j} 表示第 j 岁领取的保金；r_{2j} 表示 ξ_{1j} 所对应的利息。

将 (2.9) 式、(2.10) 式代入 (2.8) 式可得

$$\eta = \frac{\xi - \omega}{\omega} = \frac{\sum_{j=p}^{k}(\xi_{1j} + r_{2j}) + a - \sum_{i=m}^{n}(\omega_{1i} + r_{1i})}{\sum_{i=m}^{n}(\omega_{1i} + r_{1i})}$$

$$= \frac{\sum_{j=p}^{k}[d + e(j-p)](1+\lambda)^{k-j} + a - \sum_{i=m}^{n} c\,(1+\lambda)^{k-i}}{\sum_{i=m}^{n} c\,(1+\lambda)^{k-i}}$$

可也将上式写为

$$\eta = \frac{\sum_{j=p}^{k}[d + e(j-p)](1+\lambda)^{k-j} + a}{\sum_{i=m}^{n} c\,(1+\lambda)^{k-i}} - 1 \quad (2.11)$$

η 就是所求的投保收益率。对于实际问题，可用数学软件计算 η。对不同的投保方案可进行 η 的比较。

例 2.3 某人 40 岁时参加养老保险，有两家保险公司推出两种不同的方案：

方案 Ⅰ：40 岁起每年交费 437 元，一直交到 59 岁为止；从 60 岁起每年领取养老金 1200 元直至死亡，死亡后保险公司一次性支付给家属 10000 元。

方案Ⅱ:40岁起每年交费750元,连续交纳10年;从60岁起领取养老金,第一年1000元,以后每年增加50元,直至死亡,死亡后保险公司一次性支付给家属10000元。

若预期寿命为75岁、银行年利率为5.8%,问:哪一种方案对投保人更有利。

解 对方案Ⅰ,$m=40, n=59, c=437, d=1200, e=0, p=60, k=75, a=10000$。将这些数据带入公式(2.11),可得投保人的收益率为

$$\eta = \frac{\sum_{j=60}^{75} 1200\,(1+5.8\%)^{75-j} + 10000}{\sum_{i=40}^{59} 437\,(1+5.8\%)^{75-i}} - 1$$

用matlab软件可算得 $\eta = 0.039322$。

对方案Ⅱ,$m=40, n=50, c=750, d=1000, e=50, p=60, k=75, a=10000$。将这些数据带入公式(2.11),可得投保人的收益率为:

$$\eta = \frac{\sum_{j=60}^{75} [1000+50\times(j-60)]\,(1+5.8\%)^{75-j} + 10000}{\sum_{i=40}^{49} 750\,(1+5.8\%)^{75-i}} - 1$$

用数学软件可算得 $\eta = 0.019176$。

综上比较两种方案的 η 值可知,方案Ⅰ对投保人有利。

模型(2.11)基于的假设是银行的利率不变,也未考虑投保人 p 岁过后每年的死亡情况。在模型的改进方面可以考虑这些因素对模型的影响。

2.7 古诺产量竞争模型

一、问题背景

古诺模型是一个只有两个寡头厂商的简单模型,这两个厂商生产完全可替代的同质产品,两个企业在市场进行产量竞争,相互独立地同时决定各自的产量,使自己的利润达到最大。

这个问题是法国经济学家古诺(Cournot)首次提出的,它是产业组织理论中的一个基本问题,是用博弈论研究企业竞争策略的重要基础。根据这一问题建立的古诺模型实际上是以后纳什均衡思想的最早阐述,同时这一模型被扩展到对多个寡头厂商行为的研究。

二、建立模型

1.古诺模型的假定

古诺模型中两个寡头的行为及其有关条件的假定为

1)两个寡头厂商生产的产品是同质或无差别的；

2)每个厂商都根据对手的策略采取行动,并假定对手会继续这样做,据此来做出自己的决策；

3)为方便起见,假定每个厂商的边际成本为常数,并假设每个厂商的需求函数是线性的；

4)两个厂商都通过调整产量来实现各自利润的最大化；

5)两个厂商不存在任何正式的或非正式的串谋行为。

2.古诺模型的建立

设 q_1、q_2 分别表示企业1和企业2生产的同质产品的产量,市场中该产品的总供给 $Q = q_1 + q_2$,市场上的价格是两个企业产量之和的函数。即需求函数是

$$p(Q) = a - bQ$$

其中 a、b 为正常数。

设企业 i 生产 q_i 的总成本 $c_i(q_i) = c_i q_i$,即企业不存在固定成本,且生产每单位产品的边际成本为常数 c_i(这里假定 $c_i < a$)。根据古诺的假定,两个企业同时进行产量决策。假定产品是连续可分割的,由于产出不可能为负,因此,每一企业的战略空间可表示为 $S_i = [0, \infty)$,其中一个代表性战略 s_i 就是企业选择的产量 $q_i(q_i \geq 0)$。假定企业的收益是利润 π,用 $\pi_i(s_i, s_j)$ 表示,则两个企业的利润分别为

$$\pi_i(q_i, q_j) = q_i[p(Q) - c_i] = q_i[a - b(q_1 + q_2) - c_i], \quad (i = 1, 2)$$

在古诺的双头垄断模型中,由于两企业的信息是透明的,双方互知对方的利润函数,因此双方在竞争中应采取理性的原则,即寻求纳什均衡点。对产量 q_1、q_2 可以在一定范围内连续变化的情形,纳什均衡点 (q_1^*, q_2^*) 应满足

$$\pi_1(q_1, q_2^*) \leq \pi_1(q_1^*, q_2^*)$$
$$\pi_2(q_1^*, q_2) \leq \pi_2(q_1^*, q_2^*)$$

从上面两式可以看到,若企业2决定以产量 q_2^* 生产,企业1不采用产量 q_1^* 生产,其利润势必下降。同样,若企业1决定以产量 q_1^* 进行生产,企业2不采用产量 q_2^* 生产,利润同样会下降。因此,双方的明智决策是各自生产 q_1^* 和 q_2^* 的产品,两个企业达到双赢,这样的问题就归结为求纳什均衡点。

对一切可能的 q_1,式子 $\pi(q_1, q_2^*) \leq \pi_1(q_1^*, q_2^*)$ 成立意味着 q_1^* 应满足

$$\max_{q_1} \pi_1(q_1, q_2^*) = \pi_1(q_1^*, q_2^*)$$

由极值的必要条件,q_1^* 应满足

$$\frac{\partial}{\partial q_1}\pi_1(q_1,q_2^*) = 0$$

这一条件在博弈论中称为一阶条件,设能从上式中解出极大值点 q_1^*,记为

$$q_1^* = R_1(q_2^*)$$

在经济学中称上式为企业 1 的反应函数。

同样,对一切可能的 q_2,式子 $\pi_2(q_1^*,q_2) \leqslant \pi_2(q_1^*,q_2^*)$ 成立意味着 q_2^* 应满足

$$\max_{q_2}\pi_2(q_2^*,q_2) = \pi_2(q_1^*,q_2^*)$$

由极值的必要条件,q_2^* 应满足

$$\frac{\partial}{\partial q_2}\pi_2(q_1^*,q_2) = 0$$

若解出极大值点 q_2^*,记为

$$q_2^* = R_2(q_1^*)$$

同样称上式为企业 2 的反应函数。

于是纳什均衡点 (q_1^*,q_2^*) 应满足

$$\begin{cases} \dfrac{\partial \pi_1(q_1,q_2)}{\partial q_1} = 0 \\ \dfrac{\partial \pi_2(q_1,q_2)}{\partial q_2} = 0 \end{cases}$$

将两个企业的利润函数带入上式,求解得到方程组

$$\begin{cases} \dfrac{\partial \pi_1(q_1,q_2)}{\partial q_1} = a - c_1 - bq_2 - 2bq_1 = 0 \\ \dfrac{\partial \pi_2(q_1,q_2)}{\partial q_2} = a - c_2 - bq_1 - 2bq_2 = 0 \end{cases}$$

因此,可得两企业的反应函数为

$$q_1 = R_1(q_2) = \frac{a - bq_2 - c_1}{2b}$$

$$q_2 = R_2(q_1) = \frac{a - bq_1 - c_2}{2b}$$

联立以上两式,解得

$$q_1^* = \frac{a - 2c_1 - c_2}{3b}$$

$$q_2^* = \frac{a - 2c_2 - c_1}{3b}$$

由上面讨论看到,反应函数表示的是每个企业的最优战略(产量)是另一个企业产量的函数。由于这两个函数都是连续的线性函数,因此可用坐标平面上

的两条直线表示(见图 2.14)。这两个最优反应函数表示的曲线称为反应曲线。两条反应曲线只有一个交点,其交点就是纳什均衡时两个企业的产量组合。现实中,只有古诺均衡产量才是双方稳定的产量组合,且古诺均衡已不仅仅是供求相等的均衡了,这里的均衡除满足供求相等外,参与各方都达到了利润最大化。

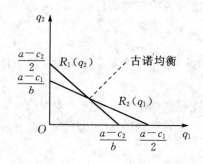

图 2.14

例 2.4 欧佩克(OPEC,石油输出国组织)试图通过限制生产水平保持世界石油的高价格。假设欧佩克的生产成本为每桶 5 美元,非欧佩克生产国的生产成本为每桶 10 美元,又知道石油市场需求函数为

$$p = 65 - \frac{Q}{3}$$

用古诺寡头垄断方法做均衡分析。

解 设欧佩克和非欧佩克国的产量分别为 q_1、q_2,双方的利润函数分别为

$$\pi_1(q_1, q_2) = 60q_1 - \frac{1}{3}(q_1 + q_2)q_1$$

$$\pi_2(q_1, q_2) = 55q_2 - \frac{1}{3}(q_1 + q_2)q_2$$

由

$$\frac{\partial \pi_1}{\partial q_1} = 60 - \frac{2}{3}q_1 - \frac{1}{3}q_2 = 0$$

$$\frac{\partial \pi_2}{\partial q_2} = 55 - \frac{1}{3}q_1 - \frac{2}{3}q_2 = 0$$

解得反应函数分别为

$$q_1 = R_1(q_2) = \frac{180 - q_2}{2}, \quad q_2 = R_2(q_1) = \frac{165 - q_1}{2}$$

所以石油市场的古诺均衡点为 $q_1^* = 65, q_2^* = 50$ (单位:百万桶/天)。

三、两个企业有串谋的均衡模型

以上假定两个企业不存在任何形式的串谋。现在假定市场上的两个寡头垄断企业通过串谋如同一个垄断者一样行事。串谋属于合作博弈,其特点是参加博弈的各方在决策过程中联合起来,先求共同利益的极大化,然后再分配这个已经极大化了的共同利益。

仍设市场上的价格是两个企业产量之和的函数:$p = p(Q) = p(q_1 + q_2)$,两个企业的费用函数分别为 $c_1(q_1)$、$c_2(q_2)$,在串谋条件下,问题就成为求总利润函数的最大化：
$$\pi = \max_{q_1,q_2}\{p(q_1+q_2)(q_1+q_2) - c_1(q_1) - c_2(q_2)\}$$
令其分别对 q_1, q_2 的一阶导数为 0，即可求出 q_1、q_2 和相应的利润。

例 2.5 如市场需求为 $p = 100 - 0.5(q_1+q_2), c_1 = 5q_1, c_2 = 0.5q_2^2$，若两企业串谋，求均衡解，并求出 π_1 与 π_2。

解 总利润函数为
$$\pi = [100 - 0.5(q_1+q_2)](q_1+q_2) - 5q_1 - 0.5q_2^2$$

令 $\dfrac{\partial \pi}{\partial q_1} = 95 - q_1 - q_2 = 0, \quad \dfrac{\partial \pi}{\partial q_2} = 100 - q_1 - 2q_2 = 0$

可解得：$q_1 = 90, q_2 = 5$，相应的利润为 $\pi_1 = 4275, \pi_2 = 250$。

四、多家企业的古诺竞争模型

设市场中有 n 家厂商，q_i 为厂商 i 的产量，$Q = \sum\limits_{i=1}^{n} q_i$ 为市场总产量。已知市场的需求函数为 $P(Q) = a - bQ$。为简单，假设厂商 i 生产 q_i 产量的总成本为 $c_i(q_i) = cq_i$，也就是说没有固定成本，且各厂商的边际成本都相同 ($c < a$)。设各厂商同时选择产量，则各厂商的利润函数为

$$\pi_i = pq_i - cq_i = (a - bq_i - b\sum_{j \neq i}^{n} q_j)q_i - cq_i, \quad i = 1, 2, \cdots, n$$

将利润函数对 q_i 求导，并令导数为 0，得

$$\frac{\partial \pi}{\partial q_i} = a - 2bq_i - b\sum_{j \neq i}^{n} q_j - c = 0$$

解得各厂商对其他厂商产量的反应函数为

$$q_i = \frac{a - b\sum\limits_{j \neq i}^{n} q_j - c}{2b}, \quad i = 1, 2, \cdots, n$$

根据 n 个企业之间的对称性，可知 $q_1^* = q_2^* = \cdots = q_n^*$ 成立，代入上式，得

$$q_1^* = q_2^* = \cdots = q_n^* = \frac{a-c}{(n+1)b}$$

行业总产量为
$$\sum_{j=1}^{n} q_j^* = \frac{n(a-c)}{(n+1)b}$$

市场价格为
$$p = a - b\frac{n(a-c)}{(n+1)b} = a - \frac{n(a-c)}{n+1}$$

每个企业的利润为

$$\pi_j = (p-c)q_j^* = \left[a - \frac{n(a-c)}{(n+1)} - c\right] \cdot \frac{a-c}{(n+1)b} = \frac{(a-c)^2}{(n+1)^2 b}$$

在古诺均衡时,价格高出边际成本的幅度为:
$$p-c=a-\frac{n(a-c)}{n+1}-c=\frac{a-c}{n+1}>0$$
显然,$\lim_{n\to\infty}(p-c)=0$,这说明,当企业个数很多时,市场价格将趋于企业的边际成本,产出和价格均趋于完全竞争条件下的均衡水平,市场结构会趋于完全竞争市场。

通过以上分析可知,在一个产业中,如果新企业不断进入,市场产量将会不断增加,而价格将会下降,从而有助于增加消费者的福利。当新进入企业数量增加到一定程度,市场结构将趋近完全竞争状态。这说明,通过降低产业进入壁垒或放松进入管制,使潜在进入企业能够顺利进入行业,并对产业中原有企业的市场地位形成一种威胁,就能够降低产业市场价格,增加产量,提高资源配置效率。

2.8 哈罗德-多马经济增长模型与新古典增长模型

一、问题背景

经济增长模型指的是经济增长的理论结构,它所要说明的是经济增长与有关经济变量之间的因果关系和数量关系。对经济增长的不同理论分析构成了不同的经济增长模型。本节主要介绍两个著名的经济增长模型,即哈罗德-多马(Harrod-Domar)经济增长模型和新古典经济增长模型。

二、哈罗德-多马经济增长模型

哈罗德-多马模型考察的是一个国家在长期实现经济稳定的均衡增长所需具备的条件。英国经济学家哈罗德与美国学者多马几乎同时提出自己的经济增长模型,由于两者在形式上极为相似,所以称为哈罗德-多马模型。两者的区别在于哈罗德是以凯恩斯的储蓄-投资分析方法为基础,提出资本主义经济实现长期稳定增长模型;而多马模型则以凯恩斯的有效需求原理为基础,得出与哈罗德相同的结论。

1. 哈罗德-多马经济增长模型的假定

记 Y 为国民收入,K 为资本总额;S 为储蓄,L 为劳动力,I 为投资。以下不妨采用微分形式讨论。假定:

(1) 不存在货币部门,且价格水平不变;

(2) 劳动力 L 供给以不变的速率 n 增长,即 $\dfrac{\mathrm{d}L/\mathrm{d}t}{L}=n$,$n$ 为常数;

(3) 社会的储蓄率 s 为常数,即储蓄与收入的比率不变,$s = \dfrac{S}{Y}$ 为常数;

(4) 社会生产过程只使用劳动 L 和资本 K 两种生产要素,且两种要素不能互相替代;

(5) 不存在技术进步。

2. 哈罗德-多马经济增长模型

先从产出和资本关系研究。根据假定(4),生产函数可以写为

$$Y(t) = Y(K(t), L(t)) = \min[vK(t), zL(t)] \quad (2.12)$$

式中,参数 $v = \dfrac{Y}{K}$ 为产出资本比;$z = \dfrac{Y}{L}$ 为产出劳动比;v 和 z 为固定的常数。

根据上面的说明,由 $v = \dfrac{Y}{K}$ 有

$$Y = vK \quad (2.13)$$

(2.13)式说明,经济中供给的总产出等于产出资本比乘以资本投入。

对(2.13)式关于时间 t 求微分有

$$\frac{\mathrm{d}Y}{\mathrm{d}t} = v \frac{\mathrm{d}K}{\mathrm{d}t} \quad (2.14)$$

(2.14)式说明,总产出随时间的变化率由产出资本比和资本存量变化率(即投资水平)所决定。

另一方面,在只包括消费和厂商的两部门经济中,经济活动达到均衡状态时,要求投资等于储蓄,即

$$I = S \quad (2.15)$$

根据假定条件,有 $S = sY$。而 $I = \dfrac{\mathrm{d}K}{\mathrm{d}t}$,故(2.15)式变为

$$\frac{\mathrm{d}K}{\mathrm{d}t} = sY \quad (2.16)$$

将(2.16)式代入到(2.14)式,并对其进行变形,有

$$\frac{\mathrm{d}Y/\mathrm{d}t}{Y} = vs \quad (2.17)$$

方程(2.17)就是在资本得到充分利用条件下总产出的增长率所必须满足的关系。在 v 和 s 都为常数的条件下,模型(2.17)式的解为

$$Y = A e^{vst} \quad (2.18)$$

式中,A 为常数;t 为时间。

为了进一步认识(2.17)所示的增长率的意义,将(2.13)代入到(2.16)式,并对其进行整理,得

$$\frac{\mathrm{d}K/\mathrm{d}t}{K} = vs \quad (2.19)$$

比较(2.17)式和(2.19)式可知,为了使资本得到充分利用,总产出 Y 与资本 K 必须同步增长,其增长率由储蓄率和产出资本比确定。按照哈罗德的说法,这一增长率被称为有保证的增长率,记为 G_W,即 $G_W = vs$。至此,建立了资本得到充分利用时经济增长的条件。

再从产出与劳动关系研究。根据假定(2),劳动力增长率为 $\dfrac{\mathrm{d}L/\mathrm{d}t}{L} = n$,$n$ 为常数。另一方面,在充分就业情况下,总产出和劳动力的关系为

$$Y = zL \tag{2.20}$$

对(2.20)式关于时间 t 进行微分,有

$$\frac{\mathrm{d}Y}{\mathrm{d}t} = z\frac{\mathrm{d}L}{\mathrm{d}t} \tag{2.21}$$

在参数 z 为常数的情况下,(2.21)式意味着总产出必须与劳动力同步增长。用(2.20)式除(2.21)式,得

$$\frac{\mathrm{d}Y/\mathrm{d}t}{Y} = \frac{\mathrm{d}L/\mathrm{d}t}{L} = n \tag{2.22}$$

(2.22)式就是劳动力充分就业时经济增长的条件。这一条件的含义是,如果要使经济实现充分就业的均衡增长,总产出的增长率必须等于劳动力的增长率。哈罗德将这一增长率称为自然增长率,记为 G_L,即 $G_L = n$。

3. 经济均衡增长的条件

根据本节前面的讨论,为了使经济中资本和劳动力都得到充分利用,总产出的增长率必须满足的条件是,有保证的增长率 G_W 等于自然增长率 G_L,即

$$G_W = G_L \tag{2.23}$$

由于 $G_W = vs$,$G_L = n$,故上式又可写为

$$vs = n \tag{2.24}$$

(2.24)式被称为哈罗德-多马均衡增长条件。如果这一条件不能满足,如 $G_W < G_L$,则失业率就会上升;反之,如果 $G_W > G_L$,则会出现大量资本闲置。

在哈罗德-多马模型的框架下,(2.24)式给出了保证经济均衡增长、产出资本比 v、储蓄率 s 和劳动力增长率之间的内在联系。哈罗德认为,由于储蓄率、产出资本比率和劳动力增长率这三个因素分别由不同的因素决定,因此,在现实中没有任何经济机制可以确保 $G_W = G_L$。更何况,即使由于偶然原因 $G_W = G_L$,使经济处于均衡增长路径上,但一旦出现某种扰动,有保证的增长率就会越来越偏离自然增长率。换言之,即使存在均衡增长路径,但该路径也是不稳定的。从一定意义上说,哈罗德-多马模型倒可以用来解释一些非均衡增长的现象。

哈罗德-多马模型作为一种早期的增长理论,虽然具有简单、明确的特点,但该模型关于劳动和资本不可相互替代以及不存在技术进步的假定也在一定

程度上限制了其对现实的解释。在西方经济增长理论的文献中,经济学家几乎公认,美国经济学家罗伯特·索洛在20世纪50年代后半期所提出的新古典增长理论是20世纪五六十年代最著名的关于增长问题的研究成果。下面就来讨论新古典增长理论。

二、新古典经济增长模型

新古典经济增长模型是索洛(Solow)所提出的发展经济学中著名的模型,又称作索洛经济增长模型、外生经济增长模型,是在新古典经济学框架内的经济增长模型。

新古典经济增长理论在放弃了哈罗德-多马模型中关于资本和劳动不可替代以及不存在技术进步的假定之后,所做的基本假定包括:(1) 社会储蓄函数为 $S = sY$。其中, s 是作为参数的储蓄率;(2) 劳动力按一个不变的比率 n 增长;(3) 生产的规模收益不变。

在上述假定(3),并暂时不考虑技术进步的情况下,经济中的生产函数可以表示为人均形式

$$y = f(k) \qquad (2.25)$$

式中, $y = \dfrac{Y}{L}$ 为人均产量, $k = \dfrac{K}{L}$ 为人均资本。图2.15表示了生产函数(2.25)式的图形。

从图2.15中可以看出,随着每个工人拥有的资本量 k 的上升,每个工人的产量也增加,但由于报酬递减规律,人均产量增加的速度是递减的。

根据增长率分解式,在假定(2)和不考虑技术进步的条件下,产出增长率就唯一地由资本增长率来解释。下面就来较细致地考察资本和产量的关系。

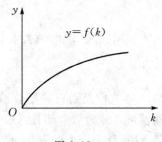

图 2.15

一般而言,资本增长由储蓄(或投资)决定,而储蓄又依赖于收入,收入或产量又要视资本而定。在上述体系中,资本对产出的影响可由集约化的生产函数(2.25)来描述。资本存量变化对资本存量的影响是明显的和直观的,无需进一步说明。产出对储蓄的影响可以由储蓄函数来解释。因此,需着重说明的是储蓄对资本存量变化的影响。

1. 新古典增长模型的基本方程

在一个只包括居民户和厂商的两部门的经济中,经济的均衡条件可以表

示为
$$Y = C + I$$
其中 C 表示消费,将上式表示为人均形式,则有
$$\frac{Y}{L} = \frac{C}{L} + \frac{I}{L} \tag{2.26}$$
将上式动态化,并利用(2.25)式,有
$$f(k(t)) = \frac{C(t)}{L(t)} + \frac{I(t)}{L(t)} \tag{2.27}$$
由于 $k(t) = \frac{K(t)}{L(t)}$,对这一关系求关于时间的微分,可得
$$\frac{\mathrm{d}k(t)}{\mathrm{d}t} = \frac{1}{L^2}[L\frac{\mathrm{d}K}{\mathrm{d}t} - K\frac{\mathrm{d}L}{\mathrm{d}t}] \tag{2.28}$$
利用 $\frac{\mathrm{d}L/\mathrm{d}t}{L} = n$ 和 $\frac{\mathrm{d}K}{\mathrm{d}t} = I$,上式可表示为
$$\frac{I}{L} = \frac{\mathrm{d}k}{\mathrm{d}t} + nk \tag{2.29}$$
由(2.26)式得
$$\frac{I}{L} = \frac{Y - C}{L}$$
注意到 $Y = C + S$,而 $S = sY$,上式可写为
$$\frac{I}{L} = \frac{sY}{L} \tag{2.30}$$
利用(2.27)式和(2.30)式,将(2.29)式可表示为
$$sf(k) = \frac{\mathrm{d}k}{\mathrm{d}t} + nk \tag{2.31}$$

(2.31)式便是新古典增长模型的基本方程。这一关系式说明,一个社会的人均储蓄可以分为两个部分:(1)人均资本的增加,即为每一个人配备更多的资本设备,这被称为资本的深化。(2)每一增加的人口配备每人平均应得的资本设备 nk,这被称为资本的广化。其意义是:在一个社会全部产品中减去被消费掉的部分之后,剩下来的便是储蓄;在投资等于储蓄的均衡条件下,整个社会的储蓄可以被用于两个方面:一方面给每个人增添更多的资本设备,即资本深化,另一方面为新出生的每一个人提供平均数量的资本设备,即资本广化。

2. 稳态分析

在新古典增长理论中,所谓稳态是指这样一种状态,这时的人均产量和人均资本都不再发生变化。按照这种稳态的含义,如果人均资本不变,给定技术,则人均产量也不变。尽管人口在增长,但为使人均资本保持不变,资本必须和人

口以相同的速度增长。在假定技术不变时,按新古典增长理论的假定,便有

$$\frac{\mathrm{d}Y/\mathrm{d}t}{Y} = \frac{\mathrm{d}L/\mathrm{d}t}{L} = \frac{\mathrm{d}K/\mathrm{d}t}{K} = n$$

换句话说,当经济中的总产量、资本存量和劳动力都以速度 n 增长,且人均产量固定时,就达到了稳态。

理解基本方程(2.31)式和稳态含义更好的方式是图形分析。如图 2.16 所示,横轴为人均资本拥有量 k,纵轴为人均收入 $f(k)$。生产函数曲线 $f(k)$ 表明随着人均资本拥有量的增加人均产量也增加。人均储蓄曲线 $sf(k)$ 位于人均收入曲线 $f(k)$ 的下方,因为储蓄只是收入的一部分。图中的直线 nk 为通过原点且斜率为 n 的直线。

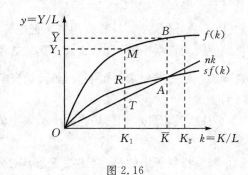

图 2.16

根据基本方程(2.31)式及 nk 线和 $sf(k)$ 曲线的关系,可以作如下讨论:当 $sf(k)$ 高于 nk 时,$sf(k) - nk > 0$,这时有 $\frac{\mathrm{d}k}{\mathrm{d}t} > 0$;反之,当 $sf(k)$ 低于 nk 时,则 $\frac{\mathrm{d}k}{\mathrm{d}t} < 0$;当 $sf(k)$ 等于 nk 时,即 $sf(k)$ 曲线与 nk 线相交时,$\frac{\mathrm{d}k}{\mathrm{d}t} = 0$。

按照上面关于稳态的说明,当 $\frac{\mathrm{d}k}{\mathrm{d}t} = 0$ 时,经济便处于稳态,这对应于图 2.16 中的 A 点。因此,在新古典增长理论中,稳态的条件可表示为

$$sf(k) = nk \tag{2.32}$$

图 2.16 中,由稳态条件确定的人均资本为 $\bar{k}$。为了进一步理解稳态的含义,考虑 k 不等于 $\bar{k}$ 的情况,不失一般性,假定 $k < \bar{k}$。由图 2.16 看到 $sf(k) - nk > 0$,即

$$\frac{sf(k)}{k} > n \tag{2.33}$$

又因为 $f(k) = y = \frac{Y}{L}$,$k = \frac{K}{L}$,(2.33)式可写为

$$s \frac{Y}{L} \frac{L}{K} = s \frac{Y}{K} > n \tag{2.34}$$

在不存在折旧的情况下,根据 $S = sY = I = \frac{\mathrm{d}K}{\mathrm{d}t}$,上式写为

$$\frac{dK/dt}{K} > n$$

上式表明,如果实际的 $k < \bar{k}$ 时,资本的增长率将大于劳动增长率。换句话说,这时资本比劳动增加得快,即人均资本在增加。这一点从基本方程(2.31)式看得更清楚,当 $sf(k) > nk$ 时,有 $\frac{dk}{dt} > 0$,即随着时间的推移,人均资本将会增加。以上的分析表明,只要人均资本低于稳态所要求的水平时,经济中会有一种机制使人均资本不断增加,直到达到稳态所要求的水平为止。类似地有,当人均资本大于稳态所要求的水平时,则人均资本将不断减少,直到达到 $\bar{k}$ 所表示的水平为止。

因此,人均资本 k 总是趋向于其稳态值。与此相对应,人均产量也趋向于均衡值 $\bar{y}$。

需要特别指出的是,上述关于稳态的分析表明,在稳态时,总收入以与人口相同的速度增长,即增长率为 n,这意味着,稳态中的产量增长率并不受储蓄率的影响。这是新古典增长理论的重要结论之一。

应用模型(2.31),还可进行比较静态分析,如储蓄率的增加是如何影响产量增长的,人口增长对产量增长的影响,限于篇幅在此省略。

3. 考虑技术进步时的稳态

上面新古典增长理论的论述没有涉及技术进步。但事实上技术进步是经济增长过程中不能忽视且非常重要的因素。下面讨论考虑到技术进步时的稳态分析。

在宏观经济中,考虑到技术进步时的总产量生产函数可以一般地写为

$$Y = f(K, L, A) \tag{2.35}$$

式中,A 为科技进步因素。一般地,Y 与 A 具有正向关系,即给定资本和劳动,A 的增加将带来产量的增加。

在增长理论中,为了便于分析技术进步,常将生产函数写为如下形式

$$Y = f(K, LA) \tag{3.36}$$

式中,LA 为劳动与技术状况的乘积。这种考虑技术状况的方法更容易考察技术进步对产出、资本和劳动之间关系的影响。

如果将 LA 称为有效劳动力,则技术进步意味着增加了经济的有效劳动力。在这种考虑之下,(2.36)式所示的生产函数表示产出是由资本 K 和有效劳动力 LA 两个要素生产的。

对于生产函数(2.36)式,若 Y 为 K 和 LA 的一次齐次函数时,可将其表示为

$$y = f(k) \tag{2.37}$$

式中，$y = \dfrac{Y}{LA}$ 被称为有效人均产出；$k = \dfrac{K}{LA}$ 被称为有效人均资本。

类似于前面的讨论方法，可以给出考虑了技术进步因素的增长模型，在此不再讨论。

2.9 乘数与加速数模型

一、问题背景

扩大消费会促进投资，从而进一步促进国民收入的提高。如何定量刻画这一过程是宏观经济学中的重要问题。诺贝尔经济学奖 1970 年获奖者保罗·萨缪尔森(Paul A. Samuelson)建立了一个十分简单的乘数－加速数模型，并可化为一个二阶线性差分方程，通过求解这一差分方程可以解释经济增长中的一些重要现象。

萨缪尔森是当代对数理经济学最有贡献的经济学家，"新凯恩斯主义经济学"的领袖。他坚持认为数学对于理解整个经济学是本质的。他建立了很多经济学的数学模型，大大提高了经济科学的分析水平。本节介绍的乘数与加速数模型就是一个典范。

乘数、加速数模型为宏观经济学中的基本模型之一。它是讨论经济系统中的国民收入、消费、储蓄等变量之间关系及经济增长规律的模型。

二、国民收入的凯恩斯静态模型

令 Y 为国民收入，C 为总消费，I 为投资，K 为资本，E 为总支出，那么总消费应有如下函数形式

$$C = c_0 + cY$$

其中 c_0 为最低消费，它是由储蓄等支持的。c 称为边际消费，$0 < c < 1$，反映了消费随收入增加而增加的倾向。

总支出 E 为消费与支出两部分的和，即

$$E = C + I$$

由总收入等于总支出 $E = Y$ 得

$$c_0 + cY + I = Y$$

解得
$$Y = \dfrac{c_0 + I}{1 - c} \tag{2.38}$$

由于 $0 < c < 1$，所以 $\dfrac{1}{1-c} > 1$，将 $\dfrac{1}{1-c}$ 称为乘数。

(2.38)式说明 c 越接近于1，乘数 $\dfrac{1}{1-c}$ 越大，国民收入越大，从而扩大消费可以促进国民收入的增加，这种效应称为乘数效应。

设 G 为政府购买（如投资基本建设等），则
$$E = C + I + G$$
由总收入等于总支出 $E = Y$ 得
$$C + I + G = Y$$
将 $C = c_0 + cY$ 代入上式，解得
$$Y = \frac{c_0 + I}{1 - c} + \frac{G}{1 - c}$$

其中 $\dfrac{G}{1-c}$ 可以看为国民收入的增量 $\Delta Y = \dfrac{G}{1-c}$，其意义是政府的购买 G 拉动了国民收入增加 $\dfrac{G}{1-c}$，超过了政府的购买 G。由此看到乘数 $\dfrac{1}{1-c}$ 越大，政府的干预能力越大。

三、乘数和加速数概念

一般的，每增加一单位投资所增加的国民收入量，叫投资乘数。如果以 ΔY 表示国民收入的增量，用 ΔI 表示投资增量，则由 $Y = \dfrac{c_0 + I}{1-c}$ 看到，投资乘数为
$$K_I = \frac{\Delta Y}{\Delta I} = \frac{1}{1-c}$$
由此得
$$\Delta Y = K_I \Delta I$$
显然，投资的变动会带来收入的多倍的变动。

下面引入加速数的定义。加速数是指资本存量与收入之间的比例，用 v 表示，即
$$v = \frac{K}{Y}$$

如果折旧等于零，则资本存量的变动量就是投资，$\Delta K = I$，从而加速数就是投资量与收入变动量之间的比例：
$$v = \frac{I}{\Delta Y}$$
即
$$I = v \cdot \Delta Y$$

可见，加速数原理说明了一定量的国民收入变动将引起投资变动，即投资是收入变动量的函数。

由以上分析看到，收入变动引起投资变动的机制是：当收入 Y 增加时，消费

C 增加,需求增加,从而投资增加。

四、乘数与加速数模型

模型假定

(1) 背景是三部门经济(厂商、居民户、政府),且税收等于零;

(2) 引入时间因素,本期收入由本期消费、本期投资与本期的政府购买组成;

(3) 消费函数采取长期形式,且本期消费是上一期收入的函数,即 $C_t = cY_{t-1}$;

(4) 投资由自发投资与引致投资(是指由经济模型中的内生变量引起的投资)组成,引致投资由消费的变动量引起:$I = v\Delta C$。

根据以上假定,乘数与加速数模型可以表述如下:

$$\begin{cases} Y_t = C_t + I_t + G_t \\ C_t = cY_{t-1} \\ I_t = I_0 + v\Delta C = I_0 + v(C_t - C_{t-1}) = I_0 + vc(Y_{t-1} - Y_{t-2}) \\ G_t = G_0 \end{cases} \quad (2.39)$$

将(2.39)中的第二、三、四式带入第一式,整理得

$$Y_t - c(1+v)Y_{t-1} + vcY_{t-2} = I_0 + G_0$$

将所有变量的时间下标往前移动两个时期,则:

$$Y_{t+2} - c(1+v)Y_{t+1} + vcY_t = I_0 + G_0 \quad (2.40)$$

上式是一个常系数二阶线性差分方程。由差分方程理论知,该方程的通解由两部分组成,一是特解,即该方程的任意一个解,另一是齐次解,即该方程的齐次差分方程 $Y_{t+2} - c(1+v)Y_{t+1} + vcY_t = 0$ 的通解。

1. 方程 $Y_{t+2} - c(1+v)Y_{t+1} + vcY_t = I_0 + G_0$ 的特解

设方程(2.40)特解满足方程

$$Y - c(1+v)Y + vcY = I_0 + G_0$$

从而(2.40)式的特解为

$$Y = \frac{I_0 + G_0}{1-c}$$

显然特解只代表收入的实际均衡水平,与经济周期波动无关。波动只能来源于齐次方程。

2. 齐次方程 $Y_{t+2} - c(1+v)Y_{t+1} + vcY_t = 0$ 的通解。

齐次方程的特征方程为

$$m^2 - c(1+v)m + vc = 0$$

判别式为
$$\Delta = c^2(1+v)^2 - 4v c$$
对判别式作如下讨论：

(1) 当判别式 $\Delta = c^2(1+v)^2 - 4vc > 0$，即 $c > \dfrac{4v}{(1+v)^2}$ 时，特征方程两个不同实根 m_1, m_2 为
$$m_{1,2} = \frac{c(1+v) \pm \sqrt{c^2(1+v)^2 - 4vc}}{2}$$
此时的齐次通解为
$$Y_t = A_1 m_1^t + A_2 m_2^t \quad (A_1、A_2 \text{ 都是任意常数})$$
又因为非齐次方程的特解为 $Y_t = \dfrac{I_0 + G_0}{1-c}$，所以模型(2.40)的通解为
$$Y_t = A_1 m_1^t + A_2 m_2^t + \frac{I_0 + G_0}{1-c}$$
根据韦达定理有
$$m_1 + m_2 = c(1+v) > 0, \quad m_1 m_2 = vc > 0$$
由此可知 $m_1 > 0, m_2 > 0$，又由于 $0 < c < 1$，所以
$$(1 - m_1)(1 - m_2) = 1 + m_1 m_2 - (m_1 + m_2) = 1 - c > 0$$
所以只可能有以下两种情况：

① $m_1 > 1, m_2 > 1$（即 $vc > 1$），当 $t \to \infty$ 时，$Y_t \to +\infty$，则国民收入是无限增长的；

② $m_1 < 1, m_2 < 1$（即 $vc < 1$），当 $t \to \infty$ 时，$Y_t \to \dfrac{I_0 + G_0}{1-c}$，称 Y_t 是有阻尼的震荡，最终收敛于 $\dfrac{I_0 + G_0}{1-c}$。

(2) 当判别式 $\Delta = c^2(1+v)^2 - 4vc = 0$，即 $c = \dfrac{4v}{(1+v)^2}$ 时，有两个相等实根
$$m_1 = m_2 = m = \frac{c(1+v)}{2} > 0$$
此时(2.40)式的齐次方程通解为
$$Y_t = A_3 m^t + A_4 t m^t$$
其中 $A_3、A_4$ 是任意常数。所以(2.40)式的通解为
$$Y_t = (A_3 + A_4 t)\left(\frac{c(1+v)}{2}\right)^t + \frac{I_0 + G_0}{1-c}$$
考虑两种情况：

① $0 < m < 1$（即 $vc < 1$），当 $t \to \infty$ 时，$Y_t \to \dfrac{I_0 + G_0}{1-c}$；

② $m > 1$(即 $vc > 1$),当 $t \to \infty$ 时,$Y_t \to +\infty$,则国民收入是无限增长的。

(3)当判别式 $\Delta = c^2(1+v)^2 - 4vc < 0$,即 $c < \dfrac{4v}{(1+v)^2}$ 时,特征方程有一对共轭复根 m_1, m_2,即

$$m_{1,2} = \frac{c(1+v)}{2} \pm \frac{\sqrt{4cv - c^2(1+v)^2}}{2}i = h \pm gi \qquad (2.41)$$

此时齐次通解为

$$Y_t = R^t(A_5 \cos\theta t + A_6 \sin\theta t)$$

其中 A_5、A_6 是任意常数。$R = \sqrt{h^2 + g^2} = \sqrt{vc}$,$\cos\theta = \dfrac{h}{R} = \dfrac{c(1+v)/2}{\sqrt{vc}}$,$\sin\theta = \dfrac{g}{R} = \dfrac{\sqrt{4vc - c^2(1+v)^2}/2}{\sqrt{vc}}$。

所以(2.40)式的通解为

$$Y_t = R^t(A_5 \cos\theta t + A_6 \sin\theta t) + \frac{I_0 + G_0}{1-c}$$

R 的数值决定了 Y 波动的性质,考虑三种情况:

① 当 $R < 1$(即 $vc < 1$),当 $t \to \infty$ 时,Y_t 是有阻尼的单调递减震荡,且 $Y_t \to \dfrac{I_0 + G_0}{1-c}$;

② 当 $R = 1$(即 $vc = 1$),这时 Y_t 呈现周期震荡,不会稳定收敛;

③ 当 $R > 1$(即 $vc > 1$),当 $t \to \infty$ 时,$Y_t \to +\infty$,发散。

五、萨谬尔森的乘数与加速数模型的缺点

萨谬尔森的乘数-加速数模型描述经济周期模型有三个缺点:

(1)它需要假定一开始有一收入变动。否则加速数启动不起来,引致投资不能出现,从而乘数也无法发挥作用;

(2)在波动的三种情况下,收敛与发散都不能算是真正的波动;

(3)Y_t 呈现周期震荡的收入波动,要求 $cv = 1$,这一条件太苛刻,几乎不能被满足。

2.10 物价指数模型

一、问题背景

指数是一种反映社会经济现象变动的相对数,应用相当广泛,涵盖工农业

生产、经济贸易、交通运输、日常生活、股票证券等各个领域。在众多的指数中，物价指数与人民生活密切相关，在国民经济价格体系中占有重要的地位。这是因为物价的变化会影响居民生活及经济发展水平，而要控制物价是较困难的。若政局不稳或市场失控，物价几倍、几十倍地上涨，会引起经济崩溃、民不聊生；但政府若把所有的价格定死，长期不准变动，也会导致生产停滞、比例失调，阻碍经济的正常发展。为了逐步理顺各个经济部门和各种生产品之间的关系，既要允许各种商品的价格有升有降，又要将消费品价格总的上涨幅度控制在一定范围之内。怎样衡量价格变化的趋势和程度呢？物价指数就是反映不同时期商品价格水平、变动趋势和变动程度的指标，它为政府研究和制定价格决策提供重要依据。

本节讨论的问题是，在理论上如何评价已经存在的价格指数，此外根据客观的经济规律人们有理由要求价格指数满足一些性质，把价格指数应该满足的性质归纳为若干条公理，然后用逻辑推理的方法讨论这些公理的相容性和独立性，这样既能够从一个角度评价已有的一些价数指数，又可以发现满足一定性质的价格指数存在的问题。

二、价格指数的编制

对于一种固定的商品，以某年的价格 p^0 为基础价格，若现在的价格为 p，那么可以简单地定义价格指数为

$$I(p, p^0) = \frac{p}{p^0}$$

$I(p, p^0)$ 是非负的连续函数，根据它的大小可以衡量价格的变动。

但如果有两种以上的商品，由于各种产品的实物单位不同（例如布用米，钢材用吨），因而不能采用直接相加的方法反应价格的变化。我们自然想到应该用加权平均的办法。例如某企业三种产品的日产量和价格资料如下表：

表 2.1 某企业三种产品平均日产与价格

商品名称	计量单位	报告期		基期	
		销售量 q_i	单价 p_i(元)	销售量 q_i^0	单价 p_i^0(元)
甲	米	600	0.20	400	0.25
乙	千克	600	0.36	500	0.40
丙	件	180	0.60	200	0.50

产量综合指数 I_q 定义为

$$I_q = \frac{\sum_{i=1}^{3} p_i^0 q_i}{\sum_{i=1}^{3} p_i^0 q_i^0} = \frac{480}{400} = 120\%$$

$$\sum_{i=1}^{3} p_i^0 q_i - \sum_{i=1}^{3} p_i^0 q_i^0 = 480 - 400 = 80$$

说明该企业的日产量综合增长 120%,产值增加 80 元。

价格综合指数 I_p 定义为

$$I_p = \frac{\sum_{i=1}^{3} p_i q_i}{\sum_{i=1}^{3} p_i^0 q_i} = \frac{444}{480} = 92.5\%$$

$$\sum_{i=1}^{3} p_i q_i - \sum_{i=1}^{3} p_i^0 q_i = 444 - 480 = -36$$

说明三种产品价格综合下降 7.5%,企业日产值减少 36 元。

与人民生活息息相关的消费品有成千上万种,各个国家和地区要根据具体情况选出具有代表性的若干种,作为制订价格指数的依据。价格指数通常是衡量基准年(基年)和考察年(现年)价格的总的变动。设 n 种代表性消费品在基年的价格分别为 $p_1^0, p_2^0, \cdots, p_n^0$,在现年的价格为 $p_1, p_2, \cdots, p_n$,按照它们对人民生活和国家财政等方面的影响综合考虑,其权重分别为 $q_1^0, q_2^0, \cdots, q_n^0$ 和 $q_1, q_2, \cdots q_n$,实际问题中可以用它们的销售量、销售额或其它指标作为权重。

引入以下向量:

基年价格向量为:$\boldsymbol{p}^0 = (p_1^0, p_2^0, \cdots, p_n^0)^T$;基年权重向量为:$\boldsymbol{q}^0 = (q_1^0, q_2^0, \cdots, q_n^0)^T$;

现年价格向量为:$\boldsymbol{p} = (p_1, p_2, \cdots, p_n)^T$;现年权重向量为:$\boldsymbol{q} = (q_1, q_2, \cdots, q_n)^T$。

价格指数应是 $\boldsymbol{p}^0, \boldsymbol{q}^0, \boldsymbol{p}, \boldsymbol{q}$ 的连续函数,将价格指数记作 $I(\boldsymbol{p}, \boldsymbol{q} \mid \boldsymbol{p}^0, \boldsymbol{q}^0)$。

历年来诸多学者都对指数计算做了研究,下面列举经济学家们提出的常用价格指数。

基年权重法 $$I_1(\boldsymbol{p}, \boldsymbol{q} \mid \boldsymbol{p}^0, \boldsymbol{q}^0) = \frac{\boldsymbol{p} \cdot \boldsymbol{q}^0}{\boldsymbol{p}^0 \cdot \boldsymbol{q}^0} = \frac{\sum_{i=1}^{n} p_i q_i^0}{\sum_{i=1}^{n} p_i^0 q_i^0} \qquad (2.42)$$

现年权重法 $$I_2(\boldsymbol{p}, \boldsymbol{q} \mid \boldsymbol{p}^0, \boldsymbol{q}^0) = \frac{\boldsymbol{p} \cdot \boldsymbol{q}}{\boldsymbol{p}^0 \cdot \boldsymbol{q}} = \frac{\sum_{i=1}^{n} p_i q_i}{\sum_{i=1}^{n} p_i^0 q_i} \qquad (2.43)$$

基年现年权重并用法 $\quad I_3(p,q\mid p^0,q^0)=\dfrac{p\cdot q}{p^0\cdot q^0}=\dfrac{\sum\limits_{i=1}^n p_iq_i}{\sum\limits_{i=1}^n p_i^0q_i^0}\quad$ (2.44)

固定权重法 $\quad I_4(p,q\mid p^0,q^0)=\dfrac{p\cdot a}{p^0\cdot a}=\dfrac{\sum\limits_{i=1}^n p_ia_i}{\sum\limits_{i=1}^n p_i^0a_i},a_i>0\quad$ (2.45)

几何平均法 $\quad I_5(p,q\mid p^0,q^0)=\left(\dfrac{p\cdot q^0}{p^0\cdot q^0}\dfrac{p\cdot q}{p^0\cdot q}\right)^{1/2}\quad$ (2.46)

幂平均法 $\quad I_6(p,q\mid p^0,q^0)=\prod\limits_{i=1}^n\left(\dfrac{p_i}{p_i^0}\right)^{\alpha_i},\alpha_i>0,\sum\limits_{i=1}^n\alpha_i=1\quad$ (2.47)

规范基年权向量幂平均法 $\quad I_7(p,q\mid p^0,q^0)=\prod\limits_{i=1}^n\left(\dfrac{p_i}{p_i^0}\right)^{\beta_i},\beta_i=\dfrac{q_i^0}{\sum\limits_{i=1}^n q_i^0}\quad$ (2.48)

规范现年权向量幂平均法 $\quad I_8(p,q\mid p^0,q^0)=\prod\limits_{i=1}^n\left(\dfrac{p_i}{p_i^0}\right)^{\gamma_i},\gamma_i=\dfrac{q_i}{\sum\limits_{i=1}^n q_i}\quad$ (2.49)

可以看出,在 I_1 中权重均用基年的数据,统计和计算比较简单,很多国家都用这种指数。在 I_2 中权重均用现年的数据,增加了统计和计算量,但是较确切地反映了价格的变化对当前人民生活的影响,我国有关部门采用这种指数。I_4 的权重是固定的,与基年和现年无关。I_5 是 I_1 和 I_2 的几何平均。I_6 与 I_7、I_8 的区别在于 α_i 是给出的固定常数,与 q_i^0 或 q_i 无关。

这些定义哪个好呢?为了进一步比较、评价这些指数,并研究更合适的价格指数,下面从直观上价格指数应满足的性质出发,引入若干公理。

三、理想的价格指数

首先列出大多数人认可的理想价格指数应具有的性质:

(1)单调性:只要有一种商品的价格上涨,其他商品的价格不下降,价格指数应该上升。

(2)不变性:若所有商品的价格不变,价格指数不随权重的改变而改变。

(3)齐次性:若所有商品的价格均上升 k 倍,价格指数也上升 k 倍。

(4)平均性:价格指数介于单种商品价格比值的最小值和最大值之间。

(5)对货币单位的独立性:价格指数与货币单位的选取无关,即只要商品的实际价格不变,仅仅货币单位改变,价格指数不应改变。

(6)对计量单位的独立性:价格指数与商品计量单位的选取无关(这里隐含

着用商品数量表示权重)。

(7)对基年的独立性:两年的价格指数之比与基年的选取无关。

(8)价格指数不因某种商品被淘汰而失去意义。

这 8 条性质间彼此之间应无矛盾。

现在把理想价格指数函数应满足的 8 条性质写成数学表达式,表述为如下的公理。

对于 $p_i, q_i, p_i^0, q_i^0 > 0 (i=1,2,\cdots,n)$,价格指数 $I(p,q \mid p^0, q^0) > 0$,应满足以下 8 条公理:

(1) 若 $\widetilde{p} > p$(对所有的 $i, \widetilde{p}_i \geqslant p_i$ 且至少有一 $i, \widetilde{p}_i > p_i$),$I(\widetilde{p}, q \mid p^0, q^0) > I(p, q \mid p^0, q^0)$;

(2) $I(p_0, q \mid p^0, q^0) = 1$;

(3) $I(kp, q \mid p^0, q^0) = kI(p, q \mid p^0, q^0), k > 0$;

(4) $\min\limits_{i} \dfrac{p_i}{p_i^0} \leqslant I(p, q \mid p^0, q^0) \leqslant \max\limits_{i} \dfrac{p_i}{p_i^0}$;

(5) $I(\lambda p, q \mid \lambda p^0, q^0) = I(p, q \mid p^0, q^0), \lambda > 0$;

(6) $I(\Lambda p, \Lambda^{-1} q \mid \Lambda p^0, \Lambda^{-1} q^0) = I(p, q \mid p^0, q^0)$,其中

$$\Lambda = \mathrm{diag}[\lambda_1, \lambda_2, \cdots, \lambda_n] = \begin{bmatrix} \lambda_1 & & 0 \\ & \ddots & \\ 0 & & \lambda_n \end{bmatrix}, \lambda_i > 0, (i=1,2,\cdots,n)$$

(7) $\dfrac{I(\widetilde{p}, \widetilde{q} \mid p^0, q^0)}{I(p, q \mid p^0, q^0)} = \dfrac{I(\widetilde{p}, \widetilde{q} \mid \bar{p}^0, \bar{q}^0)}{I(p, q \mid \bar{p}^0, \bar{q}^0)}$;

(8) $\lim\limits_{p_i \to 0} I(p, q \mid p^0, q^0) > 0$(用 $p_i \to 0$ 表示第 i 种商品被淘汰)。

用这 8 条公理一一检验(2.42)~(2.49)式列举的价格指数 $I_1 \sim I_8$,我们发现没有一个价格指数满足所有公理。如 I_1, I_2, I_5 不满足公理 7,I_6, I_7, I_8 不满足公理(8),I_3 不满足公理(2),I_4 不满足公理(6)。由此得到结论:物价指数模型 I_1 至 I_8 均为不合理的模型。那么,是否可以找到其它由 p, q, p^0, q^0 决定的价格指数 I,满足所有公理呢?答案是是否定的。艾希霍恩(Eichhorn)在 1976 年证明了不存在任何物价指数函数 $I(p, q \mid p^0, q^0)$ 同时满足公理(2),(3),(6),(7),(8)。

定理 2.1 不存在同时满足公理(2),(3),(6),(7),(8)的价格指数 $I(p, q \mid p^0, q^0)$。

证明省略(证明见由姜启源等主编的《数学模型》第 405 页,高等教育出版社)。

顺便指出,该定理没有涉及公理(1),(4),(5)的一个原因是,可以证明:

若指数 I 满足公理(1),(2),(3),则 I 满足公理(4);
若指数 I 满足公理(2),(3),(7),则 I 满足公理(5)。

四、对常用价格指数的分析

由于不存在满足所有公理的价格指数,但经济学上不能没有价格指数,所以要选择综合性能好的指数。我们分析前面列举的 $I_1 \sim I_8$。首先,I_4 和 I_6 需要构造另外的参数 a_i 和 α_i,不便应用。I_5 可由 I_1,I_2 直接得到,I_3 不满足公理(2)(这是非常基本的要求),所以不再对它们作进一步的分析。

对于 I_7,I_8,不难验证它们不满足公理(6),(7),(8),并且计算量较大。而对于 I_1,I_2,可以验证它们满足除公理(7)以外的其余公理,计算也较方便,所以 I_1 和 I_2 是目前常用的价格指数。进一步分析它们与公理(7)的矛盾还可以发现,在一般情况下公理(7)能够近似地成立。例如对于价格指数 I_2 和两个不同基年的价格向量 $p^0, \bar{p}^0$,公理(7)成立的条件是存在正数 k,使

$$\bar{p}^0 = kp^0$$

即对于所有商品一个基年的价格都是另一基年价格的 k 倍,这个条件虽然不会绝对成立,但实际上是近似满足的。这为人们采用 I_1 和 I_2 作实用的价格指数提供了更强的论据。

五、几种主要价格指数简介

统计指数在我国社会经济生活中应用非常广泛,每月、每季度和每年国家统计局和地方统计局都要公布某些统计指数来说明经济运行情况,并用来预测经济走势。如定期公布的零售物价指数、居民消费价格指数(CPI)、生产者物价指数(PPI)和股票价格指数等。下面简单介绍这些指数。

1. 商品零售价格指数

零售价格指数(Retail Price Index)是反映城乡商品零售价格变动趋势的一种经济指数。它的变动直接影响到城乡居民的生活支出和国家财政收入,影响居民的购买力和市场供需平衡以及消费和积累的比例。商品主要包括食品、饮料烟酒、服装鞋帽、纺织品、中西药品、化妆品、书报杂志、文化体育用品、日用品、家用电器、首饰、燃料、建筑装潢材料、机电产品等十四个大类 304 中必报产品,各省(区、市)可根据当地实际情况适当增加一些商品。

2. 居民消费价格指数 CPI

居民消费价格指数(Consumer Price Index)简称 CPI,是度量消费商品及服务项目价格水平随着时间而变动的相对数。它反映居民家庭购买的消费品及服务价格水平的变动情况。通常作为观察通货膨胀水平的重要指标。中国

的CPI包括食品、衣着、医疗保健和个人用品、交通及通信、娱乐教育文化用品及服务、居住、杂项商品与服务等八类。一般说来，$0<CPI<3\%$，表示有轻微的通货膨胀，这是经济发展所允许的，因为轻微的通货膨胀对经济繁荣是有好处的。$CPI>3\%$，就是通货膨胀；而当$CPI>5\%$时，则是严重的通货膨胀，经济发展不稳定，国家相应将出台货币紧缩的政策，如加息、提高银行存款准备金率等。

CPI是国民经济核算的重要依据，计算GDP增速，要将GDP值折算成可比价格，折算的依据之一就是居民消费价格指数和其中的分类指数。

CPI也是反映通货膨胀的重要指标，是各级领导和有关部门制定各项政策的主要依据。

3. 生产者价格指数PPI

生产者价格指数(Producer Price Index)简称PPI，也称为工业品价格指数，是从生产者方面考虑的物价指数，测量在初级市场上出售的货物(即在非零售市场上首次购买某种商品时)的价格变动的一种价格指数，反映与生产者所购买、出售的商品价格的变动情况。工业品价格指数的上涨反映了生产者价格的提高，相应地生产者的生产成本增加，生产成本的增加必然转嫁到消费者身上，导致CPI的上涨。

4. 农业生产资料价格指数

农业生产资料价格指数是指反映一定时期内农业生产资料价格变动趋势和程度的相对数。农业生产资料价格指数分为小农具、饲料、幼禽家畜、半机械化农具、机械化农具、化学肥料、农药及农械、农机用油等八大类。其编制目的是了解农业生产中物质资料投入价格的变动状况，服务于国民经济核算。

5. 股票价格指数

股票价格指数是反映市场上多种股票价格变动趋势的一种相对数，简称股价指数，其单位一般用"点"表示，即将基期(最初时期)指数作为100，每上升或下降一个单位成为1"点"。

2.11 利益分配的合作对策模型

一、问题背景

在经济和社会活动中，若干实体相互合作结成联盟或者集团，常能获得比他们单独行动时更大的经济或社会效益，并且通常这种利益是非对抗性的。合理地分配这些效益的方案是促成合作的前提。那么，应该如何分配利益才算是合理？若干方合作获利的效益分配问题，称为合作对策问题，1953 年，L. S. Shapley 给出了 n 人合作对策问题的一种分配方法。本节介绍这种方法并给出实际问题的应用例子。

二、建立模型

先看下面一个具体的例子。

甲乙丙三人合作经商，若甲乙合作获利 7 元，甲丙合作获利 5 元，乙丙合作获利 4 元，三人合作获利 10 元。又知每人单干获利 1 元。问三人合作时如何分配获利？

人们自然会想到的一种分配方法是，设甲乙丙各得 x_1, x_2, x_3 元，满足
$$x_1 + x_2 + x_3 = 10,$$
$$x_1 + x_2 \geqslant 7, x_1 + x_3 \geqslant 5, x_2 + x_3 \geqslant 4$$
但很显然上式的解有很多组，应该寻求一种合理的确定性分配方法。

这个例子提出的问题称为 3 人合作对策问题，下面给出解决 n 人合作对策问题的一般方法——Shapley 值法。

假定在 n 方合作对策中，若干人的每一种组合（特别，单人也看作为一种组合）都会得到一定的效益。当人之间的利益是非对抗性时，合作中人数的增加不会引起效益的减少，于是，全体人员的合作将带来最大效益。在这种假定下，Shapley 提出了一系列的公理，目的是提出唯一分配这个最大效益的方案，并且严格证明了这种方案是满足这组公理的唯一的分配。

设集合 $I = \{1, 2, \cdots, n\}$ 为合作者的 n 方。如果 I 的任一子集 S 都有一个实函数 $v(S)$，满足：

1) $v(\emptyset) = 0$；

2) $v(S_1 \cup S_2) \geqslant v(S_1) + v(S_2) \quad (S_1 \cap S_2 = \emptyset)$。

则称 $[I, v]$ 为 n 人合作对策，称 $v(S)$ 为定义在 I 上的特征函数。

特征函数实质上描述了各种合作产生的效益，从第二个性质看到，合作规模扩大，获益不会减少，也意味着全部合作对象参加合作是最好的。

在 n 人合作对策问题中，合作对策的收益是指定义了特征函数的 I 中 n 人合作的结果，若记 $\varphi_i(v)$ 为成员 i 从合作 v 中所获收益，则合作对策的分配向量为
$$\varphi(v) = \{\varphi_1(v), \varphi_2(v), \cdots, \varphi_n(v)\}$$

为了得到公平分配，Shapley 提出，一个公平分配应满足下列几条公理：

(1) 每个人的所得与他的排列序号无关。

设 π 是 $I = \{1, 2, \cdots, n\}$ 的一个排列，对 I 的任一子集 $S = \{i_1, i_2, \cdots, i_S\}$，$\pi_S = \{\pi(i_1), \pi(i_2), \cdots, \pi(i_S)\}$，对特征函数 $v(S)$，显然 $u(S) = v(\pi_S)$ 也是一个

特征函数,则
$$\varphi_{\pi_i}(v) = \varphi_i(u)$$

(2) 成员 i 对他参加的任意合作都没有贡献,则他应得的报酬为零。

若对某成员 i 和任意包含 i 的子集 S,有
$$v(S\backslash i) = v(S), 则 \varphi_i(v) = 0$$

(3) 各成员报酬之和应等于全体合作的效益,即
$$\sum_{i=1}^{n} \varphi_i(v) = v(I)$$

(4) 若 n 个人进行两项合作时,每人所得的利益是两项合作利益之和。

对于定义在 I 上的任意两个特征函数 v,u,有
$$\varphi(u+v) = \varphi(u) + \varphi(v)$$

Shapely 首先证明了满足上述公理的分配 $\varphi_i(v)$ 是唯一的,并给出了它的计算公式为
$$\varphi_i(v) = \sum_{S \in S_i} w(|S|)[v(S) - v(S\backslash i)]$$

其中 S_i 是包含 i 的所有子集,$|S|$ 是子集 S 的人数,$S\backslash i$ 是 S 去掉 i 后的集合。$[v(S) - v(S\backslash i)]$ 是 i 对合作 S 的贡献,$w(|S|)$ 是权因子,由下式确定
$$w(|S|) = \frac{(|S|-1)!(n-|S|)!}{n!}$$

将 $\varphi_i(v)$ 称为由 v 定义的合作的 Shapely 值(定理证明见洪毅等主编的《经济数学模型》106 页,华南理工大学出版社)。

注意到 $v(S)$ 是有第 i 方参加的某种合作方案 S 的获利,$v(S\backslash i)$ 表示在这种合作方式中第 i 方退出以后的获利。因此,$v(S) - v(S\backslash i)$ 可以看成在这种合作方案中第 i 方的"贡献"。根据前面的假设,任何一方在任何合作方案中的贡献都是非负的。而 $\varphi_i(v)$ 则是在各种有第 i 方参加的合作方案 S_i 中第 i 方"贡献"的加权总和。通俗地说,就是按照贡献大小分配利益。

可以证明,这种分配方案满足:① 不贡献的不得利(即如果他在各种合作方案中所有的贡献值都为零,则他的获利为零);② 各合作方的获利总和等于总收益。

为了解释公式用法,下面用这组公式计算开始提出的三人经商问题。

甲、乙、丙三人记为 $I = \{1,2,3\}$),经商获利定义为 I 上的特征函数,于是
$$v(\emptyset) = 0, v(1) = v(2) = v(3) = 1,$$
$$v(1,2) = 7, v(1,3) = 5, v(2,3) = 4, v(I) = 10。$$

容易验证 v 满足特征函数的性质。为计算甲的获利 $\varphi_1(v)$,首先找出 I 中包含 1 的所有子集 S_1 为:$\{1\},\{1,2\},\{1,3\},I$,令 S 取遍 S_1,将计算结果列入表

2.2,最后将表中末行相加得甲的获利为 $\varphi_1(v) = 4$ 元。

表 2.2 三人经商中甲的分配 $\varphi_1(v)$ 的计算表

S	{1}	{1,2}	{1,3}	{1,2,3}
$v(S)$	1	7	5	10
$v(S\backslash 1)$	0	1	1	4
$v(S) - v(S\backslash 1)$	1	6	4	6
$\|S\|$	1	2	2	3
$w(\|S\|)$	1/3	1/6	1/6	1/3
$w(\|S\|)[v(S)-v(S\backslash 1)]$	1/3	1	2/3	2

同法可计算 $\varphi_2(v) = 3.5$ 元,$\varphi_3(v) = 2.5$ 元,它们作为按照 Shapely 值方法计算的甲乙丙三人应得的分配。

三、模型应用

Shapely 值方法可以有效的处理经济和社会合作活动中的利益分配问题。下面是两个应用实例。

1. 污水处理建厂方案问题

沿河有三个城镇 1,2,3,其地理位置如图 2.17 所示。这三个城镇的污水需经处理后方可排入河水。用 Q 表示污水量(吨/秒),L 表示管道长度(公里),按经验,建污水处理厂的费用为 $P_1 = 73Q^{0.712}$(千元)。铺设管道的费用为 $P_2 = 0.66Q^{0.51}L$(千元),已知三城镇的污水量分别是 $Q_1 = 5, Q_2 = 3, Q_3 = 6$,$L$ 的数值如图 2.17 所示。三城镇既可以单独建污水处理厂,也可以联合建厂,用管道将污水集中处理(污水只能由河流的上游城镇向下游城镇输送)。现要从节约总投资的角度出发,给出一种最优的污水处理方案。

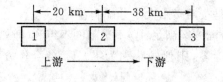

图 2.17

初步分析,三城镇建厂方案一共有以下 5 种:

(1) 各城镇分别建造,建造费用分别为

$F(1) = 73 \times 5^{0.712} = 230$(千元),$F(2) = 73 \times 3^{0.712} = 160$(千元),$F(3) = 73 \times 6^{0.712} = 260$(千元)。

总投资额为 $F(1) + F(2) + F(3) = 650$(千元)

(2) 城 1,2 合作,在城 2 处建厂,城 3 单独建,建造费用为
$$F(1,2) = 73 \times (5+3)^{0.712} + 0.66 \times 5^{0.51} \times 20 = 350(千元)$$
总投资额为 $F(1,2) + F(3) = 610$(千元)。

(3) 城 2,3 合作,在城 3 处建厂,城 1 单独建。建造费用为
$$F(2,3) = 73 \times (3+6)^{0.712} + 0.66 \times 3^{0.51} \times 38 = 390(千元)$$
总投资额为 $F(2,3) + F(1) = 620$(千元)。

(4) 城 1,3 合作,在城 3 处建厂,城 2 单独建。建造费用为
$$F(1,3) = 73 \times (5+6)^{0.712} + 0.66 \times 5^{0.51} \times 58 = 490(千元),$$
总投资额为 $F(1,3) + F(2) = 650$(千元)。

(5) 三方合作建厂。建造费用为
$$F(1,2,3) = 73 \times (5+3+6)^{0.712} + 0.66 \times 5^{0.51} \times 20 + 0.66 \times (5+3)^{0.51} \times 38 = 580(千元)$$

比较以上方案,费用最省的自然是第 5 种,三城镇自然都会考虑合作建设。那么,应该如何分担这笔合作建造费用?

如果不采用 Shapley 的方法,人们首先会想到根据排放污水量平均分担的办法。于是,城 1 应该分担
$$V(1) = \frac{5}{5+3+6} \times 580 = 207(千元)$$
同样,城 2 应分担 $V(2) = 124$(千元),城 3 应分担 $V(3) = 249$(千元)。

然而,按照这样的方案,城 1 可以节省 23 千元。城 2 可以节省 36 千元,城 3 却只能节省 11 千元似乎并不尽合理。

考虑到合作建厂的费用由建处理厂和铺设管道两部分组成,城 3 提出另外的方案:建处理厂费用应按排污量平均分担,而 2,3 段管道费用应由 1,2 两城分担,1,2 段管道费用由城 1 单独承担。这种方案貌似公平,但仔细算来,城 3 只需承担费用
$$V(3) = \frac{6}{5+3+6} \times 73 \times (5+3+6)^{0.712} = 205(千元)$$
而城 2 和城 1 的费用将分别达到 130 千元和 245 千元(计算略),城 1 甚至超过单独建厂的费用,这显然更是不合理的。

如果采用Shapley的方法,我们可以把合作方案节省的投资额看成收益,它符合特征函数的要求,因此,可以用 Shapley 值计算各方节省的资金额。更方便地,可以直接用各种合作方案的建造费用作为效益函数计算 Shapley 值,其结果就是各方应承担的投资费用。用上述数据计算,以第 1 城为例,可得表 2.3

表 2.3 污水处理问题中 $\varphi_1(v)$ 的计算

S_i	{1}	{1,2}	{1,3}	{1,2,3}
$v(S_i)$	230	350	490	580
$v(S_i\setminus i)$	0	160	260	390
$v(S)-v(S\setminus 1)$	230	190	230	190
$\lvert S_i\rvert$	1	2	2	3
$w(\lvert S_i\rvert)$	1/3	1/6	1/6	1/3
$w(\lvert S_i\rvert)[v(S)-v(S\setminus 1)]$	230/3	190/6	230/6	190/3

得 $\varphi_1(v)=210$(千元)。类似可以计算得到 $\varphi_2(v)=125$(千元),$\varphi_3(v)=245$(千元)。也就是说,如果三方合作,则各方投资应按上述比例分摊。这时,各方按排污量平均每秒吨的投资额分别为 42 千元、41.67 千元和 40.83 千元。排放距离即铺设管道长些,承担费用略大些。各方节省额的差额比按照排放污水量平均分担方案小些,这种分摊结果还是更合理些。

2. 股东在公司决策中的权重

某股份有限公司 4 个股东分别持有 40%,30%,20%,10% 的股份。公司决策表决时需持有半数以上股份的股东同意方可通过,问这 4 个股东在公司决策中的权重有多大。

这个问题可以看成一个 4 人合作对策问题。记 $I=\{1,2,3,4\}$,其中 1,2,3,4 分别代表持有 40%,30%,20%,10% 股份的股东。定义特征函数如下

$$v(S)=\begin{cases}1, & \text{当 }S\text{ 中持有股份数超过}50\%\\ 0, & \text{否}\end{cases}$$

于是 $v(S)=1$ 的子集为 $\{1,2\},\{1,3\},\{1,2,3\},\{1,2,4\},\{1,3,4\},\{2,3,4\},\{1,2,3,4\}$,其余 9 个子集 $v(S)=0$。

利用 Shapely 值公式计算每个股东的 Shapely 值 $\varphi_i(v)$ ($i=1,2,3,4$),$\varphi_2(v)$ 的计算结果如表 2.4。

表 2.4 股东决策权重问题中 $\varphi_2(v)$ 的计算

S_i	{2}	{1,2}	{2,3}	{2,4}	{1,2,3}	{1,2,4}	{2,3,4}	{1,2,3,4}
$v(S_i)$	0	1	1	0	1	1	1	1
$v(S_i\setminus i)$	0	0	0	0	1	1	0	1
$v(S)-v(S\setminus 1)$	0	1	1	0	0	0	1	0
$\lvert S_i\rvert$	1	2	2	2	3	3	3	4
$w(\lvert S_i\rvert)$	1/4	1/12	1/12	1/12	1/12	1/12	1/12	1/4
$w(\lvert S_i\rvert)[v(S)-v(S\setminus 1)]$	0	1/12	1/12	0	0	0	1/12	0

由表中数据得 $\varphi_2(v)=1/4$,类似可以算得
$$\varphi_1(v)=5/12, \varphi_3(v)=1/4, \varphi_3(v)=1/12$$

Shapely 值 $\varphi(v)=\{5/12,1/4,1/4,1/12\}$ 可以作为股东 1,2,3,4 在公司决策中的权重,这个权重显然与股东持有的股份不同。

四、模型的评价

Shapley 值法以严格的公理为基础,在处理合作对策的分配问题时具有公正、合理等优点。但缺点是需要知道所有合作的获利,即要定义 $I=\{1,2,\cdots n\}$ 的所有子集(共 2^n 个)的特征函数,这在实际问题中很困难。

第三章

金融应用模型

3.1 资金的时间价值

一、问题背景

在日常生活中会发现,一定量的资金在不同时点上具有不同价值。例如现在有 1000 元,存入银行,银行的年利率为 5%,1 年后可得到 1050 元,于是现在 1000 元与 1 年后的 1050 元相等。这增值的 50 元就是资金经过 1 年时间的价值。同样,企业的资金投到生产经营中,经过生产过程的不断运行,资金的不断运动,随着时间的推移,会创造新的价值,使资金得以增值。因此,一定量的资金投入生产经营或存入银行,会取得一定利润或利息,从而产生资金的时间价值。

资金时间价值的计算是金融数学的重要组成部分,也是企业筹资决策和投资所要考虑的一个重要因素,是企业估价的基础。本节介绍资金时间价值的各种基本计算公式。

资金的时间价值可用绝对数(利息)和相对数(利息率)两种形式表示,通常用相对数表示。由于资金在不同时点上具有不同的价值,不同时点上的资金就不能直接比较,必须换算到相同的时点上才能比较,因此资金时间价值的计算,涉及到两个重要的概念:现值和终值。现值又称本金,是指未来某一时点上的一定量现金折算到现在的价值。终值又称将来值或本利和,是指现在一定量的现金在将来某一时点上的价值。由于终值与现值的计算与利息的计算方法有关,而利息的计算有复利和单利两种,因此终值与现值的计算也有复利和单利之分。在财务管理中,一般按复利来计算。

二、资金时间价值模型

以下用 P 表示本金,F_t 表示 t 周期后的终值,R 表示利率(贴现率、折现率),I 表示利息,n 表示计算利息的周期数,如无特殊说明,周期数都用年表示,给出的利率均为年利率。

(一)终值模型

1. 单利的终值

单利终值指只对本金计算利息,利息部分不再计息的一种结算方式。我国居民储蓄和国库券都是按单利计息的。单利本利和的计算公式为:

$$F_n = P + I = P + PnR = P(1+nR) \tag{3.1}$$

例 3.1 某人将 10000 元的现金存入银行,银行一年期定期利率为 5%,求存满 3 年后的利息和本利和(终值)。

解 3 年后利息为 $I = P \times R \times n = 10000 \times 5\% \times 3 = 1500$(元),3 年后本利和为

$$F_3 = P \times (1 + R \times n) = 10000 \times (1 + 5\% \times 3) = 11500(元)$$

从上式计算中可以看出,单利计息时本金不变,利息随时间的变化成正比例变化。

2. 复利的终值

复利是按约定在一定时间结算利息一次,结算后即将利息并入本金,此后再生利息,这种计算方法叫做复利。即所谓"利上加利"或"利滚利"。

复利计算有离散计息复利和连续计息复利之分。按周期(年、半年、季、月、周、日)计算复利的方法称为离散计息复利(即普通复利),按瞬时计算复利的方法称为连续复利。在实际使用中都采用离散计息复利。

在复利情况下,若以年为周期计算利息,则一年末的本利和为

$$F_1 = P(1+R)$$

二年末的本利和为 $F_2 = P(1+R) + P(1+R)R = P(1+R)^2$

依此类推,n 年末的复利本利和公式为

$$F = P(1+R)^n \tag{3.2}$$

上式中 $(1+R)^n$ 称为复利终值系数或"1 元复利终值",用符号 $(F/P, R, n)$ 表示。

在整个 n 期的全部利息是 n 期末的本利和减去第一期初的本金:

$$I = F - P = P(1+R)^n - P = P[(1+R)^n - 1] \tag{3.3}$$

式(3.2)与式(3.3)称为复利基本公式,组成一个方程组。F, P, I, R, n 五个元素中,如已知三个即可解此方程组,求得另两个未知元素。

若把一年均分成 m 期计算利息,这时,每期利率是 $\dfrac{R}{m}$,容易推得

$$F_n = P\left(1+\dfrac{R}{m}\right)^{mnR} \tag{3.4}$$

若计息的"期"的时间间隔无限缩短,从而计息次数 $m \to \infty$,称为连续复利。因为

$$\lim_{m \to \infty} P\left(1 + \frac{R}{m}\right)^{mn} = P \lim_{m \to \infty} \left[\left(1 + \frac{R}{m}\right)^{\frac{m}{R}}\right]^{Rn} = Pe^{Rn}$$

所以,连续复利终值公式是

$$F_n = Pe^{Rn} \tag{3.5}$$

例 3.2 某人将 10000 元的现金购买了理财产品,年利率为 8%,则

若一年计息一次　　$F_1 = 10000 \times (1 + 0.08) = 10800$(元)

若半年计息一次　　$F_1 = 10000 \times \left(1 + \dfrac{0.08}{2}\right)^2 = 10816$(元)

若一季度计息一次　$F_1 = 10000 \times \left(1 + \dfrac{0.08}{4}\right)^4 = 10824.3$(元)

若每月计息一次　　$F_1 = 10000 \times \left(1 + \dfrac{0.08}{12}\right)^{12} = 10830.0$(元)

若连续复利计息　　$F_1 = 10000e^{0.08} = 10832.9$(元)

由此例看到,本金越大、利率越高、计息周期越多时,本利和就越大。同时,若年利率相同,而一年计息期数不同时,一年所得之利息也不同。当年利率为 8%,一年计息 1 期,确实按 8% 计算利息;一年计息 2 期,实际上所得利息是按 8.16% 计算的结果;一年计息 4 期,实际上所得利息是按 8.243% 计算;一年计息 12 期,实际上是按 8.3% 计算。

对于时间为年期以下的复利,我们称年利率 8% 为名义利率,而实际计算利息之利率称为实际利率。如 8.16% 为一年复利 2 期的实际利率,8.3% 为一年复利 12 期的实利率,8.329% 为一年连续复利的实利率。

记 R 为名义年利率,R_m 为一年计息 m 期的实际利率,本金为 P,按名义利率一年计息 m 期,一年末将增值到 $P\left(1 + \dfrac{R}{m}\right)^m$,按实际利率计息,一年末将增值到 $P(1 + R_m)$,于是有

$$(1 + R_m) = \left(1 + \frac{R}{m}\right)^m$$

即离散情况下实际利率与名义利率之间的关系式为

$$R_m = \left(1 + \frac{R}{m}\right)^m - 1$$

对于连续复利问题,由 $\lim\limits_{m \to \infty}\left(1 + \dfrac{R}{m}\right)^m = e^R$,所以实际利率与名义利率之间的关系为 $R_m = e^R - 1$。

(二)现值模型

前面推导了以年为周期的单利和复利终值公式,记初时本金为 P,年利率

为 R，n 年末的终值为 F_n，称 P 为现在值，简称现值。已知现值求未来值是终值问题，与此相反，若已知未来值 F_n 求现值 P，则称为贴现问题，这时利率 R 称为贴现率。

1. 单利的现值

在公式(3.2)中，已知 F, n, R 求出 P，则有单利现值公式

$$P = \frac{F}{1+nR} \tag{3.6}$$

称上式中的 $\frac{1}{1+nR}$ 为单利贴现因子。

2. 复利的现值

以年为一周期结算，由复利公式(3.2)，容易推得离散计息时，结算 n 期的现值公式为

$$P = \frac{F_n}{(1+R)^n} = F_n(1+R)^{-n} \tag{3.7}$$

称上式中的 $\frac{1}{(1+R)^n}$ 为复利贴现因子或"1元复利现值系数"，用符号 $(P/F, R, n)$ 表示。

若一年结算 m 次，由复利公式(3.3)，容易算得结算 n 期的现值公式为

$$P = F_n\left(1+\frac{R}{m}\right)^{-mn} \tag{3.8}$$

若结算是连续的，则连续的贴现公式为

$$P = F_n e^{-Rn} \tag{3.9}$$

称上式中的 e^{-Rn} 为连续复利贴现因子。

显然，现值系数与终值系数是互为倒数。

例 3.3 设年利率为 6.5%，按连续复利计算，现投资多少元，16 年之末可得 120000 元。

解 这里，贴现率 $R=6.5\%$，未来值 $F_n=120000$，$n=16$。所以，现值为

$$P = F_n e^{-Rn} = 120000 \cdot e^{-0.065 \times 16} = \frac{120000}{e^{1.04}} = \frac{120000}{2.8292} \approx 42415(元)$$

(三) 多重现金流模型

在现实经济生活中，还存在一定时期内多次收付的款项，即系列收付的款项。现金流是指在连续几年中，每年都会产生一定数量的资金而形成的资金序列。例如在连续 n 年里，每年年初存入银行的资金数是 $y_1, y_2, \cdots, y_n$，就形成了一个资金流。

1. 现金流的终值

若年利率为 R，按复利计算，每年年初产生资金，则 n 年后资金流 $y_1, y_2, \cdots,$

y_n 的终值为

$$F_n = y_1(1+R)^n + y_2(1+R)^{n-1} + \cdots + y_n(1+R)$$

2. 现金流的现值

若投资者未来连续 n 年可得到资金 $x_1, x_2, \cdots, x_n$,每年年末得到资金,年利率为 R,按复利折算,则资金流 $x_1, x_2, \cdots, x_n$ 的现值为

$$P = \frac{x_1}{1+R} + \frac{x_2}{(1+R)^2} + \cdots + \frac{x_n}{(1+R)^n}$$

(四)年金的终值

年金是指一定时期内,每隔相同的时间等额收付的系列款项,通常记为 A。年金的形式多种多样,如保险费、折旧费、租金、税金、养老金、等额分期收款或付款、零存整取或整存零取储蓄等,都可以是年金形式。年金具有连续性和等额性特点。连续性要求在一定时间内,间隔相等时间就要发生一次收支业务,中间不得中断,必须形成系列。等额性要求每期收、付款项的金额必须相等。

年金根据每次收付发生的时点不同,可分为普通年金、预付年金、递延年金和永续年金四种。

1. 普通年金

普通年金是指每期期末有等额的收付款项的年金,又称后付年金。例如,4年内每年 100 元的普通年金,用横轴代表时间,用数字标出各期的顺序号,竖线的位置表示支付的时刻,竖线下端数字表示支付的金额。如图 3.1 所示。

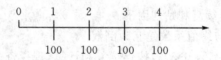

图 3.1 普通年金示意图

(1)单利普通年金终值公式

若每期发生相同本金(年金)记为 A,每期利率是 R,时间是 n 期,单利计息,则把 n 期年金的本利和总额称为单利年金终值。

因第 n 期年金的发生与结算终值同时,所以第 n 期年金没有利息;第 $n-1$ 期期末年金到第 n 期期末只经过一期,只有 1 期的利息,本利和为 $A(1+R)$;以此类推,第 1 期年金只有 $n-1$ 期的利息,本利和为 $A[1+(n-1)R]$,求 n 期的和得

$$F_n = A + A(1+R) + \cdots + A[1+(n-2)R] + A[1+(n-1)R]$$

所以单利普通年金终值公式为

$$F_n = nA\left[1 + \frac{1}{2}(n-1)R\right] = nA + \frac{1}{2}(n-1)nAR \qquad (3.10)$$

上式中，nA 是本金(年金)总额，$\frac{1}{2}(n-1)nAR$ 是利息总额。

(2) 复利普通年金的终值公式

复利普通年金的终值是指每期期末收入或支出的相等款项按复利计算所得的本利和。设每期末年金额为 A，每期利率为 R，则 n 期复利普通年金的终值为

$$F = A(1+R)^{n-1} + A(1+R)^{n-2} + \cdots + A(1+R)^0$$

整理后得复利普通年金的终值公式为

$$F = A\frac{(1+R)^n - 1}{R} \qquad (3.11)$$

上式中 $\frac{(1+R)^n - 1}{R}$ 称为"年金终值系数"或"1元年金终值系数"，记为 $(F/A, R, n)$，表示年金为1元、利率为 R、经过 n 期的年金终值，因此，(3.11)式也可写为

$$F = A \times (F/A, R, n)$$

例 3.4 某公司每年在银行存入 4000 万元，计划在 10 年后更新设备，银行存款利率 5%，到第 10 年末公司能筹集的资金总额是多少？

解 $F = A \times \dfrac{(1+R)^n - 1}{R} = 4000 \times \dfrac{(1+5\%)^{10} - 1}{5\%}$

$= 4000 \times 12.578 = 50312$(万元)

在年金终值的一般公式中有四个变量 F, A, R, n，已知其中的任意三个变量都可以计算出第四个变量。

(3) 单利普通年金现值

普通年金现值是指一定时期内每期期末收付款项的现值之和。

若每期末发生相同本金(年金)记为 A，每期贴现率是 R，时间是 n 期，单利计息，则把 n 期年金的现值的总额 P 称为单利年金现值，显然其计算公式为

$$P = \sum_{i=1}^{n} \frac{A}{1+iR}$$

(4) 复利普通年金的现值

若每期末发生相同本金(年金)记为 A，每期贴现率是 R，时间是 n 期，复利计息，则把 n 期年金的现值的总和 P 称为复利年金现值，根据复利现值的方法计算年金现值 P 为

$$P = \sum_{i=1}^{n} \frac{A}{(1+R)^i}$$

因为复利普通年金的终值为 $A\dfrac{(1+R)^n-1}{R}$,按复利贴现,乘以贴现因子 $\dfrac{1}{(1+R)^n}$,得复利普通年金的现值计算公式为

$$P=A\cdot\dfrac{1-(1+R)^{-n}}{R} \tag{3.12}$$

公式中,将 $\dfrac{1-(1+R)^{-n}}{R}$ 称为"年金现值系数",用符号 $(P/A,R,n)$ 表示。

例 3.5 某企业现在借得 1000 万元的贷款,在 10 年内以年利率 12% 等额偿还,则每年应付的金额为多少?

解 $A=1000\times[1/(P/A,12\%,10)]=177(万元)$

在年金现值的一般公式中有四个变量 P,A,R,n,已知其中的任意三个变量都可以计算出第四个变量。

2.先付年金

先付年金是指每期期初有等额的收付款项的年金,又称预付年金或期初年金。

例如用图 3.2 表示 4 期内每年 100 元的先付年金。图中横轴代表时间,用数字标出各期的顺序号,竖线的位置表示支付的时刻,竖线下端数字表示支付的金额。

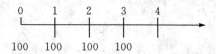

图 3.2 先付年金示意图

从图 3.2 可见,预付年金与普通年金收付款次数是一样的,只是收付款时点不一样。类似于普通年金的分析,我们给出以下公式。

(1)单利先付年金终值

$$F_n=A(1+R)+A(1+2R)+\cdots+A[1+(n-1)R]+A(1+nR)$$

整理得

$$F_n=nA+\dfrac{1}{2}(n+1)nAR=nA\left[1+\dfrac{1}{2}(n+1)R\right] \tag{3.13}$$

上式中,nA 是本金(年金)总额;$\dfrac{1}{2}(n+1)nAR$ 是利息金额。

(2)复利先付年金的终值

先付年金终值是指一定时期内每期期初等额收付款项的复利终值之和。先

付年金与普通年金的付款期数相同,但由于其付款时间的不同,先付年金终值比普通年金终值多计算一期利息。因此,可在普通年金终值的基础上乘上$(1+R)$就是先付年金的终值。

先付年金的终值 F 的计算公式为

$$F = A \cdot \frac{(1+R)^n - 1}{R} \cdot (1+R) = A \cdot \frac{(1+R)^{n+1} - (1+R)}{R}$$

或
$$F = A \cdot \left[\frac{(1+R)^{n+1} - 1}{R} - 1\right] \tag{3.14}$$

公式中 $\frac{(1+R)^{n+1} - 1}{R} - 1$ 常称为"先付年金终值系数",它是在普通年金终值系数的基础上,期数加1,系数减1求得的,可表示为 $[(F/A, R, n+1) - 1]$。

例 3.6 某公司租赁写字楼,每年年初支付租金 5000 元,年利率为 8%,该公司计划租赁 12 年,需支付的租金为多少?

解 $F = A \cdot \left[\frac{(1+R)^{n+1} - 1}{R} - 1\right] = 5000 \times \left[\frac{(1+8\%)^{12+1} - 1}{8\%} - 1\right]$

$= 5000 \times 20.495 = 102475(元)$

(3) 先付年金的现值

先付年金现值是指一定时期内每期期初收付款项的复利现值之和。先付年金与普通年金的付款期数相同,但由于其付款时间的不同,先付年金现值比普通年金现值少折算一期利息。因此,可在普通年金现值的基础上乘上$(1+R)$就是先付年金的现值。

先付年金的现值 P 的计算公式为

$$P = A \cdot \frac{1 - (1+R)^{-n}}{R} \cdot (1+R) = A \cdot \left[\frac{(1+R) - (1+R)^{-(n-1)}}{R}\right]$$

或
$$P = A \cdot \left[\frac{1 - (1+R)^{-(n-1)}}{R} + 1\right] \tag{3.15}$$

公式中,$\left[\frac{1 - (1+R)^{-(n-1)}}{R} + 1\right]$ 通常称为"先付年金现值系数"。

先付年金现值系数是在普通年金现值系数的基础上,期数减1,系数加1求得的,可表示为 $[(P/A, R, n-1) + 1]$。

例 3.7 某人分期付款购买住宅,每年年初支付 6000 元,20 年还款期,假设银行借款利率为 5%,该项分期付款如果现在一次性支付,需支付现金是多少?

解 $P = A \cdot \left[\frac{1 - (1+R)^{-(n-1)}}{R} + 1\right] = 6000 \times \left[\frac{1 - (1+5\%)^{-(20-1)}}{5\%} + 1\right]$

$= 6000 \times 13.0853 = 78511.8(元)$

3. 递延年金

递延年金是指第一次收付款发生时间是在第二期或者第二期以后的年金。递延年金是普通年金的特殊形式。

例如,第一期和第二期没有发生收付款项,从第三期开始连续 4 期发生等额为 100 的收付款项。递延年金的收付形式如图 3.3。

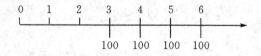

图 3.3 递延年金示意图

(1)递延年金终值

递延年金终值的计算方法与普通年金终值的计算方法相似,其终值的大小与递延期限无关。

(2)递延年金现值

递延年金现值是自若干时期后开始每期款项的现值之和。其现值常用的计算方法是:第一步把递延年金看作 n 期普通年金,计算出递延期末的现值;第二步将已计算出的现值折现到第一期期初。

例如,如图 3.3 所示数据,假设银行利率为 6%,其递延年金现值为多少?

第一步,计算 4 期的普通年金现值。

$$P_2 = A \cdot \frac{1-(1+R)^{-n}}{R} = 100 \times \frac{1-(1+6\%)^{-4}}{6\%}$$
$$= 100 \times 3.4651 = 346.51(元)$$

第二步,已计算的普通年金现值,贴现到第一期期初。

$$P_0 = P_2 \times \frac{1}{(1+R)^m} = 346.51 \times \frac{1}{(1+6\%)^2} = 346.51 \times 0.89 = 308.39(元)$$

4. 永续年金

永续年金是指无限期支付的年金,如优先股股利。由于永续年金持续期无限,没有终止时间,因此没有终值,只有现值。永续年金可视为普通年金的特殊形式,即期限趋于无穷的普通年金。其现值的计算公式可由普通年金现值公式推出。

永续年金现值 P 计算公式为

$$P = \lim_{n \to \infty} A \times \frac{1-(1+R)^{-n}}{R} = \lim_{n \to \infty} A \times \frac{1-\frac{1}{(1+R)^n}}{R} = \frac{A}{R}$$

在企业价值评估和企业并购确定目标企业价值时经常用到这个指标。

例 3.8 某企业要建立一项永久性帮困基金,计划每年拿出 5 万元帮助失学儿童,年利率为 5%。问应筹集多少资金。

解 $$P = \frac{A}{R} = \frac{5}{0.05} = 100(万元)$$

应筹集到 100 万元资金,就可每年拿出 5 万元帮助失学的儿童。

3.2 连续资金流的现值与终值模型

在实际问题中,许多企业的资金状况是随着时间而变化的,因此可以把资金看为是时间的函数,也称为资金流,不妨假设资金流是时间的连续函数。设 t 时刻的资金为 $f(t)$,$f(t)$ 在 $[0,T]$ 连续,r 为年利率,按连续复利计算,则 T 年后总收入的终值和现值各为多少?

考虑在时间段 $(t, \Delta t)$ 内的资金量,由于 Δt 很小,所以可以认为资金量的近似值为
$$\Delta F \approx f(t) \Delta t$$
按连续复利计算,这些资金在期末的终值为
$$f(t) \Delta t e^{r(T-t)}$$
根据定积分思想,总资金量的终值为
$$F(T) = \int_0^T f(t) e^{r(T-t)} dt \tag{3.16}$$
若将其对应的现值记为 F_0,则
$$F_0 = F(T) e^{-rT} = \int_0^T f(t) e^{r(T-t)} \cdot e^{-rT} dt$$
故
$$F_0 = \int_0^T f(t) e^{-rt} dt \tag{3.17}$$

给出 $f(t)$ 的具体形式,可用 (3.16) 式、(3.17) 式计算得相应的终值和现值。

若 $f(t)$ 为常数 a,称为均匀资金流,则此时由 (3.16) 式知
$$F(T) = \int_0^T a e^{r(T-t)} dt = \frac{a}{r}(e^{rT} - 1) \tag{3.18}$$
由 (3.17) 式知
$$F_0 = \int_0^T a e^{-rt} dt = \frac{a}{r}(1 - e^{-rT}) \tag{3.19}$$

和年金相应的公式对比可知,均匀收入流类似于年金。不同的是,计算现值与终值时,一个是计算普遍复利而另一个是计算连续复利。

例 3.9 某企业想购买一台设备,设备成本为 5000 元,t 年后该设备的报废

价值为 $S(t)=5000-400t$(元)。使用该设备在 t 年时可使企业增加收入 $850-40t$(元)。若年利率为 5%,计算连续复利,企业应在什么时候报废这台设备?此时,总利润的现值是多少?

解 T 年后总收入的现值为

$$\int_0^T (850-40t)e^{-0.05t}dt$$

T 年后总利润的现值为

$$L(T)=\int_0^T (850-40t)e^{-0.05t}dt + (5000-400T)e^{-0.05T} - 5000$$

为求最大值,对 $L(T)$ 求导得

$$L'(T) = (850-40T)e^{-0.05T} - 400e^{-0.05T} - 0.05(5000-400T)e^{-0.05T}$$
$$= (200-20T)e^{-0.05T}$$

令 $L'(T)=0$,得 $T=10$,不难证明 $T=10$ 为唯一极大值点。

当 $T=10$ 时,总利润的现值最大,故应在使用 10 年后报废这台机器,此时,企业所得利润的现值为

$$L(10) = \int_0^{10}(850-40t)e^{-0.05t}dt + 1000e^{-0.5} - 5000$$
$$= 4000(2e^{-0.5}-1) \approx 852.25(元)$$

例 3.10 有一特大型水电投资项目,投资总成本为 10^6 万元,峻工后年收入流 6.5×10^4(万元)。若年利率为 5%,计算连续复利,求投资回收期及该投资为无限期时纯收入的贴现值。

解 此题可以近似认为收入流是连续的。项目峻工后 T 年中总收入的现值为

$$R(T) = \int_0^T (6.5\times 10^4)e^{-0.05t}dt = 1.3\times 10^6(1-e^{-0.05T})$$

当总收入的现值等于投资总成本时收回投资,即

$$1.3\times 10^6 (1-e^{-0.05T}) = 10^6$$

解得

$$T = \frac{1}{0.05}\ln\frac{13}{3} \approx 29.33(年)$$

当投资为无限期时,$T\to\infty$,纯收入的现值为

$$\int_0^\infty 6.5\times 10^4 e^{-0.05t}dt - 10^6 = \lim_{t\to\infty} 1.3\times 10^6(1-e^{-0.05t}) - 10^6$$
$$= 3\times 10^5 (万元)$$

3.3 简单的投资决策模型

一、问题背景

投资决策分析对企业获利能力、资金结构、偿债能力及长远发展都有重要影响。在市场竞争日益激烈,投资主体和投资渠道趋于多元化的经济中,如何优化资源配置,提高投资决策水平,是企业经营面临的突出问题。投资决策方法非常多,最简单的技术方法可以分为非贴现法和贴现法两类,它们的区别在于前者不考虑货币的时间价值,计算简便;后者则考虑货币的时间价值,更科学、合理。非贴现法主要有回收期法和年平均报酬率法两种。贴现法主要有净现值法、内部收益率法和获利能力指数法三种。

二、非贴现法

非贴现法投资决策方法简单易行,是在财务管理理论不完善时期经常采用的资本预算决策方法。分为回收期法和年平均报酬率法两种。

(一) 投资回收期法

投资回收期是指从项目投建之日起,用项目各年净资金流量将全部投资回收所需的期限。计算表达式为

$$\sum_{t=0}^{T_P} F_t = \sum_{t=0}^{T_p} (B_t - C_t) = K$$

式中 T_p 表示投资回收期;C_t 表示第 t 年支出;B_t 表示第 t 年的收益;K 表示投资总额;F_t 表示第 t 年的净收益。

若投资项目每年的净资金流量相等,均为 F,则投资回收期可以用下式计算

$$T_p = \frac{K}{F} + T_k$$

其中 T_k 表示项目建设期。

若各年净资金流量不等,投资回收期的计算式为

$$T_p = T - 1 + \frac{\text{第}(T-1)\text{年的累积净现金流量的绝对值}}{\text{第 } T \text{ 年的净现金流量}}$$

其中 T 为项目各年累积净资金流量首次为正值的年份的净资金量。

在用投资回收期做投资决策分析时,判别准则是和行业基准投资回收期 T_b 作比较,若 $T_p \leqslant T_b$,认为项目可行,若 $T_p > T_b$,认为项目不可行。

投资回收期方法简单,决策的工作成本较低,能够衡量出投资方案的变现

能力,即投资的回收速度,因此可以作为衡量备选方案风险程度的指标。但回收期法忽略了货币的时间价值因素,此外没有考虑回收期后的资金流。但实际上,许多企业的重大投资前期都是不盈利甚至是亏损的,若因回收期较长而对项目予以否定,可能会导致决策失误。

(二)投资收益率

投资收益率是项目达到设计生产能力后的一个正常生产年份的总收益与项目总投资的比率。

对生产期内各年的利润总额变化幅度较大的项目,应计算生产期内年平均利润总额与项目总投资的比率。若用 R 表示投资收益率,计算公式为

$$R = \frac{F}{K}$$

其中 K 表示投资总额,根据不同的分析目的,K 可以是全部投资额,也可以是投资者权益投资额。F 表示正常年份的净收益,根据不同的分析目的,F 可以是利润,可以是利润税金总额,也可以是年净资金流入等。

根据 K 和 F 的具体含义,R 可以表现为各种不同的具体形态。例如

$$全部投资收益率 = \frac{年利润 + 折旧与摊销 + 利息支出}{全部投资额}$$

$$权益投资收益率 = \frac{年利润 + 折旧与摊销}{权益投资额}$$

$$投资利税率 = \frac{年利润 + 税金}{全部投资额}$$

进行投资决策时,应将投资方案的收益率与基准收益率相比较,基准收益率代表行业内投资资金应当获得的最低财务盈利水平。设基准收益率为 R_b,若 $R \geqslant R_b$ 认为项目可行,若 $R < R_b$,则认为项目不可行。

投资收益率克服了回收期法的缺点,考虑到了投资方案在其寿命期间内的全部资金流量。但也有局限性,例如未考虑资金的时间价值,而且舍弃了其它一些经济数据(如项目建设期、寿命期等),因此一般用于技术经济数据不完整的初步研究阶段。

非贴现法是在财务管理理论不完善时期经常采用的资本预算决策方法。其最大的缺点在于未考虑资金的时间价值,未将资金的机会成本作为资本预算决策的影响因素,容易误导决策,放弃高投资回报率的项目。

三、贴现法

贴现法适用于所投资项目提供的产品或服务具有相对成熟的市场,不确定性小,能够根据现有市场和企业的投资规模预测未来资金流量的大小和分布,并且可以选择合适的贴现率。贴现法具体包括调整现值法、权益资金流量法、

剩余收益法、资本资金流量法、净现值法、内含收益率法、可获利指数法等,这些方法都建立在对资金流进行贴现的基础上。

下面主要对应用较为广泛的净现值法、可获利指数法和内部收益率法进行比较分析。

(一)净现值法

净现值法是指在进行长期投资决策时,以备选方案的净现值作为评判方案优劣标准的一种决策分析方法。随着资金折现技术的推广和应用,净现值法成为应用最广泛的资本预算决策方法。概括来说就是以项目的资金成本对项目未来可能产生的全部资金流进行折现,如果净现值为正就接受项目,反之则放弃项目。

将净现值记为 NPV,其计算公式为

$$NPV = \sum_{t=0}^{n} (CI - CO)_t (1+R_0)^{-t}$$

式中 CI_t 表示第 t 年的资金流入额,CO_t 表示第 t 年的资金流出额;n 表示项目寿命期;R_0 表示基准折现率。

对单一方案而言,若 $NPV \geq 0$,则认为项目可行,若 $NPV < 0$,则予以拒绝。对多方案比选时,净现值越大,方案越优。

净现值的大小既取决于资金流量,也取决于所用的贴现率。对于同一项投资方案来讲,贴现率越小,净现值越大;反之,净现值越小。

净现值法的优点在于它的原理通俗易懂,适用于任何均匀的资金流量(年金的现值)或不规则的资金流量,充分考虑了投资方案发生资金流量的先后时间以及整个寿命期间内的收益,体现了货币的时间价值。因而它是一种较为广泛使用的长期投资决策方法。

净现值法的主要缺点是在投资额不相等的若干方案之间进行比较时,单纯看净现值的绝对额并不能做出正确的评价。因为在这种情况下,不同方案的净现值是不可比的。

(二)获利能力指数法

获利能力指数法是将未来资金流量用货币时间价值折算后反映投资项目获利能力,从而进行投资决策的一种方法。获利能力指数是指投资方案未来资金净流入量的现值与投资额的现值之比。

获利能力指数法与净现值法不同之处在于它不是一个绝对数,而是一个相对指标,反映资金的使用效率,可用于不同投资规模的项目比较。在实际工作中,获利能力指数法往往与净现值法一起使用。获利能力指数记为 PI,计算公式为

$$PI = \frac{投产后各年净现金流量现值合计}{原始投资现值合计}$$

用公式表示为

$$PI = \frac{NPV'}{K_P} = \frac{NPV'}{\sum_{t=0}^{n} K_t (1+R_0)^{-t}}$$

其中 K_t 表示第 t 年的投资额，NPV' 是指项目进入投产期后的净现值。

若获利能力指数大于 1，说明除收回投资外，项目还可获利，若获利能力指数小于 1，说明其投资未能全部收回，则项目不可行。

如果在若干获利能力指数均大于 1 的方案之间进行选择，则取其大者。

(三) 内部收益率法

所谓内部收益率，指的是一个投资方案的内在报酬率，它是在未来资金净流量的现值正好等于投资额的现值的假设下所求出的贴现率，即：使投资方案的净现值 NPV 等于零时的贴现率。

内部收益率记为 IRR，可以通过解下述方程求得

$$\sum_{t=0}^{n} \frac{F_t}{(1+IRR)^t} = \sum_{t=0}^{n} (CI-CO)_t (1+IRR)^{-t} = 0$$

若用 R_0 表示行业内的基准收益率，则 $IRR \geqslant R_0$ 可以接受项目，$IRR < R_0$ 拒绝接受项目。

内部收益率反映了投资的使用效率，而且不需要事先给定基准折现率，特别当 R_0 不易确定为单一值而是落入一个范围时，优越性显而易见。

内部收益率在使用中也受到一些限制。事实上内部收益率计算式左端等价于多项式

$$p(R) = \sum_{i=0}^{n} \frac{F_i}{(1+R)^i} = \sum_{i=0}^{n} F_i x^i = F_0 + F_1 x + F_2 x^2 + \cdots + F_n x^n$$

其中 $x^i = \frac{1}{(1+R)^i}, i = 1, 2, \cdots, n$。

如果 $F_i (i=0,1,2,\cdots,n)$ 在符号上没有变化，即各年度的净资金流 F_i 都为非负（或非正）时，就不可能求得一个正实根，即不可能求得一个具有实际意义的收益率，对于这类项目就不能通过计算内部收益率进行投资决策分析和比较。

若一个项目净资金流量 F_i 同时满足下列条件：

(1) $F_0 < 0$

(2) $F_t (t=0,1,2,3,\cdots,n)$ 仅改变符号一次且 $\sum_{t=0}^{n} F_t > 0$

则称此项目为常规项目。根据数学中代数知识知常规项目必有唯一解。

在实际计算中,可用数学软件来近似计算 IRR。

3.4 资产组合模型理论基础

一、问题背景

资产组合就是资产者将财富分配到不同资产从而使自己的收益达到最大。然而,在进行这一决策之前,资产者首先必须弄清楚的是市场中有哪些资产组合可供选择以及这些资产组合的风险和收益特征是什么。虽然市场中金融资产的种类千差万别,但从风险-收益的角度看,我们可以将这些资产分为两类:无风险资产和风险资产。无风险资产决策和风险资产决策各有其特点。对于无风险资产,无论资产者选择何种方案,资产者的行为必然会有一个确定的结果,而且这一结果是事先已知和肯定的。而在风险资产条件下,对于资产者所采取的任何行为,其收益结果虽然事先可以预知但却不能肯定,取决于资产的环境和条件。同一种决策方案,在不同条件下,可能得到不同的收益结果。所以,我们常把收益结果看作随机变量,并假设其概率分布是已知的。

二、单一资产的收益和风险

1. 单一资产收益的度量

以股票为例,以一年为资产期限,在股票资产中,资产收益率等于在这一时期内,股票红利收益和差价收益之和,用公式可以表示为

$$r = \frac{红利 + 期末市价总值 - 期初市价总值}{期初市价总值} \times 100\%$$

在实际问题中,由于资产的收益率受到许多不确定因素的影响,所以它是一个随机变量,因此有概率分布,假设收益率 r 概率分布为

$$P(r = r_i) = p_i, i = 1, 2, \cdots, n$$

在不同的经济条件下,这个随机变量将取不同的值,而每一种经济条件的出现都有其概率。把资产收益的不同取值乘以不同经济条件出现的概率,就能够对该资产未来的收益做出估计。资产的期望收益率或预期收益率为

$$E(r) = \sum_{i=1}^{n} r_i p_i$$

在实际操作中,通常根据资产收益率概率分布的历史信息来估计该资产的预期收益率。

2. 单一资产风险的度量

因为资产的收益率是随机变量,其实际收益率与期望收益率往往存在一定

的偏差,实际收益率往往分散在预期收益率周围。如果实际收益率越分散,它们与期望收益率的偏离程度越高,资产者承担的风险也就越大。因此,资产风险的大小可由实际收益率与预期收益率的偏离程度来反映,即数学上的方差

$$\sigma^2(r) = \sum_{i=1}^{n} [r_i - E(r)]^2 p_i$$

资产收益率的标准差为

$$\sigma = \sqrt{\sum_{i=1}^{n} (r_i - E(r))^2 p_i}$$

方差或者标准差的数值越大就表示资产收益偏离预期收益的幅度越大,也就意味着资产的风险越大。

三、资产组合的风险与收益

1. 资产组合的构成

投资者把财富按一定比例分别投资于不同种类的资产或同种类资产的多个品种上,这种分散的投资方式就是投资组合。投资组合的目的是分散风险,即"不能把鸡蛋放在一个篮子里"。组合是个总体概念,这个总体是由若干个体组成的。这些个体在种类和收益上可能各不相同。当所有个体均是证券、债券或股票时,则分别称为"证券组合"、"债券组合"或"股票组合",一般统称为投资组合。若有 n 种投资资产,记为 $A_1, A_2, \cdots, A_n$,投资者按照各种比率将其财富分散于各种资产上,假设选择在 n 种资产上投资比例为 $\omega_1, \omega_2, \cdots, \omega_n$,令

$$\boldsymbol{\omega} = (\omega_1, \omega_2, \cdots, \omega_n)^T$$

那么 ω 就是这个组合的权重向量,或称为组合向量,它满足如下条件

$$\omega_1 + \omega_2 + \cdots + \omega_n = \sum_{i=1}^{n} \omega_i = 1$$

需要注意的是,如果 ω_i 为正,意味着投资者买进该资产,又称为做多;如果 ω_i 为负,则称为卖空。卖空多发生在证券市场,是指投资者自己没有证券而向他人借入证券后卖出。例如,你账户上并没有足够的股票(甚至一股也没有),通过融券(由券商提供)而卖出,在规定的期限内买入,补足并归还给券商。

2. 资产组合的收益和风险

目前应用最广的资产组合收益和风险分析是均值-方差分析。其含义是:投资者的效用函数由资产的收益和风险决定,用简化的数学方式表示,投资者的效用函数仅包括均值和方差两个自变量。

假定有 n 种资产 $A_1, A_2, \cdots, A_n$,收益率是 n 个随机变量 $(r_1, r_2, \cdots, r_n)$。资产组合的收益率取决于两个因素:各种资产的类别和各种资产的投资比率。资产

组合的收益率用 r_p 表示,是组成该组合的各种证券的预期收益率的加权平均数,权重是投资于各种证券的资金占总投资额的比例,即

$$r_p = \omega_1 r_1 + \omega_2 r_2 + \cdots + \omega_n r_n$$

一般用期望收益率来衡量资产组合的收益,其大小等于资产组合中各种资产的平均收益率与各自的资产比重的乘积之和。若将资产组合的期望收益率记作 $E(r_p)$,则

$$E(r_p) = \sum_{i=1}^{n} \omega_i E(r_i)$$

资产组合的风险以方差来衡量,也就是未来收益率的所有可能取值对期望收益率的偏离的加权平均。有时也用标准差,也反映未来收益率的所有可能取值对期望收益率的偏离程度。

按照方差的定义,资产组合的方差为

$$\sigma_p^2 = D[r_p - E(r_p)]^2$$

3. 资产的相关关系

实际问题中,两种投资资产的收益率之间未必是独立的,协方差是两个随机变量相互关系的一种统计测度。投资组合分析用协方差来度量两种投资收益变动的相互关系。以 A_i, A_j 两种资产组合为例,其协方差为

$$\text{Cov}(r_i, r_j) = \sigma_{ij} = E[r_i - E(r_i)][r_j - E(r_j)]$$

协方差 σ_{ij} 取正值表明两种资产的收益率倾向于向同一方向变动,σ_{ij} 取负值表明两种资产的收益有相反变动的倾向,σ_{ij} 值相对小或 0 表明两种资产的收益率之间只有很小关系或没有关系。

为了去掉量纲的麻烦,用相关系数对协方差进行了重新标度。A_i, A_j 两种资产组合收益率之间的相关系数为

$$\rho_{ij} = \frac{\text{Cov}(r_i, r_j)}{\sigma_i \sigma_j} = \frac{\sigma_{ij}}{\sigma_i \sigma_j}$$

相关系数介于 -1 和 $+1$ 之间,$\rho_{ij} = 1$ 表明 r_i, r_j 完全正线性相关,$\rho_{ij} = -1$ 表明 r_i, r_j 完全负线性相关,$\rho_{ij} = 0$ 表明 r_i, r_j 之间不存在线性关系。

在前面的假设下,资产组合收益率的方差为

$$\sigma_p^2 = D(r_p) = D(\omega_1 r_1 + \omega_2 r_2 + \cdots + \omega_n r_n) = \sum_{i=1}^{n} \sum_{j=1}^{n} \omega_i \omega_j \sigma_{ij}$$

因为 $\sigma_{ij} = \rho_{ij} \sigma_i \sigma_j$,所以有

$$\sigma_p^2 = \sum_{i=1}^{n} \sum_{j=1}^{n} \omega_i \omega_j \sigma_{ij} = \sum_{i=1}^{n} \sum_{j=1}^{n} \omega_i \omega_j \sigma_i \sigma_j \rho_{ij}$$

由此看到,资产组合的风险不仅依赖各资产的风险以及权重,还取决各个资产收益率之间的协方差或相关系数。在资产方差或标准差给定的条件下,组

合的每对资产的相关系数越高,组合的方差越大。

四、资产组合中的风险分散讨论

在风险分析中,将投资者面临的风险分为两种,一种是系统风险,就是整个市场所面临的风险,你不能通过调整投资组合来回避的风险,又称为不可分散风险、市场风险。系统性风险包括政策风险、经济周期性波动风险、利率风险、购买力风险、汇率风险等。这种风险不能通过分散投资加以消除,因此又被称为不可分散风险。另一种是非系统风险,又称非市场风险或可分散风险。是指只对某个行业或个别公司的资产产生影响的风险,它通常是由某一特殊的因素引起,与整个投资市场不存在系统、全面的联系,而只对个别或少数资产的收益产生影响。是发生于个别公司的特有事件造成的风险,例如,公司的工人罢工,新产品开发失败,失去重要的销售合同,诉讼失败或宣告发现新矿藏,取得一个重要合同等。

通过资产组合可以减弱或消除非系统风险对投资收益的影响。下面论证在不存在做空机制的风险市场中,投资组合的风险小于风险的组合。

由 n 种资产构成的资产组合的风险(方差)为

$$\sigma_p^2 = \sum_{i=1}^n \sum_{j=1}^n \omega_i \omega_j \sigma_{ij} = \sum_{i=1}^n \omega_i^2 \sigma_i^2 + \sum_{\substack{j=1 \\ j \neq i}}^n \omega_i \omega_j \sigma_{ij}$$

由上式可知,资产组合的风险由两部分构成:第一部分是 $\sum_{i=1}^n \omega_i^2 \sigma_i^2$,它取决于每一资产各自的风险 σ_i^2,第二部分是 $\sum_{\substack{j=1 \\ j \neq i}}^n \omega_i \omega_j \sigma_{ij}$,它取决于各资产之间的协方差 σ_{ij}。由于 $\omega_i \geq 0 (i=1,2,\cdots,n)$,$-1 \leq \rho_{ij} \leq 1$,故有

$$\sigma_p^2 = \sum_{i=1}^n \sum_{j=1}^n \omega_i \omega_j \sigma_{ij} = \sum_{i=1}^n \sum_{j=1}^n \omega_i \omega_j \sigma_i \sigma_j \rho_{ij}$$

$$\leq \sum_{i=1}^n \sum_{j=1}^n \omega_i \omega_j \sigma_i \sigma_j \leq \left[\sum_{j=1}^n \omega_j \sigma_j\right]^2$$

也就是

$$\sigma_p \leq \sum_{j=1}^n \omega_j \sigma_j$$

由上面不等式看到,只要每两种资产的收益间的相关系数小于1,组合的标准差一定小于组合中各种资产收益率标准差的加权平均数。此外,如果每对资产收益间的相关系数为完全负相关且各资产收益率方差和权重相等时,可得到一个零方差的投资组合,但由于系统性风险不能消除,所以这种情况在实际中是不存在的。资产分散化的基本原则就是选择相关系数比较低的资产组合,从

而达到降低总风险的目的。

五、几种特殊的资产组合

1. 等比例投资组合

假设有 n 种资产，在等比例投资情况下，每种资产的投资比例都为 $1/n$，此时，资产组合的平均收益率为：

$$\bar{r}_p = \sum_{i=1}^{n} \omega_i E(r_i) = \frac{1}{n} \sum_{i=1}^{n} E(r_i)$$

此式是全部 n 种资产各自平均收益率的平均值。这种资产组合的收益方差为

$$\sigma_p^2 = \sum_{i=1}^{n} \left(\frac{1}{n}\right)^2 \sigma_i^2 + \sum_{i=1}^{n} \sum_{\substack{j=1 \\ j \neq i}}^{n} \frac{1}{n} \frac{1}{n} \sigma_{ij} = \frac{1}{n} \bar{\sigma}_i^2 + \frac{n-1}{n} \bar{\sigma}_{ij}$$

在这里，收益方差由两部分内容构成：一部分来自全部 n 种资产的收益方差的平均值；另一部分则来自各资产之间全部协方差的平均值。当资产组合中资产的数目 n 不断增大时，第一项风险将趋于 0，只剩下第二项风险起作用。即

$$\lim_{n \to \infty} \sigma_p^2 = \lim_{n \to \infty} \left(\frac{1}{n} \bar{\sigma}_i^2 + \frac{n-1}{n} \bar{\sigma}_{ij}\right) = \bar{\sigma}_{ij}$$

特别地，假定 n 种资产互不相关，即 $\rho_{ij} = 0$，风险相同均为 σ，于是根据前面所述有

$$\sigma_p^2 = \sum_{i=1}^{n} \left(\frac{1}{n}\right)^2 \sigma_i^2 = \frac{\sigma^2}{n}$$

当资产组合中资产的数目 n 不断增大时，$\sigma_p \to 0$。

以上结果是根据非常特殊的条件（几乎是不存在的），具有很大的局限性，但是，借助于该分析我们看到证券组合的风险将随着组合内证券种数的增加而减少。

投资理论和实践都证明，虽然资产组合的风险将随投资个数的增加而减小，可这种减小并不是没有止境的。一般来说，当 n 较小时，增加一种证券，会使其组合的风险较大幅度地减少，但是，随着 n 的增大，这种减少的作用已不明显。图 3.4 是根据纽约股票交易数据绘制的证券组合标准差与证券个数的关系图。一般投资组合总风险与其包含的组合风险与其包含资产个数之间关系的曲线如图 3.5 所示。

由图 3.5 可以看出，任一投资组合的风险都可分为两部分：系统风险和非系统风险。很明显随着组合内证券种数的增加，证券组合风险的减小程度越来越小，并趋向于某水平，再增加证券种数，它也不会减少了。这是由于非系统风险被逐渐消除掉，证券组合的风险仅仅等于其系统风险的缘故。

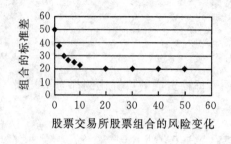

股票交易所股票组合的风险变化

图 3.4

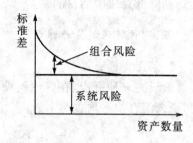

图 3.5

一个比较好的证券组合,究竟应该包含多少种证券?对这个问题,人们做了许多研究(包括仿真研究),一般认为,随机选取 10 种证券组合时,组合的风险可以减少到能够接受的水平;如选 15~20 种时,组合的风险将不会再随着证券种数的增加而明显减小。因此专家建议,一个较好的组合"至少应包含 10 种资产,以 15 种为好。即使资金数额很大,考虑到资产选择工作,也不要超过 25 种"。

2. 市场组合

市场组合是由资本市场上全部上市证券按其各自上市证券的市场价值在总市价中的比例组合而成的证券组合。假设市场上有 n 种证券,其价格分别为 $P_1, P_2, \cdots, P_i, \cdots, P_n$,其流通量分别为:$Q_1, Q_2, \cdots, Q_i, \cdots, Q_n$,那么金融资产 i 在市场组合中所占的比重就等于

$$\omega_i^m = \frac{P_i Q_i}{\sum_{j=1}^{n} P_j Q_j} \quad i = 1, 2, \cdots, n$$

市场组合的平均收益率为

$$\bar{r}_m = \sum_{i=1}^{n} \omega_i^m \bar{r}_i$$

市场组合的风险(标准差)为

$$\sigma_m = \sqrt{\sum_{i=1}^{n} \sum_{j=1}^{n} \omega_i^m \omega_j^m \rho_{ij} \sigma_i \sigma_j}$$

式中,ρ_{ij} 是上市证券 i 和 j 之间的相关系数。投资者如果把全部资金按 ω_i^m 的比例投向市场上的全部证券,那么,由此而形成的证券组合就是市场组合,它与整个市场的变化相一致,取得相同的收益率,承受相同的风险。一般认为,标准普尔指数、恒生指数、沪市指数以及世界上许多股市指数都属于市场组合的指数。

3.5 两种资产投资组合模型

本节我们将问题简化，假设市场中可能的资产组合有如下两种：一个无风险资产和一个风险资产的组合；两个风险资产的组合。下面分别讨论。

一、两种资产组合的可行集和有效集

两种资产可构成无限多种组合。在无限多种组合中，为了选择到最优组合，就必须了解所有组合的风险和收益的大致情况。反映两种资产组合整体特征的两个重要指标是可行集和有效集。

可行集指由两种资产所构建的全部资产组合的集合。由于任何一个确定的组合都可以求出其预期收益率和标准差，可以在以标准差为横坐标、期望收益率为纵坐标的坐标系中用一个点来表示，因而两种资产组合的可行集，就可以用所有组合的期望收益率和标准差构成的集合来表示。

资产组合的可行集表示了所有可能的资产组合，为投资者提供了一切可行的投资机会，投资者还需要在可行集中选择满意的资产组合即有效率的资产组合进行投资，这就是资产组合的有效集问题。

资产组合的有效集，又称为有效边界或有效前沿，是指在期望收益率一定时其风险（即标准差）最低的资产组合，或者指在风险一定时其期望收益率最高的资产组合。

根据定义可知，有效集是可行集的一个子集。研究投资组合的目的就是从资产组合的可行集中找到资产组合的有效集。

二、一个无风险资产和一个风险资产的组合

当市场中只有一个无风险资产和一个风险资产的时候，假定投资者投资到风险资产上的资金比例为 ω，投资到无风险资产上的资金比例为 $1-\omega$。设风险资产的收益率为 $r, E(r) = \bar{r}, D(r) = \sigma^2$。$r_f$ 为无风险资产的收益，是一个常数。投资组合的收益 r_p 就可以表为

$$r_p = \omega r + (1-\omega) r_f$$

资产组合的期望收益为

$$E(r_p) = \omega E(r) + (1-\omega) r_f \tag{3.20}$$

方差为

$$\sigma_p^2 = D(r_p) = D(\omega r + (1-\omega) r_f) = \omega^2 \sigma^2 \tag{3.21}$$

标准差为

$$\sigma_p = \omega \sigma$$

由 (3.20),(3.21) 式看到,每个组合系数 ω 都对应着一个收益和风险的组合:

$$\omega = \frac{E(r_p) - r_f}{E(r) - r_f} = \frac{\sigma_p}{\sigma}$$

如果由 (3.20),(3.21) 式消掉投资权重,得到投资组合期望收益与标准差之间的关系为

$$E(r_p) = \omega E(r) + (1-\omega) r_f = r_f + \frac{E(r) - r_f}{\sigma} \sigma_p \qquad (3.22)$$

资产组合 r_p 的期望收益率包含两部分,一部分是无风险收益率,另一部分是风险溢价,其与投资风险 σ_p 的大小成正比。这从理论上证明了普遍认同的观点,高收益与高风险相匹配。

当市场只有一个无风险资产和一个风险资产时,上式就是资产组合所有可能的投资组合的可行集,同时也是有效集。在期望收益-标准差平面上,无风险资产对应 $E(r)$ 轴上的一个点 F,风险资产对应于点 P,(3.22) 式是一条经过 F 点和 P 点的斜率为 $(E(r) - r_f)/\sigma$、截距为 r_f 的一条射线直线,称这条直线为资本配置线,表明风险资产和无风险资产之间的各种可行的风险-收益组合的图形。如图 3.6 所示。

随着投资者改变风险资产的投资权重 ω 变化,资产组合就落在资本配置线上的不同位置。如果不允许卖空,投资者将全部财富都投资到风险资产上,即 $\omega = 1$,资产组合的期望收益和方差就是风险资产的期望收益和方差,资产组合与风险资产重合,如图 3.6 的 P 点。如果投资者将全部财富都投资在无风险资产上,即 $\omega = 0$,资产组合的期望收益和方差就是无风险资产的期望收益和方差,资产组合与无风险资产重合,如图 3.6 的 F 点。

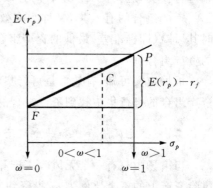

图 3.6

风险资产 r 与无风险资产 r_f 将配置线分为三段,其中,无风险资产和风险资产之间的部分意味着投资者投资在风险资产和无风险资产上的财富都是正值;此时 $0 < \omega < 1$。风险资产 r 的右侧的部分意味着投资者以无风险收益率借入部分资金,然后将其全部财富和借入的资金一起投资到风险资产中。此时 $\omega > 1$。如果我们考虑卖空风险资产的问题,还存在 $\omega < 0$ 的情况。

资本配置线的斜率等于资产组合每增加一单位标准差所增加的期望收益,即每单位额外风险的额外收益。因此我们有时也将这一斜率称为报酬与波动

性比率。

三、两个风险资产的组合

当市场中的资产是两个风险资产时，设两种资产为 A 和 B，投资者以 ω 比例投资于资产 A，$1-\omega$ 比例投资于资产 B，假定资产 A 的收益率为 r_1，资产 B 的收益率为 r_2，期望方差分别为

$$E(r_1) = \bar{r}_1, E(r_2) = \bar{r}_2, \quad E(r_1) > E(r_2)$$
$$D(r_1) = \sigma_1^2, D(r_2) = \sigma_2^2, \quad D(r_1) > D(r_2)$$

设 r_1 和 r_2 的相关系数 ρ 为

$$\rho = \frac{\text{Cov}(r_1, r_2)}{\sigma_1 \sigma_2}$$

两个资产组合的期望收益和方差分别为

$$E(r_p) = \omega E(r_1) + (1-\omega) E(r_2)$$
$$\sigma_p^2 = \omega^2 \sigma_1^2 + (1-\omega)^2 \sigma_2^2 + 2\omega(1-\omega)\rho \sigma_1 \sigma_2$$

由于 $-1 \leqslant \rho \leqslant +1$，当 $\rho = -1$ 时，$\sigma_p = |\omega\sigma_1 - (1-\omega)\sigma_2|$；当 $\rho = +1$ 时，$\sigma_p = \omega\sigma_1 + (1-\omega)\sigma_2$，于是有

$$|\omega\sigma_1 - (1-\omega)\sigma_2| \leqslant \sigma_p \leqslant \omega\sigma_1 + (1-\omega)\sigma_2$$

可见，无论 ρ 取什么值，只要 ρ 不等于 $+1$，那么，资产组合的收益标准差或风险总是小于单个资产收益标准差或风险的加权平均。换言之，只要两种资产之间不存在完全的正相关关系，其资产组合的风险总是会减少的。这和我们上一节的分析是一致的。至于风险减少的程度，则主要取决于两种资产收益之间的相关程度。

根据期望的表达式，可以求出投资权重为

$$\omega = \frac{E(r_p) - E(r_2)}{E(r_1) - E(r_2)}$$

将其代入到方差式中，可以得到该资产组合期望收益和方差之间的关系式为

$$\sigma_p^2 = a \times E^2(r_p) - b \times E(r_p) + c \tag{3.23}$$

其中 $a = \dfrac{\sigma_1^2 + \sigma_2^2 - 2\rho\sigma_1\sigma_2}{(E(r_1) - E(r_2))^2}$，$b = \dfrac{2E(r_2)\sigma_1^2 + 2E(r_1)\sigma_2^2 - 2[E(r_1) + E(r_2)]\rho\sigma_1\sigma_2}{(E(r_1) - E(r_2))^2}$，

$c = \dfrac{2E^2(r_2)\sigma_1^2 + E^2(r_1)\sigma_2^2 - E(r_1)E(r_2)\rho\sigma_1\sigma_2}{(E(r_1) - E(r_2))^2}$。

在市场存在两个风险资产的情况下，(3.23)式就是资产组合的可行集。当 ρ 取不同的值时，上述关系在期望收益－方差平面中的形状也有所不同，对此分三种情况进行讨论。

(1) $\rho = 1$

在这种情况下,两个资产的收益率是完全相关的,在不考虑卖空或借贷的情况下,即 $0 \leqslant \omega \leqslant 1$,标准差为

$$\sigma_p = \omega \sigma_1 + (1-\omega)\sigma_2$$

结合期望收益数学式,可以求出

$$E(r_p) = \frac{E(r_1) - E(r_2)}{\sigma_1 - \sigma_2} \times (\sigma_p - \sigma_2) + E(r_2)$$

当两个风险资产完全正相关时,上式是资产组合的可行集,同时也是有效集。在期望收益—标准差平面上是一条通过 A 点和 B 点的线段。如图 3.7 所示。

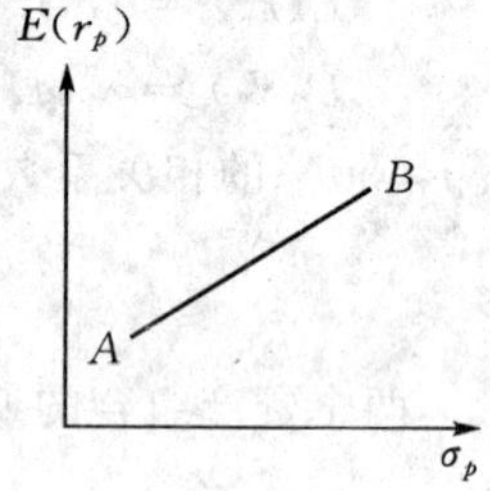

(2) $\rho = -1$

在这种情况下,两个资产的收益率是完全负相关的,方差为

$$\sigma_p^2 = [\omega \sigma_1 - (1-\omega)\sigma_2]^2$$

图 3.7

结合期望收益的表达式,可以求得资产组合期望收益和标准差之间的关系如下

$$E(r_p) = \begin{cases} \dfrac{E(r_1) - E(r_2)}{\sigma_1 + \sigma_2} \times (\sigma_p + \sigma_2) + E(r_2), & \omega \geqslant \dfrac{\sigma_2}{\sigma_1 + \sigma_2} \\[2mm] \dfrac{E(r_1) - E(r_2)}{\sigma_1 + \sigma_2} \times (\sigma_2 - \sigma_p) + E(r_2), & \omega < \dfrac{\sigma_2}{\sigma_1 + \sigma_2} \end{cases}$$

上式即为资产组合可行集,有两条斜率相反的折线,折线的一部分通过 A 点和 C 点;另一部分则通过 C 点和 B 点,其中 C 点的坐标为 $(0, \dfrac{E(r_1)\sigma_2 + E(r_2)\sigma_1}{\sigma_1 + \sigma_2})$,为资产组合可行集内的最小方差点。显然其有效集为可行集中的线段 C_B,如图 3.8 所示。

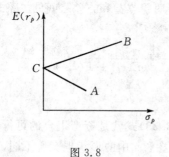

图 3.8

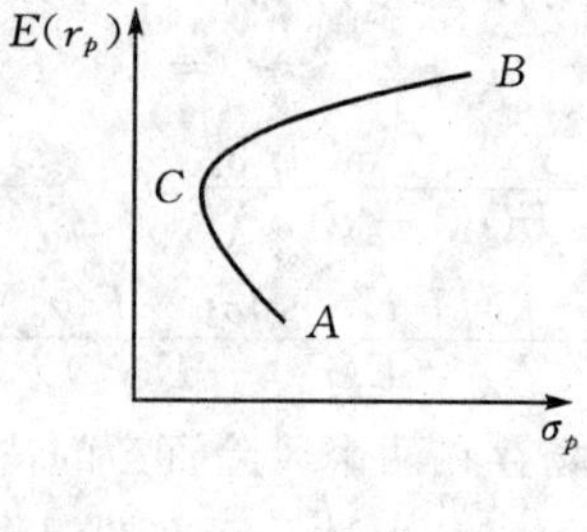

图 3.9

(3) $-1 < \rho < 1$

此时(3.23)式在期望收益-标准差平面对应着两条双曲线。考虑到经济意义,只保留双曲线在第一象限的部分。这条双曲线顶点 C 是 $-1 < \rho < 1$ 时资产组合可行集内的最小方差点。如图3.9所示。用导数的方法可以求得该点对应的投资组合系数 ω。

对 $\sigma_p^2 = \omega^2 \sigma_1^2 + (1-\omega)^2 \sigma_2^2 + 2\omega(1-\omega)\rho\sigma_1\sigma_2$ 中的 ω 求导,令

$$\frac{d\sigma_p^2}{d\omega} = 2\omega(\sigma_1^2 + \sigma_2^2) - 4\omega(1-\omega)\rho\sigma_1\sigma_2 + 2\rho\sigma_1\sigma_2 - 2\sigma_2^2 = 0$$

可以证明上式方程的解 ω 就是 σ_p^2 最小值,即最小方差组合系数是

$$\omega = \frac{\sigma_2^2 - \rho\sigma_1\sigma_2}{\sigma_1^2 - 2\rho\sigma_1\sigma_2 + \sigma_2^2} \tag{3.24}$$

若不允许卖空,$0 \leqslant \omega \leqslant 1$,所以当 $\rho \geqslant \dfrac{\sigma_1}{\sigma_2}$,这个组合就对应于图3.9中 A 点,若 $\rho < \dfrac{\sigma_1}{\sigma_2}$,这个组合就对应于图3.9中 C 点。

从图3.9中可看出,在 CA 的曲线上,期望收益随方差的增大而降低,这部分的资产组合是无效的,投资者只须选择 CB 曲线段上相应的投资组合,CB 曲线段即为两种风险投资的有效集。

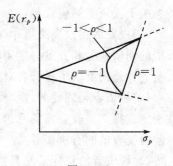

图 3.10

综上所述,将三种情况下的图形画在一个坐标系下,就得到图3.10。

3.6 马科维茨投资组合模型

一、问题背景

投资者投资的目的在于获取较高的预期收益。他们往往把资金投入到若干种收益较高的证券上,以获得最大的总收益。但是,投资的收益和风险是相互矛盾的,高收益必然包含着高风险。所以,理性的投资者会避免过高风险和过低收益这两种极端情况,选择若干种证券加以组合,以分散其投资风险,目的是在一定的风险水平下获得最大的预期收益,或者在获得一定的预期收益条件下使风险最小。美国经济学家马科维茨(Harry M. Markowitz)是现代投资组合理论的创始人。他于1952年3月在《金融杂志》上发表了题为《证券组合选择》的论文,并于1959年出版了同名专著,详细论述了证券收益和风险的主要原理和分析方法,建立了均值-方差证券组合模型的基本框架。马柯维茨的投

资组合理论认为,投资者是回避风险的,他们的投资愿望是追求高的预期收益,他们不愿承担没有相应的预期收益加以补偿的额外风险。马科维茨认为,投资组合的风险不仅与构成组合的各种证券的个别风险有关,而且受各证券之间的相互关系的影响。马科维茨根据风险分散原理,应用二维规划的数学方法,揭示了如何建立投资组合的有效边界,使边界上的每一个组合在给定的风险水平下获得最大的收益,或者在收益一定的情况下风险最小。

二、模型假设

马科维茨的资产组合理论有很多假设,但是这些假设基本上可以归为两大类:一类是关于投资者的假设;另一类是关于资本市场的假设。

关于投资者的假设是:

(1)投资者在投资决策中只关注投资收益这个随机变量的两个数字特征:投资的期望收益和方差。期望收益率反映了投资者对未来收益水平的衡量,而收益的方差则反映了投资者对风险的估计。

(2)投资者是理性的,也是厌恶风险的。即在任一给定的风险程度下,投资者愿意选择期望收益高的有价证券;或者在期望收益一定时,投资者愿意选择风险程度较低的有价证券。

(3)投资者的目标是使其期望效用 $E(U) = f(E(r), \sigma^2)$ 最大化,其中 $E(r)$ 和 σ^2 分别为投资的期望收益和方差。对于一个风险厌恶的投资者来说,其期望效用函数 $E(U)$ 是单调凸函数。

关于资本市场的假设是:

(1)资本市场是有效的。证券的价格反映了其内在价值,证券的任何信息都能够迅速地被市场上每个投资者所了解,不存在税收和交易成本。

(2)资本市场上的证券是有风险的,也就是说收益具有不确定性,证券的收益都服从正态分布,不同证券的收益之间有一定的相关关系。

(3)资本市场上的每种证券都是无限可分的,这就意味着只要投资者愿意,他可以购买少于一股的股票。

(4)资本市场的供给具有无限弹性,也就是说资产组合中任何证券的购买和销售都不会影响到市场的价格。

(5)市场允许卖空。

在所有的这些假设中,最值得注意的是马科维茨独创性地用期望效用最大化准则代替了期望收益最大化准则。在现代资产组合理论诞生之前,人们在研究不确定条件下的投资时,关于投资者的目标是假定他追求期望收益的最大化,但是这种假设却存在这样的问题:如果资本市场上仅存在一种具有最高收益的资产,投资者只需要将全部资金投资于该种资产即可实现期望收益最大化;如果同时有几种资产具有相同的最大收益,投资者就要在这些资产中进行组合投资。因此,在资本市场上存在大量的资产时,期望收益最大化准则就无法解释为什么要进行多元化的投资,也无法解释组合投资的效应。

针对这一问题,马科维茨假定投资者是追求期望效用最大化的。也就是说,理性的投资者不光追求高的期望收益,同时还要考虑风险问题,要在风险和收益之间做出权衡,选择能带来最大效用的风险和收益组合。因此,用期望效用最大化原则代替期望收益最大化原则是更符合实际的。

三、无差异曲线

根据投资者对资产的风险和收益的偏好不同,可以将投资者划分为三类:风险规避者、风险偏好者和风险中立者。

在资产组合理论中,假定投资者是风险规避者,因此,其无差异曲线如图3.11所示。

沿着无差异曲线移动,投资者或者承担较多的风险并获得较高的收益,或者承担较少的风险同时获得较低的收益,这也正体现了风险规避者的特点。

无差异曲线的基本特征是:位于无差异曲线上的所有组合$(E(r),\sigma)$都向投资者提供了相同的期望效用,当无差异曲线向左上移动时,投资

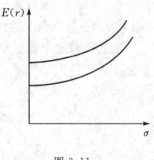

图 3.11

者的期望效用增加。无差异曲线代表单个投资者对期望收益和风险的均衡点的个人评估,也就是说,无差异趋势是主观确定的,曲线的形状因投资者的不同而不同。

四、投资组合最小方差集合与有效边界

一般地,假定由 n 个风险资产(比如证券)构成投资组合,由于权重不同而有无穷多个投资组合,所有这些证券组合构成一个可行集。投资者不需在可行集中的所有投资组合中选择,只分析任意给定风险水平有最大的预期回报或任意给定预期回报有最小风险的投资组合,满足这两个条件的投资组合集合叫做投资组合的有效集合或有效边界,也称为有效前沿。

下面先引入矩阵记号,表示有关指标。

设市场有 n 种风险资产,其收益率为随机变量,用向量表示为

$$r = (r_1, r_2, \cdots, r_n)^\mathrm{T}$$

其数学期望向量为
$$E(\boldsymbol{r}) = \begin{bmatrix} E(r_1) \\ E(r_2) \\ \vdots \\ E(r_n) \end{bmatrix} = \boldsymbol{\mu} = \begin{bmatrix} \mu_1 \\ \mu_2 \\ \vdots \\ \mu_n \end{bmatrix}$$

n 种资产组合权重向量为
$$\boldsymbol{\omega} = (\omega_1, \omega_2, \cdots, \omega_n)^{\mathrm{T}} = \begin{bmatrix} \omega_1 \\ \omega_2 \\ \vdots \\ \omega_n \end{bmatrix}$$

权重向量约束条件为 $\sum_{i=1}^{n} \omega_i = 1$，写成向量的形式为
$$\mathbf{1}^{\mathrm{T}} \boldsymbol{\omega} = 1$$

其中 $\mathbf{1}$ 表示分量全为 1 的列向量。

n 种资产收益率的协方差矩阵为
$$\boldsymbol{\Sigma} = \begin{bmatrix} \sigma_1^2 & \sigma_{12} & \cdots & \sigma_{1n} \\ \sigma_{21} & \sigma_2^2 & \cdots & \sigma_{2n} \\ \vdots & \vdots & & \vdots \\ \sigma_{n1} & \sigma_{n2} & \cdots & \sigma_n^2 \end{bmatrix}$$

$\boldsymbol{\Sigma}$ 是一个 $n \times n$ 的对称阵，它是正定的可逆矩阵。

资产组合期望收益的向量表达式为
$$r_p = E(\boldsymbol{\omega}^{\mathrm{T}} \boldsymbol{r}) = \boldsymbol{\omega}^{\mathrm{T}} E(\boldsymbol{r}) = \boldsymbol{\omega} \boldsymbol{\mu}$$

资产组合方差的向量表达式为
$$\sigma_p^2 = \sum_{i=1}^{n} \sum_{j=1}^{n} \omega_i \omega_j \sigma_{ij} = \boldsymbol{\omega}^{\mathrm{T}} \boldsymbol{\Sigma} \boldsymbol{\omega}$$

给定一个证券投资组合 $\boldsymbol{\omega} = (\omega_1, \omega_2, \cdots, \omega_n)$，它的预期收益率 r_p 和标准差 σ_p 确定了一个点对 (r_p, σ_p)，当这个证券组合的权重发生变化时，我们得到一条曲线

$$\{(r_p, \sigma_p) \mid r_p = E(\boldsymbol{\omega}^{\mathrm{T}} \boldsymbol{r}), \sigma_p = (\boldsymbol{\omega}^{\mathrm{T}} \boldsymbol{\Sigma} \boldsymbol{\omega})^{\frac{1}{2}}, \mathbf{1}^{\mathrm{T}} \boldsymbol{\omega} = 1\}$$

我们将其称为组合线。组合线上的每一点，表示一个权重不同的证券组合。因此组合线告诉我们预期收益率与风险怎样随着证券组合权重的变化而变化。

给定一组不同的单个证券，可以用它们构造不同的证券组合，这样，每个证券组合称为一个投资机会，全部投资机会的集合，称为机会集合。对机会集合中的每一个元素 $\boldsymbol{\omega}$，我们用它的预期收益率 r_p 和风险 σ_p^2 来描述它的实绩，因此每

一个机会都对应了数组(r_p,σ_p)或(r_p,σ_p^2),这样机会集合可以用预期收益率－标准差(方差)二维空间的一个集合表示。

对于一个理智的投资者来说,如果给定预期收益率水平,他喜欢风险低的投资机会;如果给定风险水平,他喜欢预期收益率高的投资机会。用数学模型表达这两个基本原则,则有下面两个数学规划模型:

在预期收益水平确定的情况下,即$\boldsymbol{\omega}^T\boldsymbol{\mu}=a$(已知),求$\boldsymbol{\omega}$使组合风险达到最小,即

$$\min\sigma_p^2 = \min \boldsymbol{\omega}^T\boldsymbol{\Sigma}\boldsymbol{\omega}$$
$$\text{s.t.} \begin{cases} \mathbf{1}^T\boldsymbol{\omega}=1 \\ \boldsymbol{\omega}^T\boldsymbol{\mu}=a \end{cases} \quad (3.25)$$

在风险水平确定的情况下,即$\sigma_p^2=\boldsymbol{\omega}^T\boldsymbol{\Sigma}\boldsymbol{\omega}=\sigma_0^2$(已知),求$\boldsymbol{\omega}$使组合收益最大,即

$$\max E(r_p) = \max \boldsymbol{\omega}^T\boldsymbol{\mu}$$
$$\text{s.t.} \begin{cases} \boldsymbol{\omega}^T\boldsymbol{\Sigma}\boldsymbol{\omega}=\sigma_0^2 \\ \mathbf{1}^T\boldsymbol{\omega}=1 \end{cases} \quad (3.26)$$

实际上,两个模型组成的可行集合和有效集是等价的。我们不妨研究第一个模型,即最小方差投资组合模型。

定义如下的最小方差集合:如果一个投资组合对确定的期望收益有最小的方差,那么称该投资组合为最小方差投资组合。最小方差证券组合的全体,称为最小方差集合。

显然,最小方差集合是机会集合的子集,是由证券组合的组合线上具有最小风险的证券组合的包络线组成。

由于投资者所面临的投资条件不同,受到的投资约束不同,最小方差集合的形状也不同,因此最小方差集合的确定依赖于不同的约束条件

下面,用拉格朗日乘数法对模型(3.25)求解。令拉格朗日函数为

$$L = \boldsymbol{\omega}^T\boldsymbol{\Sigma}\boldsymbol{\omega} - 2\lambda_1(\boldsymbol{\omega}^T\mathbf{1}-1) - 2\lambda_2(\boldsymbol{\omega}^T\boldsymbol{\mu}-a)$$

则最优解的条件为

$$\frac{\partial L}{\partial \boldsymbol{\omega}} = 2\boldsymbol{\Sigma}\boldsymbol{\omega} - 2\lambda_1\mathbf{1} - 2\lambda_2\boldsymbol{\mu} = 0$$

由于矩阵$\boldsymbol{\Sigma}$可逆,解得

$$\boldsymbol{\omega} = \boldsymbol{\Sigma}^{-1}(\lambda_1\mathbf{1}+\lambda_2\boldsymbol{\mu}) \quad (3.27)$$

对(3.27)式两边同乘$\mathbf{1}^T$,得

$$\mathbf{1}^T\boldsymbol{\omega} = \mathbf{1}^T\boldsymbol{\Sigma}^{-1}(\lambda_1\mathbf{1}+\lambda_2\boldsymbol{\mu})$$

由约束条件可得

$$1 = \lambda_1 \mathbf{1}^T \mathbf{\Sigma}^{-1} \mathbf{1} + \lambda_2 \mathbf{1}^T \mathbf{\Sigma}^{-1} \boldsymbol{\mu}$$

对(3.27)两边同乘以$\boldsymbol{\mu}^T$,得

$$\boldsymbol{\mu}^T \boldsymbol{\omega} = \boldsymbol{\mu}^T \mathbf{\Sigma}^{-1}(\lambda_1 \mathbf{1} + \lambda_2 \boldsymbol{\mu}) = \lambda_1 \boldsymbol{\mu}^T \mathbf{\Sigma}^{-1} \mathbf{1} + \lambda_2 \boldsymbol{\mu}^T \mathbf{\Sigma}^{-1} \boldsymbol{\mu}$$

由约束条件可知

$$a = \lambda_1 \boldsymbol{\mu}^T \mathbf{\Sigma}^{-1} \mathbf{1} + \lambda_2 \boldsymbol{\mu}^T \mathbf{\Sigma}^{-1} \boldsymbol{\mu}$$

令 $A = \mathbf{1}^T \mathbf{\Sigma}^{-1} \mathbf{1}, B = \mathbf{1}^T \mathbf{\Sigma}^{-1} \boldsymbol{\mu}, C = \boldsymbol{\mu}^T \mathbf{\Sigma}^{-1} \boldsymbol{\mu}$。

由 $1 = \lambda_1 \mathbf{1}^T \mathbf{\Sigma}^{-1} \mathbf{1} + \lambda_2 \mathbf{1}^T \mathbf{\Sigma}^{-1} \boldsymbol{\mu}$ 式和 $a = \lambda_1 \boldsymbol{\mu}^T \mathbf{\Sigma}^{-1} \mathbf{1} + \lambda_2 \boldsymbol{\mu}^T \mathbf{\Sigma}^{-1} \boldsymbol{\mu}$ 式可得方程组

$$\begin{cases} \lambda_1 A + \lambda_2 B = 1 \\ \lambda_1 B + \lambda_2 C = a \end{cases}$$

解得

$$\lambda_1 = \frac{\begin{vmatrix} 1 & B \\ a & C \end{vmatrix}}{\Delta} = \frac{C - aB}{\Delta}, \quad \lambda_2 = \frac{\begin{vmatrix} A & 1 \\ B & a \end{vmatrix}}{\Delta} = \frac{aA - B}{\Delta}$$

其中 $\Delta = AC - B^2$。

将 λ_1, λ_2 的值代入(3.27)式,得

$$\boldsymbol{\omega}_a = \mathbf{\Sigma}^{-1}\left(\frac{C - aB}{\Delta}\right)\mathbf{1} + \frac{aA - B}{\Delta}\mathbf{\Sigma}^{-1}\boldsymbol{\mu} = \frac{C - aB}{\Delta}\mathbf{\Sigma}^{-1}\mathbf{1} + \frac{aA - B}{\Delta}\mathbf{\Sigma}^{-1}\boldsymbol{\mu}$$

即投资组合系数为

$$\boldsymbol{\omega}_a = \lambda_1 \mathbf{\Sigma}^{-1} \mathbf{1} + \lambda_2 \mathbf{\Sigma}^{-1} \boldsymbol{\mu}$$

上式给出了投资组合权重与预期收益率的关系,且说明最小方差资产组合是由给定的期望收益 a 确定的,故用 $\boldsymbol{\omega}_a$ 表示。对应不同的 a,有不同的 $\boldsymbol{\omega}_a$,它满足 $\boldsymbol{\omega}^T \mathbf{1} = 1, \boldsymbol{\omega}^T \boldsymbol{\mu} = a$,并使得风险 $\sigma_a^2 = \boldsymbol{\omega}^T \mathbf{\Sigma} \boldsymbol{\omega}$ 达到最小。

证券组合预期收益 $\boldsymbol{\omega}_a^T \boldsymbol{\mu}$ 的方差 σ_a^2 为

$$\sigma_a^2 = \boldsymbol{\omega}_a^T \mathbf{\Sigma}\left(\frac{C - aB}{\Delta}\mathbf{\Sigma}^{-1}\mathbf{1} + \frac{aA - B}{\Delta}\mathbf{\Sigma}^{-1}\boldsymbol{\mu}\right)$$

$$= \frac{C - aB}{\Delta}\boldsymbol{\omega}_a^T \mathbf{1} + \frac{aA - B}{\Delta}\boldsymbol{\omega}_a^T \boldsymbol{\mu} = \frac{C - aB}{\Delta} + \frac{aA - B}{\Delta}a$$

$$= \frac{A}{\Delta}\left(a^2 - 2a\frac{B}{A} + \frac{C}{A}\right)$$

整理得

$$\sigma_a^2 = \frac{A}{\Delta}\left(a - \frac{B}{A}\right)^2 + \frac{1}{A}$$

上式给出了投资组合预期收益率与方差的关系。若预期收益率为 μ,则

$$\sigma_\mu^2 - \frac{1}{A} = \frac{A}{\Delta}\left(\mu - \frac{B}{A}\right)^2$$

对上式两边同乘以 $\frac{\Delta}{A}$，可得

$$\left(\mu - \frac{B}{A}\right)^2 = \frac{\Delta}{A}\left(\sigma_\mu^2 - \frac{1}{A}\right)$$

两边开平方并移项，得

$$\mu = \frac{B}{A} \pm \sqrt{\frac{\Delta}{A}\left(\sigma_\mu^2 - \frac{1}{A}\right)}$$

在 (σ^2, μ) 平面上，$\left(\mu - \frac{B}{A}\right)^2 = \frac{\Delta}{A}\left(\sigma^2 - \frac{1}{A}\right)$ 表示了一条抛物线，该抛物线的顶点为 $\left(\frac{1}{A}, \frac{B}{A}\right)$。下面讨论抛物线的开口方向。因为

$$A = \mathbf{1}^T \mathbf{\Sigma}^{-1} \mathbf{1} > 0, C = \boldsymbol{\mu}^T \mathbf{\Sigma}^{-1} \boldsymbol{\mu} > 0$$

又因为

$$0 < (B\boldsymbol{\mu} - C\mathbf{1})^T \mathbf{\Sigma}^{-1}(B\boldsymbol{\mu} - C\mathbf{1}) = C(AC - B^2)$$

故 $B^2 < AC$，从而 $\Delta > 0$，所以 $\frac{\Delta}{A} > 0$，抛物线开口向右。

经过上面的分析可知，最小方差资产组合的图形在 (σ^2, μ) 平面上是一条抛物线，开口向右，其顶点在 $\left(\frac{1}{A}, \frac{B}{A}\right)$，形状如图 3.12 所示。

对 $\sigma^2 = \frac{A}{\Delta}\left(\mu - \frac{B}{A}\right)^2 + \frac{1}{A}$ 移项并整理得

$$\frac{\sigma^2}{\frac{1}{A}} - \frac{\left(\mu - \frac{B}{A}\right)^2}{\frac{\Delta}{A^2}} = 1$$

所以在 (σ, μ) 平面上，上式为双曲线的标准型，中心在 $\left(0, \frac{B}{A}\right)$，对称轴为 $\sigma = 0$ 和 $\mu = \frac{A}{B}$。由于 $\sigma > 0$，故只取双曲线在第一象限那一支。双曲线的图形如图 3.13 所示。

图 3.13 中的 g 点是一个特殊的点，它是双曲线在第一象限中图形的顶点。由图 3.13 可知，g 所代表的组合是所有可行组合中方差最小的，我们将其称为"全局最小方差组合"。

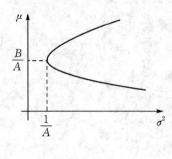
图 3.12

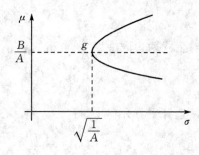
图 3.13

关于 g 点就是全局最小方差组合的严格证明如下。

命题 3.1 $\sigma_g^2 \geqslant \dfrac{1}{A}$，且 $\sigma_g^2 = \dfrac{1}{A}$ 的充分必要条件是 $\mu_g = a = \dfrac{B}{A}$。

证明 由于 $A > 0, \Delta > 0$，由 $\sigma_g^2 = \dfrac{A}{\Delta}\left(a - \dfrac{B}{A}\right)^2 + \dfrac{1}{A}$ 式知：$\sigma_g^2 \geqslant \dfrac{1}{A}$。

必要性：设 $\sigma_g^2 = \dfrac{1}{A}$，由 $\sigma_g^2 = \dfrac{A}{\Delta}\left(a - \dfrac{B}{A}\right)^2 + \dfrac{1}{A}$ 式可知：$\left(a - \dfrac{B}{A}\right)^2 = 0$，所以

$$a = \dfrac{B}{A}$$

充分性：当 $a = \dfrac{B}{A}$，由 $\sigma_g^2 = \dfrac{A}{\Delta}\left(a - \dfrac{B}{A}\right)^2 + \dfrac{1}{A}$ 式可得 $\sigma_g^2 = \dfrac{1}{A}$。

命题证毕。

将 $\mu_g = \dfrac{B}{A}$ 的值代替 $\lambda_1 = \dfrac{C - aB}{\Delta}$ 式和 $\lambda_2 = \dfrac{aA - B}{\Delta}$ 式中 a 得

$$\lambda_1 = \dfrac{1}{A}, \quad \lambda_2 = 0$$

再将 λ_1 和 λ_2 的值代入(3.27)式得

$$\boldsymbol{\omega}_g = \dfrac{\boldsymbol{\Sigma}^{-1}\mathbf{1}}{A} = \dfrac{\boldsymbol{\Sigma}^{-1}\mathbf{1}}{\mathbf{1}^T\boldsymbol{\Sigma}^{-1}\mathbf{1}}$$

$\boldsymbol{\omega}_g$ 即为全局最小方差投资组合。显然 g 点以下的组合是所有可行组合中方差相同而期望收益较小的组合，任何一个理性的投资者都不会选择这样的组合。g 点以上的边缘是所有可行组合中方差相同而期望收益较大的组合，这些组合即为有效投资组合，也就是有效前沿。

投资者在有效前沿上具体选择哪个投资组合，取决于他的期望效用函数 $E(U) = f(E(r), \sigma^2)$。期望效用函数在图形上表示为一系列无差异曲线。同一条

无差异曲线上的每一个组合对该投资者来说效用都是一样的,但是不同无差异曲线所代表的效用是有差别的,位置越靠近左上的曲线代表的效用水平越高。一旦确定了投资者的无差异曲线,则投资者的最优投资组合就是无差异曲线和有效前沿的切点,这一切点是所有的可行组合中能给投资者带来最大效用的组合,图 3.14 中的点 m 就是这样一个最优组合。图中 IDC_1、IDC_2 分别表示两条无差异曲线。

前面我们已经假设了 n 种资产,其期望收益向量为

$$E(\boldsymbol{r}) = \begin{bmatrix} E(r_1) \\ E(r_2) \\ \vdots \\ E(r_n) \end{bmatrix} = \boldsymbol{\mu} = \begin{bmatrix} \mu_1 \\ \mu_2 \\ \vdots \\ \mu_n \end{bmatrix}$$

毫无疑问,$\mu_i > 0$;否则若 $\mu_i \leqslant 0$,则此种证券无人投资。

记

$$\mu_* = \min_{1 \leqslant i \leqslant n} \mu_i, \qquad \mu^* = \max_{1 \leqslant i \leqslant n} \mu_i$$

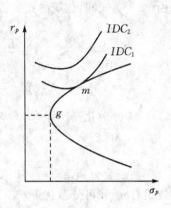

图 3.14

由于 $\boldsymbol{\omega}^{\mathrm{T}} \boldsymbol{\mu} = a$ 是 $\mu_1, \mu_2, \cdots, \mu_n$ 的加权平均,因此对于任意给定的 a,它一定在 $[\mu_*, \mu^*]$ 这个区间内。一般来说,μ_i 不全相等,因为当 μ_i 全相等时,就不存在选择的问题了。

命题 3.2 给定 $[\mu_*, \mu^*]$ 中两个数 a 和 b,相应的组合权重向量分别

$$\boldsymbol{\omega}_a = \frac{C - aB}{\Delta} \boldsymbol{\Sigma}^{-1} \mathbf{1} + \frac{aA - B}{\Delta} \boldsymbol{\Sigma}^{-1} \boldsymbol{\mu}$$

$$\boldsymbol{\omega}_b = \frac{C - bB}{\Delta} \boldsymbol{\Sigma}^{-1} \mathbf{1} + \frac{bA - B}{\Delta} \boldsymbol{\Sigma}^{-1} \boldsymbol{\mu}$$

则有

$$\operatorname{Cov}(\boldsymbol{\omega}_a^{\mathrm{T}} \boldsymbol{r}, \boldsymbol{\omega}_b^{\mathrm{T}} \boldsymbol{r}) = \frac{A}{\Delta} \left(\left(a - \frac{B}{A} \right) \left(b - \frac{B}{A} \right) \right) + \frac{1}{A}$$

证明 $\operatorname{Cov}(\boldsymbol{\omega}_a^{\mathrm{T}} \boldsymbol{r}, \boldsymbol{\omega}_b^{\mathrm{T}} \boldsymbol{r}) = E(\boldsymbol{\omega}_a^{\mathrm{T}} \boldsymbol{r} - E(\boldsymbol{\omega}_a^{\mathrm{T}} \boldsymbol{r}))(\boldsymbol{\omega}_b^{\mathrm{T}} \boldsymbol{r} - E(\boldsymbol{\omega}_b^{\mathrm{T}} \boldsymbol{r}))$

$$= \boldsymbol{\omega}_a^{\mathrm{T}} \boldsymbol{\Sigma} \boldsymbol{\omega}_b = \boldsymbol{\omega}_a^{\mathrm{T}} \frac{C - bB}{\Delta} \mathbf{1} + \boldsymbol{\omega}_a^{\mathrm{T}} \frac{bA - B}{\Delta} \boldsymbol{\mu}$$

$$= \frac{1}{\Delta} [C - aB + b(aA - B)]$$

$$= \frac{A}{\Delta} \left[ab + \frac{C}{A} - a\frac{B}{A} - b\frac{B}{A} \right]$$

$$= \frac{A}{\Delta} \left[\left(a - \frac{B}{A} \right) \left(b - \frac{B}{A} \right) \right] + \frac{1}{A}$$

命题证毕。

五、两基金分离定理

令
$$d = \frac{\boldsymbol{\mu}^{\mathrm{T}} \boldsymbol{\Sigma}^{-1} \boldsymbol{\mu}}{\mathbf{1}^{\mathrm{T}} \boldsymbol{\Sigma}^{-1} \boldsymbol{\mu}} = \frac{C}{B}, \quad B \neq 0$$

由(3.27)式知,相应的投资组合为

$$\boldsymbol{\omega}_d = \frac{C - dB}{\Delta} \boldsymbol{\Sigma}^{-1} \mathbf{1} + \frac{dA - B}{\Delta} \boldsymbol{\Sigma}^{-1} \boldsymbol{\mu} = \frac{\frac{CA}{B} - B}{\Delta} \boldsymbol{\Sigma}^{-1} \boldsymbol{\mu}$$

$$= \frac{AC - B^2}{B\Delta} \boldsymbol{\Sigma}^{-1} \boldsymbol{\mu} = \frac{1}{B} \boldsymbol{\Sigma}^{-1} \boldsymbol{\mu}$$

称 $\boldsymbol{\omega}_d$ 为分散化资产组合,对应的期望收益率为

$$r_d = \boldsymbol{\mu}^{\mathrm{T}} \boldsymbol{\omega}_d = \frac{\boldsymbol{\mu}^{\mathrm{T}} \boldsymbol{\Sigma}^{-1} \boldsymbol{\mu}}{B} = \frac{C}{B}$$

两基金分离定理 任意最小方差投资组合都可以表示为全局最小方差投资组合 $\boldsymbol{\omega}_g$ 和可分散化资产组合 $\boldsymbol{\omega}_d$ 的线性组合。用数学式表示即为

$$\boldsymbol{\omega}_a = \lambda_1 A \boldsymbol{\omega}_g + \lambda_2 B \boldsymbol{\omega}_d$$

其中 $\lambda_1 = \frac{C - aB}{\Delta}, \lambda_2 = \frac{aA - B}{\Delta}$ (λ_1, λ_2 都是由期望收益 a 确定的)。

证明 对于任意的 $a \in [\mu_*, \mu^*]$,有

$$\boldsymbol{\omega}_a = \lambda_1 \boldsymbol{\Sigma}^{-1} \mathbf{1} + \lambda_2 \boldsymbol{\Sigma}^{-1} \boldsymbol{\mu} = \lambda_1 A \frac{\boldsymbol{\Sigma}^{-1} \mathbf{1}}{\mathbf{1}^{\mathrm{T}} \boldsymbol{\Sigma}^{-1} \mathbf{1}} + \lambda_2 B \frac{\boldsymbol{\Sigma}^{-1} \boldsymbol{\mu}}{\mathbf{1}^{\mathrm{T}} \boldsymbol{\Sigma}^{-1} \boldsymbol{\mu}}$$

$$= \lambda_1 A \boldsymbol{\omega}_g + \lambda_2 B \boldsymbol{\omega}_d$$

从而 $\boldsymbol{\omega}_a$ 是 $\boldsymbol{\omega}_g$ 和 $\boldsymbol{\omega}_d$ 的一个线性组合。

为了深刻理解两基金分离定理,对其做如下重要说明。

1. 由于

$$\lambda_1 A + \lambda_2 B = \frac{1}{\Delta}(C - aB)A + \frac{1}{\Delta}(aA - B)B = \frac{1}{\Delta}(AC - aAB + aAB - B^2)$$

$$= \frac{1}{\Delta}(AC - B^2) = 1$$

故若 $\boldsymbol{\omega}_a = \lambda_1 A \boldsymbol{\omega}_g + \lambda_2 B \boldsymbol{\omega}_d$ 式成立,则 $\boldsymbol{\omega}_a = p \boldsymbol{\omega}_g + (1-p) \boldsymbol{\omega}_d$,其中 $0 < p < 1$,即 $\boldsymbol{\omega}_a$ 是 $\boldsymbol{\omega}_d$ 和 $\boldsymbol{\omega}_g$ 的凸线性组合。从而两基金分离定理也可以叙述为:任意最小方差投资组合都可以表示为全局最小方差投资组合 $\boldsymbol{\omega}_g$ 和可分散化资产组合 $\boldsymbol{\omega}_d$ 的凸组合。

2. 因为 $r_g = \frac{B}{A}$,由 $\mathrm{Cov}(\boldsymbol{\omega}_a^{\mathrm{T}} \boldsymbol{r}, \boldsymbol{\omega}_b^{\mathrm{T}} \boldsymbol{r}) = \frac{A}{\Delta}\left(\left(a - \frac{B}{A}\right)\left(b - \frac{B}{A}\right)\right) + \frac{1}{A}$ 式可

知

$$\mathrm{Cov}(\boldsymbol{\omega}_g^\mathrm{T}\boldsymbol{r},\boldsymbol{\omega}_d^\mathrm{T}\boldsymbol{r})=\frac{1}{A}=\sigma_g^2$$

3. $\boldsymbol{\omega}_d$ 和 $\boldsymbol{\omega}_g$ 在代数意义下线性不相关。

证明 如果 $\boldsymbol{\omega}_d$ 和 $\boldsymbol{\omega}_g$ 在代数意义下线性相关,则可设 $\boldsymbol{\omega}_g=k\boldsymbol{\omega}_d$,有

$$\mathrm{Cov}(\boldsymbol{\omega}_g^\mathrm{T}\boldsymbol{r},\boldsymbol{\omega}_d^\mathrm{T}\boldsymbol{r})=\mathrm{Cov}(\boldsymbol{\omega}_g^\mathrm{T}\boldsymbol{r},k\boldsymbol{\omega}_g^\mathrm{T}\boldsymbol{r})=k\mathrm{Cov}(\boldsymbol{\omega}_g^\mathrm{T}\boldsymbol{r},\boldsymbol{\omega}_g^\mathrm{T}\boldsymbol{r})=k\sigma_g^2$$

$$=k\frac{1}{A}=\frac{1}{A}$$

由此可得 $k=1$,且 $\boldsymbol{\omega}_g=\boldsymbol{\omega}_d$,即

$$\frac{\boldsymbol{\Sigma}^{-1}\mathbf{1}}{\mathbf{1}^\mathrm{T}\boldsymbol{\Sigma}^{-1}\mathbf{1}}=\frac{\boldsymbol{\Sigma}^{-1}\boldsymbol{\mu}}{\mathbf{1}^\mathrm{T}\boldsymbol{\Sigma}^{-1}\boldsymbol{\mu}}$$

所以

$$\frac{1}{A}=\frac{\boldsymbol{\mu}}{B},\quad \boldsymbol{\mu}=\frac{B}{A}\mathbf{1}$$

上式表明,μ_i 每个分量都相等,这与 μ_i 不完全相同的假设矛盾。因此,$\boldsymbol{\omega}_d$ 与 $\boldsymbol{\omega}_g$ 在代数意义下线性不相关。

以上分析告诉我们,$\boldsymbol{\omega}_a(a\neq\frac{B}{A})$ 可由两个给定的线性无关(代数意义)的证券组合 $\boldsymbol{\omega}_d$ 与 $\boldsymbol{\omega}_g$ 的线性组合表示出来(实际上是它们的凸组合)。特别的有:

命题 3.3 对给定的 $\boldsymbol{\omega}_a$ 都可以由任意两个线性不相关的最小方差证券组合线性表示出来。

证明 设 $\boldsymbol{\omega}_l$ 和 $\boldsymbol{\omega}_k$ 为两个线性不相关的最小方差的证券组合,则

$$\begin{cases}\boldsymbol{\omega}_k=(1-k)\boldsymbol{\omega}_g+k\boldsymbol{\omega}_d\\ \boldsymbol{\omega}_l=(1-l)\boldsymbol{\omega}_g+l\boldsymbol{\omega}_d\end{cases}$$

由此

$$\begin{cases}\boldsymbol{\omega}_g=\dfrac{k\boldsymbol{\omega}_l-l\boldsymbol{\omega}_k}{k-l}\\ \boldsymbol{\omega}_d=\dfrac{(1-k)\boldsymbol{\omega}_l-(1-l)\boldsymbol{\omega}_k}{l-k}\end{cases}$$

代入

$$\boldsymbol{\omega}_a=\lambda_1A\boldsymbol{\omega}_g+\lambda_2B\boldsymbol{\omega}_d=\frac{\lambda_2B(1-l)-\lambda_1Al}{k-l}\boldsymbol{\omega}_k+\frac{\lambda_1Ak+\lambda_2B(k-1)}{k-l}\boldsymbol{\omega}_l$$

由命题 3.3 知,$\boldsymbol{\omega}_a$ 构成的空间维数为 2。这就告诉我们,如果找到一个有效组合 $\boldsymbol{\omega}_m$,再找一个与它不相关的(代数意义上)有效组合 $\boldsymbol{\omega}_a$,就可以表示出所有有效前沿的投资组合 $\boldsymbol{\omega}_p$,也就是说,在有效前沿上的任意一个投资组合都可以由有效前沿上两个线性无关的投资组合线性表示出来。这就是著名的"两基金

分离定理"。

一般地,最小方差集合中所有的投资组合具有重要性质:如果把最小方差集合中的两个或两个以上的投资组合进行组合,则可得到最小方差集合上的另一种投资组合,也就是说,如果每个投资者都持有一个有效的投资组合,那么他们的投资组合的组合,也将是一个有效的组合。

两基金分离定理对于证券投资策略的制定具有重要的意义。假设现在有甲、乙两家共同基金,他们的经营都很好。在这里,"经营良好"意味着他们的收益/风险关系都处于有效前沿上。再假设有一个投资者丙,甲、乙两家基金的收益/风险关系都不符合其要求。也就是说,这两家基金所代表的有效组合都不是这个投资者的期望效用函数与有效前沿的切点。那么这名投资者需不需要重新构建自己的有效投资组合呢?两基金分离定理告诉我们,这是不需要的。投资者只需要将自己的资金按一定的比例分配于这两家基金,就可以获得让自己满意的风险/收益关系。

六、单指数模型

马科维茨的投资组合理论对于资产收益一方差(风险)之间的相互关系没有做任何的假设,但是在建立有效前沿的过程中,我们需要逐一计算协方差矩阵中的每一个数值。对于包含 n 个资产的组合而言,要计算 n 个方差和 $\frac{n(n-1)}{2}$ 个协方差。威廉·夏普在马科维茨组合理论的基础上,采用回归分析的方法,提出了单指数模型,从而简化了计算过程。

1. 单指数模型的基本假设

单指数模型的基本假设是,影响资产价格波动的共同因素是市场总体价格水平,这个因素通常以某一市场指数为代表。也就是说,每种资产收益的变动与整个市场变动有关,每种资产的收益与其他资产收益的关系,可以由它们与指数间的共有关系推导出来。

假设某项资产的收益和市场收益率之间具有近似的线性关系。对其做回归分析,就可以得到反映该资产收益率和市场收益率关系的回归方程,数学表达式如下

$$\hat{r}_c = \hat{a} + \hat{b} r_m$$

式中,$\hat{r}_c$ 是对 c 资产收益率的估计值;$\hat{a}$ 和 $\hat{b}$ 是估计值;r_m 是市场收益率。

由于 $\hat{r}_c$ 只是估计值,因此它与 c 资产的实际收益率 r_c 之间必然有偏差。为了确切反映资产收益率的实际变动,同时不改变单指数模型的基本思想,我们用随机误差项 ε_c 代表未被 $\hat{r}_c = \hat{a} + \hat{b} r_m$ 式考虑的影响 r_c 的所有因素。此时,理论线

性回归模型为
$$r_c = a + br_m + \varepsilon_c$$

进一步,任意一种证券组合收益的线性回归模型为
$$r_{it} = a_i + b_i r_{mt} + \varepsilon_{it}$$

式中,r_{it} 为资产 i 在 t 时刻的收益率;a_i 和 b_i 是资产 i 的回归系数;r_{mt} 为 t 时刻的市场收益率;ε_{it} 为资产 i 在 t 时刻的随机误差项。

通过 $r_{it} = a_i + b_i r_{mt} + \varepsilon_{it}$ 式可以清楚地看到,影响资产收益率的因素有两类:宏观因素和微观因素。宏观因素 r_{mt} 影响全局,是系统性风险;微观因素 ε_{it} 只影响个别资产,属于非系统性风险。

2. 关于随机误差项 ε_{it} 的假设

(1) 随机误差项的期望为零。

从线性回归模型可知,随机误差项实际上是随机变量 r_i 的实际值与期望值之间的差。一个好的、具有代表性的回归方程,其最基本的要求就是实际值均匀地分布在回归方程两边,所有的偏差能正负相抵,即 $E(\varepsilon_i) = 0$,这就是随机误差项所要满足的条件。

(2) 随机误差项和市场收益率无关。

这个条件相当于 $\text{Cov}(\varepsilon_i, r_m) = 0$。这是由于市场收益率属于宏观变量,而随机误差项是某一个资产价格确定因素的随机干扰项,因此我们有理由把这两者假定为不相关。

(3) 不同资产的随机误差项之间相互独立。

由前面单指数模型的分析思路可知,单指数模型最基本的假设就是:影响各种资产收益率的共同因素是市场因素,ε_i 只是影响某一资产的个别因素,对其他资产不产生任何影响。因此,假设 ε_i 与 $\varepsilon_j (i \neq j)$ 相互独立,当然也就不相关。若进一步假设 $\varepsilon_i (i = 1, 2, \cdots, n)$ 服从正态分布,则只要假设它们不相关即可,也就是 $\text{Cov}(\varepsilon_i, \varepsilon_j) = 0 (i \neq j)$。

3. 单个资产以及资产组合的收益和风险特征

(1) 单个资产的收益和风险特征

对于单个资产 r_i 而言,其期望收益为
$$E(r_i) = E(a_i + b_i r_m + \varepsilon_i) = a_i + b_i E(r_m)$$

注意到 r_m 与 ε_i 不相关,因而其方差为

$$\begin{aligned}
\sigma_i^2 &= E(r_i - E(r_i))^2 = E(a_i + b_i r_m + \varepsilon_i - a_i - b_i E(r_m))^2 \\
&= E(b_i(r_m - E(r_m)) + \varepsilon_i)^2 = b_i^2 E(r_m - E(r_m))^2 + E(\varepsilon_i^2) \\
&= b_i^2 \sigma_m^2 + \sigma_{\varepsilon_i}^2
\end{aligned}$$

(2) 资产组合的收益和风险特征

对资产组合的期望和方差的计算类似于马柯维茨模型。资产组合的期望收益率为

$$E(r_p) = \sum_{i=1}^n \omega_i E(r_i) = \sum_{i=1}^n \omega_i(a_i + b_i E(r_m)) = \sum_{i=1}^n \omega_i a_i + (\sum_{i=1}^n \omega_i b_i) E(r_m)$$

记 $\sum_{i=1}^n \omega_i a_i = a_p, \sum_{i=1}^n \omega_i b_i = b_p$,则上式可以化简为

$$E(r_p) = a_p + b_p E(r_m)$$

资产组合的方差类似地可以写成单个资产方差的形式:

$$\sigma_p^2 = b_p^2 \sigma_m^2 + \sigma_{\varepsilon_p}^2$$

对于资产组合随机误差项方差 $\sigma_{\varepsilon_p}^2$ 的计算类似于 $\sigma_p^2 = \sum_{i=1}^n \sum_{j=1}^n \omega_i \omega_j \sigma_{ij}$ 式:

$$\sigma_{\varepsilon_p}^2 = \sum_{i=1}^n \sum_{j=1}^n \omega_i \omega_j \sigma_{\varepsilon_i \varepsilon_j} = \sum_{i=1}^n \omega_i^2 \sigma_{\varepsilon_i}^2 + \sum_{i=1}^n \sum_{\substack{j=1 \\ j \neq i}}^n \omega_i \omega_j \operatorname{cov}(\varepsilon_i, \varepsilon_j)$$

由于 $\operatorname{Cov}(\varepsilon_i, \varepsilon_j) = 0$,所以

$$\sigma_{\varepsilon_p}^2 = \sum_{i=1}^n \omega_i^2 \sigma_{\varepsilon_i}^2$$

4. 最优投资组合的确定

与马科维茨模型一样,单指数模型假设投资者的组合选择必须满足以下两个条件之一:① 在预期收益水平确定的情况下,方差最小;② 在方差确定的情况下,预期收益最大。同样地,我们不妨对条件 ① 进行分析,这样我们就可以得到

$$\min \sigma_p^2 = \min\{b_p^2 \sigma_m^2 + \sigma_{\varepsilon_p}^2\}$$

它满足约束条件

$$\sum_{i=1}^n \omega_i = 1 \ , E(r_p) = \sum_{i=1}^n \omega_i E(r_i) = a$$

运用拉格朗日乘数法对上式进行求解,就可以得到所有的最小方差组合,该最小方差组合在 (σ, μ) 平面上的图形和图 3.13 相似,其有效前沿与投资者期望效用的无差异曲线的切点就是最优投资组合。

由此可见,单指数模型的分析思路实际和马科维茨模型是一样的。只不过单指数模型简化了证券组合方差的计算过程。在马科维茨模型中,一共要计算 n 次方差和 $\dfrac{n(n-1)}{2}$ 次协方差,而在指数模型中只需要计算 n 个 b_i、1 个 σ_m^2 以及 n 个 $\sigma_{\varepsilon_p}^2$ 的值。如果资产组合中包括 40 个资产的话,马科维茨模型要计算 780 个数值,而指数模型只要计算 81 个值,由此可以看出计算过程确实是大大简化了。

3.7 期权定价模型

一、问题背景

期权是人们为了规避市场风险而创造出来的一种金融衍生工具。理论和实践均表明,只要投资者合理的选择其手中证券和相应衍生物的比例,就可以获得无风险收益。这种组合的确定有赖于对衍生证券的定价。上个世纪七十年代初期,布莱克(Black)和斯科尔斯(Scholes)通过研究股票价格的变化规律,运用套期保值的思想,成功的推出了在无分红情况下股票期权价格所满足的随机偏微分方程。从而为期权的精确合理的定价提供了有利的保障。这一杰出的成果极大的推进了金融衍生市场的稳定、完善与繁荣。本节介绍期权的概念,利用随机过程的知识,给出布莱克-斯科尔斯期权定价模型的建立和求解思想。

二、期权定价的概念

1. 期权的定义

期权分为买入期权和卖出期权。买入期权又称看涨期权(或敲入期权),它赋予期权持有者在给定时间(或在此时间之前任一时刻)按规定价格买入一定数量某种资产的权利的一种法律合同。卖出期权又称看跌期权(或敲出期权),它赋予期权持有者在给定时间(或在此时间之前任一时刻)按规定价格卖出一定数量某种资产的权利的一种法律合同。

2. 期权的要素

(1)施权价:期权合同中规定的购入或售出某种资产的价格;
(2)施权日:期权合同规定的期权的最后有效日期;
(3)标的资产:期权合同中规定的双方买入或售出的资产;
(4) 期权费:买卖双方购买或出售期权的价格。

3. 欧式期权与美式期权

欧式期权只有在到期日或在到期日之前的某一规定的时间可以行使权利。
美式期权从它一开始购买一直到到期日的任何时刻都可以行使权利。

4. 期权的购买者和出售者的权利和义务

任何一个期权都有购买者和出售者,期权的购买者在购买期权时须付出一笔费用给出售者,以获得买卖某种资产的权利。这笔付出的费用,就是期权的价格或期权费。

对于期权的购买者(持有者)而言,付出期权费后,只有权利(卖或不卖)而没有义务;对期权的出售者而言,接受期权费后,只有义务而没有权利。

5. 期权的内在价值

买入期权在执行日的价值 C 为

$$C = \begin{cases} S-E, & S > E \\ 0, & S < E \end{cases}$$

其中 E 为施权价,S 为标的资产的市场价。

卖出期权在执行日的价值 P 为

$$P = \begin{cases} 0, & S \geqslant E \\ E-S, & S < E \end{cases}$$

对于买入期权来说,如果 $S > E$ 称为币内期权,如果 $S = E$ 称为币上期权,如果 $S < E$ 称为币外期权。

6. 可行市场

研究金融市场有一个基本的假定,就是无套利原则,也称套利原则,这个原则就是假定正常运行的市场没有套利机会(套利的粗略含义是,在开始时无资本,经过资本的市场运作后,变成有非负的(随机)资金,而且有正资金的概率为正)。因为在出现套利机会时,大量的投机者就会涌向市场进行套利,于是经过一个相对短的时期的"混乱"后,市场就会重返"正常",即回复到无套利状态。在金融衍生证券的定价理论中,并不讨论这段短混乱时期,因此,在研究中普遍地设置无套利假定,这样的市场也称为可行市场。

7. 套期

粗略地说,以持有某些有价证券组合来抵消某种金融衍生证券所带来的风险,称为套期,这种套期事实上是完全套期。如果只抵消了部分风险,则称为部分套期。

8. 买入期权与卖出期权的平价

买入期权、卖出期权和标的资产三者之间存在一种价格依赖关系,这种依赖关系就称为买入期权、卖出期权平价。以欧式股票期权为例考察这种平价关系。设 S 为股票市价,C 为买入期权价格,P 为卖出期权价格,E 为施权价,S_T 为施权日股票价格,t 为距期权日时间,r 为利率(常数)。

假设投资者现在以价格 C 出售一单位买入期权,以价格 P 购入一单位卖出期权,以 S 价格购入一单位期权的标的股票,以利率 r 借入一笔借期为 t 的现金,金额为 Ee^{-rt},以上的权利义务在施权日全部结清,不考虑交易成本和税收,投资者的现金和在施权日现金流量如表 3.1。

表 3.1 投资者的现金和在施权日现金流量

现在	施权日	
	$S_T \leq E$	$S_T > E$
出售买入期权 C	0	$E - S_T$
购买卖出期权 $-P$	$E - S_T$	0
购买股票 $-S$	S_T	S_T
借入现金 Ee^{-rt}	$-E$	$-E$
总计	0	0

不管在施权日价格如何变化,该组合的价值为0。由于上述组合为无风险投资组合,期末价值为零。如果假设市场无套利机会,它的期初价值也必然为零:

$$C - P - S + Ee^{-rt} = 0$$

即
$$C = P + S - Ee^{-rt}$$

这就是买入期权和卖出期权平价。

同样施权价、同样到期日的买入期权和卖出期权的价格必须符合上式,否则就会出现套利机会。

三、布朗运动、伊藤引理和股票价格变动模式

(一)布朗运动(维纳过程)

布朗运动也称维纳过程,是马尔柯夫随机过程的一种特殊形式。布朗运动最早起源于物理学,物理学中把某个粒子的运动看成是受到大量小分子碰撞的结果,称为布朗运动。股票价格的变化也是受着很多种因素的影响,所以形象地说,股票价格运动的轨迹类似于布朗运动。

1. 标准维纳过程

设有随机过程 $z = z(t)$,对一个很小的时间间隔 Δt,如果 z 的改变量 Δz_t 具有如下性质:

性质1 正态增量:$\Delta z_t = z(t + \Delta t) - z(t) = \varepsilon \sqrt{\Delta t}$,其中 $\varepsilon \sim N(0,1)$。

性质2 独立增量:对任何 $t_0 < t_1 < \cdots < t_n, \Delta z_1 = z(t_1) - z(t_0), \cdots, \Delta z_n = z(t_n) - z(t_{n-1})$ 是相互独立随机变量。

性质3 $\{z(t), t \geq 0\}$ 是连续函数。

满足以上性质的随机过程 $z = z(t)$ 称为标准维纳过程。

由性质1,Δz_t 服从正态分布,且期望值为零,方差为 Δt,即 $\Delta z_t \sim N(0, \Delta t)$。性质2则表示 $Z(t)$ 遵循马尔可夫过程。

考虑在一段时间间隔 T 中 z 值的变化 $\Delta z_T = z(T) - z(0)$,将 $[0, T]$ 作一个分割

$$0 = t_0 < t_1 < \cdots < t_n = T, \quad \Delta t_i = t_i - t_{i-1}, \quad i = 1, 2, \cdots, n$$

因此

$$z(T) - z(0) = \sum_{i=1}^{n} \Delta z_i = \sum_{i=1}^{n} (z(t_i) - z(t_{i-1})) = \sum_{i=1}^{n} \varepsilon_i \sqrt{\Delta t_i} \tag{3.28}$$

其中 ε_i 服从标准正态分布,$\varepsilon_1, \varepsilon_2, \cdots, \varepsilon_n$ 相互独立,所以 $z(T) - z(0)$ 也服从正态分布,而且

$$E(\Delta z_T) = \sum_{i=1}^{n} E(\Delta z_i) = \sum_{i=1}^{n} E(\varepsilon_i) \sqrt{\Delta t_i} = 0$$

$$\text{Var}(\Delta z_T) = \sum_{i=1}^{n} \text{Var}(\varepsilon_i \sqrt{\Delta t_i}) = \sum_{i=1}^{n} \Delta t_i = T$$

由上面讨论,标准维纳过程意味着未来时刻 z 的期望值等于当前值,经历了长度为 T 的时间间隔,方差为 T。

通常也将性质 1 写成微分形式,即

$$\mathrm{d}z = \varepsilon \sqrt{\mathrm{d}t} \tag{3.29}$$

2. 一般维纳过程

随机过程 $x(t)$ 的一般维纳过程是指 Δx 可以表为

$$\Delta x = a\Delta t + b\Delta z \tag{3.30}$$

其中 $z = z(t)$ 是标准维纳过程。写成微分形式即

$$\mathrm{d}x = a\mathrm{d}t + b\mathrm{d}z$$

其中 a, b 为常数。称 a 为漂移系数(或漂移率),b 为过程 $x(t)$ 的平均波动率。

由于 $z = z(t)$ 是标准维纳过程,所以

$$\Delta x = a\Delta t + b\varepsilon \sqrt{\Delta t}, \quad \varepsilon \sim N(0,1)$$

因此 Δx 服从正态分布:$\Delta x \sim N(a\Delta t, b^2 \Delta t)$,由此

$$a = \frac{E(\Delta x)}{\Delta t}, \quad b^2 = \frac{\text{Var}(\Delta x)}{\Delta t}$$

即一般维纳过程中的 a 表示单位时间的平均漂移,b^2 表示单位时间的方差。

类似于标准维纳过程,经过一段时间 T 后,x 值的变化 $\Delta x = x(T) - X(0)$ 服从正态分布,且均值、方差分别为 aT 和 $b^2 T$,即 $\Delta x = x(T) - X(0) \sim N(aT, b^2 T)$。

在现实生活中,我们用一般的维纳过程来描述股票价格的变化。影响股票价格变化的因素主要有以下两点:股票价格随时间上涨的趋势和股票价格的平均波动率。前者对股票价格增长的贡献取决于时间的长短;后者则取决于布朗运动造成的随机波动。所以,股票价格的变化可以看成是两个力共同决定的。

若用 S 表示股票价格,如果不考虑 Δz,则 $\mathrm{d}S = a\mathrm{d}t$,即 $S = S_0 + at$。这说明

股票价格具有线性增长的性质。

如果考虑 Δz 项在内,则有
$$dS = adt + bdz$$

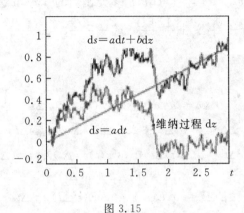

图 3.15

这说明股票价格 S 在线性增长的同时,还有随机波动的倾向,图 3.15 有助于我们形象的理解这一点。其中,最上边那条随机波动的曲线代表股票价格,斜向上的直线代表不计随机波动影响的股票价格,下面那条随机波动的曲线代表没有线性增长趋势的股票价格的变动(布朗运动)。由此可见,真实的股票价格是由线性增长和随机波动两种因素共同影响而成。

(二) 伊藤(Ito)过程及伊藤引理

上面讨论的随机过程中 a、b 均为常数,但是在实际应用中,漂移率和方差率是 x 和 t 的函数,这就是伊藤过程。

1. 伊藤过程

如果随机过程 $\{x(t), t > 0\}$ 可以表示为
$$dx = a(x,t)dt + b(x,t)dz \tag{3.31}$$
其中 $\{z(t), t \geqslant 0\}$ 为标准维纳过程,称 $\{x(t), t > 0\}$ 为伊藤过程。

实际问题中股票期权的价格应该是标的资产的价格和时间的函数,更一般地,任何一种衍生证券的价格都是这些衍生证券的标的资产这个随机变量和时间的函数。因此,伊藤过程是研究期权定价的重要的工具,而如下的伊藤引理起着关键性的作用,它是由日本数学家伊藤于 1951 年发现的。

2. 伊藤引理

设随机过程 $\{x(t), t > 0\}$ 遵循伊藤过程:
$$dx = a(x,t)dt + b(x,t)dz$$
其中 dz 是一个标准维纳过程,设 $G = G(x,t)$ 是 x 和 t 的函数,连续可微,则函数

G 满足

$$dG = \left(\frac{\partial G}{\partial x}a + \frac{\partial G}{\partial t} + \frac{1}{2}\frac{\partial^2 G}{\partial x^2}b^2\right)dt + \frac{\partial G}{\partial x}b\,dz \qquad (3.32)$$

证明 由于 $G = G(x,t)$ 连续可微,由多元函数的 Taylor 公式有

$$\Delta G = \frac{\partial G}{\partial x}\Delta x + \frac{\partial G}{\partial t}\Delta t + \frac{1}{2}\frac{\partial^2 G}{\partial x^2}\Delta x^2 + \frac{\partial^2 G}{\partial x \partial t}\Delta x \Delta t + \frac{1}{2}\frac{\partial^2 G}{\partial t^2}\Delta t^2 + \cdots \qquad (3.33)$$

因为

$$\Delta x = a(x,t)\Delta t + b(x,t)\varepsilon\sqrt{\Delta t} \qquad (3.34)$$

$$\Delta x^2 = a^2 \Delta t^2 + 2ab\varepsilon \Delta t \sqrt{\Delta t} + b^2 \varepsilon^2 \Delta t$$

所以

$$\Delta x \Delta t = a(x,t)\Delta t^2 + b(x,t)\varepsilon (\Delta t)^{\frac{3}{2}} = o(\Delta t) \qquad (3.35)$$

$$\Delta x^2 = b^2 \varepsilon^2 \Delta t + o(\Delta t)$$

又

$$E(\varepsilon) = 0, E(\varepsilon^2) = 1, E(\varepsilon^2 \Delta t) = \Delta t$$

当 $\Delta t \to 0$ 时,$Var(\varepsilon^2 \Delta t) = o(\Delta t) \to 0$,于是,$\varepsilon^2 \Delta t$ 可以看成一个非随机量,并且等于它的数学期望。所以

$$\Delta x^2 = b^2 \Delta t + o(\Delta t) \qquad (3.36)$$

将 (3.34),(3.35),(3.36) 式代入 (3.33) 式,有

$$\Delta G = \frac{\partial G}{\partial x}\Delta x + \frac{\partial G}{\partial t}\Delta t + \frac{1}{2}\frac{\partial^2 G}{\partial x^2}b^2 \Delta t + o(\Delta t)$$

令 $\Delta t \to 0$,得

$$dG = \frac{\partial G}{\partial x}dx + \frac{\partial G}{\partial t}dt + \frac{1}{2}\frac{\partial^2 G}{\partial x^2}b^2 dt$$

将 $dx = a(x,t)dt + b(x,t)dz$ 代入上式,得

$$dG = \left(\frac{\partial G}{\partial x}a + \frac{\partial G}{\partial t} + \frac{1}{2}\frac{\partial^2 G}{\partial x^2}b^2\right)dt + \frac{\partial G}{\partial x}b\,dz \qquad \text{证毕}$$

由伊藤引理可知,如果 x,t 遵循伊藤过程,则 x,t 的函数 G 也遵循伊藤过程,它的漂移率和方差率分别为 $\frac{\partial G}{\partial x}a + \frac{\partial G}{\partial t} + \frac{1}{2}\frac{\partial^2 G}{\partial x^2}b^2$ 和 $\left(\frac{\partial G}{\partial x}\right)^2 b^2$。

(三)股票价格变动模式

股票价格的变化受很多种因素的影响,可以看作布朗运动。下面讨论不付红利股票遵循的随机过程。如果假设股票价格遵循一般化的维纳过程,具有不变的期望漂移率和方差率,则这样的假设与实际情况不相符,因为这意味着,股票的百分比收益与股票的价格无关,即如果投资者在股票价格为 10 元时期望收益率为 14%,那么股票价格为 50 元时,期望收益率也是 14%,这显然是不能成立的,需要做一些修正。如果股票价格为 S,那么期望漂移率为 μS,其中 μ 为常

数,表示股票的期望收益率,在经过一个较短的时间间隔 Δt 以后,S 的增长期望值为 $\mu S \Delta t$,如果我们再假设股票的方差率为零,则有
$$dS = \mu S dt$$
求解上述微分方程,设在时刻为 0 时的价格为 S_0,则
$$S = S_0 e^{\mu t}$$
上式说明当股票的方差率为零时,股票的价格以单位时间为 μ 的连续复利方式增长。

假设在短的时间间隔 Δt 后,百分比收益率的方差保持不变,换句话说,不管股价是 10 元还是 50 元,股票收益率的不确定性是相同的。以 σ^2 表示股价变化的方差率,则 $\sigma^2 \Delta t$ 是 Δt 时间后股票价格变化的方差率。因此,S 的瞬间方差率为 $\sigma^2 S^2$。

由以上的讨论可以得出结论:股票的价格 S 可用瞬时期望漂移率为 μS 和瞬时方差率为 $\sigma^2 S^2$ 的伊藤过程,即
$$dS = \mu S dt + \sigma S dz \tag{3.37}$$
或
$$\frac{dS}{S} = \mu dt + \sigma dz \tag{3.38}$$

等式(3.38)是描述股票价格最广泛使用的一种模型。σ 通常被称为股票价格的波动率,μ 为股票价格的期望收益率。

由(3.37)式和伊藤引理,如果 S 和 t 的函数 G 遵循的伊藤过程为
$$dG = \left(\frac{\partial G}{\partial S}\mu S + \frac{\partial G}{\partial t} + \frac{1}{2}\frac{\partial^2 G}{\partial S^2}\sigma^2 S^2\right)dt + \frac{\partial G}{\partial S}\sigma S dz \tag{3.39}$$
令 $G = \ln S$,因为
$$\frac{\partial G}{\partial S} = \frac{1}{S}, \quad \frac{\partial^2 G}{\partial S_2} = -\frac{1}{S^2}, \quad \frac{\partial G}{\partial t} = 0$$
则由(3.39)式,得
$$dG = \left(\mu - \frac{\sigma^2}{2}\right)dt + \sigma dz$$

由此看到,如果 μ 和 σ 是常数,则 G 遵循一般化的维纳过程,具有漂移率 $\mu - \frac{\sigma^2}{2}$,方差率 σ^2。

由一般维纳过程的讨论知道,从当前时刻 t 到将来某一时刻 T,G 的变化服从正态分布,其期望和方差分别为 $\left(\mu - \frac{\sigma^2}{2}\right)(T-t)$ 和 $\sigma^2(T-t)$,即
$$G \sim N\left(\left(\mu - \frac{\sigma^2}{2}\right)(T-t), \sigma^2(T-t)\right) \tag{3.40}$$

设 t 时刻 G 的值为 $\ln S$，T 时刻 G 的值为 $\ln S_T$，在 t 时刻到 T 时刻 G 的变化为 $\ln S_T - \ln S$，由 (3.40) 式得

$$\ln S_T - \ln S = \ln \frac{S_T}{S} \sim N\left[\left(\mu - \frac{\sigma^2}{2}\right)(T-t), \sigma^2(T-t)\right] \quad (3.41)$$

即

$$\ln S_T \sim N\left[\ln S + \left(\mu - \frac{\sigma^2}{2}\right)(T-t), \sigma^2(T-t)\right]$$

由概率知识知道，S_T 服从对数正态分布，$\ln S_T$ 的标准差与 $\sqrt{T-t}$ 成正比例，说明股票价格的对数不确定性（用标准差来表示）与未来时间长度的平方根成正比。

由对数正态分布的定义，可知

$$E(S_T) = S e^{\mu(T-t)}, \operatorname{Var}(S_T) = S^2 e^{2\mu(T-t)} (e^{\sigma^2(T-t)} - 1)$$

如果用 η 表示 t 与 T 之间连续复利年收益，则

$$S_T = S e^{\eta(T-t)}$$

所以

$$\eta = \frac{1}{T-t} \ln \frac{S_T}{S}$$

由 (3.41) 式

$$\ln \frac{S_T}{S} \sim N\left[\left(\mu - \frac{\sigma^2}{2}\right)(T-t), \sigma^2(T-t)\right]$$

因此

$$\eta \sim N\left(\mu - \frac{\sigma^2}{2}, \frac{\sigma^2}{T-t}\right)$$

因此连续复利收益 η 是均值为 $\mu - \frac{\sigma^2}{2}$，标准差为 $\frac{\sigma}{\sqrt{T-t}}$ 的正态分布。

假设股票期权的价格只与股票价格 S 和时间 t 有关，记为 $V(S,t)$，由伊藤引理得

$$dV = \left(\mu S \frac{\partial V}{\partial S} + \frac{\sigma^2 S^2}{2} \frac{\partial^2 V}{\partial S^2} + \frac{\partial V}{\partial t}\right) dt + \frac{\partial V}{\partial S} \sigma S dz$$

期权价格的求解与偏微分方程有关。偏微分方程求解比较复杂，需要专门的知识，具体求解方法可参考相关资料。

四、布莱克-斯科尔斯期权定价公式

布莱克-斯科尔斯 1971 年提出期权定价模型，1973 年在《政治经济学报》上发表他们的研究成果。一个月后，在美国芝加哥出现第一个期权交易市场。期权交易诞生后，许多大证券机构和投资银行都运用布莱克-斯科尔斯期权定

价模型进行交易操作,该模型在相当大的程度上影响了期权市场的发展。其成功之处在于:第一,提出了风险中性(即无风险偏好)概念,且在该模型中剔除了风险偏好的相关参数,大大简化了对金融衍生工具价格的分析;第二,创新地提出了可以在限定风险情况下追求更高收益的可能,创立了新的金融衍生工具——标准期权。

由于布莱克的专业是应用数学和物理,最早从事火箭方面的研究,因此布莱克也被称为是"火箭科学向金融转移的先锋"。斯科尔斯和默顿把经济学原理应用于直接经营操作,堪为"理论联系实际"的典范。他们设计的定价公式为衍生金融商品交易市场的迅猛发展铺平了道路,也在一定程度上使衍生金融工具成为投资者良好的融资和风险防范手段。这对整个经济发展显然是有益的。为此,1997 年诺贝尔经济学奖授予了哈弗大学的默顿(R. Merton)教授和斯坦福大学的斯科尔斯(M. Scholes)教授(布莱克(F. Black)已于 1995 年逝世,未分享到这一殊荣)。

(一) 基本假设

1. 标的资产的价格 S 遵循布朗运动的规律:包括:① 资产价格是连续变化的;② 在整个期权生命期内,平均收益 μ 和平均波动率 σ 为常数;③ 任何时间段的资产收益和其他时间段的收益互相独立;④ S 服从对数正态分布,即 $dS = S\mu dt + S\sigma dz$;

2. 在期权的有效期内无风险利率 r 和标的资产价格 S 的波动方差率是时间的已知函数;

3. 套期保值没有交易成本;

4. 没有套利机会,所有的无风险资产组合具有相同的收益率,即无风险利率 r;

5. 在期权的有效期内不支付红利;

6. 标的资产可以连续交易;

7. 允许卖空,资产可以细分。

假定期权的价格 $V(S,t)$ 是标的资产的价格 S 和时间 t 的函数。

(二) 布莱克-斯科尔斯期权微分方程

现在构造资产组合 $g, g(S,t) = f(S,t) - \delta S, g$ 满足在充分小的时间间隔 dt 内为无风险组合,其中 δ 为待定常数。则由伊藤引理

$$dg = df - \delta dS = \frac{\partial f}{\partial S}\sigma S dz + \left(\mu S \frac{\partial f}{\partial S} + \frac{1}{2}\sigma^2 S^2 \frac{\partial^2 f}{\partial S^2} + \frac{\partial f}{\partial t}\right)dt - \delta(\sigma S dz + \mu S dt)$$

整理后,得

$$dg = \sigma S\left(\frac{\partial f}{\partial S} - \delta\right)dz + \left[\mu S\left(\frac{\partial f}{\partial S} - \delta\right) + \frac{1}{2}\sigma^2 S^2 \frac{\partial^2 f}{\partial S^2} + \frac{\partial f}{\partial t}\right]dt$$

现在选择 $\delta = \dfrac{\partial f}{\partial S}$，则

$$dg = \left(\dfrac{1}{2}\sigma^2 S^2 \dfrac{\partial^2 f}{\partial S^2} + \dfrac{\partial f}{\partial t}\right)dt$$

此时，dz 的系数为零，随机过程 g 变为确定性过程，这是因为 f 和 S 不相互独立，其随机成分比例相关，构造一个线性组合使两者波动相互抵消。

对于期权定价问题，可以构造投资组合，一个单位期权，其价值为 V，和 δ 单位标的资产，则这一资产组合的价值为

$$\pi = V - \delta S$$

单位时间内这一组合的价值变化为

$$d\pi = dV - \delta dS$$

根据上面的讨论，选择 $\delta = \dfrac{\partial V}{\partial S}$，则有

$$d\pi = \left(\dfrac{1}{2}\sigma^2 S^2 \dfrac{\partial^2 V}{\partial S^2} + \dfrac{\partial V}{\partial t}\right)dt \tag{3.42}$$

这个方程不再含有随机项 dz，投资组合 π 是确定性资产，经过 Δt 时间后资产组合 π 也是无风险的。由无套利机会假设及风险中性定价原理，任何无风险资产组合的收益率都等于无风险利率 r，因此有

$$d\pi = r\pi dt$$

将上式代入 (3.42) 式，得

$$\left(\dfrac{1}{2}\sigma^2 S^2 \dfrac{\partial^2 V}{\partial S^2} + \dfrac{\partial V}{\partial t}\right)dt = r\left(V - \dfrac{\partial V}{\partial S}S\right)dt$$

整理得

$$\dfrac{\partial V}{\partial t} + \dfrac{1}{2}\sigma^2 S^2 \dfrac{\partial^2 V}{\partial S^2} + rS\dfrac{\partial V}{\partial S} - rV = 0 \tag{3.43}$$

这一公式就是著名的布莱克-斯科尔斯(Black-Scholes)微分方程，该公式表明期权的价格 V 只与 S、t 有关。$\delta = \dfrac{\partial V}{\partial S}$ 描述了期权价值与标的资产价值之间的关系，是构造无风险投资组合的关键。

为确定方程的解，必须给出适当的定解条件。下面不加证明给出布莱克-斯科尔斯欧式期权定价公式。

以 $C(S,t)$ 表示欧式买入期权的价值，由布莱克-斯科尔斯公式，它满足如下偏微分方程

$$\dfrac{\partial C}{\partial t} + \dfrac{1}{2}\sigma^2 S^2 \dfrac{\partial^2 C}{\partial S^2} + rS\dfrac{\partial C}{\partial S} - rC = 0 \tag{3.44}$$

初始条件（这里实际上是终值条件）为

$C = \max(S-E, 0)$,其中 E 为施权价。

边界条件为
$$\begin{cases} C(0,t) = 0, & S \to 0 \\ C(S,t) \sim S, & S \to \infty \end{cases}$$

通过自变量变换和函数变换,可以将方程转化为热传导方程的初值问题,由此可得欧式买入期权的定价公式为

$$C(S,t) = S\Phi(d_1) - Ee^{-r(T-t)}\Phi(d_2) \qquad (3.45)$$

其中 $\Phi(\cdot)$ 表示标准正态分布的分布函数,d_1、d_2 分别为

$$d_1 = \frac{\ln\left(\dfrac{S}{E}\right) + \left(r + \dfrac{1}{2}\sigma^2\right)(T-t)}{\sigma\sqrt{T-t}} \qquad (3.46)$$

$$d_2 = \frac{\ln\left(\dfrac{S}{E}\right) + \left(r - \dfrac{1}{2}\sigma^2\right)(T-t)}{\sigma\sqrt{T-t}} = d_1 - \sigma\sqrt{T-t} \qquad (3.47)$$

由期权的平价公式 $C = S + P - Ee^{-r(T-t)}$ 以及正态分布的性质 $\Phi(d) + \Phi(-d) = 1$,可得出欧式卖出期权的定价公式:

$$P(S,t) = Ee^{-r(T-t)}\Phi(-d_2) - S\Phi(-d_1)$$

布莱克-斯科尔斯公式有如下性质:

(1) 当 $S \to 0$ 时,$C \to 0$;

(2) 当 $\sigma \to 0$ 时,有
$$C = \max\{Se^{r(T-t)} - E, 0\}; \quad P = \max\{E - Se^{r(T-t)}, 0\}$$

应当强调的是,证券组合并不是永远无风险的,只是对于无限短的时间间隔内,它才是无风险的。当 S 和 t 变化时,$\dfrac{\partial f}{\partial S}$ 也将发生变化。因此,为了保持证券组合无风险,有必要连续调整资产组合中期权和股票的比例。

例 3.11 当前的股票价格为 50 元,欧式看涨期权的执行价格为 45 元,无风险年利率是 6%,期权的有效期为 3 个月,即 0.25 年,股票价格的方差率为 20%,此时

$t=0, S=50, E=45, T=0.25, \sigma=0.2, r=0.06$ 代入公式(3.46)得

$$d_1 = \frac{\ln\left(\dfrac{S}{E}\right) + \left(r + \dfrac{1}{2}\sigma^2\right)(T-t)}{\sigma\sqrt{T-t}} = 0.65$$

将 d_1 代入(3.47),得

$$d_2 = d_1 - \sigma\sqrt{T-t} = 0.4262$$

将 d_1, d_2 代入(3.45)，得期权价格

$$C(S,t) = S\Phi(d_1) - Ee^{-r(T-t)}\Phi(d_2) = 7.62$$

在计算期权定价时，可以用 matlab 金融工具箱中的命令计算欧式期权的价格。调用方式为

[Call,Put]=blsprice(Price,Strike,Rate,Time,Volatility,Yield)

输入参数

Price	%标定资产价格
Strike	%执行价
Rate	%无风险利率
Time	%距离到期日的时间，即期权的存续期(单位:年)
Volatility	%标定资产的标准差
Yield	%标定资产的红利率

输出参数

Call	%欧式看涨期权价格
Put	%欧式看跌期权价格

第四章

微积分应用模型

4.1 数学模型常用的最优化方法简述

一、最优化问题基本概念

通常建立数学模型的目标最后都会归结为求函数的极值或最大值最小值问题,这一类问题称之为最优化问题,求解最优化问题的数学方法被称为最优化方法。它主要解决最优生产计划、最优分配、最佳设计、最优决策、最优管理等求函数最大值最小值问题。

最优化问题的目的有两个:①求出满足一定条件下,函数的极值或最大值最小值;②求出取得极值时变量的取值。

最优化问题所涉及的内容种类繁多,有的十分复杂,但是它们都有共同的关键因素:变量、约束条件和目标函数。变量是指最优化问题中所涉及的与约束条件和目标函数有关的待确定的量。一般来说,它们都有一些限制条件(约束条件),与目标函数紧密关联。设问题中涉及的变量为 $x_1, x_2, \cdots, x_n$;我们常常也用 $X = (x_1, x_2, \cdots, x_n)$ 表示。在最优化问题中,求目标函数的极值时,变量必须满足的限制称为约束条件。例如,许多实际问题的变量要求必须非负,这是一种限制;在研究消费者均衡时,资金有限,购买商品的变量受到资金量的约束。在研究实际问题时,这些限制我们必须用数学表达式准确地描述它们。用数学语言描述约束条件一般来说有两种:

等式约束条件 $\qquad g_i(X) = 0, \quad i = 1, 2, \cdots, m$
不等式约束条件 $\qquad h_i(X) \geqslant 0, \quad i = 1, 2, \cdots, r$
或 $\qquad h_i(X) \leqslant 0, \quad i = 1, 2, \cdots, r$

在最优化问题研究中,由于解的存在性十分复杂,一般来说,我们不考虑不等式约束条件 $h(X) > 0$ 或 $h(X) < 0$。这两种约束条件最优化问题最优解的存在性较复杂。

在最优化问题中,与变量有关的待求其极值(或最大值最小值)的函数称为目标函数。目标函数常用 $f(X) = f(x_1, x_2, \cdots, x_n)$ 表示。当目标函数为某问题的效益函数时,问题即为求极大值;当目标函数为某问题的费用函数时,问题即为求极小值。

求极大值和极小值问题实际上没有原则上的区别,因为求 $f(X)$ 的极小值,也就是要求 $-f(X)$ 的极大值,两者的最优值在同一点取到。

二、最优化问题分类

最优化问题种类繁多,因而分类的方法也有许多。可以按变量的性质分类,按有无约束条件分类,按目标函数的个数分类等等。

一般来说,变量可以分为确定性变量,随机变量和系统变量等等,相对应的最优化问题分别称为:普通最优化问题,统计最优化问题和系统最优化问题。

按有无约束条件分类:无约束最优化问题,有约束最优化问题。

按目标函数的个数分类:单目标最优化问题,多目标最优化问题。

按约束条件和目标函数是否是线性函数分类:线性最优化问题(线性规划),非线性最优化问题(非线性规划)。

按约束条件和目标函数是否是时间的函数分类:静态最优化问题和动态最优化问题(动态规划)。

按最优化问题求解方法分类:解析法,数值算法,多目标优化方法,网络优化方法等。

三、最优化问题的求解步骤和数学模型

1. 最优化问题的求解步骤

最优化问题的求解涉及到应用数学,计算机科学以及各专业领域等等,是一个十分复杂的问题,然而它却是需要我们重点关心的问题之一。怎样研究分析求解这类问题呢? 其中最关键的是建立数学模型和求解数学模型。一般来说,应用最优化方法解决实际问题可分为四个步骤进行:

步骤1:建立模型

提出最优化问题,变量是什么? 约束条件有那些? 目标函数是什么? 建立最优化问题数学模型:确定变量,建立目标函数,列出约束条件。

步骤2:确定求解方法

分析模型,根据数学模型的性质,选择优化求解方法。

步骤3:计算机求解

编程序(或使用数学计算软件),应用计算机求最优解。

步骤 4:结果分析

对算法的可行性、收敛性、通用性、时效性、稳定性、灵敏性和误差等等作出评价。

2. 最优化问题数学模型

最优化问题的求解与其数学模型的类型密切相关,因而我们有必要对最优化问题的数学模型有所掌握。一般来说,最优化问题的常见数学模型有以下几种。

(1) 无约束最优化问题数学模型

由某实际问题设立变量,建立一个目标函数且无约束条件,这样的求函数极值或最大值最小值问题,我们称为无约束最优化问题。其数学模型为

$$\min f(x_1, x_2, \cdots, x_n)$$

例如:求函数 $f(x_1, x_2, x_3) = 3x_1^2 + 4x_2^2 + 6x_3^2 + 2x_1 x_2 - 4x_1 x_3 - 2x_2 x_3$ 的极值和取得极值的点。

(2) 有约束最优化问题数学模型

由某实际问题设立变量,建立一个目标函数和若干个约束条件(等式或不等式),这样的求函数极值或最大值最小值问题称为有约束最优化问题。其数学模型为

$$\min f(x_1, x_2, \cdots, x_n)$$
$$\text{s.t. } g_i(x_1, x_2, \cdots, x_n) = 0$$
$$i = 1, 2, \cdots, m$$

(3) 线性规划问题数学模型

由某实际问题设立变量,建立一个目标函数和若干个约束条件,目标函数和约束条件都是变量的线性函数,而且变量是非负的,这样的求函数最大值最小值问题,称为线性最优化问题,简称为线性规划问题。其标准数学模型为

$$\min f(x_1, x_2, \cdots, x_n) = c_1 x_1 + c_2 x_2 + \cdots + c_n x_n$$
$$\text{s.t. } \begin{cases} a_{i1} x_1 + a_{i2} x_2 + \cdots + a_{in} x_n = b_i, \ i = 1, 2, \cdots, m \\ x_i \geqslant 0, \ i = 1, 2, \cdots, n \end{cases}$$

写为矩阵形式
$$\min f(\boldsymbol{X}) = \boldsymbol{C}\boldsymbol{X}$$
$$\begin{cases} \boldsymbol{A}\boldsymbol{X} = \boldsymbol{B} \\ \boldsymbol{X} \geqslant \boldsymbol{O} \end{cases}$$

其中 $\boldsymbol{X} = (x_1, x_2, \cdots, x_n)^{\mathrm{T}}$, $\boldsymbol{C} = (c_1, c_2, \cdots, c_n)$, $\boldsymbol{B} = (b_1, b_2, \cdots, b_m)^{\mathrm{T}}$,

$$A = \begin{pmatrix} a_{11} & a_{12} & \cdots & a_{1n} \\ a_{21} & a_{22} & \cdots & a_{2n} \\ \vdots & \vdots & & \vdots \\ a_{m1} & a_{m2} & \cdots & a_{mn} \end{pmatrix}$$

实际问题中会经常遇到两类特殊的线性规划问题。一类是：所求变量要求是非负整数，称为整数规划问题；另一类是所求变量要求只取 0 或 1，称为 0－1 规划问题。

(4) 非线性规划问题数学模型

由某实际问题设立变量，建立一个目标函数和若干个约束条件，如果目标函数或约束条件表达式中有变量的非线性函数，那么，这样的求函数最大值最小值问题称为非线性规划最优化问题，简称为非线性规划问题。其数学模型为

$$\min f(x_1, x_2, \cdots, x_n)$$
$$\text{s. t.} \begin{cases} g_i(x_1, x_2, \cdots, x_n) = 0 \\ i = 1, 2, \cdots, m \end{cases}$$

其中目标函数或约束条件中存在变量的非线性函数。

上面四种最优化数学模型都只有一个目标函数，称为单目标最优化问题，简称为最优化问题。

(5) 多目标最优化问题数学模型

由某实际问题设立变量，建立两个或多个目标函数和若干个约束条件，且目标函数或约束条件是变量的函数，这样的求函数最大值最小值问题称为多目标最优化问题。其数学模型为

$$\min f_i(x_1, x_2, \cdots, x_n) \quad i = 1, 2, \cdots, s \quad \text{——目标函数}$$
$$g_i(x_1, x_2, \cdots, x_n) = 0 \quad i = 1, 2, \cdots, m \quad \text{——约束条件}$$

上述模型中有 s 个目标函数，m 个等式约束条件。

例如："生产商如何使得产值最大，而消耗资源最少问题"，"投资商如何使得投资收益最大，而风险最小问题"等，都是多目标最优化问题。

四、经典最优化方法

经典最优化方法包括无约束条件极值问题和等式约束条件极值问题两种，不等式约束条件极值问题可以化为等式约束条件极值问题。

经典的极值理论首先根据可微函数取极值的必要条件确定可能极值点；其次，根据函数取极值的充分条件判断是否取极值、是极大值还是极小值？这种方法已经有几百年的历史。

1. 无约束条件极值

设 n 元函数 $f(X) = f(x_1, x_2, \cdots, x_n)$,求 $f(X)$ 的极值和取得极值的点。这是一个无约束条件极值问题,经典的极值理论如下。

定理 4.1 (极值必要条件) 设 n 元函数 $f(X) = f(x_1, x_2, \cdots, x_n)$ 具有一阶偏导数,则 $f(X)$ 在 $X = X^*$ 处取得极值的必要条件为

$$\left. \frac{\partial f}{\partial x_i} \right|_{X=X^*} = 0 \quad i = 1, 2, \cdots, n$$

对于一元函数上述定理当然成立,只是偏导数应为导数;注意定理只是在偏导数存在的前提下的必要条件。如果函数在某一点偏导数不存在,那在这一点处仍然可能取得极值;如果函数在某一点偏导数存在,且偏导数都等于零,那么函数在这一点处也不一定取得极值。

例如,函数 $f(x,y) = \sqrt[3]{x^2} + y^2$ 在点 $(0,0)$ 处偏导数不存在,但在这一点处函数仍然取得极小值零。函数 $f(x,y) = x^3 + y^5$ 在点 $(0,0)$ 处偏导数存在,且偏导数都等于零,但在这一点处函数不取极值。

定理 4.1 的作用在于,求出函数的可能极值点,然后,再研究这些点是否取得极值。

对于许多实际问题来说,函数一定能够取得极大值或极小值,而函数的可能极值点(满足必要条件的点)又只有一点,则这一点当然是函数取得极大值或极小值的点。

对于一般函数,怎样判定函数在某点是否取极值,是极大值还是极小值?有下面的极值的充分条件定理。

定理 4.2 (极值充分条件) 设 n 元函数 $f(X) = f(x_1, x_2, \cdots, x_n)$ 具有二阶偏导数,则 $f(X)$ 在 $X = X^*$ 处取得极值的充分条件为

(1) $\left. \frac{\partial f}{\partial x_i} \right|_{X=X^*} = 0, i = 1, 2, \cdots, n$;

(2) 海塞(Hesse)矩阵

$$\boldsymbol{H} = \begin{bmatrix} \frac{\partial^2 f}{\partial x_1^2} & \frac{\partial^2 f}{\partial x_1 \partial x_2} & \cdots & \frac{\partial^2 f}{\partial x_1 \partial x_n} \\ \frac{\partial^2 f}{\partial x_2 \partial x_1} & \frac{\partial^2 f}{\partial x_2^2} & \cdots & \frac{\partial^2 f}{\partial x_2 \partial x_n} \\ \vdots & \vdots & & \vdots \\ \frac{\partial^2 f}{\partial x_n \partial x_1} & \frac{\partial^2 f}{\partial x_n \partial x_2} & \cdots & \frac{\partial^2 f}{\partial x_n^2} \end{bmatrix}$$

在 $X = X^*$ 处正定或负定;

(3) 海塞矩阵在 $X = X^*$ 处正定时,函数取极小值;负定时,函数取极大值。

例 4.1 求函数 $f(x_1,x_2,x_3)=-2x_1^2-6x_2^2-4x_3^2+2x_1x_2+2x_2x_3$ 的极值。

解 根据极值存在的必要条件,确定可能取得极值的点:

令 $\dfrac{\partial f}{\partial x_1}=-4x_1+2x_2=0, \dfrac{\partial f}{\partial x_2}=-12x_2+2x_1+2x_3=0,$

$\dfrac{\partial f}{\partial x_3}=-8x_3+2x_2=0$

解得 $(x_1,x_2,x_3)=(0,0,0)$

根据极值存在的充分条件,确定 $(x_1,x_2,x_3)=(0,0,0)$ 是否是极值点,计算得

$$\dfrac{\partial^2 f}{\partial x_1^2}=-4, \dfrac{\partial^2 f}{\partial x_2^2}=-12, \dfrac{\partial^2 f}{\partial x_3^2}=-8;$$

$$\dfrac{\partial^2 f}{\partial x_1 \partial x_2}=2, \dfrac{\partial^2 f}{\partial x_1 \partial x_3}=0, \dfrac{\partial^2 f}{\partial x_2 \partial x_3}=2;$$

函数在 $(0,0,0)$ 的海塞矩阵为 $\begin{pmatrix} -4 & 2 & 0 \\ 2 & -12 & 2 \\ 0 & 2 & -8 \end{pmatrix}$

因为 $-4<0, \begin{vmatrix} -4 & 2 \\ 2 & -12 \end{vmatrix}=44>0, \begin{vmatrix} -4 & 2 & 0 \\ 2 & -12 & 2 \\ 0 & 2 & -8 \end{vmatrix}=-320<0;$

所以海塞矩阵负定,故函数在 $(x_1,x_2,x_3)=(0,0,0)$ 处取得极大值 $f(0,0,0)=0$。

2. 等式约束条件极值

下面我们研究的是在若干个等式约束条件下,一个目标函数的极值问题,其数学模型为

$$\min f(x_1,x_2,\cdots,x_n)$$
$$\text{s.t. } g_i(x_1,x_2,\cdots,x_n)=C_i$$
$$i=1,2,\cdots,m$$

解决等式约束条件极值的方法是拉格朗日(Lagrange)乘数法,其方法和步骤为

(1) 令 $L=f(x_1,x_2,\cdots,x_n)+\sum\limits_{i=1}^{m}\lambda_i(C_i-g_i(x_1,x_2,\cdots,x_n))$

称 L 为上述问题的拉格朗日乘数函数,称 λ_i 为拉格朗日乘子。

(2) 设 $f(x_1,x_2,\cdots,x_n)$ 和 $g_i(x_1,x_2,\cdots,x_n)$ 均可微,令

$$\begin{cases} \dfrac{\partial L}{\partial x_j}=\dfrac{\partial f}{\partial x_j}-\sum\limits_{i=1}^{m}\lambda_i\dfrac{\partial g_i}{\partial x_j}=0, & j=1,2,\cdots,n \\ \dfrac{\partial L}{\partial \lambda_i}=C_i-g_i(x_1,x_2,\cdots,x_n)=0, & i=1,2,\cdots,m \end{cases}$$

(3) 若$(\overline{x_1},\overline{x_2},\cdots,\overline{x_n},\overline{\lambda_1},\overline{\lambda_2},\cdots,\overline{\lambda_m})$是上述方程组的解,则点$(\overline{x_1},\overline{x_2},\cdots,\overline{x_n})$可能为该问题的极值点。

拉格朗日乘数法的本质是:将有约束条件极值问题转化为求无条件极值问题;所求得的点即是取得极值的必要条件点。

拉格朗日乘数法没有解决极值的存在性问题,但是,如果拉格朗日乘数函数具有二阶连续偏导数,也可以应用海塞矩阵来判定函数是否取得极值。

在具体问题中,点$(\overline{x_1},\overline{x_2},\cdots,\overline{x_n})$是否为最优解通常可由问题的实际意义决定。

3. 不等式约束条件极值

不等式约束条件极值问题数学模型为
$$\min f(x_1,x_2,\cdots,x_n)$$
$$\text{s.t.} \begin{cases} g_i(x_1,x_2,\cdots,x_n) \leqslant 0 \\ i=1,2,\cdots,m \end{cases}$$

求解上述问题的方法是库恩-塔克定理。

定理 4.3 (库恩-塔克(Kuhn-Tucker)定理) 对于上述不等式约束条件极值问题,设$f(x_1,x_2,\cdots,x_n)$和$g_i(x_1,x_2,\cdots,x_n)$均可微,令
$$L = f(x_1,x_2,\cdots,x_n) + \sum_{i=1}^{m}\lambda_i g_i(x_1,x_2,\cdots,x_n)$$
假设λ_i存在,则在极值点$X = X^* = (\overline{x_1},\overline{x_2},\cdots,\overline{x_n})$处,必满足下述条件:

(1) $\dfrac{\partial L}{\partial x_j} = \dfrac{\partial f}{\partial x_j} + \sum_{i=1}^{m}\lambda_i \dfrac{\partial g_i}{\partial x_j} = 0 \qquad j=1,2,\cdots,n$

(2) $g_i(x_1,x_2,\cdots,x_n) \leqslant 0 \qquad i=1,2,\cdots,m$

(3) $\lambda_i g_i(x_1,x_2,\cdots,x_n) = 0 \qquad i=1,2,\cdots,m$

(4) $\lambda_i \geqslant 0, i=1,2,\cdots,m$

根据库恩-塔克定理可以求解许多不等式约束条件极值问题,值得注意的是应用库恩-塔克定理求解不等式约束条件极值问题,定理并没有解决最优解的存在性问题,因此必须另行判断。

4.2 最优价格模型

一、问题背景

在市场经济中,各种商品的利润都与商品的成本、销量和价格有关,销售量受价格的影响,成本又受销量的影响。价格太高,销售量会下降;如果要促进销

售量,常常需下调价格,这些情况都影响到商品的获利。在商品生产的成本函数和市场的需求函数均已知条件下,企业有权根据产品成本和产品销售情况进行定价,那么该企业应如何定价,才能获得最大利润?

二、建立模型

企业利润是销售收入与生产成本之差,因此收入与成本的表达是问题的关键,建模的目的就是要在合理的收入函数和成本函数的假设下,建立利润函数,并对其进行优化求解得到相应的最优价格。

设 x 表示销量(与产量相等),p 为每件产品的单价,R 为总收入,C 为总成本,U 为总利润,$x=f(p)$ 为市场的需求函数,则

$$U(p) = R(p) - C(p)$$

使 $U(p)$ 达到最大的最优价格 p^* 满足 $\dfrac{\mathrm{d}U}{\mathrm{d}p} = 0$,即

$$\left.\frac{\mathrm{d}R}{\mathrm{d}p}\right|_{p=p^*} = \left.\frac{\mathrm{d}C}{\mathrm{d}p}\right|_{p=p^*} \tag{4.1}$$

上式即为最优价格满足的条件,它表明最大利润在边际收入等于边际成本时达到,这是数量经济学中的一条著名定律。

(4.1)式只是从理论上揭示了 p^* 所满足的条件,p^* 的结构以及影响它的诸因素的进一步讨论还有赖于 $R(p), C(p), f(p)$ 以及相应参数的具体形式,下面分几种情形来讨论 p^* 的具体模型。

三、模型分析

1. 需求和成本函数都为线性函数

设市场的需求函数 x 为价格 p 的线性函数

$$x = f(p) = a - bp$$

a 通常称为绝对需求量,它是当该产品免费供应时的市场需求量,而 $b = -\dfrac{\mathrm{d}x}{\mathrm{d}p}$ 是销售量对价格的边际量,反映市场需求对价格的敏感程度。

设成本函数是 x 的线性函数:$C(p) = qx$,其中 q 为常数,收入函数为 $R(p) = px$,则利润函数为

$$U(p) = R(p) - C(p) = (p-q)(a-bp)$$

带入(4.1)式,解得最优价格 p^* 为

$$p^* = \frac{q}{2} + \frac{a}{2b} \tag{4.2}$$

分析上述 p^* 的意义,最优价格是两部分之和:一部分为单位成本 q 的一半;

另一部分与绝对需求量成正比,与市场需求对价格的敏感系数成反比。

实际问题中,成本会随着产量的增加而降低,设成本函数为产量 x 的线性函数: $q = q_0 - kx(k > 0)$,若需求函数 $x = f(p) = a - bp$ 不变,则
$$U(p) = R(p) - C(p) = px - qx = (p - q_0)x + kx^2$$
直接对 $U(p)$ 求导并令其为 0,得
$$x + (p - q_0)x'_p + 2kxx'_p = 0$$
将 $x = a - bp, x'_p = -b$ 代入并求解得
$$p^* = \frac{q_0 - ak}{2(1 - bk)} + \frac{a}{2b} \tag{4.3}$$
满足上式的 p^* 也是(4.1)式的解,它的第二项也为 $\frac{a}{2b}$。

2. 成本 q 是时间的函数

在实际问题中,销售时间越长,商品的损耗就越大,因而成本就越大。设商品成本 q 是时间的线性函数: $q = q_0 + \beta t$,其中 β 为增长率。这种情况下一般要对商品分期定价。设总销售期为 T,销售期分为 $[0, T/2], [T/2, T]$ 两段,每段价格记为 p_1, p_2。单位时间需求量 $x = a - bp$,在两段时间内,收入函数分别为
$$R(p_i) = p_i x_i = p_i(a - bp_i), \quad i = 1, 2$$
成本函数分别为
$$C(p_i, t) = qx = (q_0 + \beta t)(a - bp_i), \quad i = 1, 2$$
利润函数为
$$U(p_1, p_2) = \int_0^{\frac{T}{2}} [R(p_1) - C(p_1, t)]dt + \int_{\frac{T}{2}}^T [R(p_2) - C(p_2, t)]dt$$
故
$$U(p_1, p_2) = \int_0^{\frac{T}{2}} (p_1 - q_0 - \beta t)(a - bp_1)dt + \int_{\frac{T}{2}}^T (p_2 - q_0 - \beta t)(a - bp_2)dt$$
$$= (a - bp_1)\frac{T}{2}\left(p_1 - q_0 - \frac{1}{4}\beta T\right) + (a - bp_2)\frac{T}{2}\left(p_2 - q_0 - \frac{3}{4}\beta T\right)$$

下面求使利润最大的最优价格组合 (p_1^*, p_2^*)。令 $\frac{\partial U}{\partial p_1} = 0, \frac{\partial U}{\partial p_2} = 0$,解得
$$\begin{cases} p_1^* = \frac{1}{2}\left(q_0 + \frac{\beta T}{4}\right) + \frac{a}{2b} \\ p_2^* = \frac{1}{2}\left(q_0 + \frac{3}{4}\beta T\right) + \frac{a}{2b} \end{cases} \tag{4.4}$$

显然 $p_2^* > p_1^*$,由此可见,随着成本的上升,后半周期的售价高于前半期的售价。(4.4)式所示的 p_1^*, p_2^* 虽是分阶段定价,但它们的第二项都是 $\frac{a}{2b}$,这与前

述两种情形的最优价格完全一致。

若企业要求在销售期 T 内总销量（产量）达到 Q_0，则在上面的讨论中再增加一个总产量约束：

$$Q_0 = (a - bp_1)\frac{T}{2} + (a - bp_2)\frac{T}{2}$$

即

$$Q_0 = aT - \frac{1}{2}bT(p_1 + p_2)$$

在其余条件不变条件下，求两阶段的最优价格组合 (p_1^*, p_2^*)。

记拉格朗日函数为

$$L = U(p_1, p_2) + \lambda\left[aT - \frac{1}{2}bT(p_1 + p_2) - Q_0\right]$$

由 $L'_{p_1} = 0, L'_{p_2} = 0, L'_\lambda = 0$，得如下方程组

$$\begin{cases} -b\frac{T}{2}\left(p_1 - q_0 - \frac{1}{4}\beta T\right) + \frac{T}{2}(a - bp_1) - \frac{T}{2}b\lambda = 0 \\ -b\frac{T}{2}\left(p_2 - q_0 - \frac{3}{4}\beta T\right) + \frac{T}{2}(a - bp_2) - \frac{T}{2}b\lambda = 0 \\ aT - \frac{T}{2}b(p_1 + p_2) - Q_0 = 0 \end{cases}$$

解得最优价格为

$$\begin{cases} p_1^* = \dfrac{a}{b} - \dfrac{Q_0}{bT} - \dfrac{\beta T}{8} \\ p_2^* = \dfrac{a}{b} - \dfrac{Q_0}{bT} + \dfrac{\beta T}{8} \end{cases} \tag{4.5}$$

虽然(4.5)式和(4.4)有较明显的差别，但是两者的 p_2^* 均大于 p_1^*，且都满足

$$p_2^* - p_1^* = \frac{1}{4}\beta T$$

3. 价格 p 是时间 t 的函数

在总的销售期内价格会随着时间变化，即 p 是时间的函数：$p = p(t)$，设总销售时间为 T，企业要求在时间 T 内销售量为 G 件。假设整个销售过程中每件商品的成本 q 不变，即 $C(p) = qx$，仍设需求函数是 p 的线性函数：$x = a - bp$，则总利润函数为

$$U(p(t)) = \int_0^T [R(p) - C(p)]dt = \int_0^T [(p-q)(a-bp)]dt$$

企业要求在时间 T 内销售量为 G 件，即有约束条件：

$$\int_0^T (a - bp)dt = G$$

上式为 $p(t)$ 的泛函,利用拉格朗日乘子法把上述条件极值转化为无条件极值

$$L(p(t)) = \int_0^T [(p-q)(a-bp)] \mathrm{d}t + \lambda \left(\int_0^T (a-bp) \mathrm{d}t - G \right)$$

令
$$\frac{\partial L(p(t))}{\partial p} = 0, \quad \frac{\partial L(p(t))}{\partial \lambda} = 0$$

解得最优价格为
$$p^* = \frac{a}{b} - \frac{G}{bT} \tag{4.6}$$

由(4.6)式看到,虽然价格 p 是时间 t 的函数,但最优价格是常数。它由两部分构成:一部分与绝对需求量成正比,与市场对价格的敏感系数 b 成反比;另一部分随销售时间 T 的增加而提高,随总销售量 G 的增加而降低。

4. 价格 p 和成本 q 都是时间 t 的函数

商品在销售过程中由于受存贮费和变质损失费等诸因素的影响,价格 p 和成本 q 都会随着时间变化,即 p 和 q 都是时间的函数: $p = p(t)$, $q = q(t)$。

为简单计,设商品成本 q 随时间相对增长率为 β,初始时刻的成本为 q_0,即成本函数满足以下微分方程

$$\begin{cases} \dfrac{\mathrm{d}q}{\mathrm{d}t} = \beta q \\ q(0) = q_0 \end{cases}$$

于是得到成本函数为 $q(t) = q_0 e^{\beta t}$。

若总销售时间为 T,企业要求在时间 T 内销售量为 G 件。仍设需求函数是 p 的线性函数: $x = a - bp$,则总利润函数为

$$U(p(t)) = \int_0^T [(p(t) - q_0 e^{\beta t})(a - bp(t))] \mathrm{d}t$$

约束条件为
$$\int_0^T (a - bp(t)) \mathrm{d}t = G$$

用拉格朗日乘数法得拉格朗日函数为

$$L(p(t)) = \int_0^T [(p - q_0 e^{\beta t})(a - bp)] \mathrm{d}t + \lambda \left(\int_0^T (a - bp) \mathrm{d}t - G \right)$$

令 $\dfrac{\partial L(p(t))}{\partial p} = 0, \dfrac{\partial L(p(t))}{\partial \lambda} = 0$,解得最优价格为

$$p^* = \frac{aT - G}{bT} - \frac{q_0(e^{\beta t} - 1)}{2\beta t} + \frac{q_0 e^{\beta t}}{2} \tag{4.7}$$

上式表明每件商品的成本 $q(t) = q_0 e^{\beta t}$ 随时间延续不断提高,最优价格也随时间延续不断提高。由于 $e^{\beta t} \approx 1 + \beta t$,因此(4.7)式可近似表为

$$p^* = \frac{a}{b} - \frac{G}{bT} + \frac{q_0 \beta t}{2}$$

从上式看出,商品销售最优价格近似由 3 部分构成:第一部分与绝对需求量

成正比与市场对价格的敏感系数成反比；第二部分随销售时间 T 的增加而提高，随总销售量 G 的增加而降低；第三部分与初始成本 q_0、成本的相对增长率 β 及时间都成正比。

以上我们讨论了几种条件下最优价格的确定，但在实际问题中，价格的制定是非常复杂的，有许多因素都在影响着最优价格，并没有一成不变的公式，须针对具体情况采用灵活的数学模型和方法确定。

4.3 消费者均衡模型

一、问题背景

微观经济学研究消费者行为时，所要阐述的核心问题是消费者均衡的原则。消费者均衡是指在既定消费预算和各种商品价格的限制下选择购买一定数量的各种商品，以使消费者达到最满意的程度。进一步说，它是指保证消费者实现效用最大化的均衡购买行为。

在西方经济学中，研究消费者均衡的假设条件，一是消费者偏好既定，即消费者对各种物品效用的评价是既定的，不会发生变动。比如一个消费者到商店中去买盐、电池和点心，在去商店之前，对商品购买的排列顺序是盐、电池、点心，这一排列顺序到商店后也不会发生改变。二是消费者消费预算既定，消费者只能买自己认为最重要的几种，选择自己认为更合适的购买量组合。三是商品的价格既定，消费者要考虑如何把有限的消费预算分配于各种物品的购买与消费上，以获得最大效用。由于价格相对不变，消费者用有限的货币能够购买的商品所带来的最大的满足程度是可以计量的，满足程度可以比较，所以对于商品的不同购买量组合所带来的总效用可以进行主观上的分析评价。

如何才能实现在上述制约条件下消费者效用最大化的商品组合呢？本节先讨论消费者购买两种商品时均衡的数学模型，再将结果推广到多种商品的情形。

二、建模与求解

记消费者打算购买甲乙两种商品的数量分别是 q_1 和 q_2，消费者的满意程度，或者说商品给消费者带来的效用是 q_1,q_2 的函数，记作 $U(q_1,q_2)$。当消费者拥有两种商品的量分别为 q_1 和 q_2 时，他的效用为常数 c，则 $U(q_1,q_2)=c$ 的图形就是一条无差别曲线。在此曲线上对于不同的 q_1,q_2，效用函数 $U(q_1,q_2)$ 的值不变。当将 c 看为是参数时，就形成了无差别曲线族，无差别曲线可以在 q_1,q_2 平面上表示出来。它们是单调下降、下凸且互不相交的曲线,如图 4.1 所示。

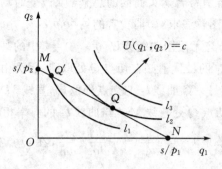

图 4.1

在每一条曲线上(如 l_2),随着曲线向右上方移动,$U(q_1,q_2)$ 的值增加,(图中 l_2 上的 U 值高于 l_1 上的 U 值)。曲线下凸的具体形状则反映了消费者对甲乙两种商品的偏爱情况。一般若已知消费者的效用函数 $U(q_1,q_2)$,则他的无差别曲线族已经完全确定了。

设甲乙两种商品的单价分别是 p_1 元和 p_2 元,消费者预算约束为 s 元。于是问题归结为在条件 $p_1q_1+p_2q_2=s$ 下求两种商品的购买量 q_1、q_2,或求购买两种商品的资金比例 p_1q_1/p_2q_2,使效用函数 $U(q_1,q_2)$ 达到最大。

这是二元函数的条件极值问题,建立拉格朗日函数

$$L = U(q_1,q_2) + \lambda(s - p_1q_1 - p_2q_2)$$

令 $\quad \dfrac{\partial L}{\partial q_1} = \dfrac{\partial U}{\partial q_1} - \lambda p_1 = 0, \dfrac{\partial L}{\partial q_2} = \dfrac{\partial U}{\partial q_2} - \lambda p_2 = 0, \dfrac{\partial L}{\partial \lambda} = s - p_1q_1 - p_2q_2 = 0$

若效用函数是严格下凸的,上述方程组有唯一解,所以得到消费者效用最大化应满足的条件为

$$\frac{\partial U/\partial q_1}{\partial U/\partial q_2} = \frac{p_1}{p_2} \tag{4.8}$$

或者

$$\frac{\partial U/\partial q_1}{p_1} = \frac{\partial U/\partial q_2}{p_2} = \lambda \tag{4.9}$$

在经济学中,称 $\partial U/\partial q_1$,$\partial U/\partial q_2$ 为边际效用,即商品购买量增加一个单位时效用函数的增量。(4.8)式表明,消费者均衡状态在两种商品的边际效用之比恰等于它们的价格之比时达到。(4.9)式表明,在最优点处,消费者把单位消费预算用于两种商品消费时,所获得的效用增量都是一样的。

当效用函数 $U(q_1,q_2)$ 给定后,由上式即可确定最优比例 p_1q_1/p_2q_2,或再结

合预算约束求出购买的最优商品组合。在这个模型的基础上还可以讨论当某种商品的价格改变,或者消费者购买商品的总金额 s 改变时均衡状态的改变情况。

上述结果也可用图解法求解。消费者的约束 $p_1q_1 + p_2q_2 = s$ 在图 4.1 上是一条直线 MN。MN 必与无差别曲线族 $U(q_1,q_2)=c$ 中的某一条曲线相切(图中是与 l_2 相切),则 q_1,q_2 的最优值必在切点 Q 处取得,因为由无差别曲线的性质,最优值不会在 MN 与另一条曲线 l_1 的交点处取得,直线 MN 也不会与两条无差别曲线相切。因为在切点 Q 处直线 MN 与曲线 l_2 的斜率相同,而 MN 的斜率是 $k_{MN} = -\dfrac{p_1}{p_2}$,$l_2$ 的斜率是 $k_{l_2} = \dfrac{dq_2}{dq_1} = -\dfrac{\partial U}{\partial q_1} \Big/ \dfrac{\partial U}{\partial q_2}$,在 Q 点处 $K_{MN} = K_{l_2}$,这和 (4.8) 式是相同的。

例 4.2 已知消费者的效用函数为

$$U(q_1,q_2) = \frac{q_1 q_2}{\alpha q_1 + \beta q_2}, \alpha,\beta > 0$$

根据 (4.8) 式可以求得两种商品购买资金最优比例 p_1q_1/p_2q_2 为

$$\frac{p_1 q_1}{p_2 q_2} = \sqrt{\frac{\beta p_1}{\alpha p_2}}$$

结果表明均衡状态下购买两种商品所用资金的比例,与商品价格比的平方根成正比。同时与效用函数 $U(q_1,q_2)$ 中的参数 $\alpha、\beta$ 有关,α 越大购买商品甲的钱越少,β 越大购买商品甲的钱越多。这说明在所给出的效用函数中,参数 β 和 α 分别表示消费者对商品甲和乙的偏爱程度。于是调整 β 和 α 可以改变消费者对两种商品的爱好倾向,或者说可以改变无差别曲线的具体形状。

例 4.3 若消费者的效用函数为

$$U(q_1,q_2) = q_1^\lambda q_2^\mu, 0 < \lambda, \mu < 1$$

根据 (4.8) 式可以求得两种商品购买资金的最优比例 p_1q_1/p_2q_2 为

$$\frac{p_1 q_1}{p_2 q_2} = \frac{\lambda}{\mu}$$

这表明均衡状态下购买两种商品所用资金的比例与价格无关,而参数 λ 和 μ 分别表示消费者对商品甲和乙的偏爱程度。

建立消费者均衡模型的关键是确定效用函数 $U(q_1,q_2)$,构造效用函数必须满足如下的条件:

条件 A 由效用函数确定的无差别曲线族 $U(q_1,q_2) = c$ 所确定的一元函数 $q_2 = q_2(q_1)$ 是单调减函数,且曲线呈下凸状,这是无差别曲线族 $U(q_1,q_2) = c$ 的特性。

实际问题中条件 A 可以用函数 $U(q_1,q_2)$ 的更直接的条件代替,即

条件 B $\dfrac{\partial U}{\partial q_1}>0, \dfrac{\partial U}{\partial q_2}>0, \dfrac{\partial^2 U}{\partial q_1^2}<0, \dfrac{\partial^2 U}{\partial q_2^2}<0, \dfrac{\partial^2 U}{\partial q_1 \partial q_2}>0$

可以验证,当条件 B 成立时,条件 A 必成立。

三、模型的推广

将消费者购买两种商品的情形可以推广到消费者购买 $m(>2)$ 种商品的情况。

设 m 种商品的价格向量为 $\boldsymbol{p}=(p_1,p_2,\cdots,p_n)$,消费者预算支出为 s,消费者购买第 j 种商品的数量为 q_j,效用函数为 $U(q_1,q_2,\cdots,q_n)$,则消费者均衡由下列优化模型描述

$$\max U(q_1,q_2,\cdots,q_n)$$
$$\text{s.t.} \begin{cases} p_1q_1+p_2q_2+\cdots+p_nq_n=s \\ q_i \geqslant 0, i=1,2,\cdots,n \end{cases}$$

在效用函数满足一定的条件下,上述优化模型有唯一解,用拉格朗日乘数法可以求得到消费者效用最大化应满足的条件为

$$\frac{\partial u/\partial q_1}{p_1}=\frac{\partial u/\partial q_2}{p_2}=\cdots=\frac{\partial u/\partial q_n}{p_n}=\lambda \tag{4.10}$$

所以,消费者要实现 n 种商品的效用最大化,边际效用的比率应该等于价格比率。

注意到 $\dfrac{\partial u/\partial q_i}{p_i}=\dfrac{1}{p_i}\dfrac{\partial u}{\partial q_i}$,$i=1,2,\cdots,n$,故(4.10)式表示,在最优点处,消费者把一单位预算用于任何商品消费时,所获得的效用增量都是一样的。

4.4 牲畜的最佳出售时机

一、问题背景

饲养场饲养的牲畜每天都需要投入资金,牲畜的体重随着时间增长,但市场的售价也随着时间发生变化。那么饲养场应什么时候出售牲畜才能获得最大利润。同样地,企业生产商品的费用由于原料、劳动力、存贮费等因素的影响,产品的成本是时间的函数,而产品的价格受市场供需状况的影响也是时间的函数。若能估计出产品的成本函数 $c(t)$ 和预测出市场的价格函数 $p(t)$,则企业何时出售产品,才能获利最大?本节用实例来说明这类问题的解决方法。

二、实例分析

一饲养场每天投入 c 元资金用于饲料、设备、人力,估计可使一头 w 公斤重的牲畜每天增加 r 公斤。目前这种牲畜出售的市场价格为每公斤 p 元,但是预测每天会降低 g 元,问该饲养场应什么时候出售牲畜。

显然投入资金可使牲畜体重随时间增长,但售价却随时间减少,应该存在一个最佳的出售时机,使获得的利润最大。这是一个简单的优化问题。

设过 t 天出售目前体重为 w 的这种牲畜,用 R 表示 t 天后的销售收入(元);用 C 表示 t 天投入的总费用,用 L 表示 t 天后出售所获的纯利润(元)。按照假设,t 天付出的费用为 $C = ct$,t 天后的销售收入为

$$R(t) = (p - gt)(w + rt)$$

考虑纯利润应扣掉以当前价格(p 元/公斤)出售 w 公斤牲畜的收入,得到 t 天后出售所获纯利润函数为

$$L(t) = R(t) - C(t) - pw = (p - gt)(w + rt) - ct - pw \quad (4.11)$$

问题归结为求 $t \geq 0$,使 $L(t)$ 达到最大。这是求二次函数最大值问题,用微分法容易得到

$$t^* = \frac{rp - wg - c}{2rg} \quad (rp - wg - c > 0) \quad (4.12)$$

(4.12)式即是使纯利润达到最大的出售时间。

例如当牲畜目前体重 $w = 80$ 公斤,每天投入费用 $c = 4$ 元/天,市场价格为 $p = 8$ 元/公斤,估计牲畜每天体重的增加速度 $r = 2$ 公斤/天,销售价格的降低速度 $g = 0.1$ 元/天·公斤,则最优销售时间为

$$t^* = \frac{2 \times 8 - 80 \times 0.1 - 4}{2 \times 2 \times 0.1} = 10(\text{天})$$

三、最优化后分析

根据实际问题的背景,若饲养场每天投入的资金 c、目前一头牲畜的重量 w 及目前这种牲畜出售的市场价格 p 是已知的,但由于模型假设中牲畜每天体重的增加速度 r 和价格的降低速度 g 是估计和预测的,所以应该研究它们变化时对模型结果的影响。

若设每天牲畜售价的降低速度 g 不变,研究 r 变化对 t^* 的影响程度,由(4.12)式看到 t 是 r 的增函数,在数学上可以用两者相对改变量来衡量 t^* 对参数 r 的敏感程度。t 对 r 的敏感度记作 $S(t, r)$,定义为

$$S(t, r) = \frac{\Delta t / t}{\Delta r / r} \approx \frac{dt}{dr} \cdot \frac{r}{t}$$

由(4.12)式得

$$S(t^*,r) \approx \frac{dt^*}{dr} \cdot \frac{r}{t^*} = \frac{wg+c}{2grt^*} \quad (rp-wg-c>0) \tag{4.13}$$

若设牲畜每天体重的增加速度 r 不变,研究 g 变化对 t^* 的影响程度,由 (4.12)式看到 t^* 是 g 的减函数,同样在数学上可以用两者相对改变量来衡量 t^* 对参数 g 的敏感程度。t^* 对 g 的敏感度记作 $S(t^*,g)$

$$S(t^*,g) \approx \frac{dt^*}{dg} \cdot \frac{g}{t^*} = \frac{c-rp}{2grt^*} \quad (rp-wg-c>0) \tag{4.14}$$

当牲畜目前体重 $w=80$ 公斤,每天投入费用 $c=4$ 元/天,市场价格为 $p=8$ 元/公斤,估计牲畜每天体重的增加速度 $r=2$ 公斤/天,销售价格的降低速度 $g=0.1$ 元/(天·公斤)时,用公式(4.13)求得 t^* 对参数 r 的敏感程度为

$$S(t^*,4) = \frac{wg+c}{2grt^*} = \frac{80\times0.1+4}{2\times0.1\times4\times10} = 3$$

经济意义是,牲畜每天体重 r 增加 1%,出售时间会推迟 3%。

同理用公式(4.14)求得 t^* 对参数 g 的敏感程度为

$$S(t^*,0.1) = \frac{c-rp}{2grt^*} = \frac{4-2\times8}{2\times0.1\times4\times10} = -3$$

即牲畜每天价格 g 的降低每增加 1%,出售时间要提前 3%。

图 4.2 和图 4.3 分别给出了 t^* 和 r 及 g 的关系图。

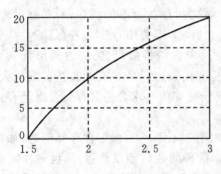

图 4.2 r 与 t^* 的关系

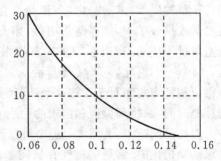

图 4.3 g 与 t^* 的关系

四、模型的推广

建模过程中假设了牲畜体重的增加和价格的降低都是常数,由此得到的 w 和 p 都是线性函数,这无疑是对现实情况的简化,更实际的模型应考虑非线性和不确定性,如记 $w=w(t), p=p(t)$,则(4.11)式应为

$$L(t) = R(t) - C(t) - pw = p(t)w(t) - ct - pw \tag{4.15}$$

用微分法求解(4.15)式的极值问题,可知最优解应满足
$$p'(t)w(t)+p(t)w'(t)=c \tag{4.16}$$
(4.16)式左端是每天收入的增值 ΔR,右端是每天投入的资金量。于是出售的最佳时机是保留牲畜直到每天收入的增值等于每天投入的资金为止。

最后我们指出,实例本身及其建模过程都非常简单,但可以将这种思路推广到更广的领域。此外着重介绍的是它的最优化后分析,这种分析对优化模型的结果是否能应用是很重要的。

4.5 确定性存储模型

一、问题背景

存储是将相关的物资存储起来以备将来的使用和消费。存储的作用是缓解供应与需求之间出现供不应求或供大于求等不协调情况的必要和有效的方法和措施。

存储现象是普遍存在的。商店为了满足顾客的需要,必须有一定数量的库存货物来支持经营活动,若缺货就会造成营业额的损失;银行为了进行正常的交易需要储存一定数量的现金以备客户取现;水库在雨季蓄水,用于旱季的灌溉和航运;工厂为了生产的正常进行必须储备一定的原材料等等。在实际问题中由于种种原因,需求与供应、消费与存储之间存在着不协调性,若存储过多,就会造成供过于求,使存储费用(占用资金、维护等费用)增大;若存储过少,就会造成供不应求,从而会带来一定的损失(失去销售机会、失去占领市场的机会、违约等)。因此,为了使经营活动的经济损失达到最小或者收益实现最大,在供应和需求之间对于存储这个环节,要研究如何寻求合适的存储量以及合适的存储时间,来协调供应和需求的关系。

在存储问题中,若需求是完全可以预测的模型,称为确定性存储问题,如果需求是随机性的,就是随机性存储问题。两种问题模型虽然各异,但解决问题的基本思路都是从目标函数达到最优来确定最优的存储策略。本节讨论确定性的存储模型,目的是寻求合理的存储量、订货量和订货时间使总费用达到最省。

二、几种常见的确定性存储模型

(一)不允许缺货的经济订购批量模型

1. 模型假设

(1)需求是连续均匀的,设需求速率为 r;

(2) 当存储量降至零时,可立即补充,不会造成缺货;
(3) 货物的单价为 k,每次订货费为 c_1,单位货物的存储费为 c_2;
(4) 每周期订货量都相同,均为 Q。

存储状态的变化如图 4.4。

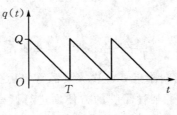

图 4.4

2. 模型分析与求解

问题的决策变量是每周期的订购量 Q 和订货周期 T,由于需求是连续均匀且不允许缺货,订购量 Q 和订货周期 T 的关系为 $Q = rT$。

选择问题的目标函数为 T 时间内的平均费用最小。问题所涉及的费用有 T 时间内订货费和存储费。订货费为

$$c_1 + kQ = c_1 + krT$$

设 $q(t)$ 表示时间 $t(0 \leqslant t \leqslant T)$ 时的库存量,则 $q(t) = Q - rt$,T 时间内总存储量为 $\int_0^T q(t)dt$,它的积分值恰好是图 1 中三角形 OQT 的面积,即 $\frac{1}{2}QT$,所以 T 时间内存储费为

$$\frac{1}{2}c_2 QT = \frac{1}{2}c_2 rT^2$$

T 时间内平均费用为

$$C(T) = \frac{1}{T}\left(c_1 + \frac{1}{2}c_2 T^2 + krT\right) = \frac{c_1}{T} + \frac{1}{2}c_2 rT + kr$$

为求最优存储策略,在上述目标函数中令

$$\frac{dC}{dT} = \frac{1}{2}c_2 R - \frac{c_1}{T^2} = 0$$

得

$$T^* = \sqrt{\frac{2c_1}{rc_2}} \tag{4.17}$$

相应的最优订货量为

$$Q^* = rT^* = \sqrt{\frac{2c_1 r}{c_2}} \tag{4.18}$$

(4.17),(4.18) 两式是经济理论中著名的经济批量公式,简记为 EOQ。由

公式看到,订货费 c_1 越高,需求量越大,每次订货批量应越大;而存储费 c_2 越高,则每次订货批量应越小。这些都是符合实际情况的。

由于货物单价 k 与 Q^*、T^* 无关,因此在费用函数分析中可省去该项,即

$$C(T) = \frac{c_1}{T} + \frac{1}{2}c_2 rT$$

因此最小的平均费用为

$$C^* = \frac{c_1}{T^*} + \frac{1}{2}c_2 rT^* = \sqrt{2c_1 c_2 r}$$

例 4.4 某批发公司向附近 200 多家食品零售店提供货源,批发公司负责人为减少存储费用,选择了某种品牌的方便面进行调查研究,以制定正确的存储策略。调查结果如下:(1)方便面每周需求 3000 箱;(2)每箱方便面一年的存储费为 6 元,其中包括贷款利息 3.6 元,仓库费用、保险费用、损耗费用管理费用等 2.4 元;(3)每次订货费 25 元,其中包括:批发公司支付采购人员劳务费 12 元,支付手续费、电话费、交通费等 13 元;(4)方便面每箱价格 30 元。

解 根据上述提供的数据有

$c_1 = 25$ 元 / 次;$c_2 = 6/52 = 0.1154$ 元 /(周·箱);$r = 3000$ 箱 / 周。

因此有

$$Q^* = \sqrt{\frac{2c_1 r}{c_2}} = \sqrt{\frac{2 \times 25 \times 3000}{0.1154}} = 1140.18(箱)$$

$$T^* = Q^* / r = 1140.18 / 3000 = 0.38(周) = 2.66(天)$$

最小费用

$$c^* = \sqrt{2c_1 c_2 r} = \sqrt{2 \times 0.1154 \times 25 \times 3000} = 131.57(元 / 周)$$

若订货提前期为 1 天,1 天的需求量为

$$s^* = 1 \times (3000/7) = 427(箱)$$

故当库存量为 427 箱时应发出订货。s^* 称为再订购点。

(二)允许缺货的经济批量订购模型

所谓允许缺货,就是在存储量降至零后,还可以再等一段时间后订货。由于允许缺货,所以可以减少订货和存储费用;但缺货会影响生产与销售,造成直接与间接损失。因此如果缺货损失可以定量计算,确定最优存储策略时,应综合这两方面的损失,使总费用达到最小。

1.模型假设

(1)遇到缺货时不会造成机会损失;

(2)需求是连续均匀的。设需求速度为常数 r;

(3)每次订购费为 c_1,单位时间单位货物存储费为 c_2,单位时间单位缺货损失费为 c_3,且都为常数;

(4)每周期订购量相同,记为 Q,注意这里的 Q 是补足了上期缺货数量的订

购量。

设最大存储量为 S,则最大缺货量为 $Q-S$,一个周期时间为 T,其中不缺货时间为 t_1,缺货时间为 $T-t_1$;存储状态如图 4.5。

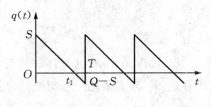

图 4.5

2.模型分析与求解

问题的决策变量是每周期的订购量 Q 和订货周期 T。优化的目标函数为 T 时间内的平均费用最小。问题所涉及的费用有 T 时间内订货费、存储费和缺货损失费。

由假设,T 和 Q 的关系为 $T=Q/r$,不缺货时间满足 $t_1=S/r$,缺货时间满足 $T-t_1=(Q-S)/r$。

设 $q(t)$ 表示时间 $t(0\leqslant t\leqslant T)$ 时的库存量,则一周期平均存储费为

$$\frac{c_2}{T}\int_0^{t_1}q(t)\mathrm{d}t=\frac{c_2}{2T}t_1S=\frac{c_2S^2}{2Q}$$

一周期平均缺货损失费为

$$\frac{c_3}{T}\int_{t_1}^T q(t)\mathrm{d}t=\frac{c_3}{2T}(Q-S)\times(T-t_1)=\frac{c_3(Q-S)^2}{2Q}$$

一周期平均订购费用为 $\quad\dfrac{c_1}{T}=\dfrac{c_1 r}{Q}$

所以一周期总平均费用为 $C(S,Q)=\dfrac{c_1 r}{Q}+\dfrac{c_2 S^2}{2Q}+\dfrac{c_3(Q-S)^2}{2Q}$

为求最优存储策略,令 $\dfrac{\partial C}{\partial Q}=0,\dfrac{\partial C}{\partial S}=0$,得如下方程组

$$\begin{cases}\dfrac{c_2 S}{Q}-\dfrac{c_3(Q-S)}{Q}=0\\-\dfrac{c_1 r}{Q^2}-\dfrac{c_2 S^2}{2Q^2}+\dfrac{2c_3 Q(Q-S)-c_3(Q-S)^2}{2Q^2}=0\end{cases}$$

求解得最佳订购量为

$$Q^*=\sqrt{\frac{2c_1 r}{c_2}}\sqrt{\frac{c_2+c_3}{c_3}} \tag{4.19}$$

最大存储量　　　　　　$S^* = \sqrt{\dfrac{2c_1 r}{c_2}} \sqrt{\dfrac{c_3}{c_2+c_3}}$

最佳循环时间　　　　　$T^* = \dfrac{Q^*}{r} = \sqrt{\dfrac{2c_1}{c_2 r}} \sqrt{\dfrac{c_2+c_3}{c_3}}$ 　　　　(4.20)

周期内平均费用　　　　$C^* = \sqrt{2c_1 c_2 r} \sqrt{\dfrac{c_3}{c_2+c_3}}$

将上式和(4.17),(4.18)式作比较,看到允许缺货时订货量和订货周期都增加了,但周期初实际的存量 S^* 减少了。显然,如果缺货损失费 $c_3 \to +\infty$,即相当于不允许缺货的情形,这时有 $\dfrac{c_3}{c_2+c_3} \to 1$,这时结果和不允许缺货的结果完全一样,所以不允许缺货模型可视为允许缺货模型的特例。

例 4.5　某批发商经营某种商品,已知该商品的月需求量为 1000 件,每次订购费 50 元。若货物得到后存入仓库,每月每件存储费 1 元。设需求是连续均匀的。(1)若不允许缺货,求经济订货批量和最低平均费用;(2)允许缺货,且每月每缺 1 件商品的损失为 0.5 元,求经济订货批量和最低平均费用。

解　依题意有

$r = 1000$ 件/月;$c_1 = 50$ 元/次;$c_2 = 1$ 元/(件·月);$c_3 = 0.5$ 元/(件·月)

将上述数据代入相应的计算公式得到如下结果:

	不允许缺货	允许缺货
最优订货量	316	548
最低平均费用	316.2 元/月	182.6 元/月
最大存储水平	316 件	182 件
周期	9.62 天	16.67 天
一年订货次数	39 次	22 次

从两种情况的计算结果可以看出,允许缺货一般比不允许缺货有更大的选择余地,一定时期的总费用也可以有所降低。但要注意的是:允许缺货是在机会损失可以忽略的情况下才有意义。

(三)不允许缺货的经济生产批量模型

这种模型描述在企业生产过程中,边生产边供应,且生产速度大于需求速度,不允许缺货。这类模型称为经济生产批量模型。

1. 模型假定

(1)需求是连续均匀的,设需求速度为常数 r;

(2)每次生产准备费为 c_1,单位时间单位货物的存储费为 c_2,都为常数;

(3)当存储量降至零时开始生产,单位时间生产量为 v,生产的产品一部分满足当时的需要,剩余部分作为存储。从开始生产到 t_1 时间段,存储量以 $v-r$ 的速度增加;当生产 t_1 时间以后,停止生产,此时存储量为 S,以该存储量来满足需求。当存储量降至零时,开始一个新的生产周期。

(4) 每周期生产量均相同,记为 Q。

设周期时间为 T,其中生产时间为 t_1,不生产时间为 $T-t_1$,存储状态图如图 4.6。

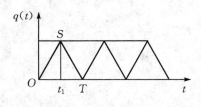

图 4.6

2. 模型分析与求解

由图 4.6 可见,一个周期 $[0,T]$ 被分为两段,在 $[0,t_1]$ 内,存储状态从 0 开始以 $v-r$ 的速率增加,到 t_1 时刻达到最高水平 S,这时停止生产,在 $[t_1,T]$ 内,存储状态从最高水平 S 以速率 r 减少,到时刻 T 降为 0,由于不允许缺货,故 $Q=rT$。

显然,在 $[0,T]$ 内的存储量 $q(t)$ 为

$$q(t) = \begin{cases} (v-r)t & t \in [0,t_1) \\ r(T-t) & t \in [t_1,T] \end{cases}$$

故在周期 T 内的存储量为

$$\int_0^T q(t)\,\mathrm{d}t = \int_0^{t_1}(v-r)t\,\mathrm{d}t + \int_{t_1}^T r(T-t)\,\mathrm{d}t$$

它等于图 4.6 中 $\triangle OST$ 的面积,即 $ST/2$。

生产时间满足 $$t_1 = \frac{Q}{v}$$

最大存储量满足 $$S = (v-r)t_1 = \frac{(v-r)Q}{v}$$

所以 T 时间内平均存储费为 $$c_2 \frac{1}{T} \cdot \frac{1}{2}ST = \frac{c_2 S}{2} = \frac{c_2}{2}\frac{(v-r)Q}{v}$$

T 时间内平均生产费用为 $$\frac{c_1}{T} = \frac{c_1 r}{Q}$$

故 T 时间内总的平均费用为

$$C(Q) = \frac{c_1 r}{Q} + \frac{c_2}{2}\frac{(v-r)Q}{v}$$

最优存储策略为求 $C(Q)$ 的最小值。令

$$\frac{\mathrm{d}C}{\mathrm{d}Q} = -\frac{c_1 r}{Q^2} + \frac{c_2}{2}\frac{(v-r)}{v} = 0$$

得最佳生产量为

$$Q^* = \sqrt{\frac{2c_1 r}{c_2}}\sqrt{\frac{v}{v-r}} \qquad (4.21)$$

最佳生产周期为

$$T^* = \frac{Q^*}{r} = \sqrt{\frac{2c_1}{c_2 r}}\sqrt{\frac{v}{v-r}} \qquad (4.22)$$

最佳生产时间为

$$t_1^* = \frac{Q^*}{v} = \sqrt{\frac{2c_1 r}{c_2}}\sqrt{\frac{1}{v(v-r)}}$$

一周期的平均费用为

$$C = \sqrt{2c_1 c_2 r}\sqrt{\frac{v-r}{v}}$$

当 $v \to +\infty$ 时,$\frac{v}{v-r} \to 1$,此时最优解与不允许缺货的经济订购批量模型的最优解相同。

例 4.6 某装配车间每月需要零件 490 个,该零件由厂内生产,生产速度为每月 900 个,每批生产准备费为 100 元,每月每件零件存储费为 0.5 元。试计算经济生产批量及相关指标。

解 依题意有

$r = 490$ 个/月;$v = 900$ 个/月;$c_1 = 100$ 元/次;$c_2 = 0.5$ 元/(件·月);

由公式(4.21)(4.22) 有

最优生产量为

$$Q^* = \sqrt{2 \times 100 \times 490/0.5}\sqrt{900/(900-490)} = 656(个)$$

最佳循环时间为 $\quad T^* = Q^*/r = 656/490 = 1.34(月)$

最大存储水平为

$$S^* = (v-r) \times Q^*/v = (900-490) \times 656/900 = 299(个)$$

每月平均成本为

$$C = \sqrt{2 \times 0.5 \times 100 \times 490}\sqrt{(900-490)/900} = 328(元/月)$$

(四) 允许缺货的经济生产批量模型

该模型与不允许缺货的生产批量模型相比,放宽了假设条件:允许缺货。与允许缺货的经济批量订购模型相比,相差的是:补充货物不是订货,而是企业生产,边生产边出货。

1. 模型假设

(1) 需求是连续均匀的,设需求速度为常数 r;

(2) 每次生产准备费为 c_1,单位存储费为 c_2,单位缺货费为 c_3,且都为常数;

（3）当缺货一段时间后开始生产，单位时间生产量为 v，生产的产品一部分满足当时的需要，剩余部分作为存储，存储量以 $v-r$ 的速度增加；停止生产时，以存储量来满足需求。

（4）每次生产量相同，均为 Q。

设最大存储量为 S，则最大缺货量为 $Q-S$；一周期时间为 T，其中发生存储的时间（不缺货时间）为 t_1，缺货时间为 t_2。存储量变化状态如图 4.7 所示。

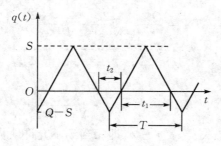

图 4.7

2. 模型分析与求解

从图 4.7 看到，不缺货时间包括两部分，一部分是存储增加的时间，另一部分是存储减少的时间，因此有

$$t_1 = \frac{S}{v-r} + \frac{S}{r} = \frac{vS}{(v-r)r}$$

缺货时间也包括两部分，一部分是缺货增加的时间，另一部分是缺货减少的时间，所以有

$$t_2 = \frac{Q-S}{r} + \frac{Q-S}{v-r} = \frac{v(Q-S)}{(v-r)r}$$

周期时间等于存储时间与缺货时间之和，即

$$T = t_1 + t_2 = \frac{vS}{(v-r)r} + \frac{v(Q-S)}{(v-r)r} = \frac{vQ}{(v-r)r}$$

平均存储量为 $\quad\dfrac{1}{2T}St_1 = \dfrac{S^2}{2Q}$

平均缺货量为 $\quad\dfrac{1}{2T}(Q-S)t_2 = \dfrac{(Q-S)^2}{2Q}$

T 内平均生产费用为 $\quad\dfrac{c_1}{T} = \dfrac{c_1 r}{Q} \times \dfrac{v-r}{v}$

T 内总平均费用为

$$C(S,Q) = \frac{c_1 r}{Q} \times \frac{v-r}{v} + \frac{c_2 S^2}{2Q} + \frac{c_3 (Q-S)^2}{2Q}$$

为求最优策略,令

$$\frac{\partial C}{\partial S} = \frac{c_2 S}{Q} - \frac{c_3(Q-S)}{Q} = 0$$

$$\frac{\partial C}{\partial Q} = -\frac{c_1 r}{Q^2} \times \frac{v-r}{v} - \frac{c_2 S^2}{2Q^2} + \frac{2c_3 Q(Q-S) - c_3(Q-S)^2}{2Q^2} = 0$$

最佳订购量为
$$Q^* = \sqrt{\frac{2c_1 r}{c_2}} \cdot \sqrt{\frac{c_2+c_3}{c_3}} \cdot \sqrt{\frac{v}{v-r}} \tag{4.23}$$

最佳循环时间为
$$T^* = \frac{Q^*}{r} = \sqrt{\frac{2c_1}{c_2 r}} \cdot \sqrt{\frac{c_2+c_3}{c_3}} \cdot \sqrt{\frac{v}{v-r}} \tag{4.24}$$

最大存储量为
$$S^* = \sqrt{\frac{2c_1 r}{c_2}} \cdot \sqrt{\frac{c_3}{c_2+c_3}} \cdot \sqrt{\frac{v-r}{v}}$$

周期内平均费用为
$$C^* = \sqrt{2c_1 c_2 r} \cdot \sqrt{\frac{c_3}{c_2+c_3}} \cdot \sqrt{\frac{v-r}{v}}$$

显然,如果缺货损失费 $c_3 \to +\infty$,即相当于不允许缺货的经济生产批量模型。若令 $v \to +\infty$,即相当于允许缺货的经济订购批量模型,若同时令 $v \to +\infty$,$c_3 \to +\infty$,相当于不允许缺货的经济订购批量模型。

例 4.7 在例 4.6 中,若装配车间允许缺货,且每月每缺一个零件损失0.75元,试计算经济生产批量及相关指标。

解 依题意有
$r=490$ 个/月;$v=900$ 个/月;$c_1=100$ 元/次;$c_2=0.5$ 元/(个·月);$c_3=0.75$元/(个·月)。由相应公式算得

最优生产量为　　　　757 个
最低每月费用为　　　129.4 元/月
最大存储水平为　　　259 个
最大缺货量为　　　　86 个
订货周期为　　　　　47 天

将这一结果与例 4.5 的结果相比,说明允许缺货可以节约费用。

(五)经济订货批量折扣模型

在经济订货批量模型中,假定模型中商品的价格是固定不变的,但在很多情况下,购买商品的数量与商品的价格有关,一般是购买的数量越多,商品的价格越低。对不同的订货量,商品的价格不同。所以在决定最优订货量时,不仅要考虑到存储费和订货费,同时要考虑到商品的购买成本。

下面仅以不允许缺货的经济订购批量模型为例加以分析,其方法也适用于其它模型。

在有价格折扣的情况下,一个订货周期的平均费用用下列函数描述:

$$C(Q) = \frac{c_1 r}{Q} + \frac{1}{2} c_2 Q + r k(Q)$$

式中 $k(Q)$ 为商品价格,是订货量 Q 的函数。要使一个订货周期内的平均费用最小,令

$$\frac{\mathrm{d}C}{\mathrm{d}Q} = -\frac{c_1 r}{Q^2} + \frac{1}{2} c_2 + r \frac{\mathrm{d}k}{\mathrm{d}Q} = 0$$

得

$$Q_0^* = \sqrt{\frac{2 c_1 r}{c_2 + 2 r \frac{\mathrm{d}k}{\mathrm{d}Q}}}$$

由于 $\frac{\mathrm{d}k}{\mathrm{d}Q} < 0$,因此,$Q_0^* > Q^* = \sqrt{\frac{2 c_1 r}{c_2}}$,即有价格折扣时的最优订货量要大于没有价格折扣时的最优订货量。

当 $\frac{\mathrm{d}k}{\mathrm{d}Q}$ 为常数时,可直接从上述公式中求出有价格折扣时的最优订货量。但一般情况是,随着订货量的再增加,商品的价格折扣也会降低,即 $\frac{\mathrm{d}k}{\mathrm{d}Q}$ 的绝对值会越来越小,这样 Q_0^* 有下降的趋势。

在实际问题中商品的价格折扣是离散的,购价为关于订货量 Q 的一个阶梯函数,其一般形式为

$$k(Q) = \begin{cases} k_1, & Q \in [0, Q_1) \\ k_2, & Q \in [Q_1, Q_2) \\ \vdots & \\ k_m, & Q \in [Q_{m-1}, +\infty) \end{cases}$$

其中,$k_1 > k_2 > \cdots > k_m$,$0 = Q_0 < Q_1 < Q_2 < \cdots < Q_{m-1} < Q_m = \infty$,$k_i, Q_i (i = 1, 2, \cdots, m)$ 均为常数。此时,平均费用为

$$C_i = \frac{1}{2} c_2 Q + \frac{c_1 r}{Q} + r k_i \quad (i = 1, 2, \cdots, m)$$

求最优解原理如下:$C(Q)$ 由以 $Q_1, Q_2, \cdots, Q_m$ 为分界点的几条不连续的曲线段(如图 4.8 中的实线)所构成,因而也是一个分段函数。

由于 $r k_i$ 为常数,所以每一 C_i 的极小点都是 $\sqrt{2 c_1 r / c_2}$,如果 $Q^* \in [Q_1, Q_2)$,则对于一切 $Q \in (0, Q_2)$,都有

$$C(Q^*) \leqslant C(Q)$$

即 Q^* 为 $C(Q)$ 在 $(0, Q_2)$ 上的极小点,但当 $Q = Q_2$ 时,由于购价由 k_2 降为 k_3,所以可能有 $C(Q_2) < C(Q^*)$,类似地,对 Q^* 右侧的每一分界点 $Q_i (> Q^*)$,都可能有 $C(Q_i) < C(Q^*)$,所以应依次计算 Q^* 右侧各分界点 Q_i 的目标函

数值：

$$C_i(Q_i) = \frac{1}{2}c_2 Q_i + \frac{c_1 r}{Q_i} + rk_i \quad (Q_i > Q^*)$$

并与 $C(Q^*)$ 一起加以比较，从中选出最小值 $C(\widetilde{Q})$：

$$C(\widetilde{Q}) = \min\{C(Q^*), C(Q_i) | Q_i > Q^*\}$$

而它所对应的 $\widetilde{Q}$ 即为最优订购量。

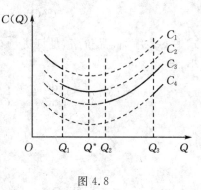

图 4.8

例 4.8 某企业必须定期补充产品的库存量，假定产品以箱为单位进货，产品的需求量为每周 6 箱，每次订购费为 200 元，每箱每周存储费为 2 元，每箱产品的价格按下列进货批量执行。

订货量（箱）	1～49	50～99	100 以上
单价（元/箱）	500	480	475

确定最优订购策略。

解 依题意有：$r = 6$ 箱/周；$c_1 = 200$ 元/次；$c_2 = 2$ 元/(箱·周)，因此有

$$Q^* = \sqrt{\frac{2c_1 r}{c_2}} = \sqrt{\frac{2 \times 200 \times 6}{2}} \approx 35(\text{箱})$$

$$C(Q^*) = \frac{1}{2}c_2 Q^* + \frac{c_1 r}{Q^*} + rk_1$$

$$= \frac{1}{2} \times 2 \times 35 + \frac{200 \times 6}{35} + 6 \times 500 = 3069(\text{元})$$

因为 $C(50) = \frac{1}{2} \times 2 \times 50 + \frac{200 \times 6}{50} + 6 \times 480 = 2954(\text{元})$

$$C(100) = \frac{1}{2} \times 2 \times 100 + \frac{200 \times 6}{100} + 6 \times 475 = 2962(\text{元})$$

因此，该问题的最优订货量为每次 50 箱，最小费用为 2954 元/周。

4.6 森林灭火模型

一、问题背景

森林火灾是指失去人为控制，在森林开放系统内，火势自由蔓延和扩展，它会给林木、森林生态系统和人类带来巨大损失。多年来，中外学者及有关人士都在为预防、减少和控制火灾而努力探索。森林火灾具有突发性、灾害发生地

点的随机性、短时间内就能造成巨大损失等特性。因此,一旦火情出现,就必须尽快采取灭火措施。扑救是否及时,决策是否得当,首先取决于对森林火情行为的分析是否合理准确,其次是扑救的具体措施是否合理可行。因此如何为扑火指挥员提供切实可行的扑火辅助决策,已成为当前森林防火科技研究的重点任务之一。随着人们对森林火灾认识的不断提高,一些理论分析从定性的研究向定量化的方向发展。目前,世界各国都在试图将林火蔓延和灭火模型定量化、统一化,但由于影响森林大火蔓延的因素很多,如何灭火情况复杂,以及各个国家、地区预报条件、能力的限制,很难使用统一的、规范化的模型。我国以往多采用经验模型,在定量化分析研究方面很薄弱。经过大兴安岭火灾的惨痛教训之后,才开始以林火蔓延机理为基础,致力于林火蔓延模型及灭火模型的定量化研究。

限于篇幅,本节只给出森林灭火量化研究的一个方面,即假设在无风的情况下,林火蔓延成圆形形状,研究要派多少消防队员前去灭火的模型,因为派的队员越多,森林的损失越小,但是相应的救援开支会越大,需要统筹考虑森林损失费和救援费,以总费用最小为目标,建立数学模型来决定派出队员的最佳人数。

二、模型分析

首先需要对烧毁森林的损失费、人员的救援费做出估算,才能建立救援人数和总费用之间的数学模型。森林损失费通常正比于森林烧毁的面积,而烧毁面积与失火时间及火被扑灭的时间有关,灭火时间又取决于消防队员数目,队员越多灭火越快。救援费既与消防队员人数有关,又与灭火时间长短有关。记失火时刻为 $t=0$,开始灭火时刻为 $t=t_1$,灭火时刻为 $t=t_2$。设在时刻 t 森林烧毁面积为 $B(t)$,则造成损失的森林烧毁面积为 $B(t_2)$。为了能用数学模型计算总费用,作出如下假设。

(1) 森林中树木分布均匀,而且火灾是在无风的条件下发生的;

(2) 设烧毁单位森林面积的损失费为 c_1,总的损失费与森林烧毁面积成正比,记为 f_1,所以

$$f_1 = c_1 B(t_2)$$

(3) 设派出消防队员 x 名,每个消防队员单位时间的灭火费用(装备,薪金等)为 c_2,每个队员的一次性开支(人员与器材的运输等)为 c_3,于是每个队员的灭火费用是 $c_2(t_2-t_1)+c_3$,总的灭火费用设为 f_2,则

$$f_2 = c_2 x(t_2-t_1) + c_3 x$$

目标函数为森林损失费与灭火的总费用之和,记为 f,即

$$f = f_1 + f_2 = c_1 B(t_2) + c_2 x(t_2 - t_1) + c_3 x$$

我们的问题是统筹考虑森林损失费和救援费,以总费用最小为目标,建立数学模型来决定派出队员的最佳人数,但上式总费用是时间 t 和烧毁面积 $B(t)$ 的函数,因此还要继续分析 $B(t)$,对其具体的形式作出合理的简单假设。

假设在无风的情况下,火势以失火点为中心,以均匀速度向四周呈圆形蔓延,设蔓延的半径 r 与时间 t 成正比。又因为烧毁面积 B 与 r^2 成正比,故 B 与 t^2 成正比。为使问题简化,研究 $\frac{dB}{dt}$ 比 $B(t)$ 更为直接,$\frac{dB}{dt}$ 是单位时间烧毁面积,表示火势蔓延的程度。在消防队员到达之前,即 $0 \leqslant t \leqslant t_1$,火势越来越大,$\frac{dB}{dt}$ 随 t 的增加而增加;即 $\frac{d^2 B}{dt^2} \geqslant 0$,开始灭火以后,即 $t_1 \leqslant t \leqslant t_2$,如果消防队员能力足够强,火势会越来越小,$\frac{dB}{dt}$ 应减小,$\frac{d^2 B}{dt^2} \leqslant 0$,并且当 $t = t_2$ 时 $\frac{dB}{dt} = 0$。因为在整个灭火过程中 B 与 t^2 成正比,从而 $\frac{dB}{dt}$ 与 t 成正比。这个假设在风力不大的条件下是大致合理的。

综合以上分析,为了计算出 $B(t_2)$,我们再给出假设:

(4) 从失火到开始灭火这段时间 ($0 \leqslant t \leqslant t_1$) 内,火势蔓延程度 $\frac{dB}{dt}$ 与时间 t 成正比,比例系数 β 称为火势蔓延速度。

(5) 设 λ 为每个队员的平均灭火速度,派出消防队员 x 名,开始灭火以后 ($t \geqslant t_1$),火势蔓延速度降为 $\beta - \lambda x$,显然应有 $\beta < \lambda x$。

三、建模及求解

根据假设 4 和假设 5,火势蔓延速度 $\frac{dB}{dt}$ 在 $0 \leqslant t \leqslant t_1$ 内线性地增加,t_1 时刻消防队员到达并开始灭火,此时火势用 b 表示,而后,在 $t_1 \leqslant t \leqslant t_2$ 内,火势蔓延的速度线性地减少,即

$$\frac{dB}{dt} = \begin{cases} \beta t, & 0 \leqslant t \leqslant t_1 \\ (\lambda x - \beta)(t_2 - t), & t_1 < t \leqslant t_2 \end{cases}$$

$\frac{dB}{dt}$ 在时间 $0 \leqslant t \leqslant t_2$ 内的图形如图 4.9 所示。

烧毁面积 $B(t_2) = \int_0^{t_2} \frac{dB}{dt} dt$ 恰是图中三角形的面积,即

$$B(t_2) = \frac{1}{2} b t_2$$

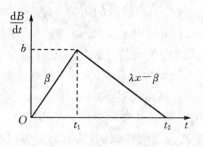

图 4.9

而 t_2 满足

$$t_2 - t_1 = \frac{b}{\lambda x - \beta} = \frac{\beta t_1}{\lambda x - \beta} \tag{4.25}$$

于是

$$B(t_2) = \frac{\beta t_1^2}{2} + \frac{\beta^2 t_1^2}{2(\lambda x - \beta)} \tag{4.26}$$

将(4.25),(4.26)式代入 $f = c_1 B(t_2) + c_2 x(t_2 - t_1) + c_3 x$,得到灭火总费用为

$$f(x) = \frac{c_1 \beta t_1^2}{2} + \frac{c_1 \beta^2 t_1^2}{2(\lambda x - \beta)} + \frac{c_2 \beta t_1 x}{\lambda x - \beta} + c_3 x \tag{4.27}$$

$f(x)$ 即为这个优化模型的目标函数。

为求 x 使 $f(x)$ 达到最小,令 $\dfrac{df}{dx} = 0$,可以得到派出的队员人数为

$$x = \frac{\beta}{\lambda} + \beta \sqrt{\frac{c_1 \lambda t_1^2 + 2c_2 t_1}{2c_3 \lambda^2}} \tag{4.28}$$

因为 β 是火势蔓延速度,而 λ 是每个队员的平均灭火速度,只有当 x 名队员的灭火速度不小于火势蔓延速度,火势才可被控制。从(4.28)式看,应派出队员数目由两部分组成,其中第一部分 β/λ 是为了把火扑灭所必须的最少队员数,这个结果是明显的。从图 4.9 中也可以看出,只有当 $x > \beta/\lambda$ 时,斜率为 $\lambda x - \beta$ 的直线才会与 t 轴有交点 t_2。派出队员数的另一部分,即在最低限度之上的队员数,与问题的各个参数有关。当队员灭火速度 λ 和救援费用系数 c_3 增大时,队员数减少;当火势蔓延速度 β、开始灭火时刻 t_1 及损失费用系数 c_1 增加时,队员数增加。这些结果与常识是一致的。实际应用这个模型时,c_1,c_2,c_3 是已知常数,β,λ 由森林类型、消防队员素质等因素决定,可以预先制成表格以备查用。由失火到灭火的时间 t_2 则要根据现场情况估计。

四、模型的评注

(1) 建立这个模型的重点是对 $\dfrac{dB}{dt}$ 的假设。比较合理而又简化的假设 4 和假

设 5 能符合风力不大的情况。但在有风的影响下应考虑另外的假设,这时火势扩展的形式并非是圆形。(2) 模型中对队员灭火的平均速度 λ 是常数的假设也不尽合理,它应该与开始灭火时的火势有关,t_1 越大 λ 越小,这时要对函数 $\lambda(t_1)$ 作出合理的假设,再得到进一步的结果。(3) 对不同种类的森林发生火灾,派出的队员数应不同,虽然 β (火势蔓延速度) 能从某种程度上反映森林类型不同,但对 β 相同的两种森林,派出的队员也未必相同。(4) 决定派出队员人数时,人们必然在森林损失费和救援费用之间作权衡,所以可通过对两部分费用的权重来体现这一点。

4.7 道格拉斯生产函数与经济增长模型

一、问题背景

在经济学理论研究中,为了简化分析,通常假定生产中只有资本 K 和劳动力 L 这两个生产要素,而发展经济、提高生产力的手段主要就是增加投资、增加劳动力。这样生产函数可以表为

$$Q = F(K, L)$$

在众多的生产函数模型中,道格拉斯(Douglas)生产函数是最重要的模型。本节给出它的一个简洁的建模过程,在此基础上给出道格拉斯生产函数的性质,并研究资金与劳动力的最佳分配,使投资效益最大。最后讨论如何调节资金与劳动力的增长率,使劳动生产率得到不断的增长。

二、道格拉斯生产函数

用 $Q(t)$, $K(t)$, $L(t)$ 分别表示某一地区或部门在时刻 t 的产值、资金和劳动力,它们的关系可以一般地记作

$$Q(t) = F(K(t), L(t)) \qquad (4.29)$$

其中 F 为待定函数。对于固定的时刻 t,上述关系可写作

$$Q = F(K, L) \qquad (4.30)$$

为寻求 F 的函数形式,引入记号

$$z = Q/L, \quad y = K/L \qquad (4.31)$$

其中 z 表示每个劳动力的产值,y 表示每个劳动力的投资。在正常的经济发展过程中这两个指标都是随时间增长的,但它们之间的关系难以从机理分析得到。大量统计资料显示,z 随 y 的增长而增长,但增长速度递减,可以把这个条件作为基本假定。满足这个假定的最简单的函数关系为

$$g(y) = y^\alpha, \quad 0 < \alpha < 1$$

对 $g(y) = y^\alpha$，$0 < \alpha < 1$，显然成立

$$\frac{dz}{dy} = \alpha y^{\alpha-1} > 0, \quad \frac{d^2z}{dy^2} = \alpha(\alpha-1)y^{\alpha-2} < 0$$

这说明 $g(y)$ 随 y 的增长而增长，但增长速度递减，这和假定是一致的。所以有

$$z = f_0 g(y), \quad g(y) = y^\alpha, \quad 0 < \alpha < 1 \tag{4.32}$$

其中系数 f_0 可看成科学技术的作用。

由式(4.31)，(4.32)即得

$$Q = f_0 K^\alpha L^{1-\alpha}, \quad 0 < \alpha < 1 \tag{4.33}$$

这就是经济学中著名的道格拉斯生产函数，它表明了产量与投资、劳动力之间的关系。它经受了历史上资本主义社会一些实际数据的检验。在大量收集、整理得到的数据基础上，利用最小二乘法可求出道格拉斯生产函数中的参数 f_0, α, β 的估计，得到经验的道格拉斯生产函数。

更一般的生产函数表为

$$Q = f_0 K^\alpha L^\beta, \quad 0 < \alpha, \beta < 1 \tag{4.34}$$

三、道格拉斯生产函数的性质

在以下讨论中，记号 Q_L、Q_K、Q_t 等均表示偏导或导数。

1. 产值 Q 分别是资金 K 和劳动力 L 的递增函数，但增长率逐渐下降。

这是因为

$$\frac{\partial Q}{\partial K}, \frac{\partial Q}{\partial L} > 0, \frac{\partial^2 Q}{\partial K^2}, \frac{\partial^2 Q}{\partial L^2} < 0$$

2. 等量线 $C = f_0 K^\alpha L^\beta$ 是单调下降和严格下凸的。

这是因为

$$\frac{dK}{dL} = -\frac{Q_L}{Q_K} = -\frac{\beta}{\alpha} \cdot \frac{K}{L} < 0$$

$$\frac{d^2K}{dL^2} = -\frac{\beta}{\alpha} \cdot \frac{K_L \cdot L - K}{L^2} = -\frac{\beta}{\alpha} \cdot \frac{-\frac{\beta}{\alpha} \cdot \frac{K}{L} \cdot L - K}{L^2} = \frac{\beta}{\alpha} \cdot \frac{1}{L^2}\left(\frac{\beta}{\alpha} + 1\right)K > 0$$

这说明当产出一定时，增加劳动力就可减少投资，反之亦然。

3. 具有常弹性，其中资金弹性为 α，劳动力弹性为 β，即

$$\frac{EQ}{EL} = \frac{\partial Q}{\partial L} \frac{L}{Q} = \alpha f_0 L^{\alpha-1} K^{1-\alpha} \frac{L}{Q} = \alpha$$

$$\frac{EQ}{EK} = \frac{\partial Q}{\partial K} \frac{K}{Q} = \beta f_0 L^\alpha K^{\beta-1} \frac{K}{Q} = \beta$$

这表明，若 L 增加 1%，将会导致 Q 增加 $\alpha\%$；若 K 增加 1%，则会导致 Q 增加 $\beta\%$。

记 $Q_k = \dfrac{\partial Q}{\partial K}, Q_L = \dfrac{\partial Q}{\partial L}$，则 Q_k 和 Q_L 分别表示单位资金及劳动力创造的产值，由 $\dfrac{KQ_k}{Q} = \alpha, \dfrac{LQ_L}{Q} = \beta$ 看到，α 为资金在产值中占有的份额，β 为劳动力在产值中占有的分额。当 $\alpha + \beta = 1$ 时，有

$$KQ_k + LQ_L = Q \tag{4.35}$$

因此 α 的大小直接反映了资金、劳动力二者对于创造产值的轻重关系。

4. 道格拉斯生产函数是 $\alpha + \beta$ 次齐次函数。

这是因为

$$Q(\lambda K, \lambda L) = f_0 (\lambda K)^\alpha (\lambda L)^\beta = \lambda^{\alpha+\beta} Q(K, L)$$

由该性质可对经济学中规模报酬问题给出一个定量的表示：
在 $\alpha + \beta = 1$ 时，表示规模报酬不变；在 $\alpha + \beta > 1$ 时，表示规模报酬增加，在 $\alpha + \beta < 1$ 时，表示规模报酬减少。

5. 若产出 Q、资金 K 和劳动 L 都为时间 t 的函数，则

$$\frac{Q_t}{Q} = \alpha \frac{K_t}{K} + \beta \frac{L_t}{L}$$

即相对增长量 $\dfrac{Q_t}{Q}, \dfrac{K_t}{K}, \dfrac{L_t}{L}$ 之间呈线性关系，这清楚表明产出的增长是由资本和劳动投入量的增长带来的。当 $\alpha \to 0$，说明产出增长主要靠劳动力的增长；$\beta \to 0$ 说明产出增长主要靠投资的增长。

四、资金与劳动力的最佳分配

下面根据生产函数(4.33)式讨论，怎样分配资金和劳动力，使生产创造的效益最大。

假定资金来自贷款，利率为 r，每个劳动力的工资为 w，于是当资金为 K、劳动力为 L、产生产值为 Q 时，得到的效益为

$$S = Q - rK - wL \tag{4.36}$$

问题化为求资金与劳动力的分配比例 K/L（即每个劳动力占有的资金），使效益 S 最大。

令 $\dfrac{\partial S}{\partial K} = 0, \dfrac{\partial S}{\partial L} = 0$，得

$$\frac{Q_K}{Q_L} = \frac{r}{w} \tag{4.37}$$

因为 $\dfrac{KQ_k}{Q} = \alpha, \quad \dfrac{LQ_L}{Q} = 1 - \alpha$，所以

$$\frac{K}{L} = \frac{\alpha}{1-\alpha}\frac{w}{r} \qquad (4.38)$$

这就是资金与劳动力的最佳分配。从(4.38)式可见,当 α,w 变大、r 变小时,分配比例 K/L 变大,这是符合常识的。

五、劳动生产率增长的条件

常用的衡量经济增长的指标,一是总产值 $Q(t)$,二是每个劳动力的产值 $z(t) = Q(t)/L(t)$,下面模型讨论 $K(t)$,$L(t)$ 满足什么条件才能使 $Q(t)$,$z(t)$ 保持增长。

首先对资金和劳动力的增长给出假设:

1. 投资增长率与产值成正比,比例系数 $\lambda > 0$,即表示用一定比例扩大再生产。

2. 劳动力的相对增长率为常数 μ,μ 可为负数,表示劳动力减少。

这两个条件的数学表达式分别为

$$\frac{dK}{dt} = \lambda Q, \quad \lambda > 0 \qquad (4.39)$$

$$\frac{dL}{dt} = \mu L \qquad (4.40)$$

(4.40)式的解为

$$L(t) = L_0 e^{\mu t} \qquad (4.41)$$

将 $Q = zL$,$z = f_0 y^\alpha$ 代入式(4.39)得

$$\frac{dK}{dt} = f_0 \lambda L y^\alpha \qquad (4.42)$$

又由(4.31)式可得 $K = Ly$,结合(4.40)式得

$$\frac{dK}{dt} = L\frac{dy}{dt} + \mu L y \qquad (4.43)$$

由(4.42),(4.43)式即得关于 $y(t)$ 的方程

$$\frac{dy}{dt} + \mu y = f_0 \lambda y^\alpha \qquad (4.44)$$

(4.44)式为 Bernoulli 方程,两边同除以 y^α 可化为

$$\frac{dy^{1-\alpha}}{dt} + (1-\alpha)\mu y^{1-\alpha} = (1-\alpha)f_0 \lambda$$

这是以 $y^{1-\alpha}$ 为未知函数的一阶微分线性方程,解得

$$y^{1-\alpha} = e^{\int -(1-\alpha)\mu dt}\left(\int (1-\alpha)f_0 \lambda e^{\int (1-\alpha)\mu dt} dt + C_1\right)$$

$$= e^{-(1-\alpha)\mu t}\left(\frac{f_0 \lambda}{\mu}e^{(1-\alpha)\mu t} + C_1\right)$$

令 $t=0$ 得 $C_1 = y_0^{1-\alpha} - \dfrac{f_0\lambda}{\mu}$，将 $K=yL$ 和 $K_t = f_0 L y^\alpha$ 两式相除得 $y^{1-\alpha} = f_0\lambda \dfrac{K}{K_t}$，因此 $C_1 = f_0\lambda \dfrac{K_0}{K_0'} - \dfrac{f_0\lambda}{\mu}$，最终得

$$y(t) = \left\{ \dfrac{f_0\lambda}{\mu} \left[1 - \left(1 - \mu \dfrac{K_0}{K_0'}\right) e^{-(1-\alpha)\mu t} \right] \right\}^{\frac{1}{1-\alpha}} \tag{4.45}$$

下面根据(4.45)式研究 $Q(t)$，$z(t)$ 保持增长的条件。

(1) $Q(t)$ 增长，即 $dQ/dt > 0$，由 $Q = f_0 K^\alpha L^{1-\alpha} = f_0 L y^\alpha$ 和(4.40)式、(4.44)式可得

$$\dfrac{dQ}{dt} = f_0 L \alpha y^{\alpha-1} \dfrac{dy}{dt} + f_0 \mu L y^\alpha = f_0 L y^{2\alpha-1} [f_0 \lambda \alpha + \mu(1-\alpha) y^{1-\alpha}] \tag{4.46}$$

将其中的 y 以(4.45)式代入，可知条件 $dQ/dt > 0$ 等价于

$$\left(1 - \mu \dfrac{K_0}{K_0'}\right) e^{-(1-\alpha)\mu t} < \dfrac{1}{1-\alpha} \tag{4.47}$$

因为上式右端大于1，所以当 $\mu \geq 0$（即劳动力不减少）时(4.47)式恒成立；而当 $\mu < 0$ 时，(20)式成立的条件是

$$t < \dfrac{1}{(1-\alpha)\mu} \ln\left[(1-\alpha)\left(1 - \mu \dfrac{K_0}{K_0'}\right)\right] \tag{4.48}$$

这说明如果劳动力减少，$Q(t)$ 只能在有限时间内保持增长。但应注意，若上式右端的 $(1-\alpha)\left(1 - \mu \dfrac{K_0}{K_0'}\right) \geq 1$，这时右端小于0，则不存在 $Q(t)$ 的增长时段。

(2) $z(t)$ 增长，即 $dz/dt > 0$，由 $z = c y^\alpha$ 知这相当于 $dy/dt > 0$，由(4.44)式有 $\dfrac{dy}{dt} = -\mu y + f_0 \lambda y^\alpha$，若 $\mu \leq 0$，此条件恒成立；而当 $\mu \geq 0$，由 $\dfrac{dy}{dt} = -\mu y + f_0 \lambda y^\alpha > 0$ 和(4.45)式得

$$f_0 \lambda > \mu y^{1-\alpha} = \mu \dfrac{f_0 \lambda}{\mu} \left[1 - \left(1 - \mu \dfrac{K_0}{K_0'}\right) e^{-(1-\alpha)\mu t} \right]$$

即

$$\left(1 - \mu \dfrac{K_0}{K_0'}\right) e^{-(1-\alpha)\mu t} > 0 \tag{4.49}$$

显然此式等价于 $\mu \dfrac{K_0}{K_0'} < 1$，即

$$\mu < \dfrac{K_0'}{K_0} \tag{4.50}$$

此条件的含义是劳动力增长率小于初始投资增长率。

第五章

微分与差分方程应用模型

5.1 简单的人口增长模型

一、问题背景

人口的增长是当前世界上引起普遍关注的重大问题。人类社会在经历科学技术和生产力飞速发展的同时,也面临着人口以空前的规模增长。由于人口数量的迅速膨胀,带来了环境、资源、经济等一系列的问题,如果这种现象任其发展,人口总量将大大超过人类赖以生存的地球所能承受的最大限度。认识人口数量的变化规律,建立人口模型,做出准确的预报,是有效控制人口增长的前提。长期以来人们在这方面作了不少工作,提出了很多预报人口的模型。我们常在媒体上看见关于人口增长的预报,而且会注意到不同的媒体对同一时间同一国家或地区的人口预报在数字上常有较大的差别,发生这一现象的原因就在于他们采用了不同的人口模型作为预测的依据。本节介绍两个最基本的人口模型。

为了便于表述,用连续变量 $x(t)$ 表示 t 时刻的人口数量。严格地说,人口总数中个体的数目是时间 t 的不连续函数,但由于人口数量一般很大,我们不妨可以近似地认为 $x(t)$ 是 t 的一个连续可微函数。

二、马尔萨斯模型

要预测一个国家的人口增长情况,首先要搞清人口的出生率与死亡率。假如迁入率和迁出率对一个国家而言相对较小,以至于可以略去不计(像美国那样的移民国家是个例外),则模型将变得更为简单。17 世纪末,英国神父马尔萨斯(Malthus)发现,人口出生率和死亡率几乎都可以看成常数,因而两者之差 r 也几乎是常数。所以马尔萨斯模型的基本假定是:人口的增长率 r 是常数,或者说,单位时间人口的增长量与当时的人口数 $x(t)$ 成正比。

记 x_0 为在初始时刻 $t=0$ 的时的人口数,由假设,t 到 $t+\Delta t$ 时间内的人口增量为

$$x(t+\Delta t)-x(t)=rx(t)\Delta t$$

上式两边同除以 Δt,并令 $\Delta t \to 0$,得到 $x(t)$ 满足的微分方程

$$\begin{cases} \dfrac{\mathrm{d}x}{\mathrm{d}t}=rx \\ x(0)=x_0 \end{cases} \quad (5.1)$$

容易解出

$$x(t)=x_0 \mathrm{e}^{rt} \quad (r>0)$$

上式说明人口将以指数函数的速度增长。事实上,在实际应用时人们常以年为单位来考察人口的变化情况,例如,取 $t=0,1,2,\cdots,n$,这样就得到了各年的人口数为 $x_0, x_0\mathrm{e}^r, x_0\mathrm{e}^{2r}, \cdots, x_0\mathrm{e}^{nr}$,这表明,按照马尔萨斯模型,人口将以公比为 e^r 的等比级数的速度增长。

马尔萨斯模型的一个重要特征是人口增长一倍所需的时间是一个常数。设在 $t=0$ 的时的人口数为 x_0,在 $t=T$ 时人口数增到 $2x_0$,则由 $x_0 \mathrm{e}^{rT}=2x_0$ 解得

$$T=\dfrac{\ln 2}{r}$$

比较历史的人口统计资料,可发现人口增长的实际情况与马尔萨斯模型的预报结果很接近。历史上,指数增长模型与十九世纪以前欧洲一些地区人口统计数据可以很好地吻合,迁往加拿大的欧洲移民后代人口也大致符合这个模型。另外,用它做短期人口预测可以得到较好的结果。显然,这是因为在这些情况下,模型的基本设计"人口增长率是常数"大致成立。

检验过去,模型效果很好;但预测将来,却不能不使我们疑虑重重,因为它包含了明显的不合理因素,因为任何地区的人口都不可能无限增长,即指数模型不能描述、也不能预测较长时期的人口演变过程。这是因为,人口增长率事实上是在不断地变化着。排除灾难、战争等特殊时期,一般说来,当人口较少时,增长率较大;人口增加到一定数量以后,增长率变小。为了使人口预报特别是长期预报更好地符合实际情况,必须修改指数增长模型关于人口增长率是常数这个基本假设。

三、阻滞增长模型(Logistic 模型)

要对马尔萨斯模型进行修改,应进一步考虑哪些因素呢?人们发现在人口稀少从而资源相对较为丰富时,人口增长得较快,在短期内增长率基本上是一个常数。但当人口数量发展到一定水平后,会产生许多新问题,如食物短缺、居住和交通拥挤等,此外,随着人口密度的增加,传染病会增多,死亡率将上升,所

有这些都会导致人口增长率下降。所以自然资源、环境条件等因素对人口的增长起着阻滞作用,并且随着人口的增长,阻滞作用越来越大。阻滞增长模型就是考虑到这个因素,对指数增长模型的基本假设进行修改后得到的。

阻滞作用体现在对人口增长率 r 的影响上,使得 r 随着人口数量 x 的增加而下降。若将 r 表示为 x 的函数 $r(x)$,则它应是减函数。于是方程(5.1)为

$$\begin{cases} \dfrac{\mathrm{d}x}{\mathrm{d}t} = r(x) \cdot x \\ x(0) = x_0 \end{cases}$$

对 $r(x)$ 的一个最简单的假定是,设 $r(x)$ 为 x 的线性函数,即

$$r(x) = r - sx, \quad (r>0, s>0)$$

这里 r 称为固有增长率,表示人口很少时(理论上是 $x=0$)的增长率。为了确定系数 s 的意义,引入自然资源和环境条件所能容纳的最大人口数量 x_m,称为人口容量。当 $x=x_\mathrm{m}$ 时人口不再增长,即增长率应为 $r(x_\mathrm{m})=0$,这时 $s=\dfrac{r}{x_\mathrm{m}}$,于是修正的增长率为

$$r(x) = r\left(1 - \dfrac{x}{x_\mathrm{m}}\right)$$

它的另一种解释是,增长率 $r(x)$ 与人口尚未实现部分的比例 $(x_\mathrm{m}-x)/x_\mathrm{m}$ 成正比,比例系数为固有增长率 r。按照这个修改的假设,就得到人口增长的罗吉斯蒂(Logistic)模型:

$$\begin{cases} \dfrac{\mathrm{d}x}{\mathrm{d}t} = rx\left(1 - \dfrac{x}{x_\mathrm{m}}\right) \\ x(0) = x_0 \end{cases} \tag{5.2}$$

方程(5.2)右端的因子 rx 体现人口自身的增长趋势,因子 $\left(1-\dfrac{x}{x_\mathrm{m}}\right)$ 则体现了资源和环境对人口增长的阻滞作用。显然,x 越大,前一因子越大,后一因子越小,人口增长是两个因子共同作用的结果。

(5.2)式也是变量可分离的微分方程,求解此方程可得

$$x(t) = \dfrac{x_\mathrm{m}}{1 + \left(\dfrac{x_\mathrm{m}}{x_0} - 1\right)\mathrm{e}^{-rt}} \tag{5.3}$$

从上述解的表达式中,我们可以得出如下结论:

(1) $\lim\limits_{t\to\infty} x(t) = x_\mathrm{m}$,它的实际意义是:不管开始时人口处于什么状态,随着时间的增长,人口总数最终都将趋于其环境的最大容纳量。

(2)当 $x(t)>x_m$ 时,$\dfrac{\mathrm{d}x(t)}{\mathrm{d}t}<0$,当 $x(t)<x_m$ 时,$\dfrac{\mathrm{d}x(t)}{\mathrm{d}t}>0$。

实际意义是:当人口数量超过环境容纳量时,人口将减少,当人口数量小于环境容纳量时,人口数量将增加。

如果以 x 为横轴,$\mathrm{d}x/\mathrm{d}t$ 为纵轴作出方程(5.2)的图形(图 5.1),可以分析人口增长速度 $\mathrm{d}x/\mathrm{d}t$ 随着 x 的增加而变化的情况,从而大致地看出 $x(t)$ 的变化规律,如图 5.2,它是一条 S 形曲线,x 增加得先快后慢,$t\to\infty$ 时 $x\to x_m$,拐点在 $x=\dfrac{x_m}{2}$。

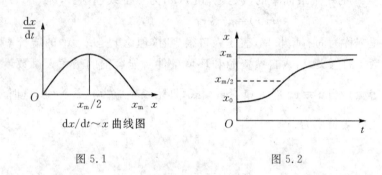

$\mathrm{d}x/\mathrm{d}t\sim x$ 曲线图

图 5.1　　　　　　　图 5.2

阻滞增长模型还有一种解释方式。当人口数量太大时,种群间会发生生存竞争,并导致增长率的降低。竞争的强弱既和当前的种群数 x 有关,又和环境还能供养多少种群量(x_m-x)有关。大量统计试验表明,对增长率的影响与这两者的乘积$(x_m-x)x$成正比,而竞争的影响与两者乘积成正比的规律则被称为统计筹算律。

用罗吉斯蒂模型来描述种群增长规律的效果究竟如何呢？1945 年克朗皮克(Crombic)做了一个人工饲养小谷虫的实验,数学生物学家高斯(E. F. Gauss)也做了一个原生物草履虫实验,实验结果都和罗吉斯蒂曲线十分吻合。大量实验资料表明它不仅能够大体上描述人口及许多物种数量(如森林中的树木、鱼塘中的鱼群等)的变化,而且在社会经济领域也有广泛的应用,例如耐用消费品的销售也可以用它来描述。后面我们还要多次用到阻滞增长模型。

总结上述两个模型,我们可以得出如下结论:作为短期预测,两者不相上下,但用马尔萨斯模型要简单得多。作为中长期预测,后者显然要比前者更为合理。

另外,马尔萨斯模型与罗吉斯蒂模型虽然都是为了研究种群数量的增长情况而建立的数学模型,但它们也可用来研究一些其他实际问题,只要这些实际问题的数学模型有相同的微分方程即可。

例 5.1 表 5.1 给出近两个世纪的美国人口统计数据（以百万为单位），分别用马尔萨斯模型和罗吉斯蒂模型模拟所给数据，建立人口预测模型。

表 5.1 近两个世纪的美国人口统计数据

年份	1790	1800	1810	1820	1830	1840	1850	1860
人口	3.9	5.3	7.2	9.6	12.9	17.1	23.2	31.4
年份	1870	1880	1890	1900	1910	1920	1930	1940
人口	38.6	50.2	62.9	76.0	92.0	106.5	123.2	131.7
年份	1950	1960	1970	1980	1990	2000		
人口	150.7	179.3	204.0	226.5	251.4	281.4		

解 (1) 马尔萨斯模型

$x(t)=x_0 e^{rt}$ 中的参数 r 和 x_0 可以用表中的数据估计。为了利用简单的线性最小二乘法，对 $x(t)=x_0 e^{rt}$ 取对数，可得

$$y=rt+a, \text{其中 } y=\ln x, a=\ln x_0$$

以 1790 年至 1900 年的数据拟合上式，用 matlab 软件计算可得 $r=0.2743$（单位时间为 10 年），$x_0=4.1884$。以全部数据（1790 年至 2000 年）拟合上式，得 $r=0.2022, x_0=6.0450$，即

$$x(t)=6.0450 e^{0.2022t}$$

将用上述模型计算出的结果与实际数据作比较，将结果列为表 5.2。其中 x_1 是用 1790 年至 1900 年的数据拟合的结果，x_2 是用全部数据（1790 年至 2000 年）拟合的结果。

表 5.2 指数增长模型拟合美国人口数据的结果

年份	实际人口	计算人口 x_1	计算人口 x_2	年份	实际人口	计算人口 x_1	计算人口 x_2
1790	3.9	4.2	6.0	1900	76.0	85.6	55.9
1800	5.3	5.5	7.4	1910	92.0		68.4
1810	7.2	7.2	9.1	1920	106.5		83.7
1820	9.6	9.5	11.1	1930	123.2		102.5
1830	12.9	12.5	13.6	1940	131.7		125.5
1840	17.1	16.5	16.60	1950	150.7		153.6
1850	23.2	21.7	20.30	1960	179.3		188.0
1860	31.4	28.6	24.90	1970	204.0		230.1
1870	38.6	37.6	30.5	1980	226.5		281.7
1880	50.2	49.5	37.3	1990	251.4		344.8
1890	62.9	65.1	45.7	2000	281.4		422.1

可以看出，用这个模型基本上能够描述 19 世纪以前美国人口的增长，但是进入 20 世纪后，美国人口增长明显变慢，这个模型就不合适了。图 5.3、图 5.4 是它们的图形表示（＋号是实际数据，曲线是计算结果）。

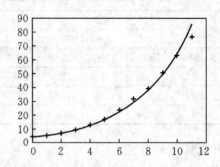

图 5.3　指数增长模型拟合图形（12 组数据）

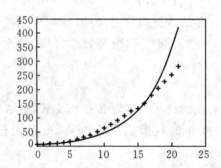

图 5.4　指数增长模型拟合图形（20 组数据）

（2）罗吉斯蒂模型

为了利用简单的线性最小二乘法估计模型的参数 r 和 x_m，将方程（5.2）表为

$$\frac{dx/dt}{x} = r - sx, \quad s = \frac{r}{x_m}$$

上式左端可以从表 5.1 的数据用数值微分计算，右端对参数 r, s 是线性的。利用 1860 年至 1990 年的数据（去掉个别异常数据），用 matlab 软件计算得到 $r = 0.2557, x_m = 392.0886$。

参数估计也可以借助专家的经验。例如，某些人口学家估计世界人口的固有增长率 $r = 0.029$，又知道世界人口在 1960 年为 29.8 亿时，增长率是 1.85%，即 $\frac{dx/dt}{x} = 0.0185$，于是世界人口容量为 $x_m = 29.8 \div (1 - 0.0185/0.029) =$

82.3亿。实际上,20世纪70年代世界人口为40亿左右时增长率达到最大,然后开始下降。注意到阻滞增长模型中 $x = x_m/2$ 时 dx/dt 最大,可以看出上述结果的一致性。

用上面得到的参数 r 和 x_m 代入(5.3)式,将计算结果与实际数据作比较,得表 5.3 和图 5.5。

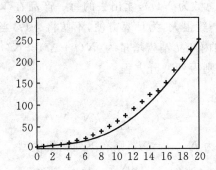

图 5.5　阻滞增长模型拟合图形(以 1790 年为起点)

表 5.3　阻滞增长模型拟合美国人口数据的结果

年份	实际人口	计算人口 x	年份	实际人口	计算人口 x
1790	3.9	3.9	1900	76.0	56.2
1800	5.3	5.0	1910	92.0	69.7
1810	7.2	6.5	1920	106.5	85.5
1820	9.6	8.3	1930	123.2	103.9
1830	12.9	10.7	1940	131.7	124.5
1840	17.1	13.7	1950	150.7	147.2
1850	23.2	17.5	1960	179.3	171.3
1860	31.4	22.3	1970	204.0	196.2
1870	38.6	28.3	1980	226.5	221.2
1880	50.2	35.8	1990	251.4	245.3
1890	62.9	45.0			

可以看出,用这个模型拟合时虽然中间一段(19 世纪中叶到 20 世纪中叶)不大好,但是最后一段(20 世纪中叶以后)吻合的不错。

5.2　产品销售模型

一种新产品进入市场后,生产者自然要关心产品的销售情况,本节我们将根据不同的假设,建立几种产品的销售模型。

一、产品销售的指数增长模型

假设产品是以自然销出的方式出售,即卖出去的产品实际上起着宣传的作用,吸引未购买的消费者。

设时刻 t 的销售总数为 $N(t)$,卖出去的每一产品在单位时间内平均吸引 k 个顾客,由于商品数一般很大,为计算方便,不妨将 $N(t)$ 当作连续变量。

在 $(t, t+\Delta t)$ 时间内产品销售增量为:$N(t+\Delta t)-N(t)=kN(t)\Delta t$,两边同除以 Δt,并令 $\Delta t \to 0$,则得到微分方程

$$\frac{dN}{dt} = kN$$

设初始时刻销售产品为 $N|_{t=0}=N_0$,则有下列销售模型

$$\begin{cases} \dfrac{dN}{dt} = kN \\ N|_{t=0} = N_0 \end{cases} \tag{5.4}$$

易求得上述微分方程的解为

$$N(t) = N_0 e^{kt}$$

通过对大量商品销售资料的分析,所得模型与真实销售量在初始阶段的增长情况比较相符,但随着时间的推移,指数模型的增长速度很快,若令 $t \to \infty$,$N(t) \to \infty$,这显然与事实不符。事实上,任何一种商品的销售往往都是有上界的,所以指数增长模型不能正确反映商品销售的长期趋势。

二、耐用消费新产品的销售模型

1. 巴斯(Bass)模型

首先考察不将顾客分为"创新型"和"模仿型"时的数学模型,它是由巴斯(Bass)于1969年建立的。

由于是耐用消费品,所以可以认为销售总数就是消费者人数,并不仿假设为连续变量。

设 K 是潜在消费者的人数,$N(t)$ 为时刻 t 购买了这种商品的人数。设在 Δt 时段内,购买者增加了 ΔN。ΔN 由两部分 ΔN_1 和 ΔN_2 组成,ΔN_1 是由来自消费者以外的信息(如广告)导致的,它与潜在的尚未购买的顾客有关,故 ΔN_1 可以表示为

$$\Delta N_1 = a(K - N(t))\Delta t$$

其中 a 为正数。ΔN_2 则是由已购买顾客所传播的信息引起的,它不仅与潜

在的尚未购买的顾客有关,还与已经购买的顾客群的大小有关,故 ΔN_2 可表示为

$$\Delta N_2 = b(K-N(t))N(t)\Delta t$$

其中比例系数 b 为正数。所以 ΔN 可以表为

$$\Delta N = \Delta N_1 + \Delta N_2 = (K-N(t))(a+bN(t))\Delta t$$

将上式两端除以 Δt,并令其趋于 0 可得到

$$\frac{dN}{dt} = (K-N(t))(a+bN(t)) \tag{5.5}$$

这就是巴斯模型。设 $N(0)=0$(开始时尚未有人购买),巴斯模型的解可用分离变量法求得

$$N(t) = K\frac{1-e^{-(a+bK)t}}{1+\frac{bK}{a}e^{-(a+bK)t}}$$

这一函数的图形呈单峰结构(见图 5.6),和传统的产品生命曲线相吻合,没有出现双峰的现象。

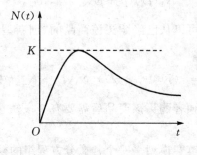

图 5.6

2. 斯蒂芬斯—莫赛模型

一种新产品进入市场后,一般会经历一个销售量逐渐增加再逐渐下降的过程,在时间和销售量坐标系给出的曲线称为产品的生命周期曲线。对于耐用消费品,其生命曲线在开始有一个小的高峰,然后是一段平坦的曲线,甚至会下降,而后再次上升,达到高峰,从而呈双峰形曲线。

如何解释这一与传统的产品生命周期曲线理论相矛盾的现象呢?澳大利亚的斯蒂芬斯(P. R. Steffens)和莫赛(D. N. P. Murthy)对消费者的行为做了研究,把观察到购买耐用消费品的人大致分为两类:一类是十分善于接受新事物的,称为"创新型"消费者,他们往往从产品的广告,制造商提供的产品说明书和商店的样品了解了产品的功能和性能后立即决定是否购买;另一类消费者相对

比较保守,他们要根据若干已购买该产品用户的实际使用经验所提供的信息来决定是否购买。下面通过建立模型来说明耐用消费新产品的销售模型。将消费者获得的信息分为两类,一类称为"搜集型"的,来自广告、产品说明、样品,"创新型"的顾客在获得此类信息就可以做出是否购买的决定;另一类信息称为"体验型"的,即用户使用后获得的实际体验,经常以口头形式传播,"模仿型"顾客在获得此类信息后方能决定购买与否。

设 K 为潜在的消费者总数,K_1 和 K_2 分别为其中的"创新型"和"模仿型"人数。又设 $N(t)$ 为时刻 t 已购买商品的顾客数,而 $N_1(t)$ 和 $N_2(t)$ 分别表示其中的"创新型"和"模仿型"的消费者人数,设 $A_1(t)$ 为时刻 t 已经获得"搜集型"信息的人数,那么由于这部分信息可以直接从外部获得,也可以从已经获得这种信息的人群中获得,类似于巴斯模型的建立,有

$$\frac{dA_1(t)}{dt} = (K_1 - A_1(t))(a_1 + a_2 A_1(t)), \quad A(0) = 0, a_1 > 0, a_2 > 0$$

于是获得了"搜集型"信息的"创新型"的消费者所满足的数学模型是

$$\frac{dN_1(t)}{dt} = (K_1 - N_1(t))(a + \beta N_1(t)), \; N_1(0) = 0, \; a, \beta > 0$$

对"模仿型"顾客,可以从已经购买该商品的"创新型"或"模仿型"顾客中得到信息,因此有

$$\frac{dN_2(t)}{dt} = r(K_2 - N_2(t))(N_1(t) + N_2(t)), \; r > 0$$

其中,我们忽略了顾客购买该商品后需要有一段短暂的试用才会传播体验信息的滞后。

这样,斯蒂芬斯—莫赛模型是一个常微分方程组的模型:

$$\begin{cases} \dfrac{dN_1(t)}{dt} = (K_1 - N_1(t))(a + \beta N_1(t)) \\ \dfrac{dN_2(t)}{dt} = r(K_2 - N_2(t))(N_1(t) + N_2(t)) \\ N_1(0) = 0, \quad N_2(0) = 0 \end{cases} \quad (5.6)$$

而 $N(t) = N_1(t) + N_2(t)$ 为时刻 t 购买该商品的总人数。

类似于巴斯模型,可以从斯蒂芬斯—莫赛模型中求出 $N_1(t)$,其表达式为

$$N_1(t) = K_1 \frac{1 - e^{-(a + \beta K_1)t}}{1 + \frac{\beta K}{a} e^{-(a + \beta K_1)t}}$$

代入模型中求解关于 N_2 的方程,通过繁琐的计算,可以得到 $N_2(t)$ 的一个十分复杂的包含无穷级数的解的表达式,使用十分不便。一般选择使用数学软件(如 matlab),直接求 $N_2(t)$ 的数值解。图 5.7 是在给出不同相关参数时某商

品的销售变化曲线。$N_1(t)$、$N_2(t)$ 和 $N(t)$ 分别用虚线、点线和实线表示。

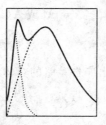

图 5.7

三、广告销售模型

无论是听广播,还是看报纸,或是收看电视,常可看到听到商品广告。随着社会向现代化的发展,商品广告对企业生产所起的作用越来越得到社会的承认和人们的重视。商品广告确实是调整商品销售量的强有力手段,评价不同时期的广告效果,寻找广告与销售之间的内在联系对于生产企业、对于那些为推销商品作广告的企业极为重要。下面给出独家销售的广告模型。

一般商品的销售速度会因作广告而增加,但这种增加是有一定限度的。当商品在市场上趋于饱和时,销售速度将趋于它的极限值,当速度达到它的极限值时,无论再作何种形式的广告,销售速度都将减慢。所以自然衰减是销售速度的一种性质,即商品销售速度随商品的销售率增加而减小。

令 $s(t)$ 表示 t 时刻商品销售速度;$A(t)$ 表示 t 时刻广告水平(以费用表示);M 为销售的饱和水平,即市场对商品的最大容纳能力,它表示销售速度的上极限;λ 为衰减因子,即广告作用随时间增加而自然衰减的速度,$\lambda>0$ 为常数。

为描述商品销售速度的增长,假设涉及的商品销售速度随时间变化的规律是:销售速度随时间变化是增长的,但同时也会受衰减因素影响。所以商品销售速度的净增长率应该是商品销售速度 $s(t)$ 的减函数 $r(s)$,并且存在一个饱和水平 M,使得 $r(M)=0$。根据以上分析,可认为 $r(s)$ 和 $A(t)$ 及潜在的销售率 $1-\dfrac{s(t)}{M}$ 有如下关系

$$r(t)=PA(t)\left(1-\dfrac{s(t)}{M}\right)$$

其中用 P 表示响应系数,即广告水平 $A(t)$ 对商品销售速度 $s(t)$ 的影响能力,P 为常数。

因此可建立销售速度的微分方程模型

$$\frac{\mathrm{d}s}{\mathrm{d}t} = PA(t)\left(1 - \frac{s(t)}{M}\right) - \lambda s(t)$$

从模型方程可知,当 $s = M$ 或 $A(t) = 0$ 时,有

$$\frac{\mathrm{d}s}{\mathrm{d}t} = -\lambda s(t)$$

为求解该模型,要给出广告策略的具体表达式,可以选择以下广告策略

$$A(t) = \begin{cases} A, & 0 \leqslant t < t_0 \\ 0, & t \geqslant t_0 \end{cases}$$

设在 $(0, t_0)$ 时间段内,用于广告的总费用为 a,则 $A = \dfrac{a}{t_0}$,代入模型方程有

$$\begin{cases} \dfrac{\mathrm{d}s}{\mathrm{d}t} = P\dfrac{a}{t_0}\left(1 - \dfrac{s(t)}{M}\right) - \lambda s(t), & 0 \leqslant t < t_0 \\ \dfrac{\mathrm{d}s}{\mathrm{d}t} = -\lambda s(t), & t \geqslant t_0 \end{cases} \quad (5.7)$$

在 $(0, t_0)$ 时间段内,将方程变形为

$$\frac{\mathrm{d}s}{\mathrm{d}t} + \left(\lambda + \frac{P}{M} \cdot \frac{a}{t_0}\right)s = P\frac{a}{t_0}$$

这是一阶线性微分方程,令 $b = \lambda + \dfrac{P}{M} \cdot \dfrac{a}{t_0}$,$c = P\dfrac{a}{t_0}$,并给出初始条件为 $s(0) = s_0$,则方程的解为

$$s(t) = \frac{k}{b}(1 - \mathrm{e}^{-bt}) + s_0 \mathrm{e}^{-bt}$$

当 $t \geqslant t_0$ 时,模型 $\dfrac{\mathrm{d}s}{\mathrm{d}t} = -\lambda s(t)$ 的解为

$$s(t) = k_1 \mathrm{e}^{-\lambda t}$$

其中 k_1 为任意常数。为保证销售速度连续,在 $t = t_0$ 时取 $s(t) = s(t_0)$。所以 (5.7) 式的解为

$$s(t) = \begin{cases} \dfrac{k}{b}(1 - \mathrm{e}^{-bt}) + s_0 \mathrm{e}^{-bt}, & 0 \leqslant t < t_0 \\ s(t_0)\mathrm{e}^{\lambda(t_0 - t)}, & t \geqslant t_0 \end{cases}$$

其图形如图 5.8 所示。

由这个模型看到,若生产企业保持稳定销售,即 $\dfrac{\mathrm{d}s}{\mathrm{d}t} = 0$,那么可以根据模型估计采用广告水平 $A(t)$,即由

$$PA(t)\left(1 - \frac{s(t)}{M}\right) - \lambda s(t) = 0$$

可得到广告投入为

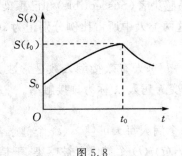

图 5.8

$$A(t) = \frac{\lambda s}{P(1-s/M)}$$

5.3 传染病模型

一、问题背景

随着医疗水平的提高以及人类文明的发展,许多肆虐全球的传染病,诸如天花、霍乱等,已经得到有效的控制。但是一些新的、不断变异着的传染病却悄悄向人类袭来。20 世纪 80 年代十分险恶的艾滋病毒开始肆虐全球,2003 年来历不明的 SARS 病毒,等等。近几年每年都要肆虐的禽流感病毒,这些传染性很强的流行病给人们的生命财产带来极大的危害,研究受感染人数的变化规律,预报传染病高潮的到来,探索制止传染病蔓延的手段,一直是政府和专家关心的问题。科学研究者通过疾病传播过程中若干重要因素之间的联系建立了许多数学模型加以讨论,在实践中取得了很好的效果。限于篇幅,本节只对传染病模型中的三种基础的模型,即 SI、SIS、SIR 模型分别进行讨论。

SI 模型把人群分为健康者和病人两种情形来研究;SIS 模型所描述的是染病者康复后不具有免疫力,可以再次被感染;SIR 模型所刻画的是染病者康复后获得了终身免疫力:对 SI、SIS、SIR 模型的研究至今已有大量好的结论和应用。

二、SI 模型

(一)模型假设

假设 1 疾病传播期间内所观察地区的人数 N 不变,不计生死迁移,时间以天为计量单位。且设此疾病既不导致死亡也不会康复(注:疾病流传初期的一段较短时间内情况大体如此)。

假设 2 人群分为易感染者(Susceptible)和已感染者(Infective)两类,简称健康者和病人。时刻 t 这两类人中所占比例分别记为 $s(t)$ 和 $i(t)$,即 $s(t)+i(t)=1$。

假设 3 平均每个病人每天有效接触人数是常数 λ,即每个病人平均每天使 $\lambda s(t)$ 个健康者受感染变为病人,λ 称为日接触率。

(二)建模与求解

据假设,在时刻 t,每个病人每天可使 $\lambda s(t)$ 个健康者变成病人,因为病人数为 $Ni(t)$,故每天共有 $\lambda N s(t) i(t)$ 个健康者被感染,于是 λNsi 就是病人数 Ni 数的增长率,即有

$$N \frac{\mathrm{d}i}{\mathrm{d}t} = \lambda N s i$$

设 $t=0$ 时病人的比例为 i_0,由假设 2,得到模型

$$\begin{cases} \dfrac{\mathrm{d}i}{\mathrm{d}t} = \lambda i(1-i) \\ i(0) = i_0 \end{cases} \tag{5.8}$$

(5.8)的解为

$$i(t) = \frac{1}{1+\left(\dfrac{1}{i_0}-1\right)\mathrm{e}^{-\lambda t}} \tag{5.9}$$

这个解的性质和罗吉斯蒂模型的解性质类似。医学上称 $t \sim \dfrac{\mathrm{d}i}{\mathrm{d}t}$ 曲线为传染病曲线,并称 $\dfrac{\mathrm{d}^2 i}{\mathrm{d}t^2}=0$ 即 $\dfrac{\mathrm{d}i}{\mathrm{d}t}$ 达到最大值的时刻为此传染病的流行高峰。$i(t) \sim t$ 和 $\dfrac{\mathrm{d}i}{\mathrm{d}t} \sim i$ 的图形分别如图 5.9 和图 5.10 所示。

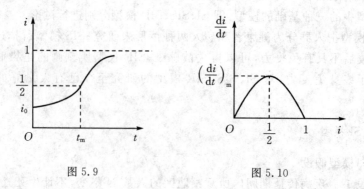

图 5.9   图 5.10

由(5.8)式和图 5.9、图 5.10 可知,当 $i=\dfrac{1}{2}$ 时,$\dfrac{\mathrm{d}i}{\mathrm{d}t}$ 达最大值,即传染病的流

行高峰时刻为 $t_m = \lambda^{-1}\ln\left(\dfrac{1}{i_0} - 1\right)$，此值与传染病的实际高峰期非常接近，可用作医学上的预报公式。显然 t_m 与 λ 成反比，λ 越大，则 t_m 越小。

由(5.9)式和图 5.9 可知，当 $t \to \infty$ 时 $i \to 1$，即模型预测最终所有人都将得病，与实际情况不符。这主要是由于没有考虑病人可以治愈，只有健康者变成病人，病人不会再变成健康者的缘故。

为修正上述结果，必须修改假设条件，建立新的数学模型。下面两个模型讨论病人可以治愈的情况。

三、SIS 模型

有些传染病如伤风、痢疾等疾病治愈后免疫力很低，虽然治愈后变成健康者，但有可能再次被感染变为病人。

在 SI 模型中补充假设

假设 4　每天被治愈的病人数占病人总数的比例为 μ，称为日治愈率，$1/\mu$ 是这种传染病的平均传染期。

因为 t 时刻每天有 μNi 病人转变成健康者，所以将模型(5.8)修正为

$$N\frac{\mathrm{d}i}{\mathrm{d}t} = \lambda Nsi - \mu Ni$$

即

$$\begin{cases} \dfrac{\mathrm{d}i}{\mathrm{d}t} = \lambda i(1-i) - \mu i \\ i(0) = i_0 \end{cases} \tag{5.10}$$

(5.10)式是可分离变量的一阶微分方程，其解为

$$i(t) = \begin{cases} \left[\dfrac{\lambda}{\lambda-\mu} + \left(\dfrac{1}{i_0} - \dfrac{\lambda}{\lambda-\mu}\right)\mathrm{e}^{-(\lambda-\mu)t}\right]^{-1}, & \lambda \neq \mu \\ \left(\lambda t + \dfrac{1}{i_0}\right)^{-1}, & \lambda = \mu \end{cases} \tag{5.11}$$

由(5.10)式可知 $\dfrac{\mathrm{d}i}{\mathrm{d}t}$ 最大值 $\left(\dfrac{\mathrm{d}i}{\mathrm{d}t}\right)_m$ 在 $i = \dfrac{\lambda-\mu}{2\lambda}$ 时达到，由(5.11)可计算出使 $\dfrac{\mathrm{d}i}{\mathrm{d}t}$ 达最大的高潮期 t_m。

记 $a = \dfrac{\lambda}{\mu}$，则由 λ、μ 意义可知 a 是整个传染期每个病人有效接触的平均人数，称为接触数。显然

$$\lim_{t \to \infty} i(t) = \begin{cases} 1 - \dfrac{1}{a}, & a > 1 \\ 0, & a \leq 1 \end{cases}$$

不难看出 a 为一个阈值,当 $a\leqslant 1$ 时,病人比例 $i(t)$ 越变越小,且 $i(t)\to 0$,这是由于有效接触而使健康者变成病人的人数不超过原来病人数的缘故。当 $a>1$ 时,$i(t)$ 增减性取决于 i_0 的大小,但其极限值为 $1-\dfrac{1}{a}$,且 a 愈大,$i(t)$ 也愈大。

图 5.11、图 5.12 给出了 $i(t)\sim t$ 的图形。

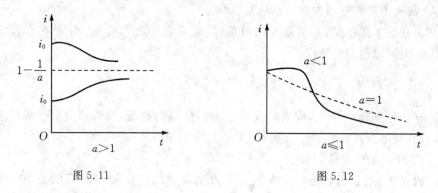

图 5.11   图 5.12

四、SIR 模型

大多数传染病如天花、流感、麻疹等治愈后均有很强的免疫力,这些疾病一个人一生最多得一次。他们病愈后既非健康者也非病人,所以可以视为他们已退出传染系统。下面建立相应的数学模型。

(一) 模型假设

1. 人群分为健康者,病人和移出者(病愈免疫者),三类人时刻 t 在总人数 N 中占比例分别记为 $s(t),i(t),r(t)$,即 $s(t)+i(t)+r(t)=1$

2. 病人日接触率为 λ,日治愈率为 μ,传染期间接触数为 $a=\dfrac{\lambda}{\mu}$。

(二) 建模与求解

$i(t)$ 随 t 变化规律仍同 SIS 模型,对于病愈移出者 $r(t)$,应有

$$N\frac{dr}{dt}=\mu N i,\text{且}\frac{ds}{dt}+\frac{di}{dt}+\frac{dr}{dt}=0$$

再记初始时刻健康者和病人的比例分别是 s_0 和 i_0,移出者的初始值为 $r(0)=0$,于是得到模型

$$\begin{cases}\dfrac{di}{dt}=\lambda si-\mu i\\[4pt]\dfrac{ds}{dt}=-\lambda si\\[4pt]i(0)=i_0,s(0)=s_0\end{cases}\tag{5.12}$$

(5.12)式是由两个非线性常微分方程组构成,无法得到 $s(t)$ 和 $i(t)$ 的解析

解，可以利用数学软件做数值计算。例如在方程(5.12)中设 $\lambda=1, \mu=0.3$, $i(0)=0.02, s(0)=0.98$，用 matlab 软件得到 $s-i$ 的数值结果，将部分计算结果列入表 5.4。

表 5.4 $i(t), s(t)$ 的数值计算结果

t	0	1	2	3	4	5	6	7	8
$i(t)$	0.0200	0.0390	0.0732	0.1285	0.2033	0.2795	0.3312	0.3444	0.3247
$s(t)$	0.9800	0.9525	0.9019	0.8169	0.6927	0.5438	0.3995	0.2839	0.2027
t	9	10	15	20	25	30	35	40	45
$i(t)$	0.2863	0.2418	0.0787	0.0223	0.0061	0.0017	0.0005	0.0001	0
$s(t)$	0.1493	0.1145	0.0543	0.0434	0.0408	0.0401	0.0399	0.0399	0.0398

图 5.13 给出了 $s(t), i(t)$ 图形，图 5.14 给出 $i \sim s$ 的图形，称为相轨线。

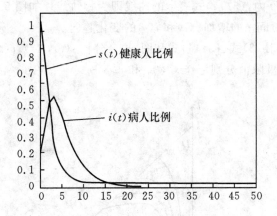

图 5.13 $s(t), i(t)$ 图形

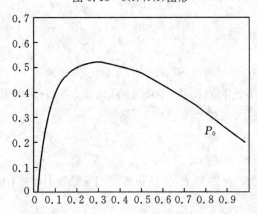

图 5.14 $i \sim s$ 图形(相轨线)

由表 5.4 和图 5.13 看到,随着 t 的增加,$i(t)$ 由初值增长至约 $t=7$ 时达到最大值,然后减少,$t\to\infty$,$i\to 0$,$s(t)$ 则单调减少,$t\to\infty$ 时,$s\to 0.0398$。

在数值计算和图形观察的基础上,下面利用相轨线在 $s-i$ 相平面上讨论解 $s(t),i(t)$ 的性质。相轨线在相平面上的定义域 $(s,i)\in D$ 为

$$D=\{(s,i)\mid s\geqslant 0, i\geqslant 0, s+i\leqslant 1\}$$

在方程(5.12)中消去 dt,并注意到 a 的意义,可得

$$\begin{cases} \dfrac{di}{ds}=\dfrac{1}{as}-1 \\ i\mid_{s=s_0}=i_0 \end{cases} \tag{5.13}$$

求出方程(5.13)的解为

$$i=(s_0+i_0)-s+\dfrac{1}{a}\ln\dfrac{s}{s_0} \tag{5.14}$$

在定义域 D 内,(5.14)式表示的曲线即为相轨线。如图 5.15 所示,其中箭头表示了随着时间 t 的增加 $s(t)$ 和 $i(t)$ 的变化趋向。

下面根据(5.12)式、(5.14)式和图 5.15 分析 $s(t),i(t),r(t)$ 的变化情况,当 $t\to\infty$ 时它们的极限值分别记作 s_∞,i_∞ 和 r_∞。

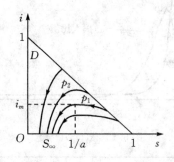

图 5.15

1. 无论初始条件 s_0,i_0 如何,$i_\infty=0$,即病人终将消失。

从图形上看,不论相轨线从 p_1 或 p_2 点出发,当 $t\to\infty$ 时都会和 s 轴相交。

2. 最终未被感染的健康者比例 s_∞ 是方程

$$s_0+i_0-s_\infty+\dfrac{1}{a}\ln\dfrac{s_\infty}{s_0}=0 \tag{5.15}$$

在 $\left(0,\dfrac{1}{a}\right)$ 内的单根。在图形上 s_∞ 是相轨线与 s 轴在 $\left(0,\dfrac{1}{a}\right)$ 内交点的横坐标。

3. 若 $s_0 > \dfrac{1}{a}$,则 $i(t)$ 先增加,当 $s = \dfrac{1}{a}$ 时,$i(t)$ 达到最大值:

$$i_m = s_0 + i_0 - \dfrac{1}{a}(1 + \ln as_0) \tag{5.16}$$

然后 $i(t)$ 减少且趋于零,$s(t)$ 则单调减小至 s_∞,如图 5.15 中由 $p_1(s_0, i_0)$ 出发的轨线。

若 $s_0 \leqslant \dfrac{1}{a}$,则 $i(t)$ 恒单调减小趋于零,即疾病在该地区流行不起来,$s(t)$ 单调减小趋于 s_∞,如图 5.15 中由 $p_2(s_0, i_0)$ 出发的轨线。

(三) 模型的解释

1. 阈值 $\dfrac{1}{a}$ 对控制传染病的作用

如果仅当病人比例 $i(t)$ 有一段增长的时期才认为传染病在蔓延,那么 $\dfrac{1}{a}$ 是一个阈值,当 $s_0 > \dfrac{1}{a}$ 时,传染病就会蔓延。而减小传染期接触数 a,即提高阈值 $\dfrac{1}{a}$,使得 $s_0 \leqslant \dfrac{1}{a}$,传染病就不会蔓延(健康者比例的初始值 s_0 是一定的,通常可认为 s_0 接近 1)。

即使 $s_0 > \dfrac{1}{a}$,从(5.15)、(5.16)式可以看出,a 减小时,s_∞ 增加(通过作图分析),i_m 降低,也控制了蔓延的程度。注意到在 $a = \dfrac{\lambda}{\mu}$ 中,人们的卫生水平越高,日接触率 λ 越小;医疗水平越高,日治愈率 μ 越大,于是 a 越小,所以提高卫生水平和医疗水平有助于控制传染病的蔓延。

从另一方面看,$as = \lambda s \cdot \dfrac{1}{\mu}$ 是传染期内一个病人传染的健康者的平均数,称为交换数,其含义是一病人被 as 个健康者交换。所以当 $s_0 \leqslant \dfrac{1}{a}$ 即 $as_0 \leqslant 1$ 时必有 $as \leqslant 1$。既然交换数不超过 1,病人比例 $i(t)$ 绝不会增加,传染病不会蔓延。

重要参数 a 可由式(5.15)中令 $i_0 = 0$(通常开始时 i_0 很小)得到估计值:

$$a = \dfrac{\ln s_0 - \ln s_\infty}{s_0 - s_\infty} \text{(其中 } s_0, s_\infty \text{ 可由实验得出估计)}$$

2. 被传染比例的估计

在一次传染病的传播过程中,被传染人数的比例是健康者人数比例的初始值 s_0 与 s_∞ 之差,记作 x,即 $x = s_0 - s_\infty$,当 i_0 很小,s_0 接近于 1 时,由(5.15)式可得

$$x + \frac{1}{a}\ln\left(1 - \frac{x}{s_0}\right) \approx 0$$

取对数函数的 Taylor 展开的前两项有

$$x\left(1 - \frac{1}{s_0 a} - \frac{x}{2s_0^2 a}\right) \approx 0 \tag{5.17}$$

记 $s_0 = \frac{1}{a} + \delta$，$\delta$ 可视为该地区人口比例超过阈值 $\frac{1}{a}$ 的部分。当 $\delta \ll \frac{1}{a}$ 时由 (5.17) 式给出

$$x \approx 2s_0 a\left(s_0 - \frac{1}{a}\right) \approx 2\delta$$

这个结果表明，被传染人数比例约为 δ 的 2 倍。对一种传染病，当该地区的卫生和医疗水平不变，即 δ 不变时，这个比例就不会改变。而当阈值 $\frac{1}{a}$ 提高时，δ 减小，于是这个比例就会降低。

3. 群体免疫和预防

根据对 SIR 模型的分析，当 $s_0 \leqslant 1/a$ 时传染病不会蔓延，所以除了提高卫生和医疗水平，使阈值 $1/a$ 变大以外，另一个途径是降低 s_0，这可以通过预防接种等措施使群体免疫的办法做到。

忽略病人比例的初始值 i_0，有 $s_0 = 1 - r_0$，于是传染病不会蔓延的条件 $s_0 \leqslant 1/a$ 可以表为

$$r_0 \geqslant 1 - \frac{1}{a} \tag{5.18}$$

这就是说，只要通过群体免疫使初始时刻的移出者比例（即免疫比例）r_0 满足上式，就可以制止传染病的蔓延。

5.4 人口的预测和控制模型

一、问题背景

在本章第 5.1 节中我们讨论过人口的指数增长模型和阻滞增长模型，这两个模型只考虑人口总数和总的增长率，没有涉及年龄结构。但在实际的人口预测中，人口按年龄分布的状况是十分重要的，因为不同年龄人的生育率和死亡率有很大的差别。若有两个地区目前的人口总数一样，但年轻人的比例不一样，那么两个地区人口的发展状况将大不相同。本节讨论的模型除了时间变量

外，还要将人口的年龄作为一个自变量，考虑人口按年龄的分布。

二、建立模型

不妨假设使人口数量和结构变化的因素是出生率和死亡率，为研究任意时刻不同年龄的人口数量，引入人口的分布函数和密度函数的概念。设在时刻 t，人口总数记为 $N(t)$，最高年龄记为 r_m，年龄小于 r 的人口数量记为 $F(r,t)$，它是 t 时刻人口数的分布函数，其中 $r\geq 0, t\geq 0$ 均为连续变量。设 F 是连续可微的函数，则它满足

$$F(0,t)=0,\ F(r_m,t)=N(t)$$

根据分布函数性质，t 时刻人口密度函数为

$$p(r,t)=\frac{\partial}{\partial r}F(r,t)$$

它表示在时刻 t 年龄在 r 和 $r+\Delta r$ 之间的人数为 $p(r,t)\Delta r$。

记 $\mu(r,t)$ 为时刻 t 年龄 r 的人单位时间的死亡率，即在时间间隔 $[t,t+\Delta t]$ 内年龄在间隔 $[r,r+\Delta r]$ 内死亡的人数为 $\mu(r,t)p(r,t)\Delta r\Delta t$。

为了得到 $p(r,t)$ 满足的方程，考虑时刻 t 年龄在 $[r,r+\Delta r]$ 内的人到时刻 $t+\Delta t$ 时的情况。他们中活着的那一部分人的年龄在 $[r+\Delta t, r+\Delta r+\Delta t]$ 内，而在 Δt 这段时间内死亡的人数为 $\mu(r,t)p(r,t)\Delta r\Delta t$。所以

$$p(r,t)\Delta r - p(r+\Delta t, t+\Delta t)\Delta r = \mu(r,t)p(r,t)\Delta r\Delta t$$

上式可写为

$$[p(r+\Delta t, t+\Delta t) - p(r, t+\Delta t)]\Delta r + [p(r, t+\Delta t) - p(r,t)]\Delta r$$
$$= -\mu(r,t)p(r,t)\Delta r\Delta t$$

利用微分公式可得

$$\frac{\partial p}{\partial r}+\frac{\partial p}{\partial t}=-\mu(r,t)p(r,t) \tag{5.19}$$

这是人口密度满足的一阶偏微分方程，其中死亡率 $\mu(r,t)$ 为已知函数。

把时刻 $t=0$ 时的初始密度函数记为 $p(r,0)=p_0(r)$，单位时间婴儿出生数记为 $p(0,t)=f(t)$，称为婴儿出生率。$p_0(r)$ 可由人口调查资料获得，$f(t)$ 则对预测和控制人口起着重要作用。

将方程(5.19)及初始条件写为

$$\begin{cases} \dfrac{\partial p}{\partial r}+\dfrac{\partial p}{\partial t}=-\mu(r,t)p(r,t), & t,r>0 \\ p(r,0)=p_0(r) \\ p(0,t)=f(t) \end{cases} \tag{5.20}$$

这个偏微分方程描述了人口的演变过程,称为人口发展方程,由此解出密度函数 $p(r,t)$ 就可得到各个年龄的人口数,即人口分布函数

$$F(r,t) = \int_0^r p(s,t)\mathrm{d}s$$

方程(5.20)的求解过程比较复杂。为简化,设死亡率与 t 无关:$\mu(r,t)=\mu(r)$,则(5.20)式成为

$$\frac{\partial p}{\partial r}+\frac{\partial p}{\partial t}=-\mu(r)p(r,t) \tag{5.21}$$

作变量替换 $u=r-t, v=r$,则

$$\frac{\partial p}{\partial t}=-\frac{\partial p}{\partial u}, \frac{\partial p}{\partial r}=\frac{\partial p}{\partial u}+\frac{\partial p}{\partial v}$$

(5.21) 式变为 $\frac{\partial p}{\partial v}=-\mu(v)p$,解此方程得

$$p(v) = g(u)\exp\left(-\int\mu(v)\mathrm{d}v\right)$$

其中 $g(u)$ 是 u 的任意非负可微函数。利用初始条件得

$$p(r,t)=\begin{cases} p_0(r-t)\exp\left(-\int_{r-t}^r \mu(v)\mathrm{d}v\right), & 0\leqslant t\leqslant r \\ f(t-r)\exp\left(-\int_0^r \mu(v)\mathrm{d}v\right), & t>r \end{cases}$$

这个解在 $r-t$ 平面上的几何解释是,对角线 $r=t$ 将第一象限分为两部分,在 $t<r$ 区域内,$p(r,t)$ 完全由年龄为 $r-t$ 的人口初始密度 $P_0(r-t)$ 和这些人的死亡率 $\mu(v)(r-t\leqslant v<t)$ 决定;在 $t>r$ 区域,$p(r,t)$ 由未来生育情况 $f(t-r)$ 及死亡率 $\mu(v)(0\leqslant v<r)$ 决定,如图 5.16 所示。

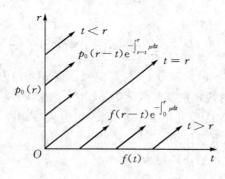

图 5.16

三、生育率和生育模式

人口发展方程模型的控制量是通过人口出生率 $f(t)$ 来实现的,给出 $f(t)$ 的具体表达式是预测和控制人口的关键。$f(t)$ 与女性总数以及她们的生育数有关。用 $K(r,t)$ 表示女性性别比函数,即时刻 t 年龄在 $[r, r+\Delta r]$ 中女性人数为 $K(r,t)p(r,t)\Delta r$,这些女性在单位时间内平均每人的生育数记为 $b(r,t)$,再设生育区间为 (r_1, r_2),则

$$f(t) = \int_{r_1}^{r_2} b(r,t) K(r,t) p(r,t) \mathrm{d}r \tag{5.22}$$

又设

$$\beta(t) = \int_{r_1}^{r_2} b(r,t) \mathrm{d}r$$

$\beta(t)$ 即为时刻 t 单位时间内平均每个女性生育数。如果 $b(r,t)$ 与 t 无关,则 $\beta(t)$ 是常数,表示平均每个女性一生总和生育数,故 $\beta(t)$ 称为总和生育率或生育胎次。令

$$h(r,t) = b(r,t)/\beta(t)$$

$h(r,t)$ 称为生育模式,表示年龄为 r 的女性生育数占总和生育数的比例,即表示年龄为 r 的女性的生育加权因子,它满足

$$\int_0^{r_m} h(r,t) \mathrm{d}r = 1$$

在稳定的环境下可以认为 $h(r,t)$ 与 t 无关,即 $h(r,t) = h(r)$,它表示哪些年龄生育率高,哪些年龄生育率低。由人口统计资料可以知道当前实际的 $h(r,t)$。做理论分析时常采用概率论中的 Γ 分布来描述 $h(r)$,即假设

$$h(r) = \frac{(r-r_1)^{\alpha-1} \mathrm{e}^{-(r-r_1)/\theta}}{\theta^{\alpha} \Gamma(\alpha)}, r > r_1$$

由此假设看到,若把产妇的年龄看作随机变量,其分布为 Γ 分布。

由以上讨论,方程(5.20)和单位时间平均每人的生育数 $f(t)$ 的表达式(5.21)构成了连续型人口模型。模型中死亡率函数 $\mu(r,t)$、性别比函数 $K(r,t)$ 和初始密度函数 $p_0(r)$ 可由人口统计资料直接得到,或在统计资料的基础上估计,而生育率 $\beta(t)$ 和生育模式 $h(r,t)$ 则是可以用于控制人口发展过程的两种手段。$\beta(t)$ 可以控制生育的多少,$h(r,t)$ 可以控制生育的早晚和疏密。

四、几种常用的人口指标

在人口统计学中常用下列指标表示社会的人口特征。

1. 人口总数 $N(t)$

$$N(t) = \int_0^{r_m} p(r,t)\mathrm{d}r$$

2. 平均年龄 $R(t)$

$$R(t) = \frac{1}{N(t)}\int_0^{r_m} rp(r,t)\mathrm{d}r$$

3. 平均寿命 $S(t)$

$$S(t) = \int_t^{r_m} e^{-\int_0^{\tau-t}\mu(r,t)\mathrm{d}r}\mathrm{d}\tau$$

$S(t)$ 表示时刻 t 出生的人若按现在的死亡率 $\mu(r,t)$ 计算,这些人的平均存活时间。

4. 老龄化指数

$$\omega(t) = \frac{R(t)}{S(t)}$$

显然,平均年龄 $R(t)$ 越大,$\omega(t)$ 越大。对于 $R(t)$ 相同的两个地区,平均寿命 $S(t)$ 大的,表示健康水平高,一个人能工作的时间在一生中占得比例大,于是老龄化指数较小。

5. 依赖型指数 $\rho(t)$

$$\rho(t) = \frac{N(t) - L(t)}{L(t)}$$

$$L(t) = \int_{l_1}^{l_2}[1 - K(r,t)]p(r,t)\mathrm{d}r + \int_{l_1'}^{l_2'}K(r,t)p(r,t)\mathrm{d}r$$

其中 $[l_1, l_2]$ 和 $[l_1', l_2']$ 分别是男性和女性有劳动能力的区间,$L(t)$ 是全体人口中有劳动能力的人口,所以依赖型指数 $\rho(t)$ 表示平均每个劳动力要供养的人数。

5.5 市场经济中的蛛网模型

一、问题背景

在自由竞争的市场上,许多商品特别是某些生产周期较长的商品,它们的市场价格、数量会随时间的变化而发生变化,呈现时涨时跌、时增时减交替变化的规律。例如猪肉的销售,当上市量远大于需求时,由于销售不畅致使价格下跌,生产者发现养猪赔钱,于是转而经营其它农副业。过一段时间猪肉上市量就会大减,供不应求将导致价格上涨。生产者看到有利可图,又重操旧业,这样下一个时期会重现供大于求、价格下降的局面。经济学家在研究这种现象时将价格和产量的连续变动用图形模型表示,这种图形犹如蛛网,故将这种模型命名为蛛网模型。蛛网模型是在现实生活中应用较多较广泛的动态经济模型,它在一定的范围内揭示了经济的规律,对实践具有一定的指导作用。

经典的蛛网理论根据产品需求与供给的不同关系,将波动情况分成三种类型:收敛型蛛网、发散型蛛网和封闭型蛛网。近年来,许多学者对经典的蛛网模型进行了广泛的研究并做了一些改进,建立了更符合实际经济意义的蛛网模型。本节将运用经济学供求理论对蛛网模型进行分析和研究。

二、模型假定

蛛网模型的的假设基于单一商品市场上生产周期较长的商品。假设商品在市场上的数量和价格出现反复的振荡,是由消费者的需求关系和生产者的供应关系决定的。问题的其它假设有

1. 记商品第 k 时段的上市数量为 x_k,价格为 y_k。这里把时间离散化为时段,1 个时段相当于商品的 1 个生产周期,如蔬菜、水果是一个种植周期,肉类是牲畜的饲养周期。

2. 同一时段商品的价格 y_k 取决于数量 x_k,设商品的需求函数为
$$y_k = f(x_k) \tag{5.23}$$
因为商品的数量越多价格越低,所以需求函数是单调递减函数。在图 5.17 中用一条下降曲线 f 表示它。

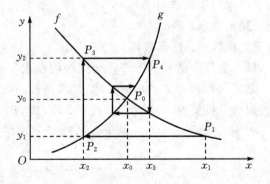

图 5.17 需求曲线 f 和供应曲线 g,P_0 是稳定平衡点

3. 下一时段商品的数量 x_{k+1} 由上一时段价格 y_k 决定,设商品的供应函数为
$$x_{k+1} = h(y_k), 或 y_k = g(x_{k+1}) \tag{5.24}$$
这里 g 是 h 的反函数。因为价格越高下一时段的商品数量越大,所以供应曲

线 g 是单调递增函数。在图 5.17 中用一条上升曲线 g 表示它。

三、蛛网模型的图示法

在同一个坐标系中作出需求函数 $y_k = f(x_k)$ 和供应函数 $y_k = g(x_{k+1})$ 的图像，两条曲线相交于 $P_0(x_0, y_0)$ 点，则 P_0 是供需平衡点，如图 5.17 所示。若在某一时段 k 有 $x_k = x_0$，则由(5.23),(5.24)式可知

$$y_t = y_0, x_{t+1} = x_0, \quad t = k, k+1, \cdots$$

即 k 以后各时段商品的数量和价格将永远保持在 $P_0(x_0, y_0)$ 点。

但是实际问题中的种种干扰使得数量和价格不可能停止在 P_0 点，不妨设商品数量 x_1 偏离 $x_0, x_1 > x_0$（如图 5.17）。我们分析随着 k 的增加，x_k、y_k 的变化。

商品数量 x_1 给定后，消费者价格 y_1 由需求曲线 f 上的 P_1 点决定，根据第一期较低的价格水平 y_1，按照供给曲线，生产者将产量调整为 x_2，根据第二期较低的产量，消费者愿意支付 y_2 的价格购买产品，于是生产者将第三期的产量增加为 x_3；于是消费者按需求曲线 f 以 y_3 的价格购买产品，根据第三期的较低的价格，生产者又将第四期的产量调整为 x_4，如此循环下去，实际价格和实际产量的波动幅度越来越小，得到一系列的点 $P_1(x_1, y_1), P_2(x_2, y_1), P_3(x_2, y_2)$，$P_4(x_3, y_2), \cdots$，在图 5.17 上这些点将按箭头所示方向趋向 $P_0(x_0, y_0)$。由此可见，图中均衡点 $P_0(x_0, y_0)$ 状态是稳定的。也就是说，由于外在的原因，当价格与产量发生波动而偏离均衡状态时，经济体系中存在着自发的因素，能使价格和产量自动的恢复均衡状态。

并不是所有需求函数和供应函数都会趋于稳定。当市场受到外力干扰偏离原有的均衡状态以后，实际价格和实际产量会围绕均衡水平上下波动，但波动的幅度越来越大，最后会偏离原来的均衡点。如需求函数和供应函数由图 5.18 的曲线所示，做类似的分析发现，市场经济将按 $P_1, P_2, P_3, P_4, \cdots$ 的规律变化而远离 P_0，即 P_0 不是稳定的平衡点，这意味商品数量和价格将出现越来越大的振荡。

还有一种情况，市场受到外力干扰偏离原有的均衡状态以后，实际价格和实际产量会按照同一幅度围绕均衡水平上下波动，既不偏离，也不趋向均衡点，见图 5.19。

以上三个图形中产量与价格变化的路径 $P_1 P_2 P_3 P_4 \cdots$ 形成了一个蜘蛛网似的图形，这也就是蛛网模型名称的由来。图 5.17 称为收敛型蛛网，图 5.18 称为发散型蛛网，图 5.19 称为封闭型蛛网。这种用需求曲线和供应曲线分析市场经济稳定性的图示法在经济学中称为蛛网模型。

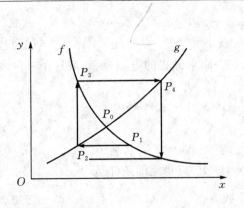
图 5.18

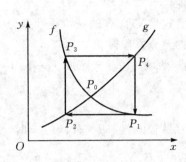
图 5.19 封闭型蛛网

由以上分析看到，需求曲线和供应曲线确定下来后，商品数量和价格是否趋向稳定，完全由这两条曲线在平衡点 P_0 附近的形状决定。从图 5.17 中可以看到，在 P_0 附近，供给曲线 g 比需求曲线 f 较为陡峭，即当供给曲线斜率的绝对值大于需求曲线斜率的绝对值时，就能得到蛛网稳定的结果。而图 5.18 的需求曲线 f 比供给曲线 g 较为平缓，即需求曲线斜率的绝对值小于供给曲线斜率的绝对值时，才能得到蛛网不稳定的结果。从图 5.19 看到，在 P_0 附近，需求曲线斜率的绝对值等于供给曲线斜率的绝对值，形成封闭型蛛网。

四、蛛网模型的差分方程模型

记 f 在 P_0 点斜率的绝对值（因为它是下降的）为 K_f，g 在 P_0 点的斜率为 K_g，图形的直观告诉我们，当

$$K_f < K_g \tag{5.25}$$

时 P_0 是稳定的（图 5.17），当

$$K_f \geqslant K_g \tag{5.26}$$

时 P_0 是不稳定的（图 5.18）。由此可见，需求曲线越平，供应曲线越陡，越有利于经济稳定。为了进一步分析这种现象，下面给出蛛网模型的另一种表达形式——差分方程。

在 $P_0(x_0, y_0)$ 点附近取 f, g 的一阶泰勒展式，在 P_0 点附近用直线来近似曲线 f 和 h，(5.23),(5.24) 式分别近似为

$$y_k - y_0 = -\alpha(x_k - x_0), \alpha > 0, \ k = 1, 2, \cdots \tag{5.27}$$

$$x_{k+1} - x_0 = \beta(y_k - y_0), \beta > 0, \ k = 1, 2, \cdots \tag{5.28}$$

注意到 (5.27),(5.28) 式中 α, β 的定义，有 $K_f = \alpha, K_g = 1/\beta$。

从二式中消去 y_k 可得

$$x_{k+1} = -\alpha\beta(x_k - x_0) + x_0, \quad k = 1, 2, \cdots$$

即
$$x_{k+1} - x_0 = -\alpha\beta(x_k - x_0), \quad k = 1, 2, \cdots \tag{5.29}$$

上式是关于 x_t 的一阶线性差分方程,它是原来方程的近似模型。解这个一阶线性差分方程得

$$x_{k+1} - x_0 = -\alpha\beta(x_k - x_0) = (-\alpha\beta)^2(x_{k-1} - x_0) = \cdots = (-\alpha\beta)^k(x_1 - x_0)$$

即
$$x_{k+1} = (-\alpha\beta)^k(x_1 - x_0) + x_0, \quad k = 1, 2, \cdots \tag{5.30}$$

容易看出,当 $\alpha\beta < 1, k \to \infty$ 时 $x_k \to x_0$,即 P_0 点稳定的条件是

$$\alpha\beta < 1 \text{ 或 } \alpha < \frac{1}{\beta} \tag{5.31}$$

上式表示需求曲线 f 在点 $P_0(x_0, y_0)$ 的切线斜率绝对值小于供给曲线 g 在该点的切线斜率绝对值。

当 $\alpha\beta > 1, k \to \infty$ 时 $x_k \to \infty$,即 P_0 点不稳定的条件是

$$\alpha\beta \geqslant 1 \text{ 或 } \alpha \geqslant \frac{1}{\beta} \tag{5.32}$$

即需求曲线 f 在点 $P_0(x_0, y_0)$ 的切线斜率绝对值大于或等于供给曲线 g 在该点的切线斜率绝对值。

所以条件(5.31),(5.32)与蛛网模型中的直观结果是一致的。

以上的分析对传统的线性蛛网模型分析有了进一步的推广。西方经济学家认为,蛛网模型解释了某些生产周期较长的商品的产量和价格的波动的情况,是一个有意义的动态分析模型,对理解某些行业产品的价格和产量的波动提供了一种思路。但是,这个模型还是一个很简单的和有缺陷的模型。实际上在大多数情况下,商品生产数量并不只是根据前一时期的价格决定的,具有管理经验的生产经营者在决定产品数量 x_{t+1} 时不会仅仅只参考前一期的价格 y_t,可能还会对更前几期的价格做一定的比较和分析,尤其像生产者始终只是简单地把上一期价格作为本期价格预期并以此作为决定产量的依据,这种非理性假设与现实是极不相符的。

如果生产者的管理水平和素质更高一些,他们在决定商品生产数量 x_{k+1} 时,不是仅根据前一时期的价格 y_k,而是根据前两个时期的价格 y_k 和 y_{k-1}。为简单不妨设根据二者的平均值 $(y_k + y_{k-1})/2$,于是供应函数(5.24)式表为

$$x_{k+1} = g\left(\frac{y_k + y_{k-1}}{2}\right) \tag{5.33}$$

相应地,(5.24)式的线性近似表达式(5.28)修改为

$$x_{k+1} - x_0 = \frac{\beta}{2}(y_k + y_{k-1} - 2y_0) \tag{5.34}$$

其中 β 是平均价格上涨 1 个单位时 x_{k+1} 的增量。需求函数仍由(5.23),(5.27)式表示,则由(5.27),(5.34)式得

$$2x_{k+2} + \alpha\beta x_{k+1} + \alpha\beta x_k = (1+\alpha\beta)x_0, k=1,2,\cdots \quad (5.35)$$

(5.35)式是二阶线性常系数差分方程。为寻求 $k\to\infty$ 时 $x_k\to x_0$,即 P_0 点稳定的条件,不必解方程(5.35),只须利用判断稳定的条件 — 方程特征根均在单位圆内。

方程(5.35)的特征方程为

$$2\lambda^2 + \alpha\beta\lambda + \alpha\beta = 0$$

容易算出其特征根为

$$\lambda_{1,2} = \frac{-\alpha\beta \pm \sqrt{(\alpha\beta)^2 - 8\alpha\beta}}{4} \quad (5.36)$$

因此得到结论,若方程的两个特征根均在单位圆内,即 $|\lambda_{1,2}|<1$,则 P_0 点稳定。

当 $\alpha\beta > 8$ 时,(5.36)式是两个实根,显然

$$\lambda_2 = \frac{-\alpha\beta - \sqrt{(\alpha\beta)^2 - 8\alpha\beta}}{4} < -\frac{\alpha\beta}{4}$$

从而 $|\lambda_2|>2$,λ_2 在单位圆外。故此时 P_0 点不稳定。

下面设 $\alpha\beta < 8$,(5.36)式有两个共轭复根,可以算出

$$|\lambda_{1,2}| = \left[\left(\frac{\alpha\beta}{4}\right)^2 + \left(\frac{\sqrt{8\alpha\beta - (\alpha\beta)^2}}{4}\right)^2\right]^{1/2} = \sqrt{\frac{\alpha\beta}{2}} \quad (5.37)$$

要使特征根均在单位圆内,即 $|\lambda_{1,2}|<1$,必须

$$\alpha\beta < 2 \quad (5.38)$$

这就是 p_0 点稳定的条件,与原有模型中 p_0 点稳定的条件(5.31)式相比,参数 α,β 的范围放大了,这是因为生产者的管理水平和素质提高,对市场经济的稳定起着有利影响的必然结果。对这个模型还可以进行进一步的分析:考虑下一期的产量时,还可以用近三年的价格来决定,例如:设 $x_{k+1} = h(\frac{y_k + y_{k-1} + y_{k-2}}{3})$,并建立有关的离散方程关系。

五、模型中 α、β 的实际意义

由(5.27)式可知,α 表示商品供应量减少 1 个单位时价格的上涨幅度;由(5.28)式可知,β 表示价格上涨 1 个单位时(下一时期)商品供应的增加量。所以 α 的数值反映消费者对商品需求的敏感程度,如果这种商品是生活必需品,消费者处于持币待购状况,商品数量稍缺,人们立即蜂拥抢购,那么 α 会比较大;反之,若这种商品非必需品,消费者购物心理稳定,或者消费水平低下,则 α 较小。β

的数值反映生产经营者对商品价格的敏感程度,如果他们目光短浅,热衷于追逐一时的高利润,价格稍有上涨就大量增加生产,那么 β 会比较大;反之,若他们素质较高,有长远的计划,则 β 较小。

根据 α,β 的意义容易对市场经济稳定与否的条件(5.31),(5.32)作出解释。当供应函数 g 即 β 固定时,α 越小,需求曲线越平,表明消费者对商品需求的敏感程度越小,(5.31)式越容易成立,有利于经济稳定。当需求函数 f 即 α 固定时,β 越小,供应曲线越陡,表明生产者对价格的敏感程度越小,(5.31)式也容易成立,有利于经济稳定。反之,当 α,β 较大,表明消费者对商品的需求和生产者对商品的价格都很敏感,则会导致(5.32)式成立,经济不稳定。

应该指出,α 和 β 都是有量纲的,它们的大小都应在同一量纲单位下比较。同时,α 和 β 的量纲互为倒数,所以 $\alpha\beta$ 是无量纲量,就可以与 1 比较大小了。

六、经济不稳定时的干预办法

基于上述分析可以看出,当市场经济趋向不稳定时政府有两种干预办法。

一种办法是使 α 尽量小,不妨考察极端情况 $\alpha=0$,即需求曲线 f 变为水平(图 5.20),这时不论供应曲线如何,即不管 β 多大,(5.31)式总成立,经济总是稳定的。实际上这种办法相当于政府控制物价,无论商品数量多少,命令价格不得改变。

另一种办法是使 β 尽量小,极端情况是 $\beta=0$,即供应曲线 g 变为竖直(图 5.21),于是不论需求曲线如何,即不管 α 多大,(5.31)式总成立,经济也总是稳定的。实际上这相当于控制市场上的商品数量,当供应量少于需求时,从外地收购或调拨,投入市场;当供过于求时,收购过剩部分,维持商品上市量不变。显然,这种办法需要政府具有相当强大经济实力。

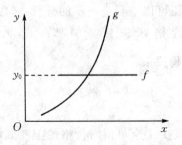
图 5.20 第一种干预办法示意图

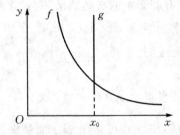
图 5.21 第二种干预办法示意图

5.6 贷款偿还模型

一、问题背景

随着我国大中城市房价的上涨，大部分买房者采用个人住房抵押贷款的方式融资买房。所谓抵押贷款是指银行在对贷款人进行资信调查后，认为贷款人有一定的信用，贷款人以自己的一定资产作为抵押，给贷款人发放贷款；贷款人分期向银行付款，偿还贷款的本息，如果贷款人不能按期还贷时，银行将其抵押资产收为银行资产。因此，消费者在进行抵押贷款消费时，应事先对各种抵押贷款方案的还贷金额有所了解，根据自己对将来的预期收入，选择适当的抵押贷款方案，以减少风险。为此，本节先建立还贷模型，然后再结合具体数值例子说明如何利用还贷模型来评价各种抵押贷款方案的优劣。

商业银行的贷款还贷方式很多很复杂。常见的主要有三种形式，一次性还本付息法（只适用于一年期的贷款）；等额本息还款法和等额本金还款法。所谓等额本息还款法，是每月以相等的额度平均偿还贷款本息，直至期满还清；而等额本金还款法（也称等本不等息递减还款法），是每月偿还贷款本金相同，而利息随本金的减少而逐月递减，直至期满还清。等额本息还款法和等额本金还款法两者相比较，在贷款期限较长时，等额本息还款法所要支付的利息较多，并且等额本息还款法比等额本金还款法容易计算，因此商业银行通常在客户未谈及时，基本采用等额本息还款法。下面通过数学模型来比较这两种房贷还款方式的差别。

二、建模及求解

假设银行利息用复利计算。由于贷款是逐月归还的，就有必要考察每个月欠款余额的情况。

设贷款人贷了一笔数额为 A_0 的款项，如果贷款年限是 n 年，年利率为 r_1，逐月还款，第 t 月还款 x_t 元。

设贷款后第 t 月还款后，尚欠银行的金额为 A_t 元，则由 A_t 变化到 A_{t+1}，除了还款额外，还有就是利息。由假设年贷款利率为 r_1，月贷款利率为 $r = \dfrac{r_1}{12}$。

在第 t 个月末，贷款的本金是 A_{t-1}，利息是 rA_{t-1}，本息和 $A_{t-1} + rA_{t-1} = (1+r)A_{t-1}$，还款额是 x_t。于是，尚欠银行金额是

$$A_t = (1+r)A_{t-1} - x_t$$

所以问题的数学模型为

$$\begin{cases} A_t = (1+r)A_{t-1} - x_t, \\ A_0 = 本金, \end{cases} t = 1, 2, \cdots \tag{5.39}$$

这是一阶差分方程。若初始条件 A_0（贷款总额）已知，则由(5.39)式可以求出 A_k 中的每一项。

用迭代方法，容易求出该模型的显式解为

$$A_t = (1+r)^t A_0 - [(1+r)^{t-1} x_1 + (1+r)^{t-2} x_2 + \cdots + x_t], \ t = 1, 2, \cdots \tag{5.40}$$

上式第一项是当不还款时，到第 t 个月末的本息和。第二项就是以前逐月还款额的复利值。可以看出，早期还款额越大，本息和递减得越快，支付的总利息就越少。

下面利用上述公式，分析不同的还款方式的特点。

(一) 等额本息还款方式

等额本息还款即每月还款额固定，直至还清贷款本息。设每月还款额为 x，即

$$x = x_1 = x_2 = \cdots = x_t$$

则模型(5.39)成为一个常系数线性非齐次差分方程的初值问题：

$$\begin{cases} A_t = (1+r)A_{t-1} - x \\ A_0 = 本金 \end{cases} \tag{5.39}^*$$

由(5.40)可得

$$\begin{aligned} A_t &= (1+r)^t A_0 - [(1+r)^{t-1} x + (1+r)^{t-2} x + \cdots + (1+r)x + x] \\ &= (1+r)^t A_0 - x[(1+r)^{t-1} + (1+r)^{t-2} + \cdots + (1+r) + 1] \end{aligned}$$

于是，该初值问题的解是

$$A_t = A_0 (1+r)^t - x \left[\frac{(1+r)^t - 1}{r} \right] \tag{5.41}$$

t 月的利息 R_t 为

$$\begin{aligned} R_t &= rA_{t-1} = A_0 r (1+r)^{t-1} - x[(1+r)^{t-1} - 1] \\ &= (A_0 r - x)(1+r)^{t-1} + x \end{aligned}$$

设贷款人在 T 月还清全部本息，则 $A_T = 0$。于是有

$$A_0 (1+r)^T - x \left[\frac{(1+r)^T - 1}{r} \right] = 0 \tag{5.42}$$

对方程(5.42)，指定 x 可以求出 T；反之指定 T 可以求出 x。因此，方程(5.42)可以解决两个问题：给定还款期限，计算每月的还款金额；或者，给定每月的还款金额，计算还款期限。

若银行指定还款期限 T，从(5.42)式解出 x，则每月固定还款额为

$$x = \frac{A_0 r (1+r)^T}{(1+r)^T - 1} \tag{5.43}$$

此时，总利息为

$$R = \sum_{i=1}^{T} R_i = \sum_{i=1}^{T} [(A_0 r - x)(1+r)^{i-1} + x]$$

$$= (A_0 r - x) \frac{(1+r)^T - 1}{r} + Tx$$

或 $$R = xT - A_0 = \left[\frac{r(1+r)^T}{(1+r)^T - 1} - 1\right] A_0 \tag{5.44}$$

若贷款人每月只能还款 x 元，则还清贷款的期限为

$$(1+r)^T = \frac{x}{x - A_0 r}$$

$$T = \frac{\ln x - \ln(x - A_0 r)}{\ln(1+r)} \tag{5.45}$$

根据贷款人对将来的收入预期，通过模型(5.43)或(5.45)就可以选择适当的抵押贷款方案。

例 5.2 某人为了购房，拟向银行贷款 20 万元，贷款月利率是 0.554625%。贷款人准备用定额本息还款方式，在 25 年内还清本息。问贷款人每月应还贷的金额？另外，如果贷款人每月可以还款 2000 元，他需要多少年才能还清贷款？

在本问题中，本金 $A_0 = 200000$ 元；月利率 $r = 0.00554625$；25 年有 300 个月，25 年还清贷款意味着 $A_{300} = 0$。将这些参数代入(5.43)式，解出 x：

$$x = \frac{A_0 r (1+r)^{300}}{(1+r)^{300} - 1} = \frac{200000 \times 0.00554625 \times 1.00554625^{300}}{1.00554625^{300} - 1} \approx 1369.91$$

即每月约应还贷 1370 元。此时，利息总额约为 210974.38 元。本息和约为 410974.38 元。

若每月还款 2000 元，将相应的参数代入(5.45)，有

$$T = \frac{\ln 2000 - \ln(2000 - 200000 \times 0.00554625)}{\ln 1.00554625} \approx 146.239 (月)$$

即可以用 12 年多一点的时间还清贷款。

注意到在差分方程(5.39)* 中，若令 $A_t = A_{t-1} = A$，可解出

$$A = x/r$$

这是差分方程(5.39)* 的平衡点或称之为不动点。从式(5.41)中容易看出

$$A_t = (1+r)^t \left(A_0 - \frac{x}{r}\right) + \frac{x}{r}, \quad t = 1, 2, \cdots$$

平衡点意味着如果贷款月利率r和月还款额x是固定的,则当$A_0 > x/r$时,欠款额A_t随着t的增加越来越远离x/r,即贷款无法还完,这种情况下的平衡点是不稳定的。只有当$A_0 < x/r$,欠款余额才会逐步减小,并最终还完贷款。显然,当初值$A_0 = x/r$时,将恒有$A_t = x/r, t = 1, 2, \cdots$,其意义是每月只还了利息,还款将一直持续下去。

(二) 等额本金还款方式

等额本金还款方式是每月偿还固定金额的本金和相应的利息。由于本金在逐月定额减少,每月产生的利息也在逐步减少。因此,每月的实际还款额是变化的。下面推导每月实际还款额的变化规律。设每月固定偿还本金额为x。

假设在T月末还清贷款。则每月固定偿还本金额为$x = \dfrac{A_0}{T}$。

在第一月末,利息为$A_0 r$,尚欠银行余额$A_1 = A_0 - x$,实际还款额为$x_1 = x + A_0 r$;

在第二月末,利息为$A_1 r = (A_0 - x)r$,尚欠银行余额$A_2 = A_1 - x = A_0 - 2x$,实际还款额为$x_2 = x + A_1 r = x + (A_0 - x)r = A_0 + (1-r)x$;

在第三月末,利息为$A_2 r = (A_0 - 2x)r$,尚欠银行余额$A_3 = A_2 - x = A_0 - 3x$,实际还款额为$x_3 = x + A_2 r = x + (A_0 - 2x)r = A_0 + (1-2r)x$。

以此类推在第t月末,每月利息为
$$R_t = A_{t-1} r = (A_0 - (t-1)x)r = A_0 r - (t-1)xr$$
尚欠银行余额为
$$A_t = A_{t-1} - x = A_0 - tx$$
每月实际还款额为
$$x_t = x + A_{t-1} r = x + (A_0 - (t-1)x)r = A_0 r + (1 - (t-1)r)x$$
可以看到,每月的利息和实际还款额是时间t的线性递减函数。

累积还款总额为
$$\sum_{t=1}^{T} x_t = \sum_{t=1}^{T} [A_0 r + (1 - (t-1)r)x] = A_0 \left(1 + Tr - \frac{(T-1)r}{2}\right)$$
$$= A_0 \left(1 + \frac{r(T+1)}{2}\right)$$

此时,总利息为
$$R = \sum_{i=1}^{T} R_i = \sum_{i=1}^{T} (A_0 - (i-1)x)r = TA_0 r - \frac{T(T-1)xr}{2}$$
或
$$R = A_0 \left(1 + \frac{r(T+1)}{2}\right) - A_0 = A_0 r \frac{T+1}{2} \tag{5.46}$$

从上述公式可以看出,缩短每期还款时间间隔,利率r就可以减小,所付总利息就可减小。

例 5.3 在例 5.2 中,贷款人计划采用定额本金还款的方式,准备用 25 年还清贷款。问贷款人每月的还款额和总利息。

此时,每月定额偿还本金为

$$x = \frac{A_0}{T} = \frac{200000}{300} \approx 666.6(元)$$

应付利息总额为

$$R = A_0 r \frac{T+1}{2} \approx 166940.62(元)$$

整个贷款的总利息约为 166940.62 元。本息和约为 366940.62 元。

和例 5.2 比较,在贷款年限和还款时间都相同的情况下,定额本金还款总利息相对较少。

由于等额本金还款法较等额本息还款法而言,同期较多地归还贷款本金,因此以后各期确定贷款利息时作为计算利息的基数变小,所归还的总利息相对就少。从某种意义上说,购房还贷,等额本金法未必优于等额本息法,到底选择什么样的还贷方法还要因人而异。等额本息还款法操作起来比较简单,每月金额固定,不用每个月都计算,所以在实际房贷中应用更广。

利用还贷模型,可以评价各种还贷计划,为设计还贷计划提供依据,为客户提供优良的金融服务。

最后指出,本节给出的还贷模型不仅用于还贷方案分析与设计,而且还可以用于养老金计划分析与设计、保险方案分析与设计。一般来说,只要涉及到利息问题,都可以借鉴还贷模型。

5.7 阻滞增长模型的差分形式

一、问题背景

本章第一节介绍过两个简单的人口预测模型,分别是指数增长模型和阻滞增长模型:

$$\begin{cases} \dfrac{dx}{dt} = rx \\ x(0) = x_0 \end{cases}, \quad \begin{cases} \dfrac{dx}{dt} = rx\left(1 - \dfrac{x}{N}\right) \\ x(0) = x_0 \end{cases}$$

在两个模型中都将人口数 $x(t)$ 看成是连续函数而得到微分方程模型。但是,我们在处理实际问题时,通常用离散化的时间来研究会觉得更加方便,也能更好地利用观测资料。例如有些生物每年在固定的时间繁殖,通常人们对动物种群的观测也是定期进行的,这都需要研究相应的离散模型。下面建立对应于这两个模型的离散模型,在不同的增长率下讨论 x 的变化趋势。不失一般性,以下讨论中的 x 代表生物种群数。

二、离散型指数增长模型

记 k 时段的种群数量为 x_k,r 和 N 的含义分别是固有增长率和最大容量。于是指数增长模型的离散形式可表为

$$x_{k+1} = (1+r)x_k \quad k=0,1,2,\cdots$$

这是一阶线性常系数差分方程,显然没有非零的稳定点。通过迭代得其解为

$$x_{k+1} = (1+r)^{k+1}x_0 \quad k=0,1,2,\cdots \tag{5.47}$$

给定初值后就可以预测 x_k。若 $r>0$,则 x_k 以几何级数增大,当 $k \to \infty$ 时,$x_k \to \infty$,这违背了 x_k 增长的自然规律,所以指数增长模型不适用于长期预测 x_k 增长规律。

三、离散型阻滞增长模型稳定性讨论

将阻滞增长模型方程中的微分用差分形式表示,就有

$$x_{k+1} - x_k = r\left(1 - \frac{x_k}{N}\right)x_k, k=0,1,2,\cdots \tag{5.48}$$

在实际应用中通常没有必要找出该方程的一般解,因为给定初值后利用计算机就可以方便地递推出 x_k。我们关心的是,对于不同的 r,当 k 充分大以后 x_k 增长的趋势。

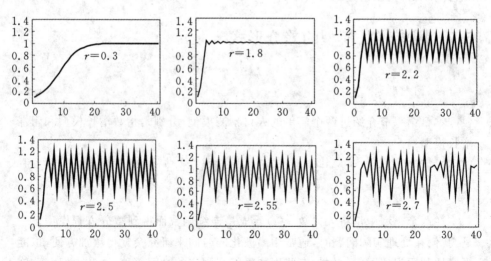

图 5.22 x_k 的收敛性图示

先看以下数值分析结果。不妨设 $N=1, n=40$，取 $r=0.3, 1.8, 2.2, 2.5,$ $2.55, 2.7$，初值 $x_0=0.1$，按照方程(5.48)用 matlab 计算 x_k 的结果如表5.5。(为简化，从 $k=20$ 开始显示结果。)

表 5.5　模型(5.48)数值计算结果

k	$x_k(r=0.3)$	$x_k(r=1.8)$	$x_k(r=2.2)$	$x_k(r=2.5)$	$x_k(r=2.55)$	$x_k(r=2.7)$
20	0.9831	0.9991	0.7462	0.7012	0.7441	0.4652
21	0.9881	1.0007	1.1628	1.2250	1.2296	1.1370
22	0.9916	0.9994	0.7462	0.5359	0.5096	0.7165
23	0.9941	1.0005	1.1628	1.1577	1.1468	1.2649
24	0.9959	0.9996	0.7462	0.7012	0.7174	0.3601
25	0.9971	1.0003	1.1628	1.2250	1.2344	0.9822
26	0.9980	0.9998	0.7462	0.5359	0.4966	1.0294
27	0.9986	1.0002	1.1628	1.1577	1.1341	0.9477
28	0.9990	0.9999	0.7462	0.7012	0.7463	1.0815
29	0.9993	1.0001	1.1628	1.2250	1.2291	0.8436
30	0.9995	0.9999	0.7462	0.5359	0.5110	1.1998
31	0.9997	1.0001	1.1628	1.1577	1.1482	0.5524
32	0.9998	0.9999	0.7462	0.7012	0.7143	1.2200
33	0.9998	1.0000	1.1628	1.2250	1.2347	0.4953
34	0.9999	1.0000	0.7462	0.5359	0.4958	1.1702
35	0.9999	1.0000	1.1628	1.1577	1.1332	0.6324
36	0.9999	1.0000	0.7462	0.7012	0.7482	1.2601
37	1.0000	1.0000	1.1628	1.2250	1.2286	0.3753
38	1.0000	1.0000	0.7462	0.5359	0.5124	1.0083
39	1.0000	1.0000	1.1628	1.1577	1.1495	0.9857
40	1.0000	1.0000	0.7462	0.7012	0.7112	1.0238

上述结果表明，$r=0.3$ 时，x_k 单调地趋向 $N=1$；当 $r=1.8$ 时，x_k 振荡地趋向 $N=1$；而 $r=2.2, 2.5, 2.55, 2.7$ 时 x_k 不收敛。

以下在数值实验的基础上对模型(5.48)作一些简要的理论分析。(5.48)式可进一步写作

$$y_{k+1} = (r+1)y_k \left[1 - \frac{r}{(r+1)N} y_k\right] \tag{5.49}$$

这里用 y_k 而不用 x_k 是为了下面记号的方便。

令

$$b = r+1 \tag{5.50}$$

$$x_k = \frac{r}{(r+1)N} y_k \tag{5.51}$$

则(5.49)式可化简为

$$x_{k+1} = bx_k(1-x_k) = f(x_k), \quad k=1,2,\cdots \tag{5.52}$$

(5.52)式是一阶非线性差分方程。我们关心的是 $k \to \infty$ 时 y_k 或 x_k 的收敛情况,即方程平衡点的稳定性问题。

连续型阻滞增长模型有两个平衡点:$x_0 = 0$,$x^* = N$。$x_0 = 0$ 是不稳定的平衡点,$x^* = N$ 是稳定的平衡点,即不论 $r(>0)$ 和 $N(>0)$ 取什么值,当 $t \to \infty$ 时,方程的解 $x(t) \to N$。那么该方程差分形式的方程(5.52)是否也有同样的性质呢?下面的分析将会看到,情况并不完全一样。

对于差分方程(5.52),因为 $r > 0$,所以 $b > 1$。为了求其平衡点,令

$$x = f(x) = bx(1-x)$$

容易得到两个平衡点,$x = 0$ 不稳定,以后不再讨论它。非零平衡点 x^* 为

$$x^* = 1 - \frac{1}{b}$$

为了分析 x^* 的稳定性,我们考虑(5.52)的局部线性化方程

$$x_{k+1} = f'(x^*)(x_k - x^*) + f(x^*) \tag{5.53}$$

关于 x^* 的局部稳定性有如下结论:

定理 5.1 若 $|f'(x^*)| < 1$,x^* 是方程(5.53)的稳定平衡点,也是方程(5.52)的稳定平衡点;若 $|f'(x^*)| > 1$,x^* 是方程(5.53)的不稳定平衡点,也是方程(5.52)的不稳定平衡点。

由定理 5.1 可见,$|f'(x^*)| < 1$ 在分析方程稳定性的过程中具有重要作用。

为分析 x^* 的稳定性,计算

$$f'(x^*) = b(1-2x^*) = 2-b$$

根据 x^* 稳定的条件 $|f'(x^*)| < 1$,立即得到

$$1 < b < 3$$

由(5.50)式可知它相当于 $r < 2$。由此可知,仅当 $1 < b < 3$ 成立时 x^* 才是(5.52)的稳定平衡点。也就是仅当 $r < 2$ 时,$x^* = N$ 才是方程(5.48)的稳定平衡点。这与前面的数值计算结果 $r = 0.3$ 和 $r = 1.8$ 时 $x_k \to N$ 是一致的。这与不论 r 多大 $x^* = N$ 都是连续型阻滞增长模型的稳定平衡点是不同的。

虽然在 $1 < b < 3$ 时,方程(5.52)的非零平衡点 x^* 是稳定的,即满足任意非零初值的解都收敛到 N,但是对不同的 b 值,其解的收敛形式是不一样的。

在条件 $1 < b < 3$ 下,x_k 收敛于 x^* 的状况可以通过方程(5.52)的图解法清楚地表示出来。以 x 为横坐标作 $y = f(x) = bx(1-x)$ 和 $y = x$ 的图形,曲线

$y=f(x)$ 和直线 $y=x$ 交点的横坐标为平衡点 x^*。对于初值 x_0,由方程(5.52)求 $x_1,x_2,\cdots$ 的过程表示为图上带箭头的折线。当 $1<b<2$ 时(即 $r<1$)时,$x^*<\dfrac{1}{2}$,$x_k\to x^*$ 的过程基本上是单调的,见图 5.23;而当 $2<b<3$(即 $1<r<2$)时,$x^*>\dfrac{1}{2}$,$x_k\to x^*$ 的过程则会出现形如蛛网模型那样的衰减振荡,见图 5.24。事实上这和数值试验图 1 是一致的。

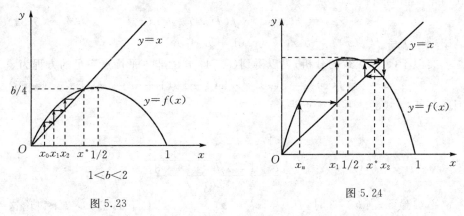

图 5.23　　　　　　　　　　图 5.24

当 $b>3$(即 $r>2$)时,虽然方程(5.52)仍可形式地求解,但 x^* 不稳定,其图解法如图 5.25 所示,出现形如蛛网模型那样的发散振荡($x_k\to x^*$)。

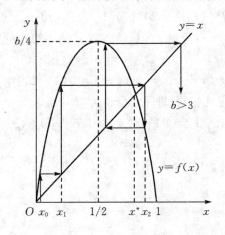

图 5.25

虽然 $b>3$ 时方程(5.52)的非零平衡点不稳定,但是方程(5.52)仍然可以求解,进一步计算 x_k 的值还是有一定规律的,对于某些 b 值,x_k 具有某类周期性,即 x_k 包含收敛到不同值的收敛子序列。我们通过几个例子来加以说明。

四、倍周期收敛

如果称 $b<3$ 时 $x_k \to x^*$ 为单周期收敛,那么存在两个收敛的子序列就可以称为 2 倍周期收敛。一般地把方程(5.52)表示为

$$x_{k+1} = f(x_k)$$

在讨论 2 倍周期收敛时应考察

$$x_{k+2} = f(x_{k+1}) = f(f(x_k)) = g(x_k) \tag{5.54}$$

其中,$g(x) = f(f(x)) = b^2 x(1-x)(1-bx+bx^2)$。

类似于(5.52)式的分析,可以得到(5.54)式的非零平衡点满足的方程为

$$x = f(f(x)) = g(x) = b^2 x(1-x)(1-bx+bx^2) \tag{5.55}$$

因此(5.54)式的非零平衡点为

$$x^* = 1 - \frac{1}{b}$$

$$x_{1,2}^* = \frac{b+1 \mp \sqrt{b^2 - 2b - 3}}{2b} \tag{5.56}$$

不难验证,当 $b > 3$ 时,有 $0 < x_1^* < x^* < x_2^* < 1$。下面在 $b > 3$ 下讨论这些平衡点的稳定性。

由于

$$g'(x) = \{b[f(x) - f^2(x)]\}' = bf'(x)[1 - 2f(x)] = b^2(1-2x)[1-2f(x)]$$

容易证明 $|g'(x^*)| > 1$,所以 x^* 是(5.54)式的不稳定的平衡点。

又因为

$$g(x)'|_{x_{1,2}^*} = b^2 (1-2x_1^*)(1-2x_2^*)$$

故 x_1^*, x_2^* 的稳定性相同。进一步分析可以得到,

$$|g'(x_1^*)| = |g'(x_2^*)| = |f'(x_1^*)f'(x_2^*)|$$

类似于定理 5.1,有

当 $|g'(x_1^*)| = |g'(x_2^*)| = |f'(x_1^*)f'(x_2^*)| < 1$ 时,x_1^*, x_2^* 是稳定的平衡点;

当 $|g'(x_1^*)| = |g'(x_2^*)| = |f'(x_1^*)f'(x_2^*)| > 1$ 时,x_1^*, x_2^* 是不稳定的平衡点。

根据 $|f'(x_1^*)f'(x_2^*)| < 1$ 可以得到 $-1 < -b^2 + 2b + 4 < 1$,x_1^*, x_2^* 的稳定条件为

$$3 < b < 1 + \sqrt{6} \approx 3.449, (2 < r < 2.449) \tag{5.57}$$

由上述计算可知,当 $3 < b < 3.449$ 时虽然 x^* 不稳定,但是 x_1^*, x_2^* 是方程

(5.54)的稳定平衡点。于是对于原方程(5.52), x_1^*, x_2^* 是序列 $\{x_k\}$ 的两个子序列的极限, 即 x_{2k} 和 $x_{2k+1}(k=1,2,\cdots)$ 分别趋向于 x_1^* 或 x_2^*。也可通过数值计算来验证这一结果。迭代过程还可以从方程(5.54)的图解法中看到, 如图5.26。

当 $b > 3.449$ 时, x_1^*, x_2^* 不再是方程(5.54)的稳定平衡点, 从而对于方程(5.52)来说2倍周期也不收敛了, 但是可以讨论4倍周期收敛的情况。进一步考察方程

$$x_{k+4} = g(g(x_k)) \qquad (5.58)$$

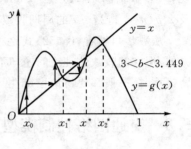

图5.26

用类似的方法分析, 当 $3.449 < b < 3.544$ 时(5.58)式有4个稳定平衡点。图5.27是一个4周期解的例子, 迭代方程为(5.58)式, 从图中我们可以看出, 方程(5.58)共有7个非零平衡点, 其中3个为方程(5.54)的平衡点, 对于 $b > 1+\sqrt{6}$, 这3个平衡点是不稳定的。类似方程(5.54)的分析, 可以得到另外4个平衡点的稳定性是相同的。其稳定条件为

$$1+\sqrt{6} < b < 3.544 \qquad (5.59)$$

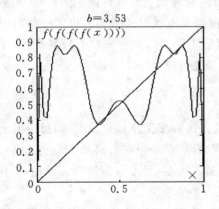 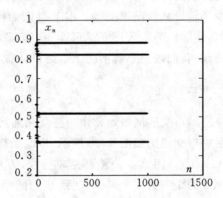

图5.27 $1+\sqrt{6} < b < 3.544$ 方程(5.58)存在4周期稳定解

按照这样的规律我们可以对模型(5.52)的增长序列 $\{x_k\}$ 讨论 2^n 倍周期收敛问题, $n=0,1,2,\cdots$。收敛性完全由参数 b 的取值确定。若记 b_n 为使 2^n 倍周期收敛的 b 的上限, 则上面的结果给出: $b_0 = 3, b_1 = 3.449, b_2 = 3.544, b_3 = 3.564$。更深入的研究表明, 当 $n \to \infty$ 时 $b_n \to 3.569$。而当 $b > 3.569$ 时就不再存在任何 2^n 倍周期收敛, 出现所谓混沌现象。混沌的典型特征之一是对初值的极度敏感, 如令 $b = 3.7$, 对两个非常接近的初值 $x_0^{(1)} = 0.2$ 和 $x_0^{(2)} = 0.20001$ 分别

计算得:$x_{100}^{(1)} = 0.4814, x_{100}^{(2)} = 0.2572$,可谓差之毫厘,失之千里,这就是所谓的蝴蝶效应。

其实,在混沌区域内也并非乱成一片,比如令 $b = 3.83$ 计算一下,你会发现,x_k 呈 3 倍周期收敛。在 $3.5699 < b < 4$ 范围内有许多周期为 $p = 3, 5, 6, \cdots$ 及 $2^n p (n = 1, 2, \cdots)$ 的周期收敛。

从数学角度看,(5.52)式是很简单的非线性差分方程,用数学软件求解很方便,但它的收敛性理论问题却不是那么简单。在讨论具体的差分方程实际问题模型时,一般都要讨论稳定性问题。

5.8 交通网络控制模型

一、问题背景

随着经济社会快速发展,城市化水平逐步提高,市民生活不断改善,车辆拥有量大幅增长,城市交通日益繁忙,城市交通管理难度随之增大。在一些没有立交桥的交叉路口,车辆排长队等候绿灯的情况经常发生,人们形容十字路口是流动的停车场。根据各路口交通情况及时合理调整红绿灯周期的时间,对减少车辆排队状况很关键。本节讨论如何根据车流状况调节各路口的红绿灯时间,使等待的车队长度尽可能短。实际问题中各路口的分布状态较复杂,限于篇幅,我们以一个典型的十字路口分布为研究对象。

二、模型假设

城市交通网络通常由一些互相连接的路段和交叉路口组成. 我们讨论的十字路口交通图如图 5.28 所示,由两条横向公路、两条纵向公路和 4 个交叉路口 A、B、C、D 组成。公路都是单行线,方向如图所示,且不考虑转弯。设由 A 到 B、C 的距离为 1 个单位,D 到 B、C 的距离为 2 个单位。

建模目的是调节各路口的红绿灯时间,使等待的车队最短。模型的控制变量是各路口的绿灯持续时间,而作为研究对象的状态变量是周期。为建模和计算方便,以这个周期为单位将时间离散化,建立离散差分模型。假设:

1. 四个交叉路口的红绿灯周期相同,绿灯开始时刻也相同,将每次绿灯开始时刻记作 $t = 1, 2, \cdots$。

2. 记时刻 t 等候在 8 个单行线路口的车队长度为 $x_i(t), i = 1, 2, \cdots, 8$(见图 5.28),时刻 t 开始的绿灯持续时间内通过单向路口 i 的车队长度为 $z_i(t)$,时刻 t 开始的红绿灯周期内到达单向路口 i 的车队长度为 $y_i(t)$,满足

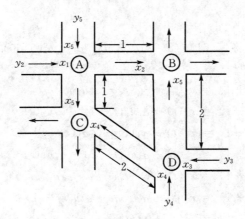

图 5.28

$$x_i(t+1) = x_i(t) - z_i(t) + y_i(t), i = 1,2,\cdots,8, t = 0,1,2,\cdots \quad (5.60)$$

根据超饱和交通的假定,上述各量均是非负的。

3. 在超饱和交通条件下,$z_i(t)$ 与绿灯持续时间成正比,记作

$$z_i(t) = \alpha_i u_i(t) \quad (5.61)$$

其中 $u_i(t)$ 是路口 i 绿灯持续时间在时刻 t 开始的红绿灯周期中占比例($0 \leqslant u_i(t) \leqslant 1$),$\alpha_i$ 是在一个红绿灯周期时间内,在超饱和情况下通过路口 i 的车队长度,称饱和车流长度,是已知量($i = 1,2,\cdots,8$)。

4. 不计黄灯时间,纵向路口的绿灯时间恰是相应的横向路口的红灯时间,由图 5.28 可知

$$\begin{cases} u_5(t) = 1 - u_1(t) \\ u_6(t) = 1 - u_4(t) \\ u_7(t) = 1 - u_3(t) \\ u_8(t) = 1 - u_2(t) \end{cases} \quad (5.62)$$

5. 车队在交叉路口之间行驶单位距离所需时间恰为 1 个红绿灯周期,即 1 个单位时间,于是由图 5.28 可知

$$\begin{cases} y_2(t) = z_1(t-1) \\ y_4(t) = z_3(t-2) \\ y_6(t) = z_5(t-1) \\ y_8(t) = z_7(t-2) \end{cases} \quad (5.63)$$

$y_1(t)$、$y_3(t)$、$y_5(t)$、$y_7(t)$ 要由网络以外的系统提供,设这些外部变量是已知的。

三、模型建立

在上述假设下将(5.61)、(5.62)、(5.63)式代入(5.60)式，则方程(5.60)应表示为

$$\begin{cases} x_1(t+1) = x_1(t) + y_1(t) - \alpha_1 u_1(t) \\ x_2(t+1) = x_2(t) + \alpha_1 u_1(t-1) - \alpha_2 u_2(t) \\ x_3(t+1) = x_3(t) + y_3(t) - \alpha_3 u_3(t) \\ x_4(t+1) = x_4(t) + \alpha_3 u_3(t-2) - \alpha_4 u_4(t) \\ x_5(t+1) = x_5(t) + y_5(t) - \alpha_5 + \alpha_5 u_1(t) \\ x_6(t+1) = x_6(t) + \alpha_5 - \alpha_6 - \alpha_5 u_1(t-1) + \alpha_6 u_4(t) \\ x_7(t+1) = x_7(t) + y_7(t) - \alpha_7 + \alpha_7 u_3(t) \\ x_8(t+1) = x_8(t) + \alpha_7 - \alpha_8 - \alpha_7 u_3(t-2) + \alpha_8 u_2(t) \end{cases} \quad (5.64)$$

引入向量、矩阵记号
$$\boldsymbol{x}(t) = [x_1(t), x_2(t), \cdots, x_8(t)]^\mathrm{T}$$
$$\boldsymbol{y}(t) = [y_1(t), 0, y_3(t), 0, y_5(t), 0, y_7(t), 0]^\mathrm{T}$$
$$\boldsymbol{b} = [0, 0, 0, 0, -\alpha_5, \alpha_5 - \alpha_6, 0, \alpha_7 - \alpha_8]^\mathrm{T}$$
$$\boldsymbol{u}(t) = [u_1(t), u_2(t), u_3(t), u_4(t)]^\mathrm{T}$$

$$\boldsymbol{B}_0^\mathrm{T} = \begin{bmatrix} -\alpha_1 & 0 & 0 & 0 & \alpha_5 & 0 & 0 & 0 \\ 0 & -\alpha_2 & 0 & 0 & 0 & 0 & 0 & \alpha_8 \\ 0 & 0 & -\alpha_3 & 0 & 0 & 0 & \alpha_7 & 0 \\ 0 & 0 & 0 & -\alpha_4 & 0 & \alpha_6 & 0 & 0 \end{bmatrix}$$

$$\boldsymbol{B}_1^\mathrm{T} = \begin{bmatrix} 0 & \alpha_1 & 0 & 0 & 0 & -\alpha_5 & 0 & 0 \\ 0 & 0 & 0 & 0 & 0 & 0 & 0 & 0 \\ 0 & 0 & 0 & 0 & 0 & 0 & 0 & 0 \\ 0 & 0 & 0 & 0 & 0 & 0 & 0 & 0 \end{bmatrix}$$

$$\boldsymbol{B}_2^\mathrm{T} = \begin{bmatrix} 0 & 0 & 0 & 0 & 0 & 0 & 0 & 0 \\ 0 & 0 & 0 & 0 & 0 & 0 & 0 & 0 \\ 0 & 0 & 0 & \alpha_3 & 0 & 0 & 0 & -\alpha_7 \\ 0 & 0 & 0 & 0 & 0 & 0 & 0 & 0 \end{bmatrix}$$

方程组(5.64)可以写成

$$\boldsymbol{x}(t+1) = \boldsymbol{x}(t) + \boldsymbol{y}(t) + \boldsymbol{b} + \boldsymbol{B}_0 \boldsymbol{u}(t) + \boldsymbol{B}_1 \boldsymbol{u}(t-1) + \boldsymbol{B}_2 \boldsymbol{u}(t-2) \quad (5.65)$$

当 $\boldsymbol{y}(t)$ 和 $\alpha_i (i=1,2,\cdots,8)$ 已知，$\boldsymbol{b}$、$\boldsymbol{B}_0$、$\boldsymbol{B}_1$、$\boldsymbol{B}_2$ 就是已知向量，若初始状态向量 $\boldsymbol{x}(0)$ 已给，只要给出控制向量 $\boldsymbol{u}(t)(t=-2,-1,0,1,2,\cdots)$，就可以由方程(5.65)递推求解出每个路口的车队排队长度。

根据交通网络的实际情况，对于 $\boldsymbol{x}(t)$ 和 $\boldsymbol{u}(t)$ 通常有如下的约束条件

$$0 \leqslant x(t) \leqslant x_{\max} \tag{5.66}$$
$$u_{\min} \leqslant u(t) \leqslant u_{\max} \tag{5.67}$$

其中 $x_{\max} = [x_{1m}, x_{2m}, \cdots, x_{8m}]^T$ 是各个单向路口对等待车队长度的限制，$u_{\min} = [u_1', u_2', u_3', u_4']^T$ 和 $u_{\max} = [u_1'', u_2'', u_3'', u_4'']^T$ 是绿灯持续时间比例的下限和上限。为达到在考察的时间范围内使整个网络等待的车队长度最短的目的，在最优控制问题中常用二次型函数作为指标，譬如设指标函数

$$J(x(t)) = x^T(t) Q x(t) \tag{5.68}$$

其中 Q 是对角形加权矩阵，对角元素是对各路口等待车队的加权因子。

综上所述，这个超饱和交通网络控制模型可以归结为，在参数 $\alpha_i (i = 1, 2, \cdots, 8)$、系统外进入的车辆数 $y(t)$、加权阵 Q 及初始状态 $x(0)$ 给定时，寻求控制函数 $u(t)$，使得在约束条件 (5.66)、(5.67) 下，由 (5.65) 式解出的 $x(t)$ 所确定的、由 (5.68) 式表示的 $J(x(t))$ 达到最小值。这是线性系统在二次性能指标下的最优控制问题。当路口数很多，即 $x(t)$ 和 $u(t)$ 的维数较高时求解较为复杂，可借助计算机软件解其数值解。

第六章

线性代数应用模型

6.1 价格弹性矩阵

一、问题背景

设有 m 种相关商品 $A_1, A_2, \cdots, A_m$，它们的价格分别为 $P_1, P_2, \cdots, P_m$，需求量分别为 $Q_1, Q_2, \cdots, Q_m$，由经济理论知道，需求量 $Q_1, Q_2, \cdots, Q_m$ 随着价格 $P_1, P_2, \cdots, P_m$ 的改变而变化，因而这 m 种商品的需求函数为

$$Q_1 = Q_1(P_1, P_2, \cdots, P_m)$$
$$Q_2 = Q_2(P_1, P_2, \cdots, P_m)$$
$$\vdots$$
$$Q_m = Q_m(P_1, P_2, \cdots, P_m)$$

当第 j 种商品的价格 P_j 变化时，会引起第 i 种商品需求的变化，定义

$$\varepsilon_{ij} = \frac{P_j}{Q_i}\frac{\partial Q_i}{\partial p_j}, \quad i,j = 1,2,\cdots,m$$

为 i 种商品受 j 种商品价格影响的偏弹性（或交叉弹性），其经济含义为第 j 种商品价格改变 1% 时，第 i 种商品需求量变化的百分数。称矩阵

$$T = \begin{bmatrix} \varepsilon_{11} & \varepsilon_{12} & \cdots & \varepsilon_{1m} \\ \varepsilon_{21} & \varepsilon_{22} & \cdots & \varepsilon_{2m} \\ \vdots & \vdots & & \vdots \\ \varepsilon_{m1} & \varepsilon_{m2} & \cdots & \varepsilon_{mm} \end{bmatrix}$$

为相关商品 $A_1, A_2, \cdots, A_m$ 的价格弹性矩阵。

二、价格弹性矩阵应用案例

利用价格弹性矩阵可做一些经济决策的量化分析。

问题 某奶牛场生产三种产品：牛奶、奶粉和奶油。去年市场消费量和价格

如下：

产品	牛奶	奶粉	奶油
消费量(吨)	200	40	2
价格(元/千克)	3	25	50

价格的变化会影响消费者的需求。已知这三种商品的价格弹性矩阵为

$$T = (\varepsilon_{ij}) = \begin{bmatrix} -1.2 & 0.1 & 0.1 \\ 0.1 & -0.9 & 0.1 \\ 0.4 & 0.2 & -3 \end{bmatrix}$$

奶牛场要制订今年的生产计划，使销售总收入为最大。为该奶牛场制定生产计划。

分析 由于销量受价格影响程度的弹性矩阵已知，故只需给出价格政策，销量(即产量)即可决定。设去年三种产品的价格 p_1, p_2, p_3，销量为 q_1, q_2, q_3。

又设牛奶、奶粉、奶油价格分别比去年增长 x_1, x_2, x_3，则今年三种产品的价格分别为

$$p_1' = p_1(1+x_1), p_2' = p_2(1+x_2), p_3' = p_3(1+x_3)$$

因为 j 种商品价格的提高，使第 i 种商品销量产生变化，由于 ε_{ij} 表示第 j 种商品价格提高 1% 使 i 产品销量提高的百分数，故牛奶、奶粉、奶油价格变化 x_1, x_2, x_3 后使牛奶销量变化的百分数为

$$\varepsilon_{11}x_1 + \varepsilon_{12}x_2 + \varepsilon_{13}x_3$$

故牛奶今年的产量为

$$q_1' = q_1(1 + \varepsilon_{11}x_1 + \varepsilon_{12}x_2 + \varepsilon_{13}x_3) = q_1\left(1 + \sum_{j=1}^{3}\varepsilon_{1j}x_j\right)$$

同理奶粉今年的产量为

$$q_2' = q_2(1 + \varepsilon_{21}x_1 + \varepsilon_{22}x_2 + \varepsilon_{23}x_3) = q_2\left(1 + \sum_{j=1}^{3}\varepsilon_{2j}x_j\right)$$

奶油今年产量为

$$q_3' = q_3(1 + \varepsilon_{31}x_1 + \varepsilon_{32}x_2 + \varepsilon_{33}x_3) = q_3\left(1 + \sum_{j=1}^{3}\varepsilon_{3j}x_j\right)$$

所以，今年的销售收入为：

$$R(x_1,x_2,x_3) = p_1{'}q_1{'} + p_2{'}q_2{'} + p_3{'}q_3{'}$$

$$= p_1(1+x_1)q_1(1+\sum_{j=1}^{3}\varepsilon_{1j}x_j) + p_2(1+x_2)q_2(1+\sum_{j=1}^{3}\varepsilon_{2j}x_j)$$

$$+ p_3(1+x_3)q_3(1+\sum_{j=1}^{3}\varepsilon_{3j}x_j)$$

$$= \sum_{j=1}^{3} p_i q_i (1+x_i)(1+\sum_{j=1}^{3}\varepsilon_{ij}x_j)$$

为使销售收入最大,令 $\frac{\partial R}{\partial x_1}=0, \frac{\partial R}{\partial x_2}=0, \frac{\partial R}{\partial x_3}=0$,根据所给数据得线性方程组

$$-1440x_1 + 160x_2 + 100x_3 = -20$$
$$-160x_1 - 1800x_2 + 120x_3 = -180$$
$$100x_1 + 120x_2 - 600x_3 = 40$$

解方程组得

$x_1 = 0.022 = 202\%, x_2 = 0.099 = 9.9\%, x_3 = -0.043 = -4.3\%$。
即牛奶涨 2.2%,奶粉涨 9.9%,奶油降 4.3%,可以看到涨价幅度都在 10% 以内。

据此可算出牛奶的产量为

$$q_1{'} = 200 \times [1+(-1.2) \times 2.2\% + 0.1 \times 9.9\% + 0.1 \times (-4.3\%)] = 195.84$$

牛奶产量较去年减少 2.1%。

奶粉产量为

$$q_2{'} = 40 \times [1 + 0.1 \times 2.2\% - 0.9 \times 9.9\% + 0.1 \times (-4.3\%)]$$
$$= 40 \times [1 - 0.0912] = 36.352$$

牛奶产量较去年减 9.12%。

奶油产量为

$$q_3{'} = 2 \times [1 + 0.4 \times 2.2\% + 0.2 \times 9.9\% - 3 \times (-4.3\%)]$$
$$= 2 \times [1 - 0.158] = 2.2316$$

奶油产量较去年增加 15.8%。

总收入为 $R(x_1,x_2,x_3) = 171$(万元)。

总收入比去年增长 1 万元。若求出的奶粉涨价幅度超规定,可按奶粉涨 10% 计算;再计算其它产品价格。

通过这个数学模型,可以把握市场动态,知道应增产哪种产品,应减产哪种产品。

6.2 交通网络流量分析模型

一、问题背景

对城市道路网中每条道路、每个交叉路口的车流量调查,是分析、评价及改善城市交通状况的基础。根据实际车流量信息可以设计流量控制方案,必要时设置单行线,以免大量车辆长时间拥堵。本节用线性代数的方程组理论来分析交通网络流量问题。

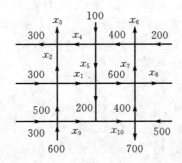

图 6.1　某城市单行线图

二、实例分析

某城市局部公路交通网络图如图 6.1 所示,其中的数字表示高峰期进出该网络的车流量(单位:辆),箭头表明了车辆的行驶方向。试用数学模型描述此交通网络的平衡状态。

1. 假设

(1) 每条道路都是单行线;

(2) 每个交叉路口进入和离开的车辆数目相等;

(3) 全部流入网络的流量等于全部流出网络的流量。

2. 模型的建立与求解

根据各结点的进出流量平衡知整个网络的进出流量平衡,可得所给问题满足如下线性方程组:

$$\begin{cases} x_2 - x_3 + x_4 = 300 \\ x_4 + x_5 = 500 \\ x_7 - x_6 = 200 \\ x_1 + x_2 = 800 \\ x_1 + x_5 = 800 \\ x_7 + x_8 = 1000 \\ x_9 = 400 \\ x_{10} - x_9 = 200 \\ x_{10} = 600 \\ x_8 + x_3 + x_6 = 100 \end{cases}$$

这是 10 个变量 10 个方程的线性方程组,可以用 matlab 软件求解该方程组。经计算系数矩阵的秩 $R(A) = 8$,增广矩阵的秩 $R(B) = 8 < 10$,说明该非齐次线性方程组有无穷多个解。

增广矩阵的最简型为

$$\begin{matrix} 1 & 0 & 0 & 0 & 1 & 0 & 0 & 0 & 0 & 800 \\ 0 & 1 & 0 & 0 & -1 & 0 & 0 & 0 & 0 & 0 \\ 0 & 0 & 1 & 0 & 0 & 0 & 0 & 0 & 0 & 200 \\ 0 & 0 & 0 & 1 & 1 & 0 & 0 & 0 & 0 & 500 \\ 0 & 0 & 0 & 0 & 0 & 1 & 0 & 1 & 0 & 0 & -100 \\ 0 & 0 & 0 & 0 & 0 & 0 & 1 & 1 & 0 & 0 & 1000 \\ 0 & 0 & 0 & 0 & 0 & 0 & 0 & 0 & 1 & 0 & 400 \\ 0 & 0 & 0 & 0 & 0 & 0 & 0 & 0 & 0 & 1 & 600 \\ 0 & 0 & 0 & 0 & 0 & 0 & 0 & 0 & 0 & 0 \\ 0 & 0 & 0 & 0 & 0 & 0 & 0 & 0 & 0 & 0 \end{matrix}$$

对应的齐次同解方程组为

$$\begin{cases} x_1 + x_5 = 800 \\ x_2 - x_5 = 0 \\ x_3 = 200 \\ x_4 + x_5 = 500 \\ x_6 + x_8 = 800 \\ x_7 + x_8 = 1000 \\ x_9 = 400 \\ x_{10} = 600 \end{cases}$$

以 x_5, x_8 做为自由变量,将最简形方程转化为
$$x_1 = 800 - x_5, x_2 = x_5, x_3 = 200, x_4 = 500 - x_5,$$
$$x_6 = 800 - x_8, x_7 = 1000 - x_8, x_9 = 400, x_{10} = 600$$

其中 x_5, x_8 可取非负值,并且使得其余变量非负。实际上,只要 $x_5 \leqslant 500, x_8 \leqslant 800$ 即可满足要求。如果结合实际情况,可以选择合适的 x_5, x_8,使交通网络满足实际要求,或者在满足上述条件的情况下,使得某一个目标函数达到最大值(或最小值),从而对交通网络进行优化。

由增广矩阵行的最简型看到,上述方程组中的最后二个方程是多余的。这意味着最后二个方程不起作用。事实上,还可以以其它变量为自由变量,同样也能使交通网络满足实际要求。

6.3 两个城市支付基金的流动模型

一、问题背景

金融机构为保证现金充分支付,设立一笔总额 5400 万的基金,分开放置在位于 A 城和 B 城的两家公司,基金平时可以使用,但周末结算时必须确保总额仍为 5400 万。经过相当长时期的现金流动,发现每过一周,各公司的支付基金在流通过程中多数还留在自己的公司内,A 城公司有 10% 支付基金流动到 B 城公司,B 城公司则有 12% 支付基金流动到 A 城公司。起初 A 城公司基金为 2600 万,B 城公司基金为 2800 万。按此规律,两公司支付基金数额变化趋势如何?如果金融专家认为每个公司的支付基金不能少于 2200 万,那么是否需要在必要时调整基金?

二、建立模型

解决这个问题有许多方法,下面借助线性代数知识来处理这个问题。设第 $k+1$ 周末结算时,A 城公司 B 城公司的支付基金数分别为 a_{k+1}, b_{k+1}(单位:万元),则
$$\begin{cases} a_{k+1} = 0.9a_k + 0.12b_k \\ b_{k+1} = 0.1a_k + 0.88b_k \end{cases}, k = 0, 1, 2, \cdots \tag{6.1}$$

其中 $a_0 = 2600, b_0 = 2800$。

原问题就转化为

(1) 把 a_{k+1}, b_{k+1} 表示成 k 的函数,并确定 $\lim\limits_{k \to +\infty} a_k$ 和 $\lim\limits_{k \to +\infty} b_k$。

(2) $\lim\limits_{k \to +\infty} a_k$ 和 $\lim\limits_{k \to +\infty} b_k$ 是否小于 2200。

三、模型求解

由方程(6.1)可得

$$\begin{pmatrix} a_{k+1} \\ b_{k+1} \end{pmatrix} = \begin{pmatrix} 0.9 & 0.12 \\ 0.1 & 0.88 \end{pmatrix} \begin{pmatrix} a_k \\ b_k \end{pmatrix}$$

上式是一阶常系数差分方程组,为了确定 $\lim\limits_{k \to +\infty} a_k$ 和 $\lim\limits_{k \to +\infty} b_k$,下面讨论差分方程组的平衡点。对于一般的一阶常系数差分方程组

$$X_{k+1} = AX_k$$

称满足方程组 $X = AX$ 的解向量 X^* 为平衡点。如果

$$\lim\limits_{k \to \infty} X_k = X^*$$

称平衡点是稳定的。记

$$\sigma(A) = \{\lambda \mid |\lambda E - A| = 0\}$$

可以通过分析矩阵 A 的特征值来判断 $X_{k+1} = AX_k$ 平衡点的稳定性:

(1) 当任意的 $\lambda \in \sigma(A)$,$|\lambda| < 1$,或者 $\lambda = 1$,则平衡点 X^* 是稳定的;

(2) 当任意 $\lambda \in \sigma(A)$,$|\lambda| \geqslant 1$,且 $\lambda \neq 1$,则平衡点是不稳定的。

对于(6.1)式,求得 A 的特征值为 $\lambda_1 = 1, \lambda_2 = 0.78$,因此其平衡点是稳定的。

下面用线性代数的相关理论对问题进行详细分析。由(6.1)式可得

$$\begin{pmatrix} a_{k+1} \\ b_{k+1} \end{pmatrix} = \begin{pmatrix} 0.9 & 0.12 \\ 0.1 & 0.88 \end{pmatrix} \begin{pmatrix} a_k \\ b_k \end{pmatrix} = \begin{pmatrix} 0.9 & 0.12 \\ 0.1 & 0.88 \end{pmatrix}^{k+1} \begin{pmatrix} a_0 \\ b_0 \end{pmatrix}$$

令 $A = \begin{pmatrix} 0.9 & 0.12 \\ 0.1 & 0.88 \end{pmatrix}$,则

$$\begin{pmatrix} a_{k+1} \\ b_{k+1} \end{pmatrix} = A^{K+1} \begin{pmatrix} a_0 \\ b_0 \end{pmatrix} = A^{K+1} \begin{pmatrix} 2600 \\ 2800 \end{pmatrix}$$

矩阵 A 的两个特征值分别为 $1, 0.78$,对应的特征向量分别为

$$P_1 = \begin{pmatrix} 0.7682 \\ 0.6402 \end{pmatrix}, P_2 = \begin{pmatrix} -1 \\ 1 \end{pmatrix}$$

由线性代数知识,存在可逆矩阵 $P = (P_1, P_2)$,使得

$$P^{-1}AP = D = \begin{pmatrix} 1 & 0 \\ 0 & 0.78 \end{pmatrix}$$

于是有

$$A = PDP^{-1}$$

所以 $A^{k+1} = PD^{k+1}P^{-1} = P \begin{pmatrix} 1 & 0 \\ 0 & 0.78^{k+1} \end{pmatrix} P^{-1}$

$$\begin{pmatrix} a_{k+1} \\ b_{k+1} \end{pmatrix} = \boldsymbol{A}^{k+1} \begin{pmatrix} 2600 \\ 2800 \end{pmatrix} = \boldsymbol{P} \begin{pmatrix} 1 & 0 \\ 0 & 0.78^{k+1} \end{pmatrix} \boldsymbol{P}^{-1} \begin{pmatrix} 2600 \\ 2800 \end{pmatrix}$$

将上式展开得

$$a_{k+1} = \frac{32400}{11} - \frac{3800}{11} \cdot \left(\frac{39}{50}\right)^{k+1}$$

$$b_{k+1} = \frac{27000}{11} + \frac{3800}{11} \cdot \left(\frac{39}{50}\right)^{k+1}$$

可见$\{a_k\}$单调递增,$\{b_k\}$单调递减,而且$\lim\limits_{k\to+\infty} a_k = \frac{32400}{11} \approx 2945.5$,$\lim\limits_{k\to+\infty} b_k = \frac{27000}{11} \approx 2454.5$,两者都大于2200,所以若按题中两城支付基金转移规律,不需要调动基金。

6.4 投入产出数学模型

投入产出法,又叫部门联系平衡法,是一种研究宏观经济结构的数量分析方法。在经济活动中,投入产出法是利用线性代数方法和计算机计算来研究经济活动中生产部门和消费部门之间的数量依存关系,集中体现在投入产出数学模型的建立及运用计算机进行矩阵运算的求解应用,并将所研究的某一经济系统中各部门之间的数量依存关系反映在一张平衡表(称为投入产出表)上,引进直接消耗系数的概念综合研究国民经济各部门之间的"投入"与"产出"的数量平衡关系。

本节将介绍投入产出数学模型的基本概念和计算方法以及它在经济领域中的一些应用。

一、投入产出的基本概念

1. 问题背景

在国家或区域的经济系统中,各部门(企业)既有消耗又有生产,或者说既有"投入"又有"产出"。各部门生产的产品既供给各部门和系统外的需求,同时也消耗系统各部门所提供的产品。消耗的目的是为了生产,生产的结果必然要创造新价值。投入产出分析通过编制投入产出表及建立相应的数学模型,反映经济系统各个部门(企业)之间的相互关系。

俄裔美国经济学家列昂捷夫(W. Leontief)于20世纪30年代首先提出并成功地建立了研究国民经济的投入产出的数学模型,他数次主持制定了美国的国民经济投入产出表,且由此对国民经济各部门的结构和各种比例关系进行了定量分析。这一方法以其重要的应用价值迅速为世界各国经济学界和决策部门所采纳。列昂捷夫因此于 1973 年获得了诺贝尔经济学奖。目前，投入产出分析主要用来编制国民经济预算和进行经济量化分析。

2. 投入产出分析的分类

投入产出模型的类型很多，其分类的标准不同，类型也不同，目前主要有以下几种类型：

(1) 静态投入产出模型和动态投入产出模型，静态投入产出模型是分析和研究某一特定时期的再生产过程及联系，动态投入产出模型是分析和研究连续变化若干时期的再生产过程及各时期的相互联系。

(2) 价值投入产出模型和实物投入产出模型，这是以计量单位不同为分类的，价值投入产出模型是投入产出表中所有指标都以产品价格单位度量，实物投入产出模型是投入产出表中所有指标都以产品实物单位度量。

(3) 区域投入产出模型，这是以投入产出表中所用数据资料范围不同分类的，有世界投入产出模型，国家投入产出模型，地区投入产出模型，部门投入产出模型，企业投入产出模型等。

(4) 报告期投入产出模型和计划期投入产出模型。报告期投入产出模型是所用数据资料都是报告期的实际数据，反映报告期投入与产出的综合平衡情况。计划期投入产出模型是所用数据资料都是计划期的计划数据，反映计划期或预测计划期国民经济的发展情况。

3. 投入和产出的概念

投入产出分析是对各种经济活动的投入产出关系所进行的经济分析和预测。那么什么是投入和产出呢？所谓投入是指从事一项经济活动的各种消耗，包括原材料、设备、动力、人力、资金等的消耗和使用，投入分为中间投入和最初投入，两者之和为总投入。中间投入又叫中间消耗，是指生产过程中作为投入所消耗的各种非耐用性货物和服务。最初投入是指增加值的要素投入，包括劳动者报酬、固定资本消耗、生产税净额和营业盈余。产出是指生产出来的产品及其分配使用的去向，产出可分为中间产品和最终产品，或叫做中间使用和最终使用。中间使用是指经济体系中各部门所生产出来的产品用于其它部门做中间消耗的部分。最终使用是指经济体系中各部门所生产出来的产品被用于最终消费、投资和出口的部分。

4. 投入产出分析的基本特点

首先投入产出分析是一种系统分析方法，它从国民经济是一个有机整体的观点出发，综合研究各个具体部门之间的数量关系（技术经济联系）。整体性是投入产出法最重要的特点。其次以投入产出表为基础，利用现代数学建立模型进行分析求解。各部门间的数量依存关系,在投入产出分析中通过一系列的线性方程组进行表现。投入产出方法主要是通过参数反映国民经济各个产业部门的经济技术联系。

5. 投入产出分析的基本假定

(1) 同质性假定:假定每个产业部门只生产一种特定的同质产品,同一部门内的产品在各种用途上是可以相互替代的。

(2) 比例性假定:规模收益不变假定,即每个部门产品的产出量与它的投入量是成正比例的。

(3) 相加性假定:无交互作用假定,n 个部门的产出合计等于这 n 个部门的投入合计。相加性假定的实质就是假定个生产部门的生产活动中,不存在本身生产活动之外的"外部经济"。

(4) 消耗系数相对稳定性假定:消耗系数主要取决于各个生产部门之间的技术经济联系程度。在生产技术条件相对稳定条件下,假定消耗系数在一定时期内是稳定的。

(5) 投入产出分析中的划分标准:纯部门或产业(产品)部门作为投入产出表中的部门。纯部门是指同类产品的综合体。投入产出分析中,依据投入产出分析的目的和假定,其划分的标准不取决于产品的用途,而是取决于生产过程中的消耗结构和工艺技术条件的相同性,同时考虑产品的经济用途。

6. 投入产出分析的步骤

(1) 划分国民经济部门;

(2) 编制投入产出表;

(3) 计算投入产出参数;

(4) 建立投入产出数学模型;

(5) 利用投入产出数学模型进行经济分析。

二、投入产出表与平衡方程组

(一) 投入产出表

将经济系统中各部门之间的错综复杂的联系概括在一张表上,就称这个表为投入产出表。下面举例介绍价值型报告期的投入产出表。

为叙述简单,该表只包含农业、轻工业、重工业和其它四个物质生产部门,而实际应用的投入产出表一般都包含几十个或几百个部门。

表 6.1　报告期价值型投入产出表　　（单位：亿元）

投入 \ 产出		中间产品					最终产品			总产品
		1 农业	2 轻工业	3 重工业	4 其它	合计	消费	积累	合计	
生产资料转移价值	1 农业	40	150	20	10	220	160	20	180	400
	2 轻工业	20	90	60	30	200	420	140	560	760
	3 重工业	40	120	320	120	600	80	50	130	730
	4 其他	20	60	80	40	200	30	190	220	420
	合计	120	420	480	200	1220	600	400	1090	2310
	固定资产折旧	10	40	50	10	110				
	合计	130	460	530	210	1330				
新创新价值	劳动报酬	230	60	120	90	500				
	社会纯收入	40	240	80	120	480				
	合计	270	300	200	210	980				
	总投入	400	760	730	420	2310				

表中的水平方向反映了各部门产品按经济用途的使用情况，各部门产品可分为两大部分，即中间型产品和最终产品。中间产品指本时期内生产领域中尚需进一步加工的产品，在表中农业部门的 400 亿元产值中有 220 亿元的中间产品，用于农业本身、轻工业、重工业、其它分别为 40,150,20,10 亿元。

最终产品是本期内在生产领域中已经最终加完了，可供消费和使用的产品。在表中，农业部门的最终产品是 180 亿元，它与中间产品之和，即 220 + 180 = 400（亿元）为农业部门的总产品。其余的三个部门也是中间产品与最终产品之和为总产品。

表 6.1 的第一列表示农业部门产品的价值构成情况，它反映了农业部门在生产过程中消耗了农业本身、轻工业、重工业和其它部门的产品价值分别为 40、20、40、20 亿元，固定资产损耗为 10 亿元，因此生产资料转移价值是 130 亿元，农业部门的劳动报酬、社会纯收入分别是 230 亿、40 亿元，即新创造价值为 270 亿元。农业的总产品的价值等于它在生产过程中的生产资料转移价值与新创造价值之和，即 130 + 270 = 400（亿元）。也就是对农业部门的总投入为 400 亿元，这个数值和农业部门的总产品（即产出）的数值是一样，即所谓的投入与产出是平衡的。用同样的方法可分析表中所有部门的投入产出结构。

上面我们只编了四个部门的投入产出表，简单的介绍了价值型投入产出表的结构，下面给出一般的情况。把整个经济系统分成 n 个经济部门，按照投入产出两个方面，以 $1,2,\cdots,n$ 的顺序排在一张表内，如表 6.2 所示，表中符号的经济意义是：

X_i:第 i 个生产部门的总产品;Y_i:第 i 个生产部门的最终产品;

x_{ij}:第 j 部门消耗第 i 部门的产品;D_j:第 j 部门的固定资产折旧;

V_j:第 j 部门劳动者的工资;M_j:第 j 部门劳动者创造的价值;

Z_j:第 j 部门劳动者创造价值的总和,即 $Z_j = V_j + M_j (j = 1, 2, \cdots, n)$。

X_j:第 j 个部门的总投入。

表 6.2 由两条双线分成四部分,按照左上、右上、左下、右下的顺序分别称为第 Ⅰ、Ⅱ、Ⅲ、Ⅳ 部分,或称为 Ⅰ、Ⅱ、Ⅲ、Ⅳ 象限。第 Ⅰ 部分由 n 个生产部门纵横交叉组成,它表示各经济部门之间的生产技术联系,各部门相互提供产品消耗。它的行数必须与列数相等。

第 Ⅱ 部分表示各部门最终产品的分配情况。

第 Ⅲ 部分包括各部门的固定资产折旧和新创造价值两部分,它反映了国民收入的初次分配情况。

第 Ⅳ 部分反映国民经济的再分配,由于较复杂,这里不予介绍。

表 6.2 价值型投入产出表

投入＼产出		中间产品					最终产品				总产品
		1	2	$\cdots$	n	合计	消费	积累	出口	合计	
生产资料转移价值	1	x_{11}	x_{12}	$\cdots$	x_{1n}	$\sum_{j=1}^{n} x_{1j}$				Y_1	X_1
	2	x_{21}	x_{22}	$\cdots$	x_{2n}	$\sum_{j=1}^{n} x_{2j}$				Y_2	X_2
	$\cdots$	$\cdots$	$\cdots$	$\cdots$	$\cdots$					$\cdots$	$\cdots$
	n	x_{n1}	x_{n2}	$\cdots$	x_{nn}	$\sum_{j=1}^{n} x_{nj}$				Y_n	X_n
	合计	$\sum_{i=1}^{n} x_{i1}$	$\sum_{i=1}^{n} x_{i2}$	$\cdots$	$\sum_{i=1}^{n} x_{in}$	$\sum_{i=1}^{n}\sum_{j=1}^{n} x_{ij}$				$\sum_{i=1}^{n} Y_i$	$\sum_{i=1}^{n} X_i$
	固定资产折旧	D_1	D_2	$\cdots$	D_n	$\sum_{j=1}^{n} D_j$					
新创造价值	劳动报酬	V_1	V_2	$\cdots$	V_n	$\sum_{j=1}^{n} V_j$					
	社会纯收入	M_1	M_2	$\cdots$	M_n	$\sum_{j=1}^{n} M_j$					
	合计	Z_1	Z_2	$\cdots$	Z_n	$\sum_{j=1}^{n} Z_j$					
总投入		X_1	X_2	$\cdots$	X_n	$\sum_{j=1}^{n} X_j$					

(二)平衡方程组

为了便于研究部门之间的数量关系,要建立起方程组体系。从表 6.2 的行来看,每一个生产部门分配给各个部门中间产品加上该部门的最终需求产品,就等于该部门的总产品,于是可得产出平衡方程组。由此,表 6.2 的每行都可用一个方程表示,共有 n 行,因此就建立起 n 个方程的线性方程组,称为分配方程组,即

$$\begin{cases} X_1 = x_{11} + x_{12} + \cdots + x_{1n} + Y_1 \\ X_2 = x_{21} + x_{22} + \cdots + x_{2n} + Y_2 \\ \quad\vdots \\ X_n = x_{n1} + x_{n2} + \cdots + x_{nn} + Y_n \end{cases} \quad (6.2)$$

或简写为

$$X_i = \sum_{j=1}^n x_{ij} + Y_i \quad (i = 1, 2, \cdots, n)$$

从表 6.2 的列来看,每一个生产部门来说,各个部门为其投入的产品加上该部门的新创造的价值,就等于该部门的总投入量价值,于是可得消费平衡方程,由此,表 6.2 的每列都可用一个方程表示,共有 n 列,因此就建立起 n 个方程的线性方程组

$$\begin{cases} X_1 = x_{11} + x_{21} + \cdots + x_{n1} + Z_1 \\ X_2 = x_{12} + x_{22} + \cdots + x_{n2} + Z_2 \\ \quad\vdots \\ X_n = x_{1n} + x_{2n} + \cdots + x_{nn} + Z_n \end{cases} \quad (6.3)$$

或简写为

$$X_j = \sum_{i=1}^n x_{ij} + Z_j \quad (j = 1, 2, 3, \cdots, n)$$

显然,对一个投入产出表,有下列总量平衡关系:每个部门的总投入等于该部门的总产出,所有部门的总投入等于所有部门的总产出,中间投入总和等于中间使用总和,所有部门新创造的价值之和等于所有部门最终产品的价值。

由(6.2)式和(6.3)式可得

$$\sum_{j=1}^n x_{sj} + Y_s = \sum_{i=1}^n x_{is} + D_s + Z_s \quad (s = 1, 2, \cdots, n)$$

例 6.1 已知某一经济系统在一个生产周期内各部门产品的生产与分配情况如表 6.3 所示。

试求:(1) 各部门的最终产品;(2) 各部门新创造价值;

(3) 各部门的固定资产折旧。

表 6.3　三部门的投入产出表

投入	产出		中　间　产　品			最终产品	总产品
			Ⅰ	Ⅱ	Ⅲ		
生产资料转移价值	生产部门	Ⅰ	1	5	8	Y_1	25
		Ⅱ	10	20	2	Y_2	60
		Ⅲ	6	1	7	Y_3	30
	固定资产折旧		D_1	D_2	D_3		
新创造价值	劳动报酬纯收入		5 2	15 10	10 2		
	总　投　入		25	60	30		

解　(1) 由分配平衡方程组(1)式可得
$$\begin{cases} Y_1 = X_1 - (x_{11} + x_{12} + x_{13}) = 25 - (1+5+8) = 11 \\ Y_2 = X_2 - (x_{21} + x_{22} + x_{23}) = 60 - (10+20+2) = 28 \\ Y_3 = X_3 - (x_{31} + x_{32} + x_{33}) = 30 - (6+1+7) = 16 \end{cases}$$

(2) 由 $Z_j = V_j + M_j (j = 1,2,3)$，得
$$Z_1 = 5 + 2 = 7$$
$$Z_2 = 15 + 10 = 25$$
$$Z_3 = 10 + 2 = 12$$

(3) 由消耗平衡方程得
$$D_1 = X_1 - (x_{11} + x_{21} + x_{31}) - Z_1 = 25 - (1+10+6) - 7 = 1$$
$$D_2 = X_2 - (x_{12} + x_{22} + x_{32}) - Z_2 = 60 - (5+20+1) - 25 = 9$$
$$D_3 = X_3 - (x_{13} + x_{23} + x_{33}) - Z_3 = 30 - (8+2+7) - 12 = 1$$

(三) 直接消耗系数

为了确定各部门之间在生产技术的数量依存关系，下面给出部门的直接消耗系数概念及由此得到的平衡方程组的矩阵表示。

1. 直接消耗系数的定义

在投入产出表 6.1 中，农业部门总产值为 400 亿元，即 $X_1 = 400$，农业部门生产过程中消耗了本部门 40 亿元，即 $x_{11} = 40$，这表明农业部门每生产价值为 1 元的产品需要直接消耗本部门 $40/400 = 0.1$(元) 的产品。此外，农业部门还消耗了轻工业部门 20 亿元产品，也就是每生产一元的农产品需要直接消耗轻工业部门的 $20/400 = 0.05$(元) 的产品。一般我们用字母表示为

$$a_{11} = \frac{x_{11}}{X_1} = \frac{40}{400} = 0.1, a_{21} = \frac{x_{21}}{X_1} = \frac{20}{400} = 0.05$$

a_{11}, a_{21} 叫直接消耗系数。下面给出一般情况下的定义。

定义 6.1 第 j 部门生产单位产品直接消耗第 i 部门的产品数量,称为第 j 部门对第 i 部门的直接消耗系数,记作 a_{ij}。即

$$a_{ij} = \frac{x_{ij}}{X_j} \ (i,j = 1,2,\cdots,n) \tag{6.4}$$

用(6.4)式很容易求出各部门之间的直接消耗系数。

直接消耗系数反映了某种产品的生产对另一种产品的直接消耗程度,利用它可研究两部门之间的直接经济技术联系。a_{ij} 数值越大,越接近 1,两部门之间的直接经济技术联系越紧密。反之,a_{ij} 越接近于 0,说明两部门之间的直接经济技术联系越松散;$a_{ij} = 0$,说明两部门之间没有直接经济技术联系。应用中可以将 a_{ij} 由小到大排列,以反映部门间的直接依存关系。

2. 平衡方程组的矩阵表示

根据(6.4)式有

$$x_{ij} = a_{ij} X_j \ (i,j = 1,2,\cdots,n) \tag{6.5}$$

将(6.5)式代入分配平衡方程组(6.2),得

$$\begin{cases} X_1 = a_{11} X_1 + a_{12} X_2 + \cdots + a_{1n} X_n + Y_1 \\ X_2 = a_{21} X_1 + a_{22} X_2 + \cdots + a_{2n} X_n + Y_2 \\ \quad \vdots \\ X_n = a_{n1} X_1 + a_{n2} X_2 + \cdots + a_{nn} X_n + Y_n \end{cases}$$

或写成

$$X_i = \sum_{i=1}^{n} a_{ij} X_j + Y_i \ (i = 1,2,\cdots,n) \tag{6.6}$$

把(6.5)式代入消耗平衡方程组(6.3)中得

$$\begin{cases} X_1 = a_{11} X_1 + a_{21} X_1 + \cdots + a_{n1} X_1 + D_1 + Z_1 \\ X_2 = a_{12} X_2 + a_{22} X_2 + \cdots + a_{n2} X_2 + D_2 + Z_2 \\ \quad \vdots \\ X_n = a_{1n} X_n + a_{2n} X_n + \cdots + a_{nn} X_n + D_n + Z_n \end{cases}$$

或写成

$$X_j = \sum_{i=1}^{n} a_{ij} X_j + D_j + A_j \ (j = 1,2,\cdots,n) \tag{6.7}$$

下面用矩阵形式分别表示分配平衡方程组与消耗平衡方程组。设

$$\boldsymbol{X} = \begin{bmatrix} X_1 \\ X_2 \\ \vdots \\ X_n \end{bmatrix}, \boldsymbol{Y} = \begin{bmatrix} Y_1 \\ Y_2 \\ \vdots \\ Y_n \end{bmatrix}, \boldsymbol{D} = \begin{bmatrix} D_1 \\ D_2 \\ \vdots \\ D_n \end{bmatrix}, \boldsymbol{Z} = \begin{bmatrix} Z_1 \\ Z_2 \\ \vdots \\ Z_n \end{bmatrix}$$

$$A = \begin{bmatrix} a_{11} & a_{12} & \cdots & a_{1n} \\ a_{21} & a_{22} & \cdots & a_{2n} \\ \vdots & \vdots & & \vdots \\ a_{n1} & a_{n2} & \cdots & a_{nn} \end{bmatrix}, C = \begin{bmatrix} \sum_{i=1}^{n} a_{i1} & 0 & \cdots & 0 \\ 0 & \sum_{i=1}^{n} a_{i2} & \cdots & 0 \\ \vdots & \vdots & \ddots & \vdots \\ 0 & 0 & \cdots & \sum_{i=1}^{n} a_{in} \end{bmatrix}$$

称 A 为直接消耗系数矩阵，C 为中间投入系数矩阵，其中 c_{jj} 称为中间投入率，是第 j 部门生产单位总产出所直接消耗的所有的中间消耗量，它的数值越大，说明这一部门与其他所有部门之间的直接经济技术联系越密切，同时也说明该部门经济效益越差；反之，中间投入率的数据越小，说明经济效益越好。

方程组 (6.6)、(6.7) 可以分别写成矩阵形式

$$X = AX + Y \tag{6.8}$$
$$X = CX + D + Z \tag{6.9}$$

或写成
$$(E - A)X = Y \tag{6.10}$$
$$(E - C)X = D + Z \tag{6.11}$$

直接消耗系数矩阵有下列两个性质：

性质 1　$0 \leqslant a_{ij} < 1 (i,j = 1,2,\cdots,n)$

事实上，由 $x_{ij} < x_j (i,j = 1,2,\cdots,n)$，可知 $0 \leqslant a_{ij} < 1$。

性质 2　直接消耗系数矩阵 A 的各列元素之和均小于 1，即

$$\sum_{i=1}^{n} a_{ij} < 1 (j = 1,2,\cdots,n)$$

这是因为由 (6.7) 式　$(1 - \sum_{i=1}^{n} a_{ij}) X_j = D_j + Z_j (j = 1,2,\cdots,n)$

又因为 $X_j > 0, D_j > 0, Z_j > 0 (j = 1,2,\cdots,n)$，所以

$$1 - \sum_{i=1}^{n} a_{ij} > 0 \text{ 即 } \sum_{i=1}^{n} a_{ij} < 1 (j = 1,2,\cdots n)$$

根据直接消耗系数矩阵 A 的两个性质，可以证明矩阵 $(E-A)$ 和矩阵 $(E-C)$ 都是可逆矩阵 (矩阵 $(E-C)$ 可逆性很显然，矩阵 $(E-A)$ 可逆因涉及较多数学理论，略去证明)。因此，由方程 (9) 式得到 X 和 Y 的关系为

$$X = (E - A)^{-1} Y \tag{6.12}$$

由方程 (6.11) 得到 X 和 Z 的关系为

$$X = (E - C)^{-1} (D + Z) \tag{6.13}$$

(四) 完全消耗系数

在国民经济各部门之间除了直接联系外,还有各种间接联系,第 j 部门在生产中除了要直接消耗第 i 个部门的产品外,还要通过其它部门产品形成对第 i 部门产品的间接消耗。部门之间的直接消耗与部门之间的间接消耗之和称为完全消耗。

以生产汽车所消耗的电力为例来说明完全消耗的含义。在生产汽车的过程中除直接消耗电力以外,还消耗了钢材、轮胎、机器设备等,而生产这些产品也需消耗电力,这些电力的消耗就应看成汽车部门对电力的第一次间接消耗。在钢材、轮胎的生产中消耗了钢、橡胶,而钢和橡胶的生产中又消耗了电力,这是汽车生产部门对电力的第二次间接消耗。依此类推,直到引起的间接消耗量足够小为止,这样计算就可以求出汽车生产部门对电力的完全消耗。

绝大多数工业产品对电力都存在着间接消耗关系,而且很多产品对电力的间接消耗大于直接消耗。例如炼一吨铜直接消耗电力 758.5 千瓦·时,而间接消耗电力达 4958.7 千瓦·时。可见精确计算产品之间存在的间接消耗对搞好国民经济的综合平衡有重要意义。

设单位产品 j 对产品 i 的完全消耗为 b_{ij},它应等于单位产品 j 对 i 的直接消耗 a_{ij} 加上单位产品 j 对产品 i 的所有间接消耗 $\sum_{p=1}^{n} b_{ip} a_{pj}$。对于间接消耗,可以这样理解,单位产品 j 生产过程中直接消耗的产品 P 为 a_{pj},单位产品 P 在生产中又直接和间接的消耗了产品 i,即单位产品 P 对产品 i 的完全间接消耗为 b_{ip},两者的乘积 $b_{ip} a_{pj}$ 就是中间产品实现的单位产品 j 对产品 i 的间接消耗量,对中间产品 P 求和,即 $\sum_{p=1}^{n} b_{ip} a_{pj}$,就是单位产品 j 对产品 i 的全部间接消耗。图 6.2 表达了 b_{ij} 的计算过程。

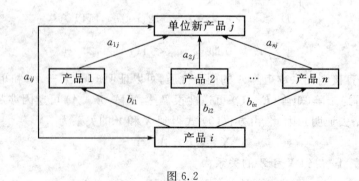

图 6.2

定义 6.2 第 j 部门生产单位产品时对第 i 部门完全消耗的产品数量,称为

j 部门对第 i 部门的完全消耗系数。记作

$$b_{ij} = a_{ij} + b_{i1}a_{1j} + b_{i2}a_{2j} + \cdots + b_{in}a_{nj}$$

或写成

$$b_{ij} = a_{ij} + \sum_{p=1}^{n} b_{ip}a_{pj} \quad (i,j = 1,2,\cdots,n) \tag{6.14}$$

从以上的分析可以看出,完全消耗系数能更深刻、本质、全面的反映各经济部门之间的相互依存、相互制约的关系。它准确、完整地反映了提供单位最终产品所引起的对各部门的需要量。因此完全消耗系数对于经济预测、进行多方面的经济分析以及搞好综合平衡都有重要意义。

用定义计算完全消耗系数,需要求解多个 n 元线性方程组。采用矩阵形式,公式(6.14)为

$$\boldsymbol{B} = \boldsymbol{A} + \boldsymbol{BA} \tag{6.15}$$

其中 $\boldsymbol{B} = \begin{bmatrix} b_{11} & b_{12} & \cdots & b_{1n} \\ b_{21} & b_{22} & \cdots & b_{2n} \\ \vdots & \vdots & & \vdots \\ b_{n1} & b_{n2} & \cdots & b_{nn} \end{bmatrix}$

称为完全消耗系数矩阵。

由公式(6.15)并用矩阵的运算法则可得

$$\boldsymbol{A} = \boldsymbol{B} - \boldsymbol{BA} = \boldsymbol{B}(\boldsymbol{E} - \boldsymbol{A})$$

因为 $(\boldsymbol{E} - \boldsymbol{A})$ 是可逆的,所以

$$\boldsymbol{B} = \boldsymbol{A}(\boldsymbol{E} - \boldsymbol{A})^{-1} = [\boldsymbol{E} - (\boldsymbol{E} - \boldsymbol{A})](\boldsymbol{E} - \boldsymbol{A})^{-1}$$
$$= (\boldsymbol{E} - \boldsymbol{A})^{-1} - (\boldsymbol{E} - \boldsymbol{A})(\boldsymbol{E} - \boldsymbol{A})^{-1} = (\boldsymbol{E} - \boldsymbol{A})^{-1} - \boldsymbol{E}$$

即 $\boldsymbol{A}$ 和 $\boldsymbol{B}$ 的关系为

$$\boldsymbol{B} = (\boldsymbol{E} - \boldsymbol{A})^{-1} - \boldsymbol{E} \tag{6.16}$$

在应用(6.16)式时,当部门较多时,可以用 matlab 工具来进行计算。如已知直接消耗系数阵 $\boldsymbol{A}$ 为

$$\boldsymbol{A} = \begin{bmatrix} 0.25 & 0.10 & 0.10 \\ 0.20 & 0.20 & 0.10 \\ 0.10 & 0.10 & 0.20 \end{bmatrix}$$

用 matlab 工具可求得完全消耗阵 $\boldsymbol{B}$ 为

$$\boldsymbol{B} = \begin{bmatrix} 0.4141 & 0.2020 & 0.2020 \\ 0.3816 & 0.3244 & 0.2132 \\ 0.2245 & 0.1908 & 0.3019 \end{bmatrix}$$

显然,完全消耗系数一定大于或等于直接消耗系数。

已知完全消耗系数阵,还可推导出完全消耗系数阵表达的平衡方程组。分配平衡方程组模型的矩阵形式为

$$X = (E-A)^{-1}Y = (B+E)Y \qquad (6.17)$$

在投入产出分析中,矩阵 $E-A$ 在各种计算中非常重要,称其为列昂捷夫矩阵,称 $(E-A)^{-1}$ 为列昂捷夫逆矩阵。

由(6.12)式,当各部门的最终产品有增量 ΔY 时,总产品的增量为

$$\Delta X = (E-A)^{-1}\Delta Y$$

由此看出,列昂捷夫逆矩阵 $(E-A)^{-1}$ 的各列元素表示,当第 j 部门的最终需求增加 1 个单位,别的部门最终需求不变时,需要各部门提供的总产出量的增量。

列昂捷夫逆矩阵 $(E-A)^{-1}$ 的各行元素的和表示,各部门同时增加 1 个单位的最终需求时,需要各部门增加的总产出量。因为列昂捷夫逆矩阵有以上的性质,称矩阵

$$\bar{B} = (E-A)^{-1} = \begin{bmatrix} \bar{b}_{11} & \bar{b}_{12} & \cdots & \bar{b}_{1n} \\ \bar{b}_{21} & \bar{b}_{22} & \cdots & \bar{b}_{2n} \\ \vdots & \vdots & & \vdots \\ \bar{b}_{n1} & \bar{b}_{n2} & \cdots & \bar{b}_{m} \end{bmatrix}$$

为完全需要系数阵。

三、投入产出方法应用

我们结合实例来介绍投入产出方法在几个方面的应用。

例 6.2 根据某年的实际统计资料编制一个报告期全国型的投入产出简表如表 6.4。

(一) 根据计划期最终产值计算各部门的总产值

假设在计划期工业、农业、其它部门的最终产品的产值分别为 800 亿元、700 亿元、250 亿元,试求在计划期各部门应生产的产品数量。

根据表中所给数据先算出直接消耗系数矩阵 A 和完全消耗系数矩阵 B 为

$$A = \begin{bmatrix} 0.5 & 0.2 & 0.2 \\ 0.1 & 0.1 & 0.1 \\ 0.1 & 0.1 & 0 \end{bmatrix}, B = \begin{bmatrix} 1.2084 & 0.5459 & 0.4963 \\ 0.2730 & 0.1911 & 0.1737 \\ 0.2481 & 0.1737 & 0.0670 \end{bmatrix}$$

一般情况下,短期内大多数部门的技术状况和产品供应状况不会发生根本性的变化,只要对少数估计变动较大的系数进行修改,就可以把已求出的报告期的系数作为计划期系数使用。

表 6.4　全国投入产出简表　　　　　　　　　　单位：亿元

投入＼产出		中间产品				最终产品			总产品
		工业	农业	其他	合计	消费	积累	合计	
生产资料转移价值	工业	1000	200	100	1300	400	300	700	2000
	农业	200	100	50	350	350	300	650	1000
	其他	200	100	0	300	100	100	200	500
	合计	1400	400	150	1950	850	700	1550	3500
	固定资产折旧	20	10	10	40				
新创造价值	工资	300	300	175	775				
	纯收入	280	290	165	735				
	合计	600	600	350	1550				
总投入		2000	1000	500	3500				

应用公式 $X=(B+E)Y$，得

$$X = \begin{pmatrix} 2.2084 & 0.5459 & 0.4963 \\ 0.2730 & 1.1911 & 0.1737 \\ 0.2481 & 0.1737 & 1.0670 \end{pmatrix} \begin{pmatrix} 800 \\ 700 \\ 250 \end{pmatrix} = \begin{pmatrix} 2272.93 \\ 1095.60 \\ 586.82 \end{pmatrix}$$

即工业部门生产 2272.93 亿元产品，农业部生产 1095.6 亿元的产品，其它部门生产 586.82 亿元的产品。

（二）根据计划期总产品计算各部门的投入量

由给出的表已经计算出计划期各部门的总产品的数量，再根据直接消耗系数矩阵，便可以计算出中间产品的投入量。

由 $x_{ij}=a_{ij}X_j(i,j=1,2,3)$ 得

$x_{11}=a_{11}x_1=1136.47,\ x_{21}=a_{21}x_1=227.29,\ x_{31}=a_{31}x_1=227.29$

其它各列依次计算，得出中间产品的投入量如表 6.5。

表 6.5

部门＼部门	中间产品		
	工业	农业	其它
工业	1136.47	219.12	117.36
农业	227.29	109.56	58.68
其它	227.29	109.56	0

（三）在计划调整方面的作用

在国民经济发展中，由于新技术的采用，需求的变化或某种预料不到的因

素,常常会对部门某产品的生产提出新的要求,这就需要调整计划任务,但某一部门的增产或减产都不是本部门的事,其它各部门的投入量都要做相应的变化。

假如在上例中,将工业部门的最终产品增加 20 亿元,那么工业、农业、其经各部门的投入量应相应地增加多少?

由 $X = (B+E)Y$ 得 $\Delta X = (B+E)\Delta Y$,即

$$\begin{pmatrix} 2.2084 \\ 0.2730 \\ 0.2481 \end{pmatrix} \times 20 = \begin{pmatrix} 44.168 \\ 5.46 \\ 4.962 \end{pmatrix}$$

结果表明,工业部门最终产品增加 20 亿元,则工业、农业、其它部门要比原计划多给工业部门的投入量分别是 44.168 亿元,5.46 亿元,4.962 亿元。

(四) 计算劳动资源的需要量

用 L_i 表示生产 X_i 产品所需要的劳动力,以 t_i 表示第 i 个部门单位产品需要的劳动力,则

$$t_i = \frac{L_i}{X_i}(i=1,2,\cdots,n)$$

用 H 表示社会对劳动资源的需要量,如果各部门的产量 X_i 确定后,则有

$$H = t_1 X_1 + t_2 X_2 + \cdots + t_n X_n$$

令 $T = (t_1, t_2, \ldots, t_n)$,则上式矩阵形式 $H = TX$,因为 $X = (E-A)^{-1}Y$,所以

$$H = T(E-A)^{-1}Y$$
$$\Delta H = T(E-A)^{-1}\Delta Y \tag{6.18}$$

利用(6.18)式可以由计划期最终产品的变化计算劳动资源需要量的变化。对例 6.2,如果投入工业、农业、其它部门的劳动力分别为 3600 万人、24000 万人、750 万人,并且已知 $X_1 = 2000$(亿元),$X_2 = 1000$(亿元),$X_3 = 500$(亿元),那么,当计划期工业部门的最终产品增加 10 亿元时,问社会劳动力应增加多少?

因为

$$t_1 = \frac{L_1}{X_1} = \frac{3600}{2000} = 1.8(万人/亿元)$$

$$t_2 = \frac{L_2}{X_2} = \frac{24000}{1000} = 24(万人/亿元)$$

$$t_3 = \frac{L_3}{X_3} = \frac{750}{500} = 1.5(万人/亿元)$$

代入公式(6.18)得

$$\Delta H = T(E-A)^{-1}\Delta Y = (1.8, 24, 1.5)\begin{pmatrix} 2.2084 & 0.5459 & 0.4963 \\ 0.2730 & 1.1911 & 0.1737 \\ 0.2481 & 0.1737 & 1.0670 \end{pmatrix}\begin{pmatrix} 10 \\ 0 \\ 0 \end{pmatrix}$$

$$= (1.8, 24, 1.5) \begin{bmatrix} 22.084 \\ 2.730 \\ 2.481 \end{bmatrix} = 108.09(万人)$$

即工业部门最终产品要增加 10 亿元,则劳动力需要增加 108.99 万人。

6.5 按年龄分布的离散化人口预测模型

一、问题背景

在第四章曾给出了简单的人口预测模型,但只考虑了人口总数,没有考虑人口的年龄分布。事实上,在对人口进行分析时,按年龄分布的人口结构是非常重要的。在人口总数一定时,不同年龄段人的生育率和死亡率是不同的,它们对人口未来发展的影响也是很不一样的。为了讨论不同年龄段的人口分布对人口增长的影响,本节讨论按年龄分布的离散化人口预测模型,通常称为莱斯利(Leslie)模型。

根据大量的资料统计发现,人类社会男女人口比例非常接近于一个常数,生育率在很大程度上取决于女性的总人数,这样就可以通过只考虑女性人口来简化人口模型。以下只讨论女性人口的年龄分布情况,所论的人口均指女性人口。

二、模型的假设

(1) 社会稳定,不会发生重大自然灾害和战争;
(2) 在较短的时间内,平均年龄变化较小,可以认为不变;
(3) 只考虑由生育、老化和死亡引起的人口变化,不考虑移民对人口总数的影响。

三、模型的建立和求解

将人口按年龄大小等间隔地划分成 m 个年龄组,年龄是随着时间 t 变化的,要讨论在不同时间人口的年龄分布,对时间也加以离散化,其单位与年龄组的间隔相同,取 $t=1$ 表示第一阶段,于是有 $t=1,2,\cdots,m$。

设在时间段 t 第 i 年龄组的人口总数为 $n_i(t), i=1,2,\cdots,m$,定义人口年龄分布向量为

$$n(t) = (n_1(t), n_2(t), \cdots, n_m(t))^T$$

设初始人口年龄分布向量为 $n(0)$:

$$\boldsymbol{n}(0) = (n_1(0), n_2(0), \cdots, n_m(0))^{\mathrm{T}}$$

模型要研究的是女性的人口 $\boldsymbol{n}(t)$ 随时间 t 的变化规律,从而进一步研究总人口数等指标的变化规律。为此,给出几个重要的参数。

用 b_i 表示第 i 年龄组的生育率,即单位时段内第 i 年龄组的每个女性平均生育的女婴人数;若用 $\Delta n_i(t)$ 表示第 i 年龄组在 t 时段生育的女婴总数,则

$$b_i = \frac{\Delta n_i(t)}{n_i(t)}$$

用 d_i 表示第 i 年龄组的死亡率,$\delta n_i(t)$ 表示第 i 年龄组在 t 时段死亡的总人数,则

$$d_i = \frac{\delta n_i(t)}{n_i(t)}$$

记 $s_i = 1 - d_i$,称 s_i 为存活率。在稳定的社会环境下,b_i、s_i 变化不大,为简单设它们不随时间 t 变化。b_i、s_i 均可由统计资料获得。

根据 b_i、s_i 和 $n_i(t)$ 的定义,在时段 $t+1$ 时,第一年龄组人口数量是时段 t 各年龄组出生的人数总和

$$n_1(t+1) = b_1 n_1(t) + b_2 n_2(t) + \cdots + b_m n_m(t)$$

时段 $t+1$ 第 $i+1$ 组的人口数量是时段 t 第 i 组存活下来的的数量,即

$$n_{i+1}(t+1) = s_i n_i(t) \qquad i = 1, 2, \cdots, m-1$$

由此,可以写出 $n_i(t+1)$ 与 $n_i(t)$ 应满足关系为

$$\begin{cases} n_1(t) = \sum_{i=1}^{m} b_i n_i(t) \\ n_{i+1}(t+1) = s_i n_i(t), i = 1, 2, \cdots, m-1 \end{cases} \tag{6.19}$$

在上式中假设 b_i 已经扣除婴儿死亡率,即扣除了在时段 t 以后出生而活不到 $t+1$ 的那些婴儿。

为简化计算,引入矩阵

$$\boldsymbol{L} = \begin{bmatrix} b_1 & b_2 & \cdots & b_{m-1} & b_m \\ s_1 & 0 & \cdots & 0 & 0 \\ 0 & s_2 & \cdots & 0 & 0 \\ \vdots & \vdots & & \vdots & \vdots \\ 0 & 0 & \cdots & s_{m-1} & 0 \end{bmatrix}$$

称 $\boldsymbol{L}$ 为莱斯利矩阵,(6.19) 式可用矩阵表为

$$\boldsymbol{n}(t+1) = \boldsymbol{L}\boldsymbol{n}(t), \quad t = 0, 1, 2, \cdots, m-1 \tag{6.20}$$

当矩阵 $\boldsymbol{L}$ 和按年龄分布的初始分布向量 $\boldsymbol{n}(0)$ 已知时,由上式可得

$$\boldsymbol{n}(t+1) = \boldsymbol{L}^t \boldsymbol{n}(0), t = 0, 1, 2, \cdots, m-1 \tag{6.21}$$

用此公式可以预测任意时段 t 的按年龄分布的人口数,当然不难算出时段 t 的人口总数。

四、模型的趋势分析

下面研究在时间 t 充分长后($t \to \infty$),人口的年龄结构及数量变化,人口能否保持一个稳定的状态?

根据 b_i 和 s_i 的定义,它们满足

(1) $s_i > 0$ ($i = 1, 2, \cdots, m-1$),如果某 $s_i = 0$,则该 i 组取消。

(2) $b_i \geqslant 0$ ($i = 1, 2, \cdots, m$),且至少有一个 $b_i > 0$。

容易看到,$n(t)$ 的稳定性完全取决于矩阵 L。为此需要考虑莱斯利矩阵 L 的特征值和特征向量。L 的特征多项式为

$$p(\lambda) = |\lambda E - L|$$
$$= \lambda^n - b_1 \lambda^{n-1} - b_2 s_1 \lambda^{n-2} - b_3 s_1 s_2 \lambda^{n-3} - \cdots - b_m s_1 s_2 \cdots s_{m-1}$$
$$= \lambda^n \left[1 - \left(\frac{b_1}{\lambda} + \frac{b_2 s_1}{\lambda^2} + \frac{b_3 s_1 s_2}{\lambda^3} + \cdots + \frac{b_m s_1 s_2 \cdots s_{m-1}}{\lambda^m} \right) \right]$$

为了求这个多项式的根,引入函数

$$g(\lambda) = \frac{b_1}{\lambda} + \frac{b_2 s_1}{\lambda^2} + \frac{b_3 s_1 s_2}{\lambda^3} + \cdots + \frac{b_m s_1 s_2 \cdots s_{m-1}}{\lambda^m}$$

则特征多项式 $p(\lambda) = |\lambda E - L| = 0$ 等价于 $g(\lambda) = 1 (\lambda \neq 0)$。由于所有的 b_i 和 s_i 均为非负,$g(\lambda)$ 对于大于零的 λ 是单调减少的。又因为

$$\lim_{\lambda \to 0^+} g(\lambda) \to +\infty, \lim_{\lambda \to \infty} g(\lambda) \to 0$$

故存在唯一的 $\lambda > 0$,使 $g(\lambda) = 1$。即矩阵 L 有唯一的正特征值 $\lambda > 0$,使 $L n^* = \lambda n^*$,不难解得 λ 的特征向量 n^* 为

$$n^* = (1, s_1/\lambda, s_1 s_2/\lambda^2, \cdots, s_1 s_2 \cdots s_{m-1}/\lambda^{m-1})^T$$

定理 6.1 莱斯利矩阵 L 有唯一正的特征值 λ,且它是单重的,λ 对应的特征向量 n^* 的所有分量均为正,L 矩阵的其它 $n-1$ 个特征根(可以是任意实数或复数)都满足

$$|\lambda_k| \leqslant \lambda, \ k = 2, 3, \cdots, m$$

称 λ 为 L 的主特征值,特别若 $|\lambda_k| < \lambda, \ k = 2, 3, \cdots, m$,那么 λ 称为 L 的严格主特征值。

并不是所有的莱斯利矩阵都有严格主特征值。例如矩阵 L 为

$$L = \begin{bmatrix} 0 & 0 & 6 \\ \frac{1}{2} & 0 & 0 \\ 0 & \frac{1}{3} & 0 \end{bmatrix}$$

它的三个特征值为
$$\lambda_1 = 1, \lambda_2 = -\frac{1}{2} + \frac{\sqrt{3}}{2}i, \lambda_3 = -\frac{1}{2} - \frac{\sqrt{3}}{2}i$$
可以验证 $|\lambda_1| = |\lambda_2| = |\lambda_3| = 1$。

下面的定理 6.2 给出了莱斯利矩阵存在严格主特征值的充分条件。

定理 6.2 若 L 矩阵第一行至少有两个顺次的元素 b_i, b_{i+1} 都大于零,则 λ 是严格主特征值,即
$$|\lambda_k| < \lambda, \ k = 2, 3, \cdots, m$$
显然,只要年龄组的期限足够小,现实中的分组总是能满足这种情况。

下面考虑矩阵 L 的对角化问题。设 L 有 m 个特征值 $\lambda, \lambda_2, \cdots, \lambda_m$,其中 λ 是严格主特征值,与它们相对应的 m 个线性无关的特征向量为 $n^*, n_2, \cdots, n_m$,将其中严格主特征值对应的特征向量排在第一列,建立一个矩阵 $P = (n^*, n_2, \cdots, n_m)$,于是 L 的对角化阵就由下式给出

$$L = P \begin{bmatrix} \lambda & 0 & 0 & \cdots & 0 \\ 0 & \lambda_2 & 0 & \cdots & 0 \\ 0 & 0 & \lambda_3 & \cdots & 0 \\ \vdots & \vdots & \vdots & & \vdots \\ 0 & 0 & 0 & \cdots & \lambda_m \end{bmatrix} P^{-1}$$

则

$$L^t = P \begin{bmatrix} \lambda^t & 0 & \cdots & 0 \\ 0 & \lambda_2^t & \cdots & 0 \\ \vdots & \vdots & & \vdots \\ 0 & 0 & \cdots & \lambda_m^t \end{bmatrix} P^{-1}, \ t = 1, 2, \cdots$$

因此,对于任意初始年龄分布向量 $n(0)$,有

$$n(t) = L^t n(0) = P \begin{bmatrix} \lambda^t & 0 & \cdots & 0 \\ 0 & \lambda_2^t & \cdots & 0 \\ \vdots & \vdots & & \vdots \\ 0 & 0 & \cdots & \lambda_m^t \end{bmatrix} P^{-1} n(0), \ t = 1, 2, \cdots$$

对等式两边除以 λ^t,得

$$\frac{n(t)}{\lambda^t} = P \begin{bmatrix} 1 & 0 & \cdots & 0 \\ 0 & (\lambda_2/\lambda)^t & \cdots & 0 \\ \vdots & \vdots & & \vdots \\ 0 & 0 & \cdots & (\lambda_m/\lambda)^t \end{bmatrix} P^{-1} n(0), \ k = 1, 2, \cdots$$

由于 λ 是严格主特征值,所以当 $t \to \infty$ 时,$(\lambda_i/\lambda)^t \to 0 (i = 2, 3, \cdots, m)$,故

$$\lim_{t\to\infty}\frac{\boldsymbol{n}(t)}{\lambda^t}=P\begin{bmatrix}1&0&\cdots&0\\0&0&\cdots&0\\\vdots&\vdots&&\vdots\\0&0&\cdots&0\end{bmatrix}\boldsymbol{P}^{-1}\boldsymbol{n}(0)$$

如果将列向量 $\boldsymbol{P}^{-1}\boldsymbol{n}(0)$ 的第一个元素用常数 c 来表示,则上式右端为 $c\boldsymbol{n}^*$, c 只是一个与初始年龄分布向量有关的正常数,于是得到

$$\lim_{t\to\infty}\frac{\boldsymbol{n}(t)}{\lambda^t}=c\boldsymbol{n}^*$$

由上述理论可以对 t 充分大后按年龄分组的人口 $\boldsymbol{n}(t)$ 的性态给出如下结论。

推论 1 当 t 充分大时

$$\boldsymbol{n}(t)\approx c\lambda^t\boldsymbol{n}^*,\boldsymbol{n}(t+1)\approx c\lambda^{t+1}\boldsymbol{n}^*$$

所以

$$\boldsymbol{n}(t+1)\approx\lambda\boldsymbol{n}(t) \tag{6.22}$$

(6.22)式表明当 t 很大时,各年龄组的人口数按同一比例 λ 增长或减少,当 $\lambda > 1$ 时人口数增长,$\lambda < 1$ 时人口数减小。λ 是矩阵 $\boldsymbol{L}$ 的严格主特征值,它由 b_i 和 s_i 决定,称 λ 为固有增长率。由(6.22)式还可看出,$\lambda = 1$ 时,各年龄组的人口数不变,于是人口总数也不变。关于 $\lambda = 1$ 的条件,可用推论 2 来表述。

推论 2 $\boldsymbol{L}$ 矩阵有唯一正特征值 $\lambda = 1$ 的充要条件是

$$b_1+b_2 s_1+\cdots+b_m s_1 s_2\cdots s_{m-1}=1 \tag{6.23}$$

这是因为当 $\lambda = 1$ 时,$\boldsymbol{L}\boldsymbol{n}^* = \boldsymbol{n}^*$,即

$$\begin{bmatrix}b_1&b_2&\cdots&b_{m-1}&b_m\\s_1&0&0&0&0\\0&s_2&0&0&0\\\vdots&\vdots&&\vdots&\vdots\\0&0&&s_{m-1}&0\end{bmatrix}\begin{bmatrix}1\\s_1\\s_1 s_2\\\vdots\\s_1 s_2\cdots s_{m-1}\end{bmatrix}=\begin{bmatrix}1\\s_1\\s_1 s_2\\\vdots\\s_1 s_2\cdots s_{m-1}\end{bmatrix}$$

显然有 $b_1+b_2 s_1+\cdots+b_m s_1 s_2\cdots s_{m-1}=1$。

由 b_i 和 s_i 的定义,b_1 是平均每个女人在第一年龄组生育的女儿数,$b_2 s_1$ 是她活到第二年龄组生育的女儿数,以此类推,$b_m s_1 s_2\cdots s_{m-1}$ 是她活到第 m 年龄组生育的女儿数。称

$$R=b_1+b_2 s_1+\cdots+b_m s_1 s_2\cdots s_{m-1}$$

为总体的净繁殖率,它表示平均每位女人一生中生育的女儿数。因此(6.23)式表示平均每位女人一生中生育的女儿数为 1。

据统计资料,中国妇女平均每人一生中生育的女儿数为 1.1。

由推论 1,当 t 充分大时,有

$$n(t) \approx c\lambda^t n^* \qquad (6.24)$$

用(6.24)式可研究 $n(t)$ 随 t 变化的规律。

(6.24)式表明，各年龄组之间的人口比例由 n^* 确定，与时间 t 和初始向量 $n(0)$ 无关，n^* 称为稳定的年龄分布向量。

五、模型的应用

按年龄分组的人口预测方法也适应于讨论动物种群的数量变化。下面以某种动物数量的预测为例说明方法。

1. 问题

某农场饲养的某种动物所能达到的最大年龄为 15 岁，将其分成三个年龄组：第一组，0~5 岁；第二组，6~10 岁；第三组，11~15 岁。动物从第二年龄组起开始繁殖后代，经过长期统计，第二组和第三组的动物平均繁殖率分别为 4 和 3。第一年龄组和第二年龄组的动物能顺利进入下一个年龄组的存活率分别为 0.5 和 0.25。假设农场现有三个年龄段的动物各 100 头，问 15 年后农场三个年龄段的动物各有多少头？

2. 问题分析与建模

因年龄分组为 5 岁一段，故将时间周期也取为 5 年。15 年后就经过了 3 个时间周期。设 $n_i(t)$ 表示第 t 个时间周期的第 i 组年龄阶段动物的数量（$t=1,2,3$；$i=1,2,3$）。

由题意，L 矩阵和动物初始数量分布分别为

$$L = \begin{bmatrix} 0 & 4 & 3 \\ \frac{1}{2} & 0 & 0 \\ 0 & \frac{1}{4} & 0 \end{bmatrix}, \quad n(0) = \begin{bmatrix} 1000 \\ 1000 \\ 1000 \end{bmatrix}$$

于是得到递推关系式：

$$\begin{bmatrix} n_1(t) \\ n_2(t) \\ n_3(t) \end{bmatrix} = \begin{bmatrix} 0 & 4 & 3 \\ \frac{1}{2} & 0 & 0 \\ 0 & \frac{1}{4} & 0 \end{bmatrix} \begin{bmatrix} n_1(t-1) \\ n_2(t-1) \\ n_3(t-1) \end{bmatrix} \quad (t=1,2,3)$$

所以

$$\boldsymbol{n}(1) = \boldsymbol{L}\boldsymbol{n}(0) = \begin{bmatrix} 0 & 4 & 3 \\ \frac{1}{2} & 0 & 0 \\ 0 & \frac{1}{4} & 0 \end{bmatrix} \begin{bmatrix} 1000 \\ 1000 \\ 1000 \end{bmatrix} = \begin{bmatrix} 7000 \\ 500 \\ 250 \end{bmatrix}$$

同理 $\boldsymbol{n}(2) = \boldsymbol{L}\boldsymbol{n}(1) = (2750, 3500, 125)^T, \boldsymbol{n}(3) = \boldsymbol{L}\boldsymbol{n}(2) = (14375, 1375, 875)^T$。

3. 结果分析

15 年后,农场饲养的动物总数将达到 16625 头,其中 0～5 岁的有 14375 头,占 86.47%,6～10 岁的有 1375 头,占 8.27%,11～15 岁的有 875 头,占 5.226%。15 年间,动物总增长 16625−3000 = 13625 头,总增长率为 13625/3000 = 454.16%。

下面研究该动物数量变化的趋势。用 matlab 工具箱算得 $\boldsymbol{L}$ 的正特征根为 $\lambda = 1.5$,相应的特征向量为

$$\boldsymbol{n}* = (1, 0.3333, 0.0555)^T$$

当 t 较大时,由(6.24)式得

$$\boldsymbol{n}(t) \approx c\lambda^t \boldsymbol{n}* = c(1.5)^t \begin{bmatrix} 1 \\ 0.3333 \\ 0.0555 \end{bmatrix}$$

这说明该动物数量变化趋势将按 1∶0.3333∶0.0555 的比例分配在 3 个年龄组中。

6.6 森林管理模型

一、问题背景

森林中的树木每年都要有一批被砍伐出售。为了使这片森林不被耗尽,且每年都有所收获,每当砍伐一棵树时,应该就地补种一棵幼苗,使森林树木的总数保持不变。被出售的树木,其价值取决于树木的高度。开始时森林中的树木有着不同的高度分布。我们希望能找到一个方案,在维持收获的前提下,如何砍伐树木,才能使砍伐树木时获得最大的经济价值?

二、模型假设

(1) 把森林中的树木按高度分为 n 类。第一类树木的高度为 $[0, h_1]$,它是幼苗,经济价值 $p_1 = 0$,第 k 类 $(1 \leqslant k < n)$ 树木高度为 $[h_{k-1}, h_k]$,每棵的经济价值

为 p_k，第 n 类的高度为 $[h_{n-1},\infty]$，经济价值为 p_n。记 $x_1(t),x_2(t),\cdots,x_n(t)$ 为第 t 年森林中 n 类树木的数量。

(2) 设每年砍伐一次，只砍伐部分树木，留下的树木和补种的树木的幼苗，经过一年的生长期后，与砍伐前的高度状态相同，即与初始状态相同。设 $y_1,y_2,\cdots,y_n$ 分别是第 $1,2,\cdots,n$ 类树木在采伐时砍伐的数量。

(3) 设森林中树木的总数为 s，这是根据土地面积和每棵树木所需空间预先确定的数。则

$$x_1(t)+x_2(t)+\cdots+x_n(t)=s \tag{6.25}$$

(4) 每一棵幼苗从种植以后都能生长到收获，且在一年的生长期内树木最多只能生长一个高度级，即第 k 类的树木可能进入 $k+1$ 类，也可能留在 k 类。设 g_k 是经过一年的生长期后从第 k 类长高到第 $k+1$ 类的树木比例，$1-g_k$ 是在一个生长期内留在第 k 类中的树木的比例。

三、建模及求解

当没有砍伐时树木生长规律为

$$x_1(t+1)=(1-g_1)x_1(t)$$
$$x_2(t+1)=g_1x_1(t)+(1-g_2)x_2(t)$$
$$\vdots$$
$$x_n(t+1)=g_{n-1}x_{n-1}(t)+x_n(t)$$

定义高度状态向量 $\boldsymbol{x}(t)$ 和生长矩阵 $\boldsymbol{G}$ 分别为

$$\boldsymbol{x}(t)=\begin{Bmatrix}x_1(t)\\x_2(t)\\x_3(t)\\\vdots\\x_n(t)\end{Bmatrix},\boldsymbol{G}=\begin{Bmatrix}1-g_1 & 0 & 0 & \cdots & 0 & 0\\g_1 & 1-g_2 & 0 & \cdots & 0 & 0\\0 & g_2 & 1-g_3 & \cdots & 0 & 0\\\vdots & \vdots & \vdots & & \vdots & \vdots\\0 & 0 & 0 & \cdots & 1-g_{n-1} & 0\\0 & 0 & 0 & \cdots & g_{n-1} & 1\end{Bmatrix}$$

则没有砍伐时树木生长的方程

$$\boldsymbol{x}(t+1)=\boldsymbol{G}\boldsymbol{x}(t) \tag{6.26}$$

再考虑有砍伐和补种时的情形。根据问题的要求，要维持持续收获，即生长期末的状态减去收获采伐的量再加上补种的幼苗数应等于生长期开始的量，即

$$(1-g_1)x_1(t)-y_1+z=x_1(t)$$
$$g_1x_1(t)+(1-g_2)x_2(t)-y_2=x_2(t)$$
$$\vdots \tag{6.27}$$
$$g_{n-1}x_{n-1}(t)+x_n(t)-y_n=x_n(t)$$

其中 z 表示补种的总数,它应是砍伐总数的和:$z = y_1 + y_2 + \cdots + y_n = y_2 + \cdots + y_n$。

引进收获向量 y 和种植矩阵 R 的记号:

$$y = \begin{Bmatrix} y_1 \\ y_2 \\ \vdots \\ y_n \end{Bmatrix}, R = \begin{bmatrix} 1 & 1 & \cdots & 1 \\ 0 & 0 & \cdots & 0 \\ \vdots & \vdots & & \vdots \\ 0 & 0 & \cdots & 0 \end{bmatrix}$$

则由(6.26)、(6.27) 得到

$$Gx(t) - y + Ry = x(t) \tag{6.28}$$

在(6.25) 成立的条件下,满足(6.28) 的解就是维持森林持续收获的可行解。由于幼苗无经济价值,不采伐,取 $y_1 = 0$,由(6.28) 得

$$\begin{cases} y_2 + \cdots + y_n = g_1 x_1 \\ y_2 = g_1 x_1 - g_2 x_2 \\ \quad \vdots \\ y_{n-1} = g_{n-2} x_{n-2} - g_{n-1} x_{n-1} \\ y_n = g_{n-1} x_{n-1} \end{cases} \tag{6..29}$$

在方程组(6.29) 中,第一个方程式是其余方程的和,又由于砍伐量 $y_k \geqslant 0$,故有

$$g_1 x_1 \geqslant g_2 x_2 \geqslant \cdots \geqslant g_{n-1} x_{n-1} \geqslant 0 \tag{6.30}$$

根据各级树木的价值,所收获的砍伐树木价值为

$$f(y_2, y_3, \cdots, y_n) = p_2 y_2 + p_3 y_3 + \cdots + p_n y_n$$
$$= p_2 g_1 x_1 + (p_3 - p_2) g_2 x_2 + \cdots + (p_n - p_{n-1}) g_{n-1} x_{n-1}$$

于是为了选择收益最大的砍伐策略,需要在满足约束条件(6.25)式和(6.30)式及 $x_i \geqslant 0 (i = 1, 2, \cdots, n)$ 下,求收益函数 $f(y_2, y_3, \cdots, y_n)$ 的最大值。因此问题的数学模型为

$$\max f = p_2 g_1 x_1 + (p_3 - p_2) g_2 x_2 + \cdots + (p_n - p_{n-1}) g_{n-1} x_{n-1}$$

$$\text{s.t.} \begin{cases} g_1 x_1 - g_2 x_2 \geqslant 0 \\ g_2 x_2 - g_3 x_3 \geqslant 0 \\ \quad \vdots \\ g_{n-2} x_{n-2} - g_{n-1} x_{n-1} \geqslant 0 \\ x_1(t) + x_2(t) + \cdots + x_n(t) = s \\ x_i \geqslant 0 (i = 1, 2, \cdots, n) \end{cases} \tag{6.31}$$

这是一个线性规划模型,可以用相应的数学软件求解。

利用线性规划理论可以分析出最大收益的取得方案是让所有树木长到某

一级然后全部砍伐。于是问题的最优方案为：森林从幼苗开始长到第 k 年为止开始收获，此时树木高度分布为初始分布。从第 k 年开始后每年砍伐一次，均砍伐第 k 类高度的树木。因此，森林中没有高于或等于 k 类高度的树木。

以下计算从幼苗开始长到哪一年收获为最佳方案。

设让所有树木长到第 k 级然后全部砍伐，这时 $x_k = x_{k+1} = \cdots = x_n = 0$，$y_k > 0$，而当 $i \neq k, y_i = 0 (i = 1, 2, \cdots, n)$，这时模型(6.31)变为

$$\begin{cases} y_k = g_1 x_1 \\ g_2 x_2 = g_1 x_1 \\ \quad \vdots \\ g_{k-1} x_{k-1} = g_{k-2} x_{k-2} \\ y_k = g_{k-1} x_{k-1} \end{cases} \tag{6.32}$$

由(6.32)得

$$x_2 = \frac{g_1}{g_2} x_1, x_3 = \frac{g_1}{g_3} x_1, \cdots, x_{k-1} = \frac{g_1}{g_{k-1}} x_1 \tag{6.33}$$

将(6.33)代入(6.25)式，得

$$x_1 = \frac{s}{1 + \frac{g_1}{g_2} + \frac{g_1}{g_3} + \cdots + \frac{g_1}{g_{k-1}}}$$

相应的总收益函数为

$$f_k = f(0, 0, \cdots, y_k, 0, \cdots, 0) = p_k y_k = p_k g_1 x_1 = \frac{p_k s}{\frac{1}{g_1} + \frac{1}{g_2} + \cdots + \frac{1}{g_{k-1}}} \tag{6.34}$$

当森林中各参数给定时，分别计算 f_k 的值，再比较选出最大的即可。同时可计算出相应的砍伐量为

$$y_k = g_1 x_1 = \frac{s}{\frac{1}{g_1} + \frac{1}{g_2} + \frac{1}{g_3} + \cdots + \frac{1}{g_{k-1}}}$$

例6.3 已知森林具有 6 年的生长期，其参数如下：$g_1 = 0.28, g_2 = 0.32$，$g_3 = 0.25, g_4 = 0.23, g_5 = 0.37, p_2 = 50$ 元，$p_3 = 100$ 元，$p_4 = 150$ 元，$p_5 = 200$ 元，$p_6 = 250$ 元，s 为森林中的树木总数，求出最优采伐策略。

解 将题中所给数据带入(6.34)式，可得砍伐各级树木的效益如下

$$f_2 = 14.0s, f_3 = 14.7s, f_4 = 13.9s, f_5 = 13.2s, f_6 = 14.0s$$

比较这 5 个值看到 f_3 最大，故全部收获第 3 类树木，可获得最大收益为 $14.7s$ 元。

6.7 层次分析法模型

一、问题背景

层次分析法(the analytic hierarchy process)简称 AHP,是由美国运筹学家、匹斯堡大学教授萨蒂（T. L. Saaty）于 20 世纪 70 年代初提出的一种定量与定性分析相结合的无结构多准则决策方法。其基本思想是把问题层次化、数量化,并用数学方法分析、决策、预报,为科学决策提供定量依据。它特别适用于难以完全量化,又相互关联,相互制约的众多因素构成的复杂问题,是系统分析的一种较好方法。

二、层次分析法基本原理

我们用一个简单实例来说明基本原理。

设想把一块单位重量的大石头砸成 n 块小石头 $C_1,\cdots,C_n$,它们的重量分别为 $w_1,w_2,\cdots,w_n$,想确定这 n 块石头重量排序,方法是将它们两两地比较重量,其比值可构成 $n\times n$ 阶矩阵 A：

$$A = \begin{pmatrix} w_1/w_1 & w_1/w_2 & \cdots & w_1/w_n \\ w_2/w_1 & w_2/w_2 & \cdots & w_2/w_n \\ \vdots & \vdots & & \vdots \\ w_n/w_1 & w_n/w_2 & \cdots & w_n/w_n \end{pmatrix}$$

若用重量向量 $W=(w_1,w_2,\cdots,w_n)^{\mathrm{T}}$ 右乘矩阵 A,得到

$$AW = \begin{pmatrix} w_1/w_1 & w_1/w_2 & \cdots & w_1/w_n \\ w_2/w_1 & w_2/w_2 & \cdots & w_2/w_n \\ \vdots & \vdots & & \vdots \\ w_n/w_1 & w_n/w_2 & \cdots & w_n/w_n \end{pmatrix} \begin{pmatrix} w_1 \\ w_2 \\ \vdots \\ w_n \end{pmatrix} = n \begin{pmatrix} w_1 \\ w_2 \\ \vdots \\ w_n \end{pmatrix} = nW$$

即 $AW=nW$,由矩阵理论可知,重量向量 W 为矩阵 A 的特征向量,n 为矩阵 A 的特征值。当重量向量 W 未知时,可根据对物体之间两两相比的关系,主观作出比值的判断,从而构造出一个判断矩阵 A,由判断矩阵计算出特征值,进而得到特征向量 W,就可以确定这 n 块石头重量的排序。

这个例子提示我们,如果有一组与某一目标有关的因素,需要知道它们对目标影响程度,就可以把这些因素成对比较,构成比较判断矩阵,通过求解判断矩阵的特征值及对应的特征向量,即可得到这些因素对目标影响的程度,也就是权重,根据权重的大小进行排序优选,这就是层次分析法的基本思路。

三、层次分析法的基本方法和步骤

层次分析法的过程一般可分为建立层次结构、构造判断矩阵、层次单排序与一致性检验、层次总排序与一致性检验四个基本步骤。下面结合实例说明层次分析法的基本方法和步骤。

1. 建立层次结构

首先对所面临的问题要掌握足够的信息,弄清问题的范围、所包含的因素及因素之间的关系,最终要达到的目的等。在明确问题的基础上,弄清所要解决的问题将要涉及的主要因素,把涉及决策问题的众多因素,按其相互关系,进行分类:(a)需要达到的目标类;(b)判断好坏的准则类;(c)解决问题的方案措施类。把这些分类的因素划分在不同的层次中,并用线段把上下层之间有关的因素连起来,就构成了层次结构图。

例 6.4 (合理使用利润问题)某企业获得一笔纯利润,企业领导考虑要合理使用这笔资金。

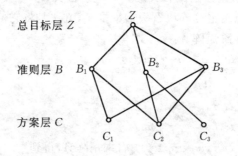

图 6.3 合理使用利润的层次结构

围绕着如何使用这笔资金的总目标 Z,必须考虑以下因素:有利于调动职工的积极性 B_1,有利于提高技术水平 B_2,有利于改善职工的物质文化生活 B_3。为此可采取发奖金 C_1,发展福利事业 C_2,引进新技术新设备 C_3 三种方案。这样,我们可以建立相应的层次结构图,如图 6.3 所示。

一般问题的层次结构分三层:目标层、准则层、方案层,其中上一层是下一层的目标体现,而下一层是上一层的具体措施、方案。当某一层包含的因素太多时(如超过 9 个),可将该层划分为若干子层次。

建立一个好的层次结构对于解决问题极为重要,要有主要决策者参与。

2. 建立判断矩阵

在建立的递阶层次结构图中,除总目标层外,每一层都由多个元素组成,而同一层各个元素对上一层的某一元素的影响程度是不同的。这就需要我们判断同一层次的元素对上一级某一元素的影响程度，并将其定量化。构造两两判断矩阵是量化上述元素间影响程度大小的一种方法。

层次分析法从层次结构模型的第二层开始，对于影响上一层每个因素的同一层的相关因素，采用成对比较法建立该层相关因素对上一层每个因素的成对比较阵，直到最下层。设目标层的下层有 n 个因素 $B_1, B_2, \cdots, B_n$ 对总目标 Z 有影响，要确定它们对 Z 影响的比重。每次取两个因素 B_i 和 B_j，用 a_{ij} 表示 B_i 与 B_j 对 Z 的影响之比，这些值可以由决策者直接提供，或由决策者同分析者对话来确定，或由分析者通过各种技术咨询得到。全部比较的结果可用矩阵

$$\mathbf{A} = (a_{ij}), a_{ij} > 0$$

表示，易见 $a_{ii} = 1, a_{ij} = 1/a_{ji}$　$i, j = 1, 2, \cdots, n$，称这样的矩阵 $\mathbf{A}$ 为正互反阵。

如例 6.4 中的企业领导通过调查研究，建立了有关的判断矩阵：

$$Z-B : \mathbf{A} = \begin{pmatrix} 1 & \frac{1}{5} & \frac{1}{3} \\ 5 & 1 & 3 \\ 3 & \frac{1}{3} & 1 \end{pmatrix} \quad (6.35)$$

其中 $a_{12} = 1/5$ 表示调动职工的积极性 B_1 与提高技术水平 B_2 对合理使用利润这个目标 Z 的重要性之比为 $1:5$，$a_{23} = 3$ 表示提高技术水平 B_2 与改善职工的物质文化生活 B_3 对合理使用利润这个目标 Z 的重要性之比为 $3:1$，其它项可类似解释。

同样有 $B_1-C : \mathbf{D}_1 = \begin{pmatrix} 1 & 3 \\ \frac{1}{3} & 1 \end{pmatrix}; B_2-C : \mathbf{D}_2 = \begin{pmatrix} 1 & \frac{1}{5} \\ 5 & 1 \end{pmatrix}; B_3-C : \mathbf{D}_3 = \begin{pmatrix} 1 & 2 \\ \frac{1}{2} & 1 \end{pmatrix}$。

由定义，正互反阵具有下面的性质：

(1) 正互反阵中主对角线上的元素全是 1，即 $\sum_{i=1}^{n} a_{ii} = n$；

(2) 正互反阵中，$a_{ij} \cdot a_{ji} = 1$，但并不是对任意的 i, j, k，都有 $a_{ik} \cdot a_{kj} = a_{ij}$；

(3) 对于任意的 i, k，恒有 $a_{ik} \cdot a_{kk} = a_{ik}, a_{ii} \cdot a_{ik} = a_{ik}$；

(4) 正互反阵 $\mathbf{A}$ 的最大特征根是单根，其对应的向量为正向量(可以作为权向量)；

(5) n 阶正互反阵 $\mathbf{A}$ 的最大特征值 $\lambda_{\max} \geqslant n$ (即 $\lambda_1 + \lambda_2 + \cdots + \lambda_{\max} + \lambda_n = n$，$n - \lambda_{\max} \leqslant 0$)。

当比较两个可能具有不同性质的因素 B_i 和 B_j 对于一个上层因素 Z 的影响时，采用什么样的相对尺度 a_{ij} 较好呢？萨蒂等人提出在进行定性的成对比较时，人们头脑中通常有五种明显的等级，通常取数字 1—9 及其倒数作为 a_{ij} 的取值

范围,称为 $1-9$ 标度法,它巧妙地解决了将思维定量化的问题。

表 6.6 $1-9$ 标度法

标度 a_{ij}	定义	解释
1	同等重要	i 元素与 j 元素相同重要
3	略微重要	i 元素比 j 元素稍微重要
5	明显重要	i 元素比 j 元素比较重要
7	强烈重要	i 元素比 j 元素非常重要
9	极端重要	i 元素比 j 元素绝对重要
2,4,6,8	上述两相邻判断的中值	为以上两判断之间的折中定量标度
上列各数的倒数	反比较	为 j 元素比 i 元素的重要标度

在实际应用时,心理学家认为进行成对比较的因素太多,将超出人们的判断能力,降低精确度。实践证明,成对比较的尺度以 $n=7\pm 2$ 为宜。

3. 层次单排序与一致性检验

层次单排序就是把本层所有各元素对相邻上一层来说排出一个评定的优先次序。判断矩阵是对上一层次进行两两比较的评定数据,根据它要进行层次单排序。层次单排序可归结为计算判断矩阵特征值与特征向量的问题。

通过(6.35)式仔细分析矩阵 A 可以发现,既然 B_1 与 B_2 之比为 $1:5$,B_1 与 B_3 之比为 $1:3$,那么 B_2 与 B_3 之比应为 $5:3$ 而不是 $3:1$,才能说明成对比较是一致的,而矩阵 A 的取值说明决策者对事物认识判断在逻辑上不一致。一般情况下,n 个因素要做 $\dfrac{n(n-1)}{2}$ 次成对比较,全部一致的要求很难办到,所以对判断矩阵要求全部一致太苛刻了。萨蒂等人给出了在成对比较不一致的情况下计算各因素 $B_1,B_2,\cdots,B_n$ 对因素 Z 的权重的方法,并且确定了这种不一致的容许范围。

定义 6.3 如果一个正互反阵 $A=(a_{ij})$ 满足
$$a_{ij} \cdot a_{jk} = a_{ik} \quad (i,j,k=1,2,\cdots,n)$$
则称矩阵 A 具有一致性,称元素 B_i,B_j,B_k 的成对比较是一致的,并且称 A 为一致阵。

若 $A=(a_{ij})_{n\times n}$ 为一致阵,则 A 具有以下性质:

(1) $R(A)=1$;

(2) A 的唯一非零特征根为 n;

(3) A 的任意的列向量是对应于 n 的特征向量。

显然,所有的二阶正互反阵必定是一致阵。$n \geqslant 3$ 时,正互反阵不一定是一致阵。

根据矩阵理论,可以给出判定一个矩阵为一致阵的定理。

定理 6.3 n 阶正互反阵 A 是一致阵的充要条件是其最大特征值 $\lambda_m = n$。

证明[*] 必要性:设 $A = (a_{ij})$ 是一致阵,最大特征值 λ_m,对应的特征向量
$$W = (w_1, w_2, \cdots, w_n)^T$$

由于 A 矩阵的秩为 1,从而 0 为 A 的 $n-1$ 重特征值。记 $\lambda_1 \neq 0, \lambda_2 = \cdots = \lambda_n = 0$。由特征值的性质知
$$\sum_{i=1}^n \lambda_i = t_r(A) = \sum_{i=1}^n a_{ii} = n$$

因此 $\lambda_m = \lambda_1 = n$。

充分性:设 $A = (a_{ij})$ 为正互反阵,最大特征值 $\lambda_m = n$,相应特征向量 $W = (w_1, \cdots, w_n)^T$,由正互反阵性质知 $\lambda_m > 0, \omega_i > 0 \ (i=1,2,\cdots,n)$。

根据特征向量的定义以及 a_{ij} 的正互反性,有
$$\lambda_m w_i = \sum_{j=1}^n a_{ij} w_j$$

即
$$\lambda_m = \sum_{j=1}^n a_{ij} \frac{w_j}{w_i}$$

所以
$$\lambda_m = \frac{1}{n} \sum_{i=1}^n \sum_{j=1}^n a_{ij} \frac{w_j}{w_i} = \frac{1}{n}\Big[\sum_{i=1}^n \sum_{j=1+i}^n \Big(a_{ij}\frac{w_j}{w_i} + 1/a_{ij}\frac{w_j}{w_i}\Big) + n\Big]$$

记 $a_{ij}\dfrac{w_j}{w_i} = b_{ij} > 0$,代入上式,得
$$\lambda_m = \frac{1}{n} \sum_{i=1}^{n-1} \sum_{j=1+i}^n \Big(b_{ij} + \frac{1}{b_{ij}}\Big) + 1$$

因为 $b_{ij} + \dfrac{1}{b_{ij}} \geqslant 2$,当且仅当 $b_{ij} = 1$ 时,$b_{ij} + \dfrac{1}{b_{ij}} = 2$,所以
$$\lambda_m = \frac{1}{n} \sum_{i=1}^{n-1} \sum_{j=1+i}^n \Big(b_{ij} + \frac{1}{b_{ij}}\Big) + 1 \geqslant \frac{1}{n}\Big(\sum_{i=1}^{n-1} \sum_{j=1+i}^n 2\Big) + 1$$
$$= \frac{1}{n} \cdot \frac{n(n-1)}{2} \times 2 + 1 = n$$

已知 $\lambda_m = n$,即上式等式成立,有 $b_{ij} + \dfrac{1}{b_{ij}} = 2$,故 $b_{ij} = 1$,从而 $a_{ij} = \dfrac{w_i}{w_j}$。显然,$A = (a_{ij})$ 矩阵满足一致性定义。

以上结论为特征根法用于层次分析提供了一定的理论根据。

在本节一开始所讲的例子中,设想把一块单位重量的大石头砸成 n 块小石头 $C_1, \cdots, C_n$,它们的重量分别为 $w_1, w_2, \cdots, w_n$,总重量为 1,即 $\sum\limits_{i=1}^n w_i = 1$,使用成对比较法,则矩阵

$$A = \begin{pmatrix} w_1/w_1 & w_1/w_2 & \cdots & w_1/w_n \\ w_2/w_1 & w_2/w_2 & \cdots & w_2/w_n \\ \vdots & \vdots & & \vdots \\ w_n/w_1 & w_n/w_2 & \cdots & w_n/w_n \end{pmatrix}$$

是一致阵。

记 $W = (w_1, w_2, \cdots, w_n)^T$，由于 $AW = nW$，即 W 是一致阵 A 的最大特征值 $\lambda_m = n$ 对应的特征向量，我们称 W 为归一化(也称正规化，即分量之和为1)的特征向量，又称为 A 的权向量，其中 w_i 表示第 i 块在总重中所占的比重。

由以上分析可见，判断矩阵 A 若满足一致性，自然应取对应于特征根 n 的、归一化特征向量表示诸因素 $B_1, B_2, \cdots, B_n$ 对因素 Z 的权重，这个向量称为权向量，可以用权向量作为层次单排序的指标。

用成对比较法得到的判断矩阵的一致性，实质上是检验人们对事物认识判断是否在逻辑上一致的体现。由于客观事物复杂性和人们认识的多样性，难免会产生某些片面性，每个判断矩阵都具有一致性是不可能的。特别是在规模大，因素多的情况下，不可能给出精确的 w_i/w_j，从而不能保证判断矩具有一致性，只能给出估计判断，进行一致性检验。

矩阵 A 的最大特征值 λ_m 高度依赖于 a_{ij} 的值。例如

$A_1 = \begin{pmatrix} 1 & 2 & 6 \\ 1/2 & 1 & 3 \\ 1/6 & 1/3 & 1 \end{pmatrix}$ 是一致阵，对应的 $\lambda_m = 3$，$W = (0.6, 0.3, 0.1)^T$；

$A_2 = \begin{pmatrix} 1 & 2 & 6 \\ 1/2 & 1 & 4 \\ 1/6 & 1/3 & 1 \end{pmatrix}$ 不是一致阵，对应的 $\lambda_m = 3.01$，$W = (0.588, 0.322, 0.09)^T$。

用来度量判断矩阵不一致性程度的数量指标叫做一致性指标，记作 CI。根据前面讨论可知，λ_m 越大于 n，A 不一致的程度将越严重，反之亦然。因而可以用 $\lambda_m - n$ 数值的大小来衡量 A 的不一致的程度。萨蒂将

$$CI = \frac{\lambda_m - n}{n - 1} \tag{6.36}$$

定义为一致性指标。$CI = 0$ 时 A 为一致阵，CI 越大，A 的不一致程度越严重。注意到 A 的 n 个特征根之和恰好等于 n，所以 CI 的含义是除 A 的最大特征值 ($\lambda_m \geqslant n$) 以外的其余 $n-1$ 个特征值的平均值(取绝对值)。

一致性指标 CI 的值越大，表明成对比较阵偏离完全一致阵的程度越大；CI 的值越小，表明成对比较阵越接近于完全一致性。但是，在实操作中人们发现，成对比较阵的阶数 n 越小，人为造成的偏离一致性指标 CI 的值便越小；n 越大，

人为造成的偏离一致性指标 CI 的值便越大,故应放宽对高维成对比较阵的一致性要求。

完全达到一致性要求的矩阵是很少的,不一致的情况是很普遍的,为了扩大层次分析法使用的范围,我们自然要提出不一致性的程度允许在多大范围内仍可以使用这个方法?为此,萨蒂引入了所谓的随机一致性指标 RI。其计算原理为:对固定的 n,用计算机模拟 m 个互反阵,分别求出其一致性指标,再取平均,即

$$RI = \frac{CI_1 + CI_2 + \cdots + CI_m}{m}$$

其值可查,如表 6.7。

表 6.7 一致性指标 RI

矩阵的阶数 n	RI	矩阵的阶数 n	RI
1	0	9	1.46
2	0	10	1.49
3	0.58	11	1.52
4	0.90	12	1.54
5	1.12	13	1.56
6	1.24	14	1.58
7	1.32	15	1.58
8	1.41		

计算的过程如下:

(1) 对于固定的 n,随机构造正互反阵 A,其元素 $a_{ij}(i<j)$ 从 1 到 9 和 1 到 1/9 中随机选取;

(2) 计算 A 的一致性指标,若 A 非常不一致,此时 CI 值相当大;

(3) 构造相当多的 A,用它们的 CI 平均值作为随机一致性指标;

(4) 对于不同的 n,用 100 到 500 个样本 A 计算出 n 阶矩阵的随机一致性指标见表 6.7。

萨蒂定义判断矩阵的一致性指标 CI 与同阶判断矩阵的平均随机一致性指标 RI 之比称为一致性比率,记为 CR,即

$$CR = \frac{CI}{RI} \tag{6.37}$$

若 $CR < 0.10$ 时,便认为成对比较阵具有可以接受的一致性。当 $CR \geqslant 0.10$ 时,就需要调整和修正成对比较阵,使其最终满足 $CR < 0.10$,从而具有满意的

一致性。

例 6.5 判断 $B = \begin{bmatrix} 1 & 1/2 & 4 & 3 & 3 \\ 2 & 1 & 7 & 5 & 5 \\ 1/4 & 1/7 & 1 & 1/2 & 1/3 \\ 1/3 & 1/5 & 2 & 1 & 1 \\ 1/3 & 1/5 & 3 & 1 & 1 \end{bmatrix}$ 的一致性。

解 求 B 的最大特征值为 $\lambda_{\max} = 5.073 \neq 5$,则其不是完全一致阵。

又 $CI = \dfrac{\lambda_{\max} - 5}{5 - 1} = 0.018$,查表得 $RI = 1.12$,故 $CR = \dfrac{CI}{RI} = \dfrac{0.018}{1.12} = 0.016 < 0.1$,即 B 通过一致性检验,为满意一致阵。

由于正互反阵 $A = (a_{ij})$ 中的 a_{ij} 一般都是比较粗糙确定的,当 n 较大时,要精确地计算 A 的 λ_m 和 W 是很麻烦的。为方便计算,人们给出了多种近似计算的方法,下面仅介绍两种求 λ_m 和 W 的简化方法。

1) 正互反阵如果是完全一致阵,则其任一列向量都是特征向量,正互反阵如果是满意一致阵,则其列向量都应近似等于特征向量,可取其在某种意义下的平均。

将 A 的各个行向量平均得 $\overline{W} = (\overline{w_1}, \cdots, \overline{w_n})^T$,正规化(即 $\overline{w_i} / \sum\limits_{i=1}^{n} \overline{w_i} = \widetilde{w_i}$)得 W 的近似值

$$\widetilde{W} = (\widetilde{w_1}, \cdots, \widetilde{w_n})^T$$

这是因为 A 的第 j 列向量是 $B_1, \cdots, B_n$ 与 B_j 成对比较的结果,可以近似地表示 $B_1, \cdots, B_n$ 在总目标中所占的比重。

由于 $A\widetilde{W} = \lambda_m \widetilde{W}$ 所以

$$\hat{\lambda}_m \approx \frac{1}{n} \sum_{i=1}^{n} (A\widetilde{W})_i / \widetilde{w_i}$$

2) 将 A 的各个列向量先标准化,再作行平均,即得 $\widetilde{W}$,利用上式求 $\hat{\lambda}_m$。

现在我们对例 6.4 中的合理使用利润的问题进行层次单排序与一致性检验。

对 A 行平均得 $\widetilde{W}(A) = (0.51, 3, 1.44)^T$,正规化,得

$$\widetilde{W}(A) = (0.103, 0.606, 0.291)^T$$

$$\lambda_m(A) = \frac{1}{3} \sum_{i=1}^{3} (A\widetilde{W})_i / \widetilde{\omega_i} = 3.055$$

$$CI(A) = 0.0275, CR(A) = 0.047 < 0.1$$

对 B_1 先列向量正规化,得 $\begin{pmatrix} 0.75 & 0.75 \\ 0.25 & 0.25 \end{pmatrix}$,再行平均,得 $\widetilde{W}(B_1)$

$= (0.75, 0.25)^T$,

$\lambda_m(\boldsymbol{B}_1) = 2, CI(\boldsymbol{B}_1) = 0, CR(\boldsymbol{B}_1) = 0$。

类似地对 $\boldsymbol{B}_2$ 有 $\widetilde{W}(\boldsymbol{B}_2) = (0.167, 0.833)^T, \lambda_m(\boldsymbol{B}_2) = 2, CI(\boldsymbol{B}_2) = CR(\boldsymbol{B}_2) = 0$。

对 $\boldsymbol{B}_3$ 有 $\widetilde{W}(\boldsymbol{B}_3) = (0.667, 0.333)^T, \lambda_m(\boldsymbol{B}_3) = 2, CI(\boldsymbol{B}_3) = CR(\boldsymbol{B}_3) = 0$。

由计算结果可知,例 6.4 的各层次判断矩阵都通过了一致性检验,其相应的特征向量都可作为权向量。

4. 层次总排序与一致性检验

层次单排序后,还需要进行总排序,即计算同一层次所有因素对于最高层(目标层)相对重要性的总排序,特别是最低层中各方案对于目标的排序权重——层次总排序,从而进行方案选择。

具体方法是从上到下逐层进行。对于最高层,其层次单排序即为总排序。

假定上一层所有元素含有 m 个元素 $A_1, \cdots, A_m$,它的层次总排序权值分别为 $a_1, a_2, \cdots, a_m$,下一层次 B 含有 $B_1, \cdots, B_n$ n 个元素,它们对 A_j 的层次单排序权值分别为 $b_{1j}, b_{2j}, \cdots, b_{nj}$(当 B_k 与 A_j 没有联系时 $b_{kj} = 0$)。此时 B 层的总排序权值由表 6.8 给出。

表 6.8 层次总排序的权值计算表

层次 A 层次 B	A_1 a_1	A_2 a_2	$\cdots$ $\cdots$	A_m a_m	层次 B 总排序权值
B_1	b_{11}	b_{12}	$\cdots$	b_{1m}	$\sum_{j=1}^m a_j b_{1j}$
B_2	b_{21}	b_{22}	$\cdots$	b_{2m}	$\sum_{j=1}^m a_j b_{2j}$
$\cdots$	$\cdots$	$\cdots$	$\cdots$	$\cdots$	$\cdots$
B_n	b_{n1}	$\cdots$	$\cdots$	b_{nm}	$\sum_{j=1}^m a_j b_{nj}$

层次总排序也要进行一致性的检验。这是因为虽然各层均已通过层次单排序的一致性检验,各成对比较判断矩阵都已具有较为满意的一致性。但当综合考查时,各层次的非一致性仍有可能积累起来,引起最终分析结果较为严重的非一致性。方法是从高层到低层进行。具体方法如下:

设 CI_j 的 RI_j 是与 A_j 对应的 B 层次中判断矩阵的一致性指标与随机一致性指标。则 B 总排序的一致性指标与随机一致性指标分别为

$$CI = \sum_{j=1}^m a_j CI_j, \ RI = \sum_{j=1}^m a_j RI_j$$

B 层总排序的一致性比率

$$CR = \sum_{j=1}^{m} a_j CI_j / \sum_{j=1}^{m} a_j RI_j$$

当 $CR < 0.1$ 时,认为层次总排序结果具有满意的一致性,否则,必须对 B 层次的各判断矩阵进行调整。

现在我们来做例 6.4 中合理使用利润问题的层次总排序,用表格的形式表达。见表 6.9。

表 6.9 企业合理使用利润问题总排序

层次 C \ 层次 B	B_1	B_2	B_3	C 层次总排序
	0.103	0.606	0.291	
C_1	0.75	0	0.667	0.271
C_2	0.25	0.167	0.333	0.224
C_3	0	0.833	0	0.505

总排序一致性检验
$$CI = 0.103 \times CI(B_1) + 0.606 \times CI(B_2) + 0.291 \times CI(B_3)$$
$$= 0.103 \times 0 + 0.606 \times 0 + 0.291 \times 0 = 0$$

所以 $CR = 0$。

因此可得出结论:对于企业合理使用利润,促进企业发展所考虑的三种方案的优先次序为

$$C_3 > C_1 > C_2 \quad (\text{">"表示"优于"})$$

即引进新技术新设备应放在首位,利润分配比例占 50.5%;其次,发奖金占 27.1%;发展福利事业应居第三位,占 22.4%。

四、对层次分析法的评价

1. 层次分析法综述

层次分析法是一种实用的多准则决策方法,主要针对方案基本确定的决策问题,一般仅用于方案优选。

它把一个复杂的问题表示为一个有序的递阶层次结构,通过人们的判断对决策方案的优劣进行排序。具体地讲,它把复杂的问题分解为各个组成因素,将这些因素按支配关系分组形成有序的递阶层次结构,通过两两比较的方式确定层次中诸因素的相对重要性,然后综合人的判断以决定决策诸因素相对重要性总的顺序。

2. 优点

(1) 统一处理决策中的定性与定量因素,具有实用性、系统性、简洁性等特

点;它能在复杂决策过程中引入定量分析,并充分利用决策者在两两比较中给出的偏好信息进行分析与决策支持,既有效地分析了定性分析的结果,又发挥了定量分析的优势,从而使决策过程具有很强的条理性和科学性,特别适合在社会经济系统的决策分析中使用。

(2) 完全依靠主观评价做出方案的优劣排序,所需数据量少,决策花费的时间很短。

3. 缺点

(1) 无论建立层次结构,还是构造判断矩阵,人的主观判断、选择、偏好对结果的影响很大,判断失误即可造成决策失误;

(2) 遇到因素众多、规模较大的问题时,该方法容易出现问题,它要求评价者对问题的本质、包含的要素及其相互之间的逻辑关系能掌握得十分透彻。

鉴于此,人们对层次分析法进行了大量的修改:

A. 对标度方法的修改,不是单纯地采用 Satty 提出的 $1-9$ 尺度,而是根据不同的应用目的提出不同的尺度原则;

B. 求单排序方法的改进;

C. 一致性检验的处理,比如我们引入 $0.1-0.9$ 尺度和模糊一致矩阵,从根本上解决了判断矩阵的一致性问题;

D. 大规模指标的判断矩阵的给出。

五、层次分析法应用举例

旅游问题　某校工会在假期中要组织职工旅游。有三个点 x_1, x_2, x_3 可供选择。在选点时要考虑 5 个因素:费用 y_1,景色 y_2,居住条件 y_3,饮食条件 y_4,旅行条件 y_5。该校工会规定每个会员只能去一个点。问会员该如何选择自己的最理想的旅游点?

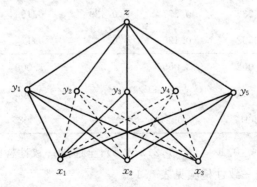

图 6.4　旅游问题的层次结构

先建立层次结构图,如图 6.4 所示。

设某人用成对比较法构成有关的判断矩阵为

$$Z-Y: A = \begin{pmatrix} 1 & 2 & 7 & 5 & 5 \\ \frac{1}{2} & 1 & 4 & 3 & 3 \\ \frac{1}{7} & \frac{1}{4} & 1 & \frac{1}{2} & \frac{1}{3} \\ \frac{1}{5} & \frac{1}{3} & 2 & 1 & 1 \\ \frac{1}{5} & \frac{1}{3} & 3 & 1 & 1 \end{pmatrix}$$

$$y_i-X: B_1 = \begin{pmatrix} 1 & \frac{1}{3} & \frac{1}{8} \\ 3 & 1 & \frac{1}{3} \\ 8 & 3 & 1 \end{pmatrix}, \quad B_2 = \begin{pmatrix} 1 & 2 & 5 \\ \frac{1}{2} & 1 & 2 \\ \frac{1}{5} & \frac{1}{2} & 1 \end{pmatrix},$$

$$B_3 = \begin{pmatrix} 1 & 1 & 3 \\ 1 & 1 & 3 \\ \frac{1}{3} & \frac{1}{3} & 1 \end{pmatrix}, \quad B_4 = \begin{pmatrix} 1 & 3 & 4 \\ \frac{1}{3} & 1 & 1 \\ \frac{1}{4} & 1 & 1 \end{pmatrix}, \quad B_5 = \begin{pmatrix} 1 & 1 & \frac{1}{4} \\ 1 & 1 & \frac{1}{4} \\ 4 & 4 & 1 \end{pmatrix}$$

层次单排序如表 6.10。

表 6.10 旅游问题层次单排序权值

i	1	2	3	4	5
	0.082	0.595	0.429	0.633	0.166
$\widetilde{W}(B_i)$	0.236	0.277	0.429	0.193	0.166
	0.682	0.129	0.142	0.175	0.688
$\lambda_m(B_i)$	3.002	3.005	3	3.009	3
$CI(B_i)$	0.001	0.003	0	0.005	0
$CR(B_i)$	0.0017	0.0051	0	0.0085	0

由于 $CR(B_i) < 0.1$ ($i = 1,2,3,4,5$),全通过一致性检验。

层次总排序与一致性检验见表 6.11。

表 6.11　旅游问题 X 层次总排序的权值

层次 X \ 层次 Y	y_1	y_2	y_3	y_4	y_5	X层次总排序权值
	0.475	0.263	0.055	0.099	0.110	
x_1	0.082	0.595	0.429	0.633	0.166	0.3
x_2	0.236	0.277	0.429	0.193	0.166	0.246
x_3	0.682	0.129	0.142	0.175	0.668	0.456

总排序一致性检验：

$CI = 0.475 \times 0.001 + 0.263 \times 0.003 + 0.055 \times 0 + 0.099 \times 0.005$
$\quad + 0.110 \times 0 = 0.00179$

$RI = (0.475 + 0.263 + 0.003 + 0.055 + 0.099 + 0.110) \times 0.58$
$\quad = 1.005 \times 0.58 = 0.5829$

$CR = \dfrac{CI}{RI} = 0.00176/0.5829 = 0.00302 < 0.1$

一致性检验满意通过。

上述层次分析结果表明，在此人作出的判断矩阵 $A, B_1, \cdots, B_5$ 的条件下，$x_3 > x_1 > x_2$。即旅游点 x_3 最优先选取，其次选 x_1，再次才选 x_2。

如果判断条件改变，优先次序也许随之改变。

第七章

概率应用模型

7.1 经济决策模型

一、问题背景

决策是人们生活和工作中普遍存在的一种活动,是为解决当前或未来可能发生的问题而选择最佳方案的一种过程。例如企业生产某种产品,若对此产品的市场需求不是很了解,生产的数量太小影响企业收入,生产的数量过大又会造成产品积压,影响资金周转,给企业造成损失。到底生产多少为宜,这就需要通过市场调查后作出决策。小至个人生活,大至企业经营管理、国家的经济、政治问题等,随时都需要决策。按决策环境而言,可以分为确定型、不确定型和风险型决策。本节给出量化决策的方法和案例。

二、决策的概念

先给出一个例子,通过例子阐明决策的有关概念。

例 7.1 某公司为了扩大市场,要举办一个产品的展销会,会址打算选择甲、乙、丙三地;获利情况除了与会址有关系外,还与天气有关,天气分为晴、阴、多雨三种,据气象台预报,估计三种天气情况可能发生的概率为 0.20,0.50,0.30,其收益情况如表 7.1,现要通过分析,确定会址,使收益最大。

在决策问题中,把面临的几种自然情况叫自然状态或客观条件,简称状态或条件,如 N_1, N_2, N_3 就是各种不同的自然状态,这些是不可控因素,出现时,也只可能出现一种状态,把 A_1, A_2, A_3 称为行动方案或策略,这些是可控因素,最后要选择哪个方案由决策者决定。表 7.1 中后 3 项的数字称为益损值,根据这些数字的含义不同,有时也叫效益值或风险值,由它们构成的矩阵

$$M = \begin{bmatrix} 4 & 6 & 1 \\ 5 & 4 & 1.5 \\ 6 & 2 & 1.2 \end{bmatrix}$$

叫做决策的益损矩阵或风险矩阵。p_1, p_2, p_3 是各种状态出现的概率。

表 7.1 选址问题收益表　　　　　　　单位:万元

自然状态 收益　　概率 选址方案	天气情况		
	N_1(晴)	N_2(阴)	N_3(多雨)
	$p_1 = 0.20$	$p_2 = 0.50$	$p_3 = 0.30$
A_1(甲地)	4	6	1
A_2(乙地)	5	4	1.5
A_3(丙地)	6	2	1.2

一般地,如果决策问题的可控因素(即行动方案)用 $A_i (i=1,2,\cdots,m)$ 表示,状态用 $N_i (i=1,2,\cdots,n)$ 表示,在 N_j 状态下采用 A_i 行动方案的风险值用 a_{ij} 表示,N_j 状态出现的概率用 p_j 表示,$j=1,2,\cdots,n$,其关系列于表 7.2 中。根据 n 的大小和 p_j 的信息情况,决策问题通常可分为三类:确定型、风险型和不确定型。

表 7.2 损益值表

a_{ij}　　N 　　　p A	自然状态					
	N_1	N_2	$\cdots$	N_j	$\cdots$	N_n
	p_1	p_2	$\cdots$	p_j	$\cdots$	p_n
行动方案 A_2	a_{11}	a_{12}	$\cdots$	a_{1j}	$\cdots$	a_{1n}
$\vdots$	$\vdots$	$\vdots$		$\vdots$		$\vdots$
A_i	a_{i1}	a_{i2}	$\cdots$	a_{ij}	$\cdots$	a_{in}
$\vdots$	$\vdots$	$\vdots$		$\vdots$		$\vdots$
A_m	a_{m1}	a_{m2}	$\cdots$	a_{mj}	$\cdots$	a_{mn}

当 $n=1$ 时,决策问题就是确定型的。下面主要讨论风险型和不确定型的决策问题。

三、风险决策问题

当表 7.2 中的 $n > 1$,且各种自然状态出现的概率 $p_i (i=1,2,\cdots,n)$ 可通过某种途径获得时的决策问题就是风险决策问题。如例 7.1 的决策问题,$n=3$,

$p_1=0.2, p_2=0.5, p_3=0.3$ 是已知的,因而是风险决策问题。风险决策问题也称随机型决策问题。对于这类决策问题,介绍两种决策准则和决策方法。

(一) 最大可能准则

由概率论知识知道,事件的概率就是该事件在一次试验中发生的可能性大小,概率越大,发生的可能性就越大。基于这种思想,在风险决策问题中我们选择一种发生概率最大的自然状态来进行决策,而不顾及其它自然状态的决策方法,这就是最大可能准则。这个准则的实质是将风险型决策问题转化为确定型决策问题的一种决策方法。因此,如果目标函数是效益最大,且

$$p_{j_0} = \max_{1 \leq j \leq n}\{p_j\}, a_{i_0 j_0} = \max_{1 \leq i \leq m}\{a_{ij_0}\}$$

则应认为 A_{i_0} 是最佳行动方案;如果目标函数是损失最小,且

$$p_{j_0} = \max_{1 \leq j \leq n}\{p_j\}, a_{i_0 j_0} = \min_{1 \leq i \leq m}\{a_{ij_0}\}$$

则应认为 A_{i_0} 是最佳行动方案。

对例 7.1 按最大可能准则进行决策,因为 $p_2=0.5$ 最大,因此就在这种自然状态下进行决策,问题变成了确定型决策问题,通过比较表中 N_2 列数据可知,采取 A_1 方案是最优决策。

应该指出,如果各自然状态的概率都很接近时,就不应采取这种决策准则。

(二) 期望值准则

如果把每个行动方案看作随机变量,在每个自然状态下的效益值看作随机变量的取值,其概率为自然状态出现的概率,则期望值准则就是将每个行动方案的数学期望计算出来,如果决策目标是效益最大,则采取期望值最大的行动方案;如果决策目标是损失最小,则采取期望值最小的行动方案。

若对例 7.1 按期望值准则进行决策,因为决策目标是效益最大,按表 7.1 计算出的各行动方案的期望值分别为

$E(A_1) = 4 \times 0.2 + 6 \times 0.5 + 1 \times 0.3 = 4.1$(万元)

$E(A_2) = 5 \times 0.2 + 4 \times 0.5 + 1 \times 0.3 = 3.45$(万元)

$E(A_3) = 6 \times 0.2 + 2 \times 0.5 + 1.2 \times 0.3 = 2.56$(万元)

显然,$E(A_1)$ 最大,所以采取行动方案 A_1 最佳。

一般地,如果用 A 表示各行动方向的集合,N 表示各自然状态的集合,将各状态出现的概率写成向量 $\boldsymbol{P}$,益损值写成矩阵 $\boldsymbol{M}$,即

$$A = \{A_1, A_2, \cdots, A_m\}, N = \{N_1, N_2, \cdots N_n\}, \boldsymbol{P}^{\mathrm{T}} = (p_1(N_1), p_1(N_2), \cdots p_1(N_n)),$$

$$\boldsymbol{M} = \begin{bmatrix} a_{11} & a_{12} & \cdots & a_{1n} \\ a_{21} & a_{22} & \cdots & a_{2n} \\ \vdots & \vdots & & \vdots \\ a_{m1} & a_{m2} & \cdots & a_{mn} \end{bmatrix}$$

这时，$E(A)=(E(A_1),E(A_2),\cdots,E(A_m))^T=MP$，则决策实质就是求向量 $E(A)$ 的最大元或最小元对应的运行方案。

在实际问题中，如果有两个最优行动方案 A_i、A_j，可根据决策目标是效益最大或损失最小，进一步比较两行动方案的期望值与效益下界之差或与最大损失值之差进行决策。即比较 $E(A_i)-\min_k a_{ik}$ 与 $E(A_j)-\min_k a_{jk}$，或比较 $E(A_i)-\max_k a_{ik}$ 与 $E(A_j)-\max_k a_{jk}$。

(三) 决策树法

决策树法就是把某个决策问题未来发展情况的可能性和可能结果所做的预测用树状图画出来（形象地称为决策树），然后据期望值准则进行决策的一种方法。以例 7.1 来说明其决策步骤。

由前面表 7.1 数据作出决策树如图 7.1 所示。其中：

□表示决策点，从它引出的分枝称为方案分枝，其数目就是方案数；

○表示机会节点，从它引出的分枝称为概率分枝，每条概率分枝代表一种自然状态，并标有相应状态发生的概率；

△称为末梢节点，右边数字表示各方案在不同自然状态下的益损值。

计算各机会节点的期望值，并将结果标在节点上方，再比较各机会节点上方标值的大小，进行决策，在淘汰方案分枝上标上记号，余下方案即为最优方案，最优方案的期望值标在决策点的上方。例 7.1 中 A_1 上方标值 4.1 为最大，因此选定方案 A_1，在其它方案分枝上标上"‖"号，这是说选 A_1 方案，其收益数值的期望为 4.1。

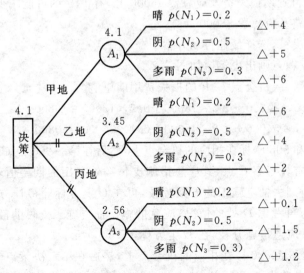

图 7.1 展销会选址决策

此例只包括一个决策点,称为单级决策问题。在有些实际问题中将包括两个或两个以上决策点,称为多级决策问题,可利用同样的思路进行决策。

例 7.2 某工程采用正常速度施工,若无坏天气的影响,可确保在 30 d(d 为时间单位:天)内按期完成工程,但据天气预报,15 d 后天气肯定变坏,有 40% 的可能出现阴雨天气,但这不会影响工程进度;有 50% 的可能遇到小风暴而使工期推迟 15 d;另有 10% 的可能遇到大风暴而使工期推迟 20 d。关于以上可能出现的情况,考虑两种方案:

(1) 提前加班,确定工程在 15 d 内完成,实施此方案需增加额外支付 18000 元;

(2) 先维持原定的施工进度,等到 15 d 后根据实际出现的天气状况再作对策;

1) 若遇阴雨天,则维持正常进度,不必支付额外费用。

2) 若遇小风暴,则有下述两个供选方案:一是抽空(风暴过后)施工,支付工程延期损失费 20000 元,二是采取应急措施,实施此措施可能有三种结果:有 50% 的可能减少误工期 1d,支付延期损失费和应急费用 24000 元,有 30% 的可能减少误工期 2d,支付延期损失费和应急费用 18000 元,有 20% 的可能减少误工期 3d,支付延期损失费和应急费用 12000 元。

3) 若遇大风暴,则仍有两个方案可供选择:一是抽空进行施工,支付工程延期损失费 50000 元,二是采取应急措施,实施此措施可能有三种结果,有 70% 的可能减少误工期 2 d,支付延期损失费及应急费用 54000 元,有 20% 的可能减少误工期 3 d,支付延期损失费及应急费 46000 元,有 10% 的可能减少误工期 4 d,支付延期损失费及应急费 38000 元。

试对问题进行决策,选择最佳行动方案。

解 (1) 据题意画出决策树如图 7.2。

(2) 计算第一级机会点 E、F 的损失费用期望值。

$E(E) = 0.5 \times 24000 + 0.3 \times 18000 + 0.2 \times 12000 = 19800$

$E(F) = 0.7 \times 54000 + 0.2 \times 46000 + 0.1 \times 38000 = 50800$

将 19800 和 50800 标在相应的机会点上,然后在第一决策点 C、D 处分别进行方案比较。首先考察 C 点,其应急措施支付额外费用的期望值较少,故它为最佳方案,同时划去抽空施工的方案分枝,再在 C 上方标明最佳方案期望损失费用 19800 元;再考虑 D 处的情况,应急措施比抽空施工支付的额外费用的期望值少,故划去应急措施分枝,在 D 上方标上 50000 元。

将 19800 和 50800 标在相应的机会点上,然后在第一决策点 C、D 处分别进行方案比较。首先考察 C 点,其应急措施支付额外费用的期望值较少,故它

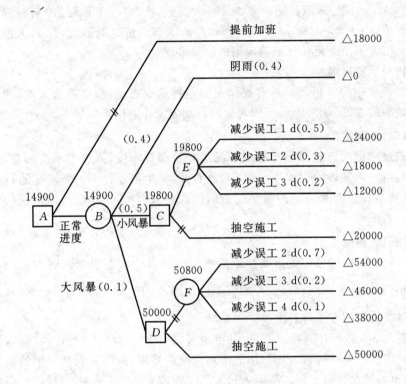

图 7.2 施工决策树

为最佳方案,同时划去抽空施工的方案分枝,再在 C 上方标明最佳方案期望损失费用 19800 元;再考虑 D 处的情况,应急措施比抽空施工支付的额外费用的期望值少,故划去应急措施分枝,在 D 上方标上 50000 元。

(3)计算第二级机会节点 B 的损失费用期望值

$E(B) = 0.4 \times 0 + 0.5 \times 19800 + 0.1 \times 50000 = 14900$

将其标在 B 的上方,在第二级决策点 A 处进行比较,发现正常进度方案为最佳方案,故划去提前加班的方案分枝,并将 14900 标在 A 点上方。

因此,合理的决策应是开始以正常施工进度进行施工,15 d 后再根据具体天气情况作进一步决策,若出现阴雨天,则维持正常速度;若出现小风暴可采用应急措施,若出现大风暴,则进行抽空施工。

四、不确定型决策

当风险决策问题的自然状态发生的概率既不知道、也无法预先估计时,决策问题称为不确定型决策问题。仍用 $N_1, N_2, \cdots, N_n$ 表示决策问题中的自然状态,$A_1, A_2, \cdots, A_m$ 表示行动方案,a_{ij} 表示在自然状态 N_j 下采取第 i 种行动方案的益损值,$i=1,2,\cdots,m; j=1,2,\cdots,n$,若 a_{ij} 为效益值时取正值,若 a_{ij} 为损失值时取负值。下面介绍几种不确定型的决策准则。

(一)乐观准则

乐观准则的思想就是对客观情况总是持乐观态度,事事都合人意,即选最大效益的最大值 $\max_i\{\max_j a_{ij}\}$ 所对应的行动方案作为决策。

(二)悲观准则

悲观准则的思想就是对客观情况总是持悲观态度,万事都不会如意,即总是把事情的结果估计得很不利,因此就在最坏的情况下找一个较好的行动方案,也就是在每个状态下的最小效益值中选最大值 $\max_i\{\min_j a_{ij}\}$ 所对应的行动方案作为决策。

(三)等可能准则

等可能准则的思想就是既然不能断定哪种自然状态出现的可能性(概率)的大小,就认为各自然状态出现的可能性相同,即 $P(N_j)=\dfrac{1}{n}, j=1,2,\cdots,n$,然后按风险决策的方法进行决策。

例 7.3 某厂有一种新产品,其推销策略有 S_1, S_2, S_3 三种可供选择,但各方案所需的资金、时间都不同,加上市场情况的差别,因而获利和亏损的情况不同,而市场情况也有三种:N_1 需求量大,N_2 需求量一般,N_3 需求量低。市场情况的概率并不知道,其效益值见表 7.3。

A \ N (a_{ij})	市场情况		
	N_1	N_2	N_3
销售策略 S_1	50	10	-5
S_2	30	25	0
S_3	10	10	10

(1)用乐观法进行决策;
(2)用悲观法进行决策;
(3)用等可能法进行决策。

解 (1)因为每个行动方案在各种状态下的最大效益值为

$$\max_j\{a_{ij}\} = \max(50,10,-5) = 50$$

$$\max_j\{a_{ij}\} = \max(30,25,0) = 30$$

$$\max_j\{a_{ij}\} = \max(10,10,10) = 10$$

其最大值 50 对应的行动方案为 S_1，因此用乐观法决策结果是执行策略 S_1。

(2) 因为每个行动方案在各种状态下的最小值为

$$\min_j \{a_{ij}\} = \min(50, 10, -5) = -5$$

$$\min_j \{a_{ij}\} = \min(30, 25, 0) = 0$$

$$\min_j \{a_{ij}\} = \min(10, 10, 10) = 10$$

其最大值 10 对应行动的方案为 S_3，因此按悲观法决策的结果是应执行策略 。

(3) 取 $P(N_i) = \frac{1}{3}, i=1,2,3$；计算出各行动方案的期望值为

$$E(S_1) = \frac{1}{3} \times 50 + \frac{1}{3} \times 10 + \frac{1}{3} \times (-5) = \frac{55}{3}$$

$$E(S_2) = \frac{1}{3} \times 30 + \frac{1}{3} \times 25 + \frac{1}{3} \times 0 = \frac{55}{3}$$

$$E(S_3) = \frac{1}{3} \times 10 + \frac{1}{3} \times 10 + \frac{1}{3} \times 10 = 10$$

显然 $\max_i \{E(S_i)\} = \frac{55}{3}$，而 $E(S_1)$ 与 $E(S_2)$ 都达到最大值，再比较

$$E(S_1) - \min_j (a_{1j}) = E(S_1) - (-5) = \frac{70}{3}$$

$$E(S_2) - \min_j (a_{2j}) = \frac{55}{3} - 0 = \frac{55}{3}$$

显然，应选取策略 S_2。

从本例可以看出，对不确定型的决策问题，采用不同的决策准则所得到的结果并非完全一致。但难说哪个准则好，哪个准则不好。究竟在实际问题中采用哪个准则，依决策者对各种自然状态的看法而定。因此，为了改进不确定型决策，人们总是设法得到各自然状态发生的概率，然后进行决策。

总之，决策决不是选择方案的瞬间行动，而是一个复杂的过程，决策不仅涉及到数学，经济学，还涉及到心理学，社会学等领域，除了客观因素外，还有决策人的主观因素。按决策方案不一定能使损失费用最小，或收益最大。

7.2 单周期随机存储模型

一、问题背景

在第二章曾讨论过确定型存储问题，其中货物的需求是确定的。但现实情况常常较为复杂，影响需求的因素很多，有些可以量化，有些难以量化，这使得

货物的需求难以确定,所以应将需求看为随机变量,这就产生了随机存储模型。本节讨论单周期随机存储模型。

单周期随机存储问题是将单位时间看作一个时期,在这个时期内只订货一次以满足整个时期的需求量。在模型中如果本期的产品没有用完,到期末该产品就要贬值,甚至其价值比获得该产品的成本还要低。模型要求制定该时期订货量,使预期的总损失最少或总盈利最大。这类产品订货问题在现实中大量存在,如报童问题、商场节日订购食品问题、书店订购书刊问题、商店购进时装、经销计算机硬件等产品都可以看成该模型的例子。

二、建立模型

1. 模型假设

(1) 初始和期末库存量均为零,瞬时供货,在周期开始时做一次订货,设订货量为 Q;

(2) 设单位货物购进价为 b,零售价为 a,打折价为 c,假设 $a>b>c$;

(3) 一个周期内需求量是非负的随机变量,其概率分布已知;

(4) 决策准则是使期望总费用达到最小或期望总收益最大。

下面分别就需求是离散型与连续型两种情况进行讨论。

2. 连续型需求

设需求量 r 是连续型随机变量,其概率密度为 $f(r)$,记利润函数为 L,期望收益为 $G(Q)$。

如果时期 T 内的需求量 $r \leqslant Q$,则售出 r 单位,打折处理 $Q-r$ 单位,如果需求量 $r > Q$,则 Q 单位全部售出,所以利润函数为

$$L(Q,r) = \begin{cases} (a-b)r - (b-c)(Q-r), & r \leqslant Q \\ (a-b)Q, & r > Q \end{cases} \tag{7.1}$$

由假设需求量 r 的概率密度是 $f(r)$,所以期望收益 $G(Q)$ 为

$$G(Q) = \int_0^Q [(a-b)r - (b-c)(Q-r)]f(r)\mathrm{d}r + \int_Q^\infty (a-b)Qf(r)\mathrm{d}r$$

为求期望利润的最大值,计算 $G(Q)$ 的导数为

$$\frac{\mathrm{d}G}{\mathrm{d}Q} = (a-b)Qf(Q) - \int_0^Q (b-c)f(r)\mathrm{d}r - (a-b)Qp(Q) + \int_Q^\infty (a-b)f(r)\mathrm{d}r$$

$$= -(b-c)\int_0^Q f(r)\mathrm{d}r + (a-b)\int_Q^\infty f(r)\mathrm{d}r$$

令 $\dfrac{\mathrm{d}G}{\mathrm{d}Q} = 0$,得到最优订货量 Q^* 满足的公式为

$$\frac{\int_0^{Q^*} f(r)\mathrm{d}r}{\int_{Q^*}^{\infty} f(r)\mathrm{d}r} = \frac{a-b}{b-c} \tag{7.2}$$

根据需求量的概率密度 $f(r)$ 的图形很容易从(7.2)式确定购进量 Q^*，在图 7.3 中用 P_1, P_2 分别表示曲线 $f(r)$ 下的两块面积，则(7.2)式记作

$$\frac{P_1}{P_2} = \frac{a-b}{b-c}$$

因为当购进 Q^* 单位时，$P_1 = \int_0^{Q^*} f(r)\mathrm{d}r$ 是需求量 r 不超过 Q^* 的概率，即卖不完的概率；$P_2 = \int_{Q^*}^{\infty} f(r)\mathrm{d}r$ 是需求量 r 超过 Q^* 的概率，即卖完的概率，所以(7.2)式表明，购进的数量 Q^* 应该使卖不完与卖完的概率之比，恰好等于卖出一单位赚的钱 $(a-b)$ 与打折一单位赔的钱 $(b-c)$ 之比。

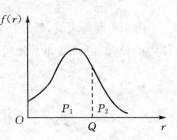

图 7.3 由 $f(r)$ 确定 Q 的图解法

因为 $\int_0^{\infty} f(r)\mathrm{d}r = 1$，所以(7.2)式又可表为

$$\int_0^{Q^*} f(r)\mathrm{d}r = \frac{a-b}{a-c} \tag{7.3}$$

例 7.4 某时装商店计划冬季到来之前订购一批款式新颖的皮制服装。每套皮装进价是 1000 元，估计可以获得 80% 的利润，冬季一过则只能按进价的 50% 处理。根据市场需求预测，该皮装的销售量服从参数为 1/60 的指数分布，求最佳订货量。

解 已知 $b=1000$ 元，$a=1800$ 元，$c=500$ 元，销售量的密度函数为

$$f(r) = \begin{cases} \dfrac{1}{60}\mathrm{e}^{-\frac{1}{60}r}, & r > 0 \\ 0, & r \leqslant 0 \end{cases}$$

由(7.3)式，最优订货量满足

$$\int_0^{Q^*} \frac{1}{60}\mathrm{e}^{-\frac{1}{60}r}\mathrm{d}r = \frac{1800-1000}{1800-500} = 0.6154$$

解得 $Q^* \approx 57$(件)。

3. 离散型需求

设在时期 T 内，需求量 r 是一个非负的离散型随机变量，假设其概率分布为

$$P(r=r_i)=p_i \qquad (i=1,2,\cdots)$$

最优存储策略是求出订货量 Q，使在 T 内利润期望值最大。

显然离散型需求同连续型需求的利润函数相同，即为 (7.1) 式。此时，利润的期望值为

$$G(Q)=\sum_{r_i\leqslant Q}[(a-b)r_i-(b-c)(Q-r_i)]p_i+\sum_{r_i>Q}(a-b)Qp_i$$

由于 r 取离散值，所以不能用求导的办法，可以利用差分分析法求得最优订货量 Q^* 的值满足如下公式

$$\frac{\sum_{r_i\leqslant Q^*}p_i}{\sum_{r_i>Q^*}p_i}=\frac{a-b}{b-c} \tag{7.4}$$

其概率意义和连续型相同。因为 $\sum_{i=1}^{\infty}p_i=1$，所以 (7.4) 式可以写为

$$\sum_{r_i\leqslant Q^*}p_i=\frac{a-b}{a-c} \tag{7.5}$$

公式 (7.5) 也称报童问题模型。报童每天清晨从报社购进报纸零售，每天售报数量是离散型随机变量，晚上将没有卖掉的报纸退回。设报纸每份的购进价为 b，零售价为 a，退回价为 c，$a>b>c$，这就是说，报童售出一份报纸赚 $(a-b)$，退回一份赔 $(b-c)$。报童每天如果购进的报纸太少，不够卖会少赚钱；如果购进太多，卖不完会赔钱，则每天购进报纸的最优数量满足 (7.5) 中的 Q^*。

例 7.5 某商店拟出售某种商品，其成本费为每单位 50 元，售价 70 元；如不能售出，必须减价为 40 元，这时一定可以售出。已知售货量 r 服从泊松分布

$$P(r=k)=\frac{\lambda^k e^{-\lambda}}{k!},\ k=0,1,\cdots$$

其中 λ 为平均售出数。根据过去经验，平均售出数为 6 个单位，即 $\lambda=6$。问该商店的订货量应为多少单位。

解 已知 $b=50$ 元，$a=70$ 元，$c=40$，故

$$\frac{a-b}{a-c}=\frac{70-50}{70-40}\approx 0.667$$

由 (7.5) 式得

$$\sum_{i\leqslant Q^*}\frac{6^i e^{-6}}{i!}=0.667$$

查泊松分布表可知订货量应为 6 个单位。

7.3 (s,S) 随机存储模型

一、问题背景

上节讨论的单周期存储模型本周期货物销售不完便打折出售。但实际问题中,上一周期未售完的产品,可存储到下一周期销售。在实际应用中往往会根据不同物资的需求特点及资源情况,本着经济的原则采用不同的库存策略,最常用的是 (s,S) 策略,即定期进行货物盘点,根据存货的多少决定是否订购货物。采用的一种简单的策略是制订一个下界 s 和一个上界 S,当周期末存货不少于 s 时就不订货;当存货少于 s 时则订货,且订货量使得下周期初的存量达到 S,这种策略称为 (s,S) 随机存储策略。

为使问题简化起见,像确定性存储模型一样,仍然只考虑订货费、储存费、缺货费和商品购进价格。存储策略的优劣以总费用为标准,显然,总费用(在平均意义下)与 (s,S) 策略、销售量的随机规律以及单项费用的大小有关。

二、连续需求的 (s,S) 随机存储模型

(一)模型假设

在下面讨论中,以一个阶段的时间长度作为单位时间。

1. 每次订货费为 c_0(与数量无关),每件商品购进价为 c_1,每件商品一周的储存费为 c_2,每件商品的缺货损失为 c_3,c_3 相当于售出价,所以应有 $c_1 < c_3$。

2. 一周期的销售量 r 是随机的。r 的取值很大,可视为连续变量,其概率密度函数为 $p(r)$。

3. 记上周期末的存货量为 x,订货量为 u,并且立即到货,于是周期初的存货量为 $x+u$。

4. 假设一周期的存储量为 $x+u-r$,不随时间改变,这条假设是为了计算储存费用的方便。

(二)建模与求解

按照制订 (s,S) 策略的要求,当周末存货量 $x \geqslant s$ 时,订货量 $u=0$;当 $x<s$ 时 $u>0$;且订货量满足 $x+u=S$。确定 s,S 应以总费用最小为标准。

因为销售量 r 的随机性,储存量和缺货量也是随机的,致使一周的储存费和缺货费也是随机的,当存量为 x 时,设存储费和缺货损失费为 $l(x,r)$:

$$l(x,r) = \begin{cases} c_2(x-r) + c_3 \cdot 0, & x \geqslant r \\ c_2 \cdot 0 + c_3(r-x), & x < r \end{cases}$$

目标函数应取一周期总费用的期望值,即长期经营中每周期费用的平均值,以下称平均费用。设平均费用为 $L(x)$,由数学期望定义有

$$L(x) = E[l(x)] = \int_0^{+\infty} l(x)p(r)dr$$

$$= c_2\int_0^x (x-r)p(r)dr + c_3\int_x^{+\infty}(r-x)p(r)dr \tag{7.6}$$

当有订货 $u>0$(期初存储量为 $x+u$)时,其平均费用为 $L(x+u)$。所以一周期的平均总费用为

$$J(u) = \begin{cases} c_0 + c_1 u + L(x+u), & u>0 \\ L(x), & u=0 \end{cases} \tag{7.7}$$

问题转化为求 s、S,使 $J(u)$ 达到最小。

1. 当需要进货时 S 的计算

在 $u>0$ 的情况下,求 u 使 $J(u)$ 达到最小值。首先计算 $\dfrac{dJ}{du}$:

$$\frac{dJ}{du} = c_1 + c_2\int_0^{x+u}p(r)dr - c_3\int_{x+u}^{\infty}p(r)dr$$

令 $\dfrac{dJ}{du}=0$,记 $x+u=S$,并注意到 $\int_0^{\infty}p(r)dr=1$,可得

$$\frac{\int_0^S p(r)dr}{\int_S^{\infty}p(r)dr} = \frac{c_3-c_1}{c_2+c_1} \tag{7.8}$$

这就是说,令订货量 u 加上原来的存量 x 达到(7.8)式所示的 S,可使平均费用最小(容易验证,$\dfrac{d^2J}{du^2}$ 恒大于零)。

从(7.8)式可看出,当商品购进价 c_1 一定时,储存费 c_2 越小,缺货费 c_3 越大,S 应越大,这是符合常识的。利用密度函数性质,(7.8)式可改写为

$$\int_0^S p(r)dr = \frac{c_3-c_1}{c_3+c_2} \tag{7.9}$$

2. 确定订货点 s

当存货量为 x 时,当 $x<s$ 则订货,由(7.7)式在 S 策略下订货的平均费用为

$$J_1(x) = c_0 + c_1(S-x) + L(S)$$

当 $x \geqslant s$ 则不订货,平均费用为 $J_2 = L(x)$。显然,不订货的条件是不订货的平均费用不大于订货时的平均费用(此时订货量为 $u=S-x$),即 $J_2 \leqslant J_1$:

$$L(x) \leqslant c_0 + c_1(S-x) + L(S) \tag{7.10}$$

记
$$I(x)=c_1x+L(x) \tag{7.11}$$
则不订货的条件(7.10)式表为
$$I(x)\leqslant c_0+I(S) \tag{7.12}$$
(7.12)式右端为已知数,于是 s 应为方程
$$I(x)=c_0+I(S) \tag{7.13}$$
的最小正根。

将(7.13)式写得更具体,s 应为下式的最小正根
$$c_1x+c_2\int_0^x(x-r)p(r)\mathrm{d}r+c_3\int_x^{+\infty}(r-x)p(r)\mathrm{d}r=c_0+I(S) \tag{7.14}$$
比较 $I(x)$ 与 $J(u)$ 的表达式(见(7.6)与(7.11)式),看到它们数学性质是相似的,容易验证,$\dfrac{\mathrm{d}^2I}{\mathrm{d}x^2}$ 恒大于零,可知 $I(x)$ 是下凸的,且在 $x=S$ 时达到极小值,如图 7.4。在极小值 $I(S)$ 上叠加 c_0,按图中箭头方向即可得到 s。

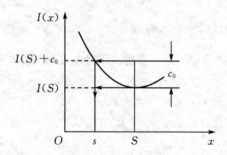

图 7.4 求 s 的图解法

综上所述,根据模型(7.6)、(7.7)所确定的 (s,S) 策略由(7.9)、(7.11)、(7.13)式给出,当 c_0,c_1,c_2,c_3 及 $p(r)$ 给定后,(s,S) 订货策略就可以确定。

例 7.6 某市石油公司希望确定一种油的存储策略,以确定应储存的油量。该油的市场需求服从指数分布,其密度函数为
$$f(x)=\begin{cases}0.000001\mathrm{e}^{-0.000001x}, & x\geqslant 0\\ 0, & x<0\end{cases}$$
该种油每升 2 元,可忽略进货费。由于油库归该公司管辖,油池灌满与没灌满时的管理费用实际上没有多少差别,故可以认为存储费用为零。如缺货就从邻市调用,缺货费为 3 元/升。求该公司的订货策略。

解 由模型假设知 $c_0=0,c_1=2,c_2=0,c_3=3$。

计算 $\dfrac{c_3-c_1}{c_3+c_2}=\dfrac{3-2}{3+0}\approx 0.333$,由 (7.9) 式得 $\int_0^S 0.000001\mathrm{e}^{-0.000001x}\mathrm{d}x=$

0.333，已知 $e^{-0.000001x} = 0.667$，两端取对数解出 $S \approx 405000$(升)
因为
$$c_0 + I(S) = c_1 S + c_2 \int_0^S (S-r)p(r)\mathrm{d}r + c_3 \int_S^{+\infty} (r-S)p(r)\mathrm{d}r$$
$$= 2S + 3\int_S^{+\infty}(r-S)p(r)\mathrm{d}r$$
$$I(x) = c_1 x + c_2 \int_0^x (x-r)p(r)\mathrm{d}r + c_3 \int_x^{+\infty}(r-x)p(r)\mathrm{d}r$$
$$= 2x + 3\int_x^{+\infty}(r-x)p(r)\mathrm{d}r$$

观察可知，$I(x)=c_0+I(S)$ 有唯一解 $s=S$。所以当库存下降到 405000 升以下就应进货，使库存达到 405000 升。

出现 $s=S$，是因为进货费为零，可以频繁进货，又存储费为零，存储量多一些也不会增加费用。

三、离散型需求的 (s,S) 随机存储模型

若模型中周期的需求量 r 是非负的离散随机变量，分布律为
$$P\{r=r_k\} = p_k, \quad k=0,1,2,\cdots$$
为叙述方便不妨设 $r_1 < r_2 < \cdots < r_k < \cdots$。
由离散型随机变量定义，(7.6)式可写为
$$L(x) = c_2 \sum_{k=1}^{x}(x-r_k)p_k + c_3 \sum_{k=x+1}^{\infty}(r_k-x)p_k \tag{7.15}$$
最优库存量 S 满足的(7.9)式可写为
$$\sum_{k=1}^{S} p_k = \frac{c_3 - c_1}{c_3 + c_2} \tag{7.16}$$
记 $I(x)=c_1 x+L(x)$，则最优订货点 s 是满足下式的最小正根
$$I(x) = c_0 + I(S) \tag{7.17}$$
将(7.17)式写得更具体，为
$$c_1 x + c_2 \sum_{k=1}^{x}(x-r_k)p_k + c_3 \sum_{k=x+1}^{\infty}(r_k-x)p_k = c_0 + I(S) \tag{7.18}$$
最优订货点 s 是满足(7.18)式的最小正根。

例 7.7 设某公司用某种原料进行生产，已知该原料每吨单价 800 元，订货费 60 元，存储费每吨 40 元，缺货损失每吨 1015 元，原有存储量为 10 吨。已知对原料需求的概率分布为
$$P(r=30)=0.2, \ P(r=40)=0.2, \ P(r=50)=0.4, \ P(r=60)=0.2$$
求该公司订购原料的最佳方案。

解 由模型假设有：$c_0=60, c_1=800, c_2=40, c_3=1015, x=10$。

计算 $\dfrac{c_3-c_1}{c_3+c_2}=\dfrac{1015-800}{1015+40}\approx 0.204$，由 (7.16) 式得

$$\sum_{k=1}^{S} p_k = \dfrac{c_3-c_1}{c_3+c_2}=0.204$$

因为

$$P(30)=0.2<0.204$$
$$P(30)+P(40)=0.2+0.2=0.4>0.204$$

所以订购上界 $S=40, u=S-x=40-10=30$。

又因为

$$\begin{aligned}c_0+I(S) &= 60+800\times 40+40[(40-30)\times 0.2]+\\ &\quad 1015[(50-40)\times 0.4+(60-40)\times 0.2]=40260\end{aligned}$$

当 $s=30$ 时，有

$$\begin{aligned}I(s) &= c_1 s + L(s)\\ &= 800\times 30+1015[(40-30)\times 0.2+(50-30)\times 0.4+(60-30)\times\\ &\quad 0.2]=40240\end{aligned}$$

由于 $I(30)<c_0+I(40)$，所以 $s=30$ 吨。

故存储策略为每个阶段开始时检查存储量 x，当 $x\geqslant 30$ 吨时不必补充存储；当 $I<30$ 吨时补充存储量到 40 吨。

四、模型讨论

在以上讨论中模型储存费用的计算是做了简化假设的。一般地说储存费应与储存的时间有关，所以必须对一周内储存量的变化情况作出适当的假定。

按照模型假设第 4 条，储存量 q 在一个周期 $0\leqslant t\leqslant l$ 内的变化可用图 7.5 表示（为简单设原存量 x 为 0），即在可以忽略的短时间内储存量就降为 $u-r$（$r>r$ 时）或 0（$u\leqslant r$ 时），我们已经看到这个假定下计算及其结果比较简单。

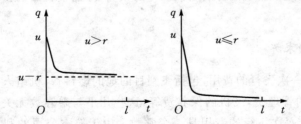

图 7.5 模型假设 4 的图示

关于储存量 q 的更合理的假定应该如图 7.6 所示,即一周期内的销售是均匀的,因而储存量 q 呈直线下降,在这种情况下储存费的计算就较麻烦了,结果也较复杂。

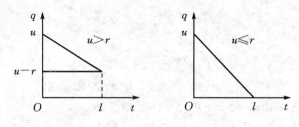

图 7.6　模型假设 4 的改进

7.4　飞机票超额预订模型

一、问题背景

航空公司对机票一般采取预订策略。电话或者互联网是航空公司为客户提供预订服务的两个渠道。机票的预订在为乘客出行提供方便的同时也给航空公司带来一定的不确定性。由于客户很可能由于各种原因取消预订,而该顾客已退还的机票并没有在飞机起飞前被卖出去,那么航空公司将蒙受损失。因此,航空公司要获得更大的利润,一方面要争取客户,另一方面要降低客户取消预订遭受的损失。为此,航空公司也采取了一些有效的措施。为了减少损失,航空公司往往采取超额预订机票的办法,即允许乘客预订飞机票数超过飞机上的座位数。但是,这样做又会发生预订了飞机票的乘客乘不上飞机,被"挤掉"的情况。对于被"挤掉"的乘客,航空公司必须给予一定的赔偿。需要解决的问题是:航空公司应该采取怎样的超额预订的策略,才能使自己的损失最小,利润最大?

二、建模与求解

航空公司一次飞行的费用,包括飞到目的地的燃料费,机组人员、地勤人员的工资,机场的管理费,飞机的保养费等,这些几乎与乘客数无关。因此,作为近似,可以假定每次飞行的费用是一个常数。由于航空公司的利润等于(扣除赔偿金后)机票费的收入减去飞行费用,当飞行费用为常数时,航空公司的利润要达到最大,可以不考虑飞行费用,只要(扣除赔偿金后)机票费的收入达到最大就可以了。

假设飞机的座位总数为 M,乘客预订的机票数为 N,由于是超额预订,所以有 $N \geqslant M$。

用 g 表示每张机票的价格(作为近似,不考虑座位的等级,认为 g 是一个常数),用 b 表示给每个被"挤掉"的乘客的赔偿金,用 ξ 表示实际来乘飞机的乘客数,则 ξ 是一个随机变量,$0 \leqslant \xi \leqslant N$,用 η 表示扣除赔偿金后机票费的收入,η 与 ξ 有关,是 ξ 的函数,也是一个随机变量,η 与 ξ 的关系为

$$\eta = f(\xi) = \begin{cases} g\xi, & 0 \leqslant \xi \leqslant M \\ gM - b(\xi - M), & M < \xi \leqslant N \end{cases}$$

设 ξ 的概率分布为 $P(\xi = k) = p_k$,$k = 0, 1, 2, \cdots, N$。由 ξ 的概率分布可以求出 η 的数学期望,即航空公司机票费的平均收入为

$$E(\eta) = Ef(\xi) = \sum_{k=0}^{N} f(k) p_k = \sum_{k=0}^{M} gk p_k + \sum_{k=M+1}^{N} [gM - b(k-M)] p_k$$

以每张机票的价格 g 为计算单位的(扣除赔偿金后)机票费的平均收入为

$$\begin{aligned}
\frac{E(\eta)}{g} &= \sum_{k=0}^{M} k p_k + \sum_{k=M+1}^{N} \left[M - \frac{b}{g}(k-M)\right] p_k \\
&= \sum_{k=0}^{M} k p_k + \sum_{k=M+1}^{N} k p_k - \sum_{k=M+1}^{N} k p_k + \sum_{k=M+1}^{N} \left[M - \frac{b}{g}(k-M)\right] p_k \\
&= \sum_{k=0}^{N} k p_k - \sum_{k=M+1}^{N} \left[(k-M) + \frac{b}{g}(k-M)\right] p_k \\
&= E\xi - \left(1 + \frac{b}{g}\right) \sum_{k=M+1}^{N} (k-M) p_k \quad (7.19)
\end{aligned}$$

下面分析实际来乘飞机的乘客数 ξ 服从的分布。共有 N 个乘客预订了机票,每个预订了机票的乘客都有可能来或不来乘飞机。设每个预订了机票的乘客实际来乘飞机的概率是 p,因为每个乘客是否来乘飞机可以看作是相互独立的,这样 N 个乘客来不来乘飞机就是一个独立重复试验序列,所以 ξ 服从二项分布,即 $\xi \sim B(N, p)$,ξ 的概率分布为

$$P(\xi = k) = p_k = C_N^k p^k (1-p)^{N-k}, \quad k = 0, 1, 2, \cdots, N$$

ξ 的数学期望为 $E\xi = Np$,所以(7.19)式可以写为

$$\begin{aligned}
L(N) &= \frac{E(\eta)}{g} = E\xi - \left(1 + \frac{b}{g}\right) \sum_{k=M+1}^{N} (k-M) p_k \\
&= Np - \left(1 + \frac{b}{g}\right) \sum_{k=M+1}^{N} (k-M) C_N^k p^k (1-p)^{N-k} \quad (7.20)
\end{aligned}$$

所以航空公司的最优订票策略归结为在 M、b/g 和 p 的值给定的条件下,求 N,使得 $L(N)$ 达到最大。

这是一个优化问题，由于变量 N 出现在求和上限和组合表达式中，难以用解析方法求解，可以借助计算软件求解，用逐个计算数值、比较大小的办法，求出它的最优解。

例如，设座位数 $M=300$，赔偿金与机票价的比值 $b/g=0.2$，预订机票的乘客实际来乘飞机的概率 $p=0.99$。在这种情况下，计算当预订机票数 N 取各种不同值时，以每张机票的价格 g 为单位计算的航空公司机票费平均收入 $L(N)$ 的数值，由(7.20)式可以得到 $L(N)$ 的数值如表 7.4 所示。

表 7.4

N	301	302	303	304	305	306	307	308
$L(N)$	297.93	298.69	299.18	299.41	299.44	299.35	299.19	299.01

逐一比较表中 $L(N)$ 数值的大小，可以看出，当 $N=305$ 时，$L(N)=299.44$，达到最大值。所以，这时的最优的超额预订策略就是可以预订 305 张机票。

用公式(7.20)，可以对各种不同的 M、b/g 和 p 的值，分别求出最优解。表 7.5 是当座位数固定为 $M=300$ 时，对于不同的 b/g 和 p 的值，分别求出的最优的 N 值。

表 7.5

b/g \ p	0.99	0.98	0.97	0.95	0.94
0.1	305	310	313	317	321
0.2	305	309	312	316	320
0.3	304	308	311	315	319
0.4	304	307	311	314	318
0.5	304	307	310	314	317

从表 7.5 中的数值还可以看出，赔偿金与机票价的比值 b/g，对于超额预订策略的影响不是很大，赔偿金即使提高四五倍，最佳的超额预订机票数还是与原来差不多。预订机票的乘客实际来乘飞机的概率 p，对超额预订策略却有很大的影响，来乘飞机的概率稍微减少一点，最佳的超额预订机票数就可以增加很多。

以上的模型还是一个初步的近似的模型。可以在此基础上，进一步考虑更复杂的情形。例如，可以考虑机票分成各种等级，赔偿金不是简单地与被"挤掉"的乘客人数成正比，各种乘客来不来乘飞机的概率不一样，各个乘客是否来乘飞机不相互独立等等，从而建立更复杂、更符合实际的模型。另外，该模型还可以用于其他的日常商务活动。

7.5 最优广告费模型

一、问题背景

大型超市要订购一批新商品出售,打算印制详细介绍商品内容的精美广告分发给消费者以招徕顾客。虽然消费者对这种商品的需求量是随机的,但是与投入的广告费用有关。根据以往的经验知道,随着广告费的增加,潜在的购买量会上升,并且有一个上限。所谓潜在的买主是指那些对于得到这种商品确实有兴趣,但不一定花钱从这家超市购买的人;超市掌握了若干个潜在买主的情况,广告将首先分发给他们。在对需求量随广告费增加而变化的随机规律作出合理假设的基础上,根据商品的购进价和售出价确定广告费和订购量的最优值,使超市的利润(在平均意义下)最大。

二、问题分析与假设

建模的关键在于分析广告费、潜在购买量与随机需求量之间的关系,并作出合理简化的假设。若记广告费为 c,潜在购买量为 $s(c)$,$s(c)$ 应是 c 的增函数(严格地说是非降函数),且有一个上界。为简单不妨设 $s(0)=0$。记实际的需求量为随机变量 r,其概率密度为 $p(r)$,于是对于给定的广告费 c,需求量 r 在 0 到 $s(c)$ 之间随机取值,如果没有进一步的信息,可以假设 r 在区间 $[0, s(c)]$ 内呈均匀分布。

为了确定函数 $s(c)$ 的形式,不妨首先假设印刷分发需要一笔固定的费用 c_0,它不会产生潜在购买量;因为广告将优先分发给那些确定的潜在买主,所以 $s(c)$ 将随着 c 线性地增加;最后,随着广告的普遍分发,$s(c)$ 随着 c 的增加而渐趋于某一上界 S,示意图如图 7.7,其中当 $c_0 < c \leqslant c_1$ 时,$s(c)$ 线性增加。

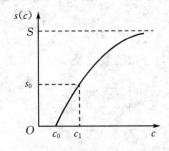

图7.7 潜在购买量 $s(c)$ 的示意图

在以上分析的基础上对问题作下面的假设。

(1) 每单位商品的购进价为 a,售出价为 b,忽略储存费用;需求量 r 是随机的,其概率密度记作 $p(r)$。

(2) 广告费为 c,潜在购买量是 c 的函数记作 $s(c)$;需求量 r 在 $[s(0),s(c)]$ 内呈均匀分布。

(3) 广告费中固定费用为 c_0,$s(0)=s(c_0)=0$;每份广告的印制和分发费用为 k,广告将首先分发给 s_0 个确定的潜在买主;$s(c)$ 是 c 的非降函数,且上界为 S。

三、建模与求解

设商品的购进量为 u,建模的目的是确定广告费用 c 和购进量 u 的最优值,使商店的平均利润(即利润的期望值)最大。

以下分三步建立模型。先在给定的广告费 c 下根据假设(1)、(2)确定使平均利润达到最大的购进量,再利用假设(3)构造函数 $s(c)$ 的具体形式,最后根据前两步的结果确定广告费的最优值。

1. 当广告费 c 给定时,记购进量为 u 的平均利润是 $J(u)$,因为利润是从售出商品的收入中减去购进费和广告费的支出,注意到需求量 r 的概率密度为 $p(r)$,由函数期望的算法可以写出 $J(u)$ 的表达式为

$$J(u) = b\left(\int_0^u rp(r)\mathrm{d}r + \int_u^\infty up(r)\mathrm{d}r\right) - au - c \tag{7.21}$$

利用 $\int_0^\infty p(r)\mathrm{d}r = 1$,(7.21) 式可化为

$$J(u) = (b-a)u - c - b\int_0^u (u-r)p(r)\mathrm{d}r \tag{7.22}$$

式中 $(b-a)u-c$ 是购进的商品全部售出的利润,后一项 $b\int_0^u(u-r)p(r)\mathrm{d}r$ 是当部分商品未能售出时的损失。

计算 $\dfrac{\mathrm{d}J}{\mathrm{d}u}$ 并令其为零,容易求出使 $J(u)$ 达到最大的 u 的最优值,记作 u^*,u^* 满足

$$\int_0^{u^*} p(r)\mathrm{d}r = \frac{b-a}{b} \tag{7.23}$$

根据 r 在 $[s(0),s(c)]$ 内均匀分布的假设及 $s(0)=0$,有

$$p(r) = \begin{cases} \dfrac{1}{s(c)}, & 0 \leqslant r \leqslant s(c) \\ 0, & \text{其它} \end{cases} \tag{7.24}$$

代入 (7.23) 式得

$$u^*(c) = \frac{b-a}{b}s(c) \tag{7.25}$$

即购进量的最优值 u^* 等于广告费 c 所决定的潜在购买量 $s(c)$ 乘以比例系数 $\frac{b-a}{b}$，这个系数与进出差价 $b-a$ 成正比，与销售价 b 成反比。

将(7.24)、(7.25)代入(7.22)式，可得最大的平均利润为

$$J(u^*(c)) = \frac{(b-a)^2}{2b}s(c) - c \tag{7.26}$$

2. 根据假设(3)和图 7.7，首先设

$$s(c) = 0, \quad 0 \leqslant c \leqslant c_0 \tag{7.27}$$

记

$$c_1 = c_0 + ks_0 \tag{7.28}$$

因为 $s(c_1) = s_0$，所以

$$s(c) = \frac{c-c_0}{k}, c_0 \leqslant c \leqslant c_1 \tag{7.29}$$

(7.29)式是图 7.7 上的直线部分，对于 $c > c_1$，由假设(3)应有

$$\lim_{c \to \infty} s(c) = S, \lim_{c \to \infty} s'(c) = 0 \tag{7.30}$$

满足这个关系的最简单的函数形式之一是 $s(c) = S\frac{c+\alpha}{c+\beta}$，$\alpha$ 和 β 可以由 $s(c)$ 在 c_1 处函数和导数的连续性确定。最后将所得结果与(7.27)、(7.29)两式合在一起，得到潜在销量函数为

$$s(c) = \begin{cases} 0, & 0 \leqslant c \leqslant c_0 \\ \dfrac{c-c_0}{k}, & c_0 < c \leqslant c_1 \\ \dfrac{S(c-c_1) + s_0 k(S-s_0)}{c-c_1 + k(S-s_0)}, & c_1 < c \end{cases} \tag{7.31}$$

3. 将 $s(c)$ 的表达式(7.31)代入(7.26)式，并记

$$\lambda = \frac{(b-a)^2}{2b} \tag{7.32}$$

可得利润的期望为

$$J(u^*(c)) = \begin{cases} -c, & 0 \leqslant c \leqslant c_0 \\ \left(\dfrac{\lambda}{k} - 1\right)c - \dfrac{\lambda c_0}{k}, & c_0 \leqslant c \leqslant c_1 \\ \lambda \dfrac{S(c-c_1) + s_0 k(S-s_0)}{c-c_1 + k(S-s_0)} - c, & c_1 < c \end{cases} \tag{7.33}$$

其示意图如图 7.8。为了求出使 $J(u^*(c))$ 达到最大广告费 c^*，先设当 s_0 个潜在买主前来购买时，商店的利润应为正值，即

$$J(u^*(c_1)) > 0$$

代入(7.33)式，相当于要求

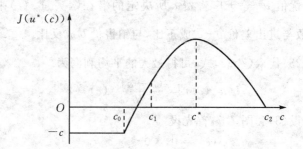

图 7.8　$J(u^*(c))$ 的示意图

$$k < \lambda - \frac{c_0}{s_0} \tag{7.34}$$

即每份广告的费用 k 必须满足上式,且由(7.32)式可以看出(7.34)式右端第一项 λ 取决于商品的进出差价,而第二项 $\frac{c_0}{s_0}$ 是每个潜在买主分担的固定广告费用。事实上,(7.34)式的假设是合理的,因为如果连那些确定的潜在买主来购买时商店都赔本的话,那么这笔生意就根本不必做了。

这样,为确定 c^* 只须对(7.33)式右端的第 3 式求解极值问题。用微分法不难算出

$$c^* = c_1 + k(S - s_0)\left(\sqrt{\frac{\lambda}{k}} - 1\right) \tag{7.35}$$

这就是使商店利润达到最大的广告费的最优值,将(7.35)代入(7.31)的第 3 式可得

$$s(c^*) = S - \sqrt{\frac{k}{\lambda}}(S - s_0) \tag{7.36}$$

即在最优值 c^* 下的潜在购买量是从上界 S 中减去一部分,这部分与 $S - s_0$ 成正比,且随着广告费用 k(单价)的增加而增加,随着 λ(参看(7.32)式)的增加而减少。

最后,将(7.36)代入(7.25)式得到购进量 u 的最优值为

$$u^*(c^*) = \frac{b-a}{b}\left[S - \sqrt{\frac{k}{\lambda}}(S - s_0)\right] \tag{7.37}$$

这个模型引入潜在购买量作为广告费的函数,将随机需求量的概率分布与广告费联系起来,从而确定了平均利润和购进量、广告费之间的关系。值得改进的地方是需求量呈均匀分布的假设,如果代之以根据实际情况得到的其他概率分布,可以类似地求解。关于潜在购买量的函数 $s(c)$,也可以依据具体问题

选用其他形式.

7.6 经济轧钢模型

一、问题背景

用连续热轧方法制造钢材时要经过两道工序,第一道是粗轧(热轧),形成钢材的雏形;第二道是精轧(冷轧),得到规定长度的钢材。粗轧时由于设备、环境等方面随机因素的影响,钢材冷却后的长度大致呈正态分布,其均值可以在轧制过程中由轧机调整,而其均方差则是由设备的精度决定的,不能随意改变。精轧时把多出规定长度的部分切掉,但是如果发现粗轧后的钢材已经比规定长度短,则整根报废。精轧设备的精度很高,轧出的成品材可以认为是完全符合规定长度要求的。

根据轧制工艺的要求,要在成品材规定长度 l 和粗轧后钢材长度的均方差 σ 已知的条件下,确定粗轧后钢材长度的均值 m,使得当轧机调整到 m 进行粗轧,再通过精轧以得到成品材时总的浪费最少。

二、建模与求解

粗轧后钢材长度记作 x,x 是均值为 m、方差为 σ^2 的正态随机变量,x 的概率密度记作 $p(x)$,如图 7.9 所示,其中 σ 已知,m 是待确定的值。当成品材的规定长度 l 给定后,记 $x \geqslant l$ 的概率为 P,即 $P = P(x \geqslant l)$,P 是图中的阴影部分面积。

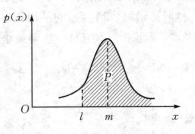

图 7.9 钢材长度 x 的概率密度

轧制过程中的浪费由两部分构成。一是当 $x \geqslant l$ 时,精轧时要切掉长 $x - l$ 的钢材;二是当 $x < l$ 时,长 x 的整根钢材报废。由图可以看出,m 变大时曲线右移,概率 P 增加,第一部分的浪费随之增加,而第二部分的浪费将减少;反之,当 m 变小时曲线左移,虽然被切掉的部分减少了,但是整根报废的可能将增加。于是必然存在一个最佳的 m,使得两部分的浪费综合起来最小。

这是一个优化模型,建模的关键是选择合适的目标函数,并用已知的和待确定的量 l、σ、m 把目标函数表示出来.一种很自然的想法是直接写出上面分析的两部分浪费,以二者之和作为目标函数,于是容易得到总的浪费平均长度为

$$W = \int_l^\infty (x-l)p(x)\mathrm{d}x + \int_{-\infty}^l xp(x)\mathrm{d}x \tag{7.38}$$

利用 $\int_{-\infty}^\infty p(x)\mathrm{d}x = 1$，$\int_{-\infty}^\infty xp(x)\mathrm{d}x = m$ 和 $\int_l^\infty p(x)\mathrm{d}x = P$，(7.38)式可化简为

$$W = m - lP \tag{7.39}$$

W 是每粗轧一根钢材浪费的平均长度。

轧钢的最终产品是成品材，浪费的多少不应以每粗轧一根钢材的平均浪费量为标准，而应该用每得到一根成品材浪费的平均长度来衡量。所以将目标函数做修改，以每得到一根成品材浪费钢材的平均长度为目标函数。因为当粗轧 N 根钢材时浪费的总长度是 $mN - lPN$，而只得到 PN 根成品材，所以选目标函数为

$$J_1 = \frac{mN - lPN}{PN} = \frac{m}{P} - l \tag{7.40}$$

因为 l 是已知常数，所以目标函数可等价地只取上式右端第一项，即

$$J(m) = \frac{m}{P(m)} \tag{7.41}$$

式中 $P(m)$ 表示概率 P 是 m 的函数。实际上，$J = (J_1 + l)$ 恰是每得到一根成品材所需钢材（粗轧后）的平均长度。

下面求 m 使 $J(m)$ 达到最小。对于表达式

$$P(m) = \int_l^\infty p(x)\mathrm{d}x = \int_l^\infty \frac{1}{\sqrt{2\pi}\sigma} e^{-\frac{(x-m)^2}{2\sigma^2}} \mathrm{d}x \tag{7.42}$$

作变量代换 $y = \frac{x-m}{\sigma}$，得

$$P(m) = \int_{\frac{l-m}{\sigma}}^\infty \frac{1}{\sqrt{2\pi}} e^{-\frac{y^2}{2}} \mathrm{d}y = 1 - \Phi\left(\frac{l-m}{\sigma}\right)$$

其中 $\Phi(z)$ 是标准正态变量的分布函数，即

$$\Phi(z) = \int_{-\infty}^z \frac{1}{\sqrt{2\pi}} e^{-\frac{y^2}{2}} \mathrm{d}y$$

令 $\mu = \frac{m}{\sigma}$，$\lambda = \frac{l}{\sigma}$，则(7.42)式可表为

$$J(\mu) = \frac{\sigma\mu}{1 - \Phi(\lambda - \mu)} \tag{7.43}$$

再设 $z = \lambda - \mu$，则问题变为用微分法解函数

$$J(z) = \frac{\sigma(\lambda - z)}{1 - \Phi(z)} \tag{7.44}$$

的极值问题,注意到$(1-\Phi(z))'=-\varphi(z)$,其中$\varphi(z)$是标准正态分布的概率密度函数。不难推出z的最优值z^*应满足方程

$$\frac{1-\Phi(z)}{\varphi(z)}=\lambda-z \tag{7.45}$$

记(7.45)式为

$$F(z)=\lambda-z, F(z)=\frac{1-\Phi(z)}{\varphi(z)} \tag{7.46}$$

$F(z)$可根据标准正态分布的函数值Φ和密度函数值φ制成表格(简表见表7.6)或绘出图形(略图如图7.10)。由表或图可以得到方程(7.45)的根z^*,再代回即得到m的最优值m^*。

表 7.6 $F(z)=(1-\Phi(z))/\varphi(z)$简表

z	-3.0	-2.5	-2.0	-1.5	-1.0	-0.5
$F(z)$	227.0	56.79	18.10	7.206	3.477	1.680
z	0	0.5	1.0	1.0	2.0	2.5
$F(z)$	1.253	0.876	0.656	0.516	0.420	0.355

需要指出的是,对于给定的$\lambda>F(0)=1.253$,方程(7.45)不只一个根,但是可以证明,只有唯一负根$z^*<0$,才使$J(z)$取得极小值。

例如,要轧制长$l=2.0$米的成品钢材,由粗轧设备等因素决定的粗轧冷却后钢材长度的均方差$\sigma=20$厘米,问这时钢材长度的均值m应调整到多少才使浪费最少。

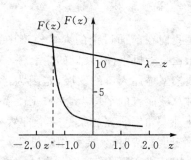

图 7.10 $F(z)$的图形及方程(7.46)的图解

以(7.41)式给出的为目标函数,由$\lambda=\frac{1}{\sigma}$算出$\lambda=l/\sigma=10$,解出方程(7.45)的负根$z^*=-1.78$(需要用更精细的$F(z)$表),如图7.10所示。由$z=\lambda-\mu$式算得$\mu^*=11.78$,由$\mu=\frac{m}{\sigma}$算得$m^*=2.36$,即最佳的均值应调整为2.36米,还可以算出,$P(m^*)=0.9625$,按照(7.40)式每得到一根成品材浪费钢材的平均长度为$J_1=\frac{m^*}{P(m^*)}-l=0.45$(米)。为了减小这个相当可观的数字,应该设法提高粗轧设备的精度,即减小σ。

模型中假定当粗轧后钢材长度x小于规定长度l时就整根报废,实际上这

种钢材还常常能轧成短一些,譬如长为 $l_1(<l)$ 的成品材,只有当 $x<l_1$ 时才报废,或者当 $x<l$ 时可以降级使用(对浪费打一折扣)。这些情况下的模型及求解就比较复杂了。

在日常生产活动中类似的问题很多,如某种物品包装成 500 克一袋出售,在众多因素的影响下包装封口后的重量是随机的,不妨仍认为服从正态分布,均方差已知,而均值可以在包装时调整。出厂检验时精确地秤量每袋的重量,多于 500 克的仍按 500 克一袋出售,厂方吃亏;不足 500 克的降价处理,或打开封口返工,或直接报废,将给厂方造成更大的损失。问如何调整包装时每袋重量的均值使厂方损失最小。至于生活中类似的现象常常难以完全用数量描述,如你从家中出发去车站赶火车,由于途中各种因素的干扰,到达车站的时间是随机的,但是平均时间可以控制。到达太早白白浪费时间,到达晚了则赶不上火车,损失巨大,你可以通过建立模型来权衡两方面的影响来决定你的出发时间。

7.7 随机性人口模型

一、问题背景

我们在前面讨论的人口模型中都没有涉及随机因素,但事实上,人的出生和死亡是随机事件,人口的生育率、死亡率等数据都是随机的。之所以能用确定性模型描述人口的发展,是因为考察的是一个国家或地区数量很大的人口,用对总数而言的平均生育率、死亡率代替出生、死亡的概率,将人口作为连续变量处理。如果研究对象是一个自然村落或一个地区的人口,数量不大,需作为离散变量看待时,就要利用随机性人口模型来描述其变化过程了。

用随机变量 $X(t)$ 表示时刻 t 的人口数,$X(t)$ 只取整数值,记 $P_n(t)$ 为 $X(t)=n$ 的概率,$n=0,1,2,\cdots$。下面要在对出生和死亡的概率作出适当假设的基础上,寻求 $P_n(t)$ 的变化规律,并由此得出人口数 $X(t)$ 的期望和方差

$$E(X(t)) = E(t) = \sum_{n=1}^{\infty} nP_n(t)$$

$$D(X(t)) = D(t) = \sum_{n=1}^{\infty} n^2 P_n(t) - E^2(t)$$

用期望 $E(t)$ 表示 t 时刻的人口数,用标准差 $\sqrt{D(t)}$ 来表示 t 时刻人口数与期望的偏差。

二、模型假设

若 $X(t)=n$,对人口在 t 到 $t+\Delta t$ 的出生和死亡作如下假设(Δt 很小):

(1) 出生一人的概率与 Δt 成正比,记作 $b_n \Delta t$;出生二人及二人以上的概率为 $o(\Delta t)$;

(2) 死亡一人的概率与 Δt 成正比,记作 $d_n \Delta t$;死亡二人及二人以上的概率为 $o(\Delta t)$;

(3) 出生与死亡是相互独立的随机事件;

(4) 进一步假设 b_n 和 d_n 均与 n 成正比,记 $b_n = \lambda n, d_n = \mu n, \lambda$ 和 μ 分别是单位时间内 $n=1$ 时一个人出生和死亡的概率。

三、建模与求解

为了得到 $P_n(t)$ 的方程,考察随机事件 $X(t+\Delta t)=n$,根据假设(1)~(3),在 t 到 $t+\Delta t$ 的时段里,出生或死亡二人及二人以上的概率,出生一人且死亡一人的概率均为较 Δt 高阶的无穷小,可忽略。这样,$X(t+\Delta t)=n$ 可以分解为仅仅三个互不相容的事件之和:

1. $X(t)=n-1$ 且 Δt 内出生一人,其概率为 $P_{n-1}(t) b_{n-1} \Delta t$;
2. $X(t)=n-1$ 且 Δt 内死亡一人,其概率为 $P_{n+1}(t) d_{n+1} \Delta t$;
3. $X(t)=n$ 且 Δt 内没有人出生或死亡,其概率为 $P_n(t)(1-b_n \Delta t - d_n \Delta t)$。

根据全概公式得
$$P_n(t+\Delta t) = P_{n-1}(t) b_{n-1} \Delta t + P_{n+1}(t) d_{n+1} \Delta t + P_n(t)(1 - b_n \Delta t - d_n \Delta t) \tag{7.47}$$

令 $\Delta t \to 0$,由此可得关于 $P_n(t)$ 的微分方程为
$$\frac{dP_n}{dt} = b_{n-1} P_{n-1}(t) + d_{n+1} P_{n+1}(t) - (b_n + d_n) P_n(t) \tag{7.48}$$

特别地,在假设(4)下方程为
$$\frac{dP_n}{dt} = \lambda(n-1) P_{n-1}(t) + \mu(n+1) P_{n+1}(t) - (\lambda+\mu) n P_n(t) \tag{7.49}$$

若初始时刻($t=0$)人口为确定数量 n_0,则 $P_n(t)$ 的初始条件为
$$P_n(0) = \begin{cases} 1, & n = n_0 \\ 0, & n \neq n_0 \end{cases} \tag{7.50}$$

(7.49)式对于不同的 n 是一组递推方程,在条件(7.50)下的求解过程非常复杂,并且没有简单的结果。但我们的目的是求 $X(t)$ 的期望 $E(t)$ 和方差 $D(t)$,利用数学计算技巧可以由(7.49)、(7.50)求得。

对期望 $E(t) = \sum_{n=1}^{\infty} n P_n(t)$ 求导数得
$$\frac{dE}{dt} = \sum_{n=1}^{\infty} n \frac{dP_n(t)}{dt} \tag{7.51}$$

将(7.49)式代入(7.51)式得

$$\frac{dE}{dt} = \lambda \sum_{n=1}^{\infty} n(n-1)P_{n-1}(t) + \mu \sum_{n=1}^{\infty} n(n+1)P_{n+1}(t) - (\lambda+\mu)\sum_{n=1}^{\infty} n^2 P_n(t)$$
(7.52)

注意到

$$\sum_{n=1}^{\infty} n(n-1)P_{n-1}(t) = \sum_{k=1}^{\infty} k(k+1)P_k(t)$$

$$\sum_{n=1}^{\infty} n(n+1)P_{n+1}(t) = \sum_{k=1}^{\infty} k(k-1)P_k(t)$$

代入(7.52)式有

$$\frac{dE}{dt} = (\lambda-\mu)\sum_{n=1}^{\infty} nP_n(t) = (\lambda-\mu)E(t) \quad (7.53)$$

由(7.50)式可以写出 $E(t)$ 的初始条件为 $E(0)=n_0$，显然，方程(7.53)的解为

$$E(t) = n_0 e^{rt}, \quad r = \lambda - \mu \quad (7.54)$$

这个结果与人口的指数模型 $x(t)=x_0 e^{rt}$ 形式上完全一致。从含义上看，随机性模型(7.54)中出生概率 λ 与死亡概率 μ 之差 r 可称为净增长概率，人口的期望值 $E(t)$ 呈指数增长。在人口数量很多的情况下如果将 r 视为平均意义上的净增长率，那么 $E(t)$ 就可以看成确定性模型中的人口总数 $x(t)$ 了。

对于方差 $D(t)$，用类似求 $E(t)$ 的方法可以求出

$$D(t) = n_0 \frac{\lambda+\mu}{\lambda-\mu} e^{(\lambda-\mu)t}[e^{(\lambda-\mu)t} - 1] \quad (7.55)$$

$D(t)$ 的大小表示了人口 $X(t)$ 在期望值 $E(t)$ 附近的波动范围。(7.54)式说明这个范围不仅随着时间的延续和净增长概率 $r=\lambda-\mu$ 的增加而变大，而且即使当 r 不变时，它也随着 λ 和 μ 的上升而增长。这就是说，当出生和死亡频繁出现时，人口的波动范围变大。

从模型假设和得到的人口期望值的结果可以看出，这个随机性人口模型在确定性人口模型中相对应的，只不过是最简单的指数增长模型。还可以建立与确定性的阻滞增长(Logistic)模型相对应的随机性模型。但这个模型不仅 $P_n(t)$ 而且 $E(X(t))$ 都难以求出，甚至不知道 $E(X(t))$ 是否与确定性阻滞增长模型的结果一致。本节的讨论作为人口模型意义并不大，但是作为一般的生灭过程，特别是从假设(1)~(3)得到的模型(7.48)式有着广泛的用途，如电梯的升降、交通路口的通过以及各种排队现象，都可以在适当的假设下用生灭过程的模型描述。

第八章

统计应用模型

8.1 回归分析模型

一、问题背景

当人们对研究对象的内在特性和各因素间的关系有比较充分的认识时,一般用机理分析方法建立数学模型。如果由于客观事物内部规律复杂,以及人们认识程度的限制,无法分析实际对象内在的因果关系,那么通常的办法是搜集大量数据,基于对数据的统计分析去建立模型。本节讨论用途非常广泛的统计回归模型。回归模型常用来解决经济预测、控制、生产工艺优化等问题。

通常我们所涉及的变量可以分为两类:一类叫确定性关系,也叫函数关系,其特征是,一个变量随着其它变量的确定而确定;另一类关系叫相关关系,变量之间的关系很难用一种精确的方法表示出来。例如,通常人的年龄越大血压越高,但人的年龄和血压之间没有确定的数量关系,人的年龄和血压之间的关系就是相关关系。回归分析就是处理变量之间的相关关系的一种数学方法。其解决问题的大致方法、步骤如下:

（1）收集一组包含因变量和自变量的数据；

（2）选定因变量和自变量之间的模型,即一个数学式子,利用数据按照最小二乘准则计算模型中的系数；

（3）利用统计分析方法对不同的模型进行比较,找出与数据拟合得最好的模型；

（4）判断得到的模型是否适合于这组数据；

（5）利用模型对因变量作出预测或解释。

应用统计分析特别是多元统计分析方法一般都要处理大量数据,工作量非常大,所以在计算机普及以前,这些方法大都是停留在理论研究上。随着matlab等软件的开发和普及,使数据分析方法的广泛应用成为可能。

本节先介绍有关回归分析的数学原理,主要说明建模过程中要做的工作及理由,如模型的假设检验、参数估计等。在此基础上再介绍在建模过程中如何有效地使用 matlab 软件。包括:一元线性回归、多元线性回归、非线性回归、逐步回归等方法以及如何利用 matlab 软件建立初步的数学模型,如何透过输出结果对模型进行分析和改进,回归模型的应用等。

二、一元线性回归模型

1. 基本概念和假设

如果因变量 y 与自变量 x 之间没有确定性的函数关系,而根据知识、经验和观察它们有一定的关联性,众多的、不可测的随机因素影响它们之间的关系,比如影响血压的一个主要因素是年龄,此外还有体重、遗传、生活习惯、环境等原因,以致于相同岁数的人血压也不一样。研究这类问题的途径常常是收集一组 x,y 的数据,用统计分析方法建立一种经验模型,称为回归模型。

对于自变量 x 的每一个值,因变量是一个随机变量 y。如果 x 对 y 的影响是线性的,用 $y=\beta_0+\beta_1 x$ 表示,其中 β_0,β_1 待定,称为回归系数,除 x 以外,影响 y 的其它随机因素的总和用随机变量 ε(误差)表示,于是 y 可以表示为

$$y=\beta_0+\beta_1 x+\varepsilon$$

称上式为一元线性回归模型。

为了便于作统计分析,假设 $E(\varepsilon)=0, D(\varepsilon)=\sigma^2$,亦即 $\varepsilon \sim N(0,\sigma^2)$,由正态概率分布性质可知,随机变量 $y \sim N(\beta_0+\beta_1 x,\sigma^2)$。

假设有一组试验数据 $(x_i,y_i)(i=1,2,\cdots,n)$,并假设 $\varepsilon_i(i=1,2,\cdots,n)$ 是相互独立的随机变量,则有

$$y_i=\beta_0+\beta_1 x_i+\varepsilon_i, \quad i=1,2,\cdots,n$$

其中 ε_i 独立同分布,且 $\varepsilon_i \sim N(0,\sigma^2)$,因而 $y_i \sim N(\beta_0+\beta_1 x_i,\sigma^2)$。

若用 $\hat{\beta}_0,\hat{\beta}_1$ 分别表示 β_0,β_1 的估计值,则称 $\hat{y}=\hat{\beta}_0+\hat{\beta}_1 x$ 为 y 关于 x 的一元线性回归方程。一元线性回归分析要研究的问题是:

(1) 如何根据 $(x_i,y_i)(i=1,2,\cdots,n)$ 来求 β_0,β_1 的估计值?

(2) 如何检验回归方程的可信度?

要解决第一个问题,通常采用最小二乘估计,第二个问题采用统计检验的方法。

2. 回归系数的的最小二乘估计

用最小二乘法估计 β_0,β_1 的值,即取 β_0,β_1 的估计值 $\hat{\beta}_0,\hat{\beta}_1$,使其随机误差 ε_i 的平方和达到最小,也就是使 y_i 与 $\hat{y}_i=\hat{\beta}_0+\hat{\beta}_1 x_i$ 的拟合达到误差最小。若记

$$Q(\beta_0,\beta_1) = \sum_{i=1}^{n}\varepsilon_i^2 = \sum_{i=1}^{n}[y_i-(\beta_0+\beta_1 x_i)]^2$$

则
$$Q(\hat{\beta}_0,\hat{\beta}_1) = \min_{\beta_0,\beta_1}Q(\beta_0,\beta_1) = \sum_{i=1}^{n}(y_i-\hat{\beta}_0-\hat{\beta}_1 x_i)^2$$

显然 $Q(\beta_0,\beta_1)\geqslant 0$,且关于 β_0,β_1 可微,则由多元函数存在极值的必要条件得

$$\begin{cases}\dfrac{\partial Q}{\partial \beta_0}\Big|_{(\hat{\beta}_0,\hat{\beta}_1)} = 0\\ \dfrac{\partial Q}{\partial \beta_1}\Big|_{(\hat{\beta}_0,\hat{\beta}_1)} = 0\end{cases}, \quad 即 \begin{cases}\sum_{i=1}^{n}(y_i-\hat{\beta}_0-\hat{\beta}_1 x_i) = 0\\ \sum_{i=1}^{n}(y_i-\hat{\beta}_0-\hat{\beta}_1 x_i)x_i = 0\end{cases}$$

此方程组称为正规方程组,求解可得

$$\begin{cases}\hat{\beta}_0 = \overline{y}-\hat{\beta}_1\overline{x}\\ \hat{\beta}_1 = \dfrac{l_{xy}}{l_{xx}}\end{cases}$$

其中 $\overline{y} = \dfrac{1}{n}\sum_{i=1}^{n}y_i, \overline{x} = \dfrac{1}{n}\sum_{i=1}^{n}x_i, l_{xx} = \sum_{i=1}^{n}(x_i-\overline{x})^2, l_{xy} = \sum_{i=1}^{n}(x_i-\overline{x})(y_i-\overline{y}), l_{yy} = \sum_{i=1}^{n}(y_i-\overline{y})^2$,从而得到回归直线 $y=\hat{\beta}_0+\hat{\beta}_1 x$,称 $\hat{\beta}_0,\hat{\beta}_1$ 为 β_0,β_1 的最小二乘估计。

在模型假设下可以证明 $\hat{\beta}_0,\hat{\beta}_1$ 具有以下性质:

(1) $\hat{\beta}_0 \sim N\left(\beta_0,\left(\dfrac{1}{n}+\dfrac{\overline{x}^2}{l_{xx}}\right)\sigma^2\right)$;

(2) $\hat{\beta}_1 \sim N\left(\beta_1,\dfrac{\sigma^2}{l_{xx}}\right)$;

(3) $\mathrm{Cov}(\hat{\beta}_0,\hat{\beta}_1) = -\dfrac{\overline{x}}{l_{xx}}\sigma^2$。

由上述性质可知 $\hat{\beta}_0,\hat{\beta}_1$ 是 β_0,β_1 的无偏估计。从而可以得到对固定的 x,有

$$E(\hat{y}) = E(\hat{\beta}_0+\hat{\beta}_1 x) = E(\hat{\beta}_0)+E(\hat{\beta}_1)x = \beta_0+\beta_1 x = E(y)$$

即 $\hat{y}$ 是 y 的无偏估计,且有

$$\begin{aligned}D(\hat{y}) &= D(\hat{\beta}_0+\hat{\beta}_1 x) = D(\hat{\beta}_0)+D(\hat{\beta}_1)x^2+2\mathrm{Cov}(\hat{\beta}_0,\hat{\beta}_1)x\\ &= \left(\dfrac{1}{n}+\dfrac{(x-\overline{x})^2}{l_{xx}}\right)\sigma^2\end{aligned}$$

故 $\hat{y} \sim N\left(\beta_0+\beta_1 x,\left(\dfrac{1}{n}+\dfrac{(x-\overline{x})^2}{l_{xx}}\right)\sigma^2\right)$

令 $SS_E = \sum_{i=1}^{n}(y_i - \hat{y}_i)^2$，可以证明 $\hat{\beta}_1$ 和 SS_E 相互独立，$\hat{\sigma}^2 = \dfrac{SS_E}{n-2} = \dfrac{\sum_{i=1}^{n}(y_i - \hat{y}_i)^2}{n-2}$ 是 σ^2 的无偏估计，且 $\dfrac{SS_E}{\sigma^2} \sim \chi^2(n-2)$。

3. 回归系数的区间估计

由 $\hat{\beta}_1 \sim N\left(\beta_1, \dfrac{\sigma^2}{l_{xx}}\right)$ 和 $\dfrac{SS_E}{\sigma^2} \sim \chi^2(n-2)$ 且 $\hat{\beta}_1$ 和 SS_E 相互独立，由 t 分布定义得

$$t = \dfrac{(\hat{\beta}_1 - \beta_1)\sqrt{l_{xx}}/\sigma}{\sqrt{SS_E/(n-2)\sigma^2}} = \dfrac{(\hat{\beta}_1 - \beta_1)\sqrt{l_{xx}}}{\sqrt{SS_E/(n-2)}} \sim t(n-2)$$

给定显著性水平 α，t 的上侧分位数记为 $t_{\frac{\alpha}{2}}(n-2)$，$\beta_1$ 的置信区间为

$$\left[\hat{\beta}_1 - t_{\frac{\alpha}{2}}(n-2)\dfrac{\sqrt{SS_E/(n-2)}}{\sqrt{l_{xx}}},\ \hat{\beta}_1 + t_{\frac{\alpha}{2}}(n-2)\dfrac{\sqrt{SS_E/(n-2)}}{\sqrt{l_{xx}}}\right]$$

由 $\hat{\beta}_0 \sim N\left(\beta_0, \left(\dfrac{1}{n} + \dfrac{\overline{x}^2}{l_{xx}}\right)\sigma^2\right)$，类似原理可得在显著性水平 α 下 β_0 的置信区间为

$$\left[\hat{\beta}_0 - t_{\frac{\alpha}{2}}(n-2)\sqrt{SS_E/(n-2)}\sqrt{\dfrac{\overline{x}^2}{l_{xx}} + \dfrac{1}{n}},\ \hat{\beta}_0 + t_{\frac{\alpha}{2}}(n-2)\sqrt{SS_E/(n-2)}\sqrt{\dfrac{\overline{x}^2}{l_{xx}} + \dfrac{1}{n}}\right]$$

4. 回归方程的显著性检验

前面根据回归方程 $y = \beta_0 + \beta_1 x$ 求出了估计值 $\hat{\beta}_0, \hat{\beta}_1$，从而有 $\hat{y} = \hat{\beta}_0 + \hat{\beta}_1 x$，但问题是 y 与 x 之间是否确实存在这种关系？这关系到回归方程是否有意义。这需要对回归方程作显著性检验。显然只要检验 $H_0: \beta_1 = 0$ 是否为真就可以了。这需要建立一个检验统计量。

先考虑总偏差平方和 $SS_T = \sum_{i=1}^{n}(y_i - \overline{y})^2$，表示 $y_1, y_2, \cdots, y_n$ 之间的差异，将其分解为两个部分，即

$$\begin{aligned}
SS_T &= \sum_{i=1}^{n}(y_i - \overline{y})^2 \\
&= \sum_{i=1}^{n}(y_i - \hat{y}_i + \hat{y}_i - \overline{y})^2 \\
&= \sum_{i=1}^{n}(y_i - \hat{y}_i)^2 + \sum_{i=1}^{n}(\hat{y}_i - \overline{y})^2 + 2\sum_{i=1}^{n}(y_i - \hat{y}_i)(\hat{y}_i - \overline{y}) \\
&= SS_E + SS_R
\end{aligned}$$

其中 $SS_R = \sum_{i=1}^{n}(\hat{y}_i - \overline{y})^2$ 称为回归平方和，$SS_E = \sum_{i=1}^{n}(y_i - \hat{y}_i)^2$ 称为残差平方

和。SS_R 是由回归变量 x 的变化引起的变差,它的大小反映了 x 的重要程度,而 SS_E 是由随机误差和其他因素引起的变差。因此,我们主要考虑回归平方和 SS_R 在 SS_T 中所占比重,记 $R^2 = \dfrac{SS_R}{SS_T}$,称 R^2 为复相关系数。R^2 越大,说明自变量对因变量起的作用越大,模型越有效。

由 $\hat{\beta}_0 = \bar{y} - \hat{\beta}_1 \bar{x}$ 和 $\hat{\beta}_1 = l_{xy}/l_{xx}$ 知道 SS_R 可以写为 $SS_R = \hat{\beta}_1^2 l_{xx} = \dfrac{l_{xy}^2}{l_{xx}}$,于是 R^2 可以表示为

$$R^2 = \frac{l_{xy}^2}{l_{xx} l_{yy}}$$

这表明,如果自变量 x 也视为随机变量,则 R^2 是二维随机变量 (X, Y) 的相关系数 r_{xy} 的平方。为了得到关于模型有效性的数量界限,需构造合适的统计量。

当 H_0 成立时,由 $\hat{\beta}_1 \sim N\left(\beta_1, \dfrac{\sigma^2}{l_{xx}}\right)$,$SS_R = \hat{\beta}_1^2 l_{xx} = \dfrac{l_{xy}^2}{l_{xx}}$ 和 χ^2 分布的定义可得

$$\frac{SS_R}{\sigma^2} = \frac{\hat{\beta}_1^2 l_{xx}}{\sigma^2} \sim \chi^2(1)$$

且 SS_R 和 SS_E 相互独立。由 $\dfrac{SS_E}{\sigma^2} \sim \chi^2(n-2)$ 和 F 分布的定义可以选择 F 统计量

$$F = \frac{SS_R}{SS_E/(n-2)} \sim F(1, n-2)$$

给定显著性水平 α,上侧分位数记为 $F_\alpha(1, n-2)$,当 $F > F_\alpha(1, n-2)$ 时拒绝 H_0,认为回归方程是显著成立的。

5. 利用一元线性回归模型进行预测

当 H_0 被拒绝,即判断模型有效时,就可以从自变量 x 的一个给定值 x_0 预测因变量理论值 y_0,预测值实际上就是估计值 $\hat{y}_0$。

$$\hat{y}_0 = \hat{\beta}_0 + \hat{\beta}_1 x_0$$

显然 $\hat{y}_0 = \hat{\beta}_0 + \hat{\beta}_1 x_0$ 是 y_0 的无偏预测。

由 $\hat{y}_0$ 的分布可以得到 y_0 的置信度为 $1-\alpha$ 的预测区间为 $\hat{y}_0 \pm \delta$,其中

$$\delta = \sqrt{F_\alpha(1, n-2) S_y^2 \left[1 + \frac{1}{n} + \frac{(x_0 - \bar{x})^2}{\sum_{i=1}^{n}(x_i - \bar{x})^2}\right]}, \quad S_y^2 = \frac{SS_E}{n-2}$$

可以证明 $t_{\frac{\alpha}{2}}(n) = \sqrt{F_\alpha(1, n)}$,因此 δ 可以写为

$$\delta = t_{\frac{\alpha}{2}}(n-2)S_y \sqrt{1 + \frac{1}{n} + \frac{(x_0 - \bar{x})^2}{\sum_{i=1}^{n}(x_i - \bar{x})}}$$

虽然这个结果比较复杂,但当 n 很大且 x_0 在 $\bar{x}$ 附近取值时,可以忽略根号中的前两项,且 $t_{\frac{\alpha}{2}}(n-2)$ 近似于 $N(0,1)$ 的 $u_{\frac{\alpha}{2}}$,上述预测区间简化为 $[y_0 - u_{\frac{\alpha}{2}}s_y, y_0 + u_{\frac{\alpha}{2}}s_y]$。

在实际应用时,常采用这一区间作为因变量 y 相应于控制变量 x_0 的回归预测区间:

$\alpha=0.05$ 时,y_0 的 95% 的预测区间为 $\hat{y}_0 \pm 2s_y$;

$\alpha=0.01$ 时,y_0 的 95% 的预测区间为 $\hat{y}_0 \pm 3s_y$。

建立回归预测方程时,子样数据不宜过少,因为小子样也许不能真实反映变量之间的结构关系。此外这种方法得到的预测是有一定局限性的,即 x_0 的选取不宜偏离 $\bar{x}$ 太大,越大越不准确,从 δ 中不难看到。

最后指出,如果接受 H_0,那也只说明 y 与 x 之间没有合适的线性模型,但二者之间可能存在其它关系,如二次函数关系等等。

三、一元非线性回归

在实际问题中,有时两个变量间的内在联系不是线性的,这时就要根据理论上的推导或以往的实际经验且根据试验数据作散点图选择恰当的曲线来拟和这些试验数据,从而得到经验公式。

尽管有相当一部分曲线的经验公式是不容易求出的,但是下面这些类型的曲线是可以通过变量变换把非线性的函数关系化成线性函数,然后应用线性回归的计算步骤进行计算,确定函数中的未知参数。

通常应用的能化为线性回归的曲线模型有:

(1) 双曲线:$\frac{1}{y} = a + \frac{b}{x}$ 令 $y' = \frac{1}{y}, x' = \frac{1}{x} \Rightarrow y' = a + bx'$;

(2) 幂函数:$y = ax^b$ 令 $y' = \log y, x' = \log x, a' = \log a \Rightarrow y' = a' + bx'$;

(3) 指数函数:$y = ae^{bx}$ 令 $y' = \ln y, a' = \ln a \Rightarrow y' = a' + bx$;

(4) 指数函数:$y = ae^{\frac{b}{x}}$ 令 $y' = \ln y, x' = \frac{1}{x}, a' = \ln a \Rightarrow y' = a' + bx'$;

(5) 对数函数:$y = a + b\log x$ 令 $x' = \log x \Rightarrow y = a + bx'$;

(6) S型曲线:$y = \frac{1}{a + be^{-x}}$ 令 $y' = \frac{1}{y}, x' = e^{-x} \Rightarrow y' = a + bx'$。

四、多元线性回归模型

在许多实际问题中,常常会遇到要研究一个随机变量与多个变量之间的相关关系,例如,某种产品的销售额不仅受到投入的广告费用的影响,通常还与产品的价格、消费者的收入状况以及其它可替代产品的价格等诸多因素有关系。研究一个随机变量同其他多个变量之间关系的主要方法是多元回归分析。多元线性回归分析是一元线性回归分析的推广形式,两者在参数估计、显著性检验等方面非常相似。本节只简单介绍多元线性回归的数学模型及其最小二乘估计。

设影响因变量 Y 的自变量个数为 p,并分别记为 $x_1, x_2, \cdots, x_p$,所谓多元线性模型是指这些自变量对 Y 的影响是线性的,即
$$Y = \beta_0 + \beta_1 x_1 + \beta_2 x_2 + \cdots + \beta_p x_p + \varepsilon, \varepsilon \sim N(0, \sigma^2)$$
其中 $\beta_0, \beta_1, \beta_2, \cdots, \beta_p, \sigma^2$ 是与 $x_1, x_2, \cdots, x_p$ 无关的未知参数,称上式为 Y 对自变量 $x_1, x_2, \cdots, x_p$ 的线性回归模型。

记 n 组样本分别是 $(x_{i1}, x_{i2}, \cdots, x_{ip}, y_i)(i=1, 2, \cdots, n)$,则有
$$\begin{cases} y_1 = \beta_0 + \beta_1 x_{11} + \beta_2 x_{12} + \cdots + \beta_p x_{1p} + \varepsilon_1 \\ y_2 = \beta_0 + \beta_1 x_{21} + \beta_2 x_{22} + \cdots + \beta_p x_{2p} + \varepsilon_2 \\ \vdots \\ y_n = \beta_0 + \beta_1 x_{n1} + \beta_2 x_{n2} + \cdots + \beta_p x_{np} + \varepsilon_n \end{cases}$$

其中 $\varepsilon_1, \varepsilon_2, \cdots, \varepsilon_n$ 相互独立,且 $\varepsilon_i \sim N(0, \sigma^2), i=1, 2, \cdots, n$,这个模型称为样本多元线性回归数学模型。令

$$\boldsymbol{Y} = \begin{pmatrix} y_1 \\ y_2 \\ \vdots \\ y_n \end{pmatrix}, \quad \boldsymbol{X} = \begin{pmatrix} 1 & x_{11} & x_{12} & \cdots & x_{1p} \\ 1 & x_{21} & x_{22} & \cdots & x_{2p} \\ \vdots & \vdots & \vdots & & \vdots \\ 1 & x_{n1} & x_{n2} & \cdots & x_{np} \end{pmatrix}, \quad \boldsymbol{\beta} = \begin{pmatrix} \beta_0 \\ \beta_1 \\ \vdots \\ \beta_p \end{pmatrix}, \quad \boldsymbol{\varepsilon} = \begin{pmatrix} \varepsilon_1 \\ \varepsilon_2 \\ \vdots \\ \varepsilon_n \end{pmatrix}$$

则上述数学模型可用矩阵形式表示为 $\boldsymbol{Y} = \boldsymbol{X\beta} + \boldsymbol{\varepsilon}$

其中 $\boldsymbol{\varepsilon}$ 是 n 维随机向量,$\boldsymbol{X}$ 称为设计矩阵或资料矩阵。

1. 多元线性回归模型的基本假定

① 解释变量是确定性的变量,设计矩阵中要求列向量不能有线性相关性,也称为多重共线性;

② 随机误差项具有 0 均值和同方差,且随机误差项相互独立,即
$$\begin{cases} E(\varepsilon_i) = 0, \quad i=1, 2, \cdots n \\ \mathrm{Cov}(\varepsilon_i, \varepsilon_j) = \begin{cases} \sigma^2, & i=j \\ 0, & i \neq j \end{cases} \end{cases}$$

③ $\boldsymbol{\varepsilon} \sim N(0, \sigma^2 \boldsymbol{E})$,其中 $\boldsymbol{E}$ 表示单位矩阵。

2. 回归系数的最小二乘估计

与一元线性回归类似,我们采用最小二乘法估计参数 $\beta_0, \beta_1, \beta_2, \cdots, \beta_p$。引

入偏差平方和

$$Q(\beta_0,\beta_1,\cdots,\beta_p) = \sum_{i=1}^{n}(y_i - \beta_0 - \beta_1 x_{i1} - \beta_2 x_{i2} - \cdots - \beta_p x_{ip})^2$$

最小二乘估计就是求 $\hat{\boldsymbol{\beta}} = (\hat{\beta}_0,\hat{\beta}_1,\cdots,\hat{\beta}_p)^{\mathrm{T}}$，使得

$$\min_{\beta} Q(\beta_0,\beta_1,\cdots,\beta_p) = Q(\hat{\beta}_0,\hat{\beta}_1,\cdots,\hat{\beta}_p)$$

因为 $Q(\beta_0,\beta_1,\cdots,\beta_p)$ 是 $\beta_0,\beta_1,\cdots,\beta_p$ 的非负二次型，故其最小值一定存在。根据多元微积分的极值原理，令

$$\begin{cases} \dfrac{\partial Q}{\partial \beta_0} = -2\sum_{i=1}^{n}(y_i - \beta_0 - \beta_1 x_{i1} - \cdots - \beta_p x_{ip}) = 0 \\ \dfrac{\partial Q}{\partial \beta_j} = -2\sum_{i=1}^{n}(y_i - \beta_0 - \beta_1 x_{i1} - \cdots - \beta_p x_{ip})x_{ij} = 0, j=1,2,\cdots,p \end{cases}$$

上述方程组称为正规方程组，可用矩阵表示为 $\boldsymbol{X}^{\mathrm{T}}\boldsymbol{X}\boldsymbol{\beta} = \boldsymbol{X}^{\mathrm{T}}\boldsymbol{Y}$，在系数矩阵 $\boldsymbol{X}^{\mathrm{T}}\boldsymbol{X}$ 满秩的条件下，可解得

$$\hat{\boldsymbol{\beta}} = (\boldsymbol{X}^{\mathrm{T}}\boldsymbol{X})^{-1}\boldsymbol{X}^{\mathrm{T}}\boldsymbol{Y}$$

称 $\hat{\boldsymbol{\beta}}$ 为回归方程 $\hat{y}=\hat{\beta}_0+\hat{\beta}_1 x_1+\cdots+\hat{\beta}_p x_p$ 的回归系数向量。

若记 $SS_E = \sum_{i=1}^{n}(y_i - \hat{y}_i)^2$，称为残差平方和，可以给出参数 σ^2 的无偏估计为 $\hat{\sigma}^2 = \dfrac{SS_E}{n-p-1}$，$\varepsilon \sim N(0,\sigma^2 E)$。

3. 回归方程显著性检验

(1) 拟合优度系数（决定系数）

拟合优度检验就是检验回归方程对样本观测值的拟合程度。

类似一元线性回归分析，多元回归分析也有总偏差平方和的分解式，即

$$SS_T = \sum_{i=1}^{n}(y_i - \overline{y})^2 = \sum_{i=1}^{n}(\hat{y}_i - \overline{y})^2 + \sum_{i=1}^{n}(y_i - \hat{y}_i)^2 = SS_R + SS_E$$

定义

$$R^2 = \dfrac{SS_R}{SS_T} = \dfrac{\sum_{i=1}^{n}(\hat{y}_i - \overline{y})^2}{\sum_{i=1}^{n}(y_i - \hat{y}_i)^2}$$

为拟合优度系数或决定系数。显然 R^2 越接近 1，残差平方和越小，拟合效果越好。但要注意 R^2 的大小还和样本的个数有关，当样本个数与自变量个数接近时，R^2 容易接近 1，所以使用时要谨慎。

(2) F 检验

F 检验就是对回归方程的显著性检验,就是要看自变量 $x_1,x_2,\cdots,x_p$ 从整体上对随机变量 y 是否有明显的影响。为此,可提出假设 $H_0:\beta_0=\beta_1=\cdots=\beta_p=0$,如果接受假设,则表明回归方程无意义。类似一元线性回归方程检验,可建立 F 统计量为

$$F=\frac{SS_R/p}{SS_E/(n-p-1)}=\frac{(n-p-1)\sum_{i=1}^{n}(\hat{y}_i-\overline{y})^2}{p\sum_{i=1}^{n}(y_i-\hat{y}_i)^2}\sim F(p,n-p-1)$$

若 $F>F_\alpha(p,n-p-1)$,则拒绝原假设,方程显著;否则接受假设,方程不显著,一般要考虑实际问题是否满足回归的假设条件。

4. 回归系数显著性检验

在多元线性回归分析中,回归方程显著并不意味着每个自变量对 y 的影响都显著,因此有必要剔除那些次要的变量,建立更为简单的回归模型,所以还要对每个自变量进行显著性检验。显然检验变量 x_i 是否显著,等价于检验假设 $H_0:\beta_i=0\ (i=1,2,\cdots,p)$,如果接受假设 H_0,则 x_i 不显著;若拒绝 H_0 则 x_i 是显著的。

在假设条件下,可采用统计量

$$F=\frac{\hat{\beta}_i^{\ 2}/c_{ii}}{SS_E/(n-p-1)}\sim F(1,n-p-1)$$

或

$$t=\frac{\hat{\beta}_i/\sqrt{c_{ii}}}{\sqrt{SS_E/n-p-1}}\sim t(n-p-1)$$

其中 c_{ii} 是矩阵 $(\mathbf{X}^\mathrm{T}\mathbf{X})^{-1}$ 对角线上第 i 个元素。

一般原则是每次只剔除一个变量,在不显著的变量中先剔除 F 值最小的变量,用最小二乘法得到新的回归方程,再进行检验,有不显著的剔除,直到所有保留变量对 y 的影响都显著为止。

检验某一自变量是否显著,还可应用偏回归平方和进行检验。p 个自变量 $x_1,x_2,\cdots,x_p$ 的回归平方和为 $SS_R=SS_T-SS_E$,如果从 p 个自变量中去掉 x_i,则剩下的 $p-1$ 个自变量的回归平方和设为 SS_R',并设 $SS_i=SS_T-SS_T'$,则 SS_i 就表示变量 x_i 在回归平方和 SS_T 中的贡献,SS_i 称为 x_i 的偏回归平方和或贡献。可以证明,$SS_i=\dfrac{\hat{\beta}_i^2}{c_{ii}}$,偏回归平方和越大,说明 x_i 在回归方程中越重要,对 y 的作用和影响越大,或者说 x_i 对回归方程的贡献越大。因此偏回归平方和也是用来衡量每个自变量在回归方程中作用大小(贡献大小)的一个指标。

5. 回归系数的置信区间

有时不仅要知道系数 β 的估计量 $\hat{\beta}$,还要知道的 β 与 $\hat{\beta}$ 接近程度如何,这就

要求解置信区间。可以证明 $t = \dfrac{\hat{\beta}_i - \beta_i}{S_{\hat{\beta}_i}} \sim t(n-p-1)$，其中 $S_{\hat{\beta}_i}$ 为 $\hat{\beta}_i$ 的标准差。
在给定的显著水平 α 下，β_i 的置信区间为

$$(\hat{\beta}_i - t_{\frac{\alpha}{2}}(n-p-1) \cdot S_{\hat{\beta}_i},\quad \hat{\beta}_i + t_{\frac{\alpha}{2}}(n-p-1) \cdot S_{\hat{\beta}_i})\quad i=1,2,\cdots,p$$

6. 逐步回归

在多元回归分析中，变量选择的标准应是所有对因变量影响显著的自变量都选入模型中，而影响不显著的自变量都不选入模型。从便于应用的角度应使模型中自变量的个数尽可能的少，逐步回归就是一种在众多自变量中有效选择重要变量的方法。

逐步回归分析的方法是：从一个自变量开始，视自变量对 Y 作用的显著程度，从大到小地依次逐个引入回归方程，当引入的自变量由于后面变量的引入而变得不显著时，要将其剔除掉，引入一个自变量或从回归方程中剔除一个自变量，为逐步回归的一步，对于每一步都要进行显著性检验，以确保每次引入新的显著性变量前回归方程中只包含对 Y 作用显著的变量。这个过程反复进行，直至既无不显著的变量从回归方程中剔除，又无显著变量可引入回归方程时为止。

五、多项式回归

在一元回归分析中，如果因变量 y 与自变量 x 的关系为非线性的，但是又找不到适当的函数曲线来拟合，如果从数据的散点图上发现 y 与 x 呈较明显的高次函数关系，或者用线性模型的效果不太好，就可以选用多项式回归。如果自变量只有一个时，称为一元多项式回归；如果自变量有多个时，称为多元多项式回归。多项式回归的最大优点就是可以通过增加 x 的高次项对实测点进行逼近，直至满意为止。事实上，多项式回归可以处理一类非线性问题，它在回归分析中占有重要的地位，因为任意一个函数都可以分段用多项式来逼近，因此，在通常的实际问题中，不论因变量与其他自变量的关系如何，我们总可以用多项式回归来进行分析。

一元 m 次多项式回归方程为

$$y = \beta_0 + \beta_1 x + \beta_2 x^2 + \cdots + \beta_m x^m$$

二元二次多项式回归方程为

$$y = \beta_0 + \beta_1 x_1 + \beta_2 x_2 + \beta_3 x_1^2 + \beta_4 x_2^2 + \beta_5 x_1 x_2$$

多项式回归问题可以通过变量转换化为多元线性回归问题来解决。

对于一元 m 次多项式回归方程，令

$$x_1 = x, x_2 = x^2, \cdots, x_m = x^m$$

则问题转化为 m 元线性回归方程
$$y=\beta_0+\beta_1 x_1+\beta_2 x_2+\cdots+\beta_m x_m$$

需要指出的是,在多项式回归分析中,检验回归系数 β_i 是否显著,实质上就是判断自变量 x 的 i 次方项 x^i 对因变量 y 的影响是否显著。

对于二元二次多项式回归方程,令
$$z_1=x_1,z_2=x_2,z_3=x_1{}^2,z_4=x_2{}^2,z_5=x_1 x_2$$
则二元二次多项式回归方程就转化为五元线性回归方程
$$y=\beta_0+\beta_1 z_1+\beta_2 z_2+\beta_3 z_3+\beta_4 z_4+\beta_5 z_5$$

随着自变量个数的增加,多元多项式回归分析的计算量急剧增加,在计算时要借助数学软件计算。

六、回归分析应用案例——教学评估

1. 问题背景

为了考评教师的教学质量,教学研究部门设计了一个教学评估表,对学生进行一次问卷调查,要求学生对 12 位教师的 15 门课程(其中 3 位教师有两门课)按以下 7 项内容打分,分值为 1~5 分(5 分最好,1 分为最差):

x_1 表示课程内容组织的合理性;x_2 表示主要问题展开的逻辑性;x_3 表示回答学生问题的有效性;x_4 表示课下交流的有助性;x_5 表示教科书的帮助性;x_6 表示考试评分的公正性;y 表示对教师的总分评价。

收回问卷的调查表后,得到 12 位教师、15 门课程各项评分的平均值,见表 8.1。

教学研究部门认为,所列各项具体内容 $x_1 \sim x_6$ 不一定每项都对教师总体评价 y 有显著影响,并且各项内容之间也可能存在很强的相关性,他们希望得到一个总体评价与各项具体内容之间的模型,这个模型应尽量简单和有效,并且由此能给教师一些合理的建议,以提高总体评价。

2. 应用 matlab 逐步回归

虽然问题给出了 6 个自变量,但是希望从中挑选出对因变量 Y 影响显著的那些来建立回归模型。所以应用逐步回归解决这个问题。

逐步回归的基本步骤是,先确定一个包含若干自变量的初始集合,然后每次从集合中引入一个对因变量影响最大的,再对集合中的变量进行检验,从变得不显著的变量中移出一个影响最小的,依次进行,直到不能引入和移出为止。引入和移出都以给定的显著性水平为标准。

逐步回归的计算量是非常大的,当变量个数较大时手算几乎不可能。matlab 统计工具箱中给出了逐步回归命令(stepwise),且提供人机交互画面,研究

者可以在画面上自由地引入和移出变量,进行统计分析。由于篇幅所限,下面仅给出文字叙述。

表 8.1

教师编号	课程编号	x_1	x_2	x_3	x_4	x_5	x_6	y
1	201	4.46	4.42	4.23	4.10	4.56	4.37	4.11
2	224	4.11	3.82	3.29	3.60	3.99	3.82	3.38
3	301	3.58	3.31	3.24	3.76	4.39	3.75	3.17
4	301	4.42	4.37	4.34	4.40	3.63	4.27	4.39
5	301	4.62	4.47	4.53	4.67	4.63	4.57	4.69
6	309	3.18	3.82	3.92	3.62	3.50	4.14	3.25
7	311	2.47	2.79	3.58	3.50	2.84	3.84	2.84
8	311	4.29	3.92	4.05	3.76	2.76	4.11	3.95
9	312	4.41	4.36	4.27	4.75	4.59	4.11	4.18
10	312	4.59	4.34	4.26	4.39	2.64	4.38	4.44
11	333	4.55	4.45	4.43	4.57	4.45	4.40	4.47
12	424	4.67	4.64	4.52	4.39	3.84	4.21	4.61
13	351	3.71	3.41	3.39	3.24	4.06	4.06	3.17
14	411	4.28	4.45	4.10	4.07	3.76	4.43	4.15
15	424	4.24	4.38	4.35	4.48	4.15	4.50	4.33

命令形式为 Stepwise(X,Y,inmodel,alpha),X 是自变量数据,排成 $n\times p$ 矩阵(p 为自变量个数,n 为每个变量的数据量),Y 是因变量的数据,排成 n 维向量,inmodel 是自变量初始集合的指标(即矩阵 x 中哪些列进入初始集合),缺省时设定为全部自变量,alpha 为显著性水平,缺省时为 0.05。

Stepwise 命令会产生三个图形窗口:Stepwise Table 列出了一个统计表,包括回归系数及其置信区间的数值,模型的统计量:剩余标准差(RMSE),决定系数(R^2),F 值和 p 值(与 F 统计量对应的概率值为 p);Stepwise Plot 用虚线或实线显示回归系数及其置信区间,并有 Export 按钮,向工作区输出参数;Stepwise History 显示并记录选择过的每个模型的 RMSE 值及其置信区间。

在 Stepwise Table 和 Stepwise Plot 窗口,绿色的数字和直线表明在模型中的变量,红色数字和直线表明从模型中移去的变量,二者靠鼠标点击转换。Stepwise Plot 窗口中的虚线表明回归系数的置信区间包含零点,即该回归系数与零无显著差异,一般将该变量从模型中移去;实线则表明该回归系数与零有显著差异,应保留在模型中。引入或移出变量还可参考 Stepwise History 窗口中的 RMSE 是否在下降。

3. 回归模型的建立

将表中的数据排成矩阵 X、Y，先在初始模型中选全部 6 个自变量，用 Stepwise(x,y) 得到的 Stepwise Table 如表 8.2 所示：

表 8.2

变量	回归系数	置信下限	置信上限
x_1	0.5162	0.01340	0.1019
x_2	−0.05469	−0.853	0.7436
x_3	0.6706	−0.03795	1.379
x_4	0.1245	−0.426	0.6751
x_5	−0.04335	−0.2514	0.1647
x_6	0.1363	−0.6958	0.99684

RMSE=0.1125　$R^2=0.9806$　$F=67.92$　$p=0.002071$

可以看到，除 x_1 外其他自变量的回归系数置信区间都包含零点（x_3 在临界状态），说明在显著性水平为 0.05 时这些系数都不显著，将 x_2,x_4,x_5,x_6 一一移去，模型仅含 x_1,x_3，再用 Stepwise(X,Y) 得到的 Stepwise Table 如表 8.3。

表 8.3

变量	回归系数	置信下限	置信上限
x_1	0.5099	0.326	0.6938
x_3	0.7678	0.5124	1.379

RMSE=0.1　$R^2=0.977$　$F=254.7$　$p=1.487\times10^{-10}$

从上表看到，仅含 x_1,x_3 模型的回归系数置信区间远离零点，x_1,x_3 对因变量 y 的影响是显著的。与上一个结果相比，剩余标准差（RMSE）由 0.1125 减少到 0.1，虽然 R^2 略有下降，但 F 值大大提高。这些都表明，仅含 x_1,x_3 模型是合适的，x_1,x_3 的回归系数分别为 $\hat{\beta}_1=0.5099$ 和 $\hat{\beta}_2=0.7678$。值得注意的是，Stepwise 命令并未给出回归模型的常数项 $\hat{\beta}_0$，它可以由以下方法算得到：

$$\hat{\beta}_0=\overline{y}-b_1\overline{x}_1-b_3\overline{x}_3=-1.2471$$

其中 $\overline{y},\overline{x}_1,\overline{x}_3$ 分别是 y,x_1,x_3 的平均值。利用逐步回归最终得到的模型为

$$Y=0.5099x_1+0.7678x_3-1.2471$$

在最终模型里回归变量只有 x_1,x_3，是一个简单易用的模型，据此可把课程内容组织的合理性（x_1）和回答学生问题的有效性（x_3）列入考评的重点。模

型结果表明，x_1 的分值每增加一分，对教师的总体评价就增加约 0.5 分；x_3 的分值每增加一分，对教师的总体评价就增加 0.77 分。应建议教师注重这两方面的工作。

为了分析其他自变量没有进入最终模型的原因，可以计算 $x_1 \sim x_6$、y 的相关系数。利用 matlab 统计工具箱中的 corrcoef 命令直接算出这 7 个变量的相关系数矩阵为

$$\begin{matrix} 1.0000 & 0.9008 & 0.6752 & 0.7362 & 0.2910 & 0.6471 & 0.8973 \\ 0.9008 & 1.000 & 0.8504 & 0.7399 & 0.2775 & 0.8026 & 0.9363 \\ 0.6752 & 0.8504 & 1.000 & 0.7499 & 0.0808 & 0.8490 & 0.9116 \\ 0.7362 & 0.7399 & 0.7499 & 1.0000 & 0.4370 & 0.7041 & 0.8219 \\ 0.2910 & 0.2775 & 0.0808 & 0.4370 & 1.0000 & 0.1872 & 0.1783 \\ 0.6471 & 0.8026 & 0.8490 & 0.7041 & 0.1872 & 1.0000 & 0.8246 \\ 0.8973 & 0.9363 & 0.9116 & 0.8219 & 0.1793 & 0.8246 & 1.0000 \end{matrix}$$

一般认为，两个变量的相关系数超过 0.85 时才具有显著的相关关系。由上面结果知道，与 Y 相关关系显著的只有 x_1, x_2, x_3，而 x_2 未进入最终的模型，是由于它与 x_1, x_3 的相关关系显著（相关系数 $r_{1,2}=0.9008$，$r_{3,2}=0.8504$），可以说，模型中有了 x_1, x_3 以后，变量 x_2 是多余的，应该去掉。

如果初步看来影响因变量的因素较多，并得到了大量的数据，为了建立一个有效的、便于应用的模型，可以利用逐步回归只选择那些影响显著的变量"入围"。

如果怀疑原有变量的平方项、交互项等也会对因变量有显著影响，也可以将这些项作为新的自变量加入到候选行列，用逐步回归处理。

8.2 独立性检验模型

一、问题背景

独立性检验是研究两个或两个以上因素彼此之间是相互独立的还是相互有影响的一类统计方法。先用例子说明独立性检验的概念。

某大学教育学研究室的课题"学习成绩与道德的认识水平之间的关系"要研究的问题是：学生的学习成绩与道德认识水平有关系吗？他们将学生的学习成绩分为优、良、中、差四个等级，分别用 A_1, A_2, A_3, A_4 表示，将道德认识水平分为好、中上、中下、差四档，分别用 B_1, B_2, B_3, B_4 表示，随机调查了 150 名同学，用 n_{ij} 表示在 A_i 学习水平下道德认识水平为 B_j 的人数，调查结果如表 8.4。

表 8.4

n_{ij} 道德 学习	B_1	B_2	B_3	B_4	$n_i.$
A_1	20	8	1	0	29
A_2	5	40	14	1	60
A_3	0	2	18	6	26
A_4	0	1	11	23	35
$n._j$	25	51	44	30	$n=150$

从调查样本数据看,道德认识水平与学习成绩有没有关系?

如果用 X 表示学习成绩,Y 表示道德认识水平,两者都可以量化为数量指标,可以将 (X,Y) 看为二维随机变量,道德认识水平与学习成绩有没有关系转化为 X 与 Y 是否独立。

我们提出原假设 $H_0：X$ 和 Y 是独立的。为了检验 H_0,把 X 的取值范围分成优、良、中、差四个等级,分别用 A_1,A_2,A_3,A_4 表示;将 Y 的取值范围也分为好、中上、中下、差四档,分别用 B_1,B_2,B_3,B_4 表示。在原假设 H_0 成立时必有

$$P\{A_iB_j\}=P\{A_i\}P\{B_j\}, \quad i,j=1,2,3,4$$

那么,表中调查数据支持上面的这些等式吗?

用表中数据将上面等式中的各个概率一一估计出来,原假设 H_0 成立的时候,有

$$\frac{n_{ij}}{n}\approx\frac{n_i.}{n}\cdot\frac{n._j}{n}, i,j=1,2,3,4$$

或

$$n_{ij}\approx n_i.n._j, i,j=1,2,3,4$$

其中 $n_i.,n._j$ 分别是学习水平为 A_i 和道德水平为 B_j 的人数。

下面用统计检验的方法解决这个问题。

二、建立模型

一般地,考察一个二元总体中的两个指标 (X,Y),这两个指标的取值是离散的,而且不同的取值只表示不同的类别。如性别变量只取男、女两个值,商品的等级变量只取一等、二等、三等等。将两个指标取值范围分成 r 个和 s 个互不相交的区间 $A_1,A_2,\cdots,A_r$ 和 $B_1,B_2,\cdots,B_s$。设从该总体中抽取了容量为 n 的样本 $(X_1,Y_1),(X_2,Y_2),\cdots,(X_n,Y_n)$,用 n_{ij} 表示样本值中 X 落入 A_i 而 Y 落入 B_j 的个数 $(i=1,2,\cdots,r;j=1,2,\cdots,s)$,又记

$$n_{i\cdot} = \sum_{j=1}^{s} n_{ij}, n_{\cdot j} = \sum_{i=1}^{r} n_{ij}, n = \sum_{i=1}^{s}\sum_{j=1}^{r} n_{ij}$$

需要检验的假设为 H_0：总体的两个指标 X 和 Y 是独立的。

如果记
$$p_{ij} = P(X \in A_i, Y \in B_j), \quad i=1,2,\cdots,r; j=1,2,\cdots,s$$
$$p_{i\cdot} = P(X \in A_i), i=1,2,\cdots,r, \quad p_{\cdot j} = P(Y \in B_j), j=1,2,\cdots,s$$

显然有
$$p_{i\cdot} = \sum_{j=1}^{s} p_{ij}, p_{\cdot j} = \sum_{i=1}^{r} p_{ij}, \sum_{i=1}^{r} p_{i\cdot} = \sum_{j=1}^{s} p_{\cdot j} = 1$$

在原假设 H_0 成立时，则有 $p_{ij} = p_{i\cdot} \cdot p_{\cdot j}, i=1,2,\cdots,r; j=1,2,\cdots,s$。

为了检验 H_0，构造如下统计量：
$$\chi^2 = \sum_{i=1}^{r}\sum_{j=1}^{s} \frac{\left(n_{ij} - \dfrac{n_{i\cdot}n_{\cdot j}}{n}\right)^2}{\dfrac{n_{i\cdot}n_{\cdot j}}{n}}$$

在理论上可以证明，若 H_0 成立，则当 n 很大时，χ^2 统计量的分布渐近于 $\chi^2((r-1)(s-1))$。于是当样本容量 n 较大时，可以近似地认为 $\chi^2 \sim \chi^2((r-1)(s-1))$。当 H_0 成立时，可以证明 $p_{i\cdot}$ 和 $p_{\cdot j}$ 的最大似然估计量分别是 $\dfrac{n_{i\cdot}}{n}$ 和 $\dfrac{n_{\cdot j}}{n}$，所以 H_0 为真时 χ^2 不应该太大。对给定显著性水平 α，拒绝域为 $\{\chi^2 > \chi_\alpha^2((r-1)(s-1))\}$。

在上面例子中，$r=s=4$，取 $\alpha=0.05$，查表得 $\chi_{0.05}^2(9) = 16.92$，用样本算得的观测值为 $\chi^2 = 168.82$。因为 $\chi^2 = 168.82 > \chi_{0.05}^2(9) = 16.92$。所以否定原假设，认为道德认识水平与学习成绩之间不独立，有显著的关系。

两个指标 X 和 Y 独立性检验的步骤为

(1) 提出原假设 H_0：X 与 Y 是独立的，即
$$p_{ij} = p_{i\cdot} \cdot p_{\cdot j}, \quad i=1,2,\cdots,r; j=1,2,\cdots,s$$

(2) 给出显著性水平 α；H_0 为真时，检验统计量为
$$\chi^2 = \sum_{i=1}^{r}\sum_{j=1}^{s} \frac{\left(n_{ij} - \dfrac{n_{i\cdot}n_{\cdot j}}{n}\right)^2}{\dfrac{n_{i\cdot}n_{\cdot j}}{n}} \overset{n\to\infty}{\sim} \chi^2[(r-1)(s-1)]$$

(3) 对显著性水平 α，拒绝域为 $W = \{\chi^2 > \chi_\alpha^2((r-1)(s-1))\}$；

(4) 计算样本观测值，若观测值落入 W，则拒绝 H_0，认为两个指标不独立，反之接受 H_0，认为两个指标之间有关系。

在独立性检验中，若拒绝了零假设，即各因素之间有关联，但并不能回答具

体关联的形式的问题。如果各因素之间独立,则到此为止,若各因素间有关联,还应该作进一步的分析,具体搞清楚各变量是如何关联的。

独立性检验一般也仅限于两变量间的关联考察,对于多个变量的独立性检验,往往采用分拆变量分别进行独立性检验的办法,然后试图整合多次检验的结果,但这种做法显得牵强一些。

三、模型应用

某企业为了更好地了解设备改造前后与生产合格品的关系,随机抽取了180件产品进行分析。其中,设备改造前生产的合格品有36件,不合格品有49件;设备改造后生产的合格品有65件,不合格品有30件。根据上面的数据,对设备改造与合格品的关系你能得出什么结论?(取 $\alpha=0.01$)

分析:此问题可以转化为二元独立性检验问题。由已知数据得到表8.5。

表 8.5

	合格品	不合格品	合计
设备改造后	65	30	95
设备改造前	36	49	85
合计	101	79	180

根据公式得 $\chi^2=12.38$。由于 $\chi^2=12.38>\chi^2_{0.01}(1)=6.635$,可以得出产品合格与设备改造是有关的。

利用独立性检验,能够帮助我们对日常生活中的实际问题作出合理的推断和预测。因此,在学习中通过统计案例的分析,理解和掌握独立性检验的方法,体会独立性检验的基本思想在解决实际问题中的应用,以提高我们处理生活和工作中的某些问题的能力。

8.3 主成分分析模型

一、问题背景

在实际问题的研究中,往往会涉及众多变量,变量太多不但会增加计算的复杂性,而且也会给合理分析问题和解释问题带来困难。一般说来,虽然每个变量都提供了一定的信息,但其重要性有所不同,而在很多情况下,变量间有一定的相关性,从而使得这些变量所提供的信息在一定程度上有所重叠。例如,高校科研状况评价中的立项课题数与项目经费、经费支出等之间会存在较高的相关性；学生综合评价研究中的专业基础课成绩与专业课成绩、获奖学金次数等之间也会存在较高的相关性。而变量之间信息的高度重叠和高度相关会给统计方法的应用带来许多障碍。

为了解决这些问题，最简单和最直接的解决方案是削减变量的个数，但这必然又会导致信息丢失和信息不完整等问题的产生。为此，人们希望探索一种更为有效的解决方法，它既能大大减少参与数据建模的变量个数，同时也不会造成信息的大量丢失。主成分分析正是这样一种能够有效降低变量维数，并已得到广泛应用的分析方法。

主成分分析以最少的信息丢失为前提，将众多的原有变量综合成较少几个综合指标，通常综合指标（主成分）有以下几个特点：

1. 主成分个数远远少于原有变量的个数

原有变量综合成少数几个因子之后，因子将可以替代原有变量参与数据建模，这将大大减少分析过程中的计算工作量。

2. 主成分能够反映原有变量的绝大部分信息

因子并不是原有变量的简单取舍，而是原有变量重组后的结果，因此不会造成原有变量信息的大量丢失，并能够代表原有变量的绝大部分信息。

3. 主成分之间应该互不相关

通过主成分分析得出的新的综合指标（主成分）之间互不相关，因子参与数据建模能够有效地解决变量信息重叠、多重共线性等给分析应用带来的诸多问题。

总之，主成分分析法是研究如何以最少的信息丢失将众多原有变量浓缩成少数几个因子，如何使因子具有一定的命名解释性的多元统计分析方法。

二、主成分的基本原理

1. 主成分的意义

主成分分析是数学上对数据降维的一种方法。其基本思想是设法将原来众多的具有一定相关性的指标 $X_1, \cdots, X_p$ 重新组合成一组较少个数的互不相关的综合指标 $Y_1, \cdots, Y_m$ 来代替原来指标。那么综合指标应该如何去提取，使其既能最大程度的反映原变量所代表的信息，又能保证新指标之间保持相互无关（信息不重叠）。

设 Y_1 表示原变量的第一个线性组合所形成的主成分指标，即 $Y_1 = l_{11}X_1 + l_{12}X_2 + \cdots + l_{1p}X_p$，由数学知识可知，每一个主成分所提取的信息量可用其方差来度量，其方差 $D(Y_1)$ 越大，表示 Y_1 包含的信息越多。常常希望第一主成分 Y_1 所含的信息量最大，因此在所有的线性组合中选取的 Y_1 应该是 $X_1, \cdots, X_p$ 的所有线性组合中方差最大的,故称 Y_1 为第一主成分。如果第一主成分不足以代表原来 p 个指标的信息,再考虑选取第二个主成分指标 Y_2,为有效地反映原信息,Y_1 已有的信息就不需要再出现在 Y_2 中,即 Y_1 与 Y_2 要保持不相关,其协方差 $\mathrm{Cov}(Y_1, Y_2) = 0$,所以 Y_2 是与 Y_1 不相关的 $X_1, \cdots, X_p$ 的所有线性组合中方差最大的,故称 Y_2 为第二主成分,依此类推构造出的 Y_1、Y_2、$\cdots$、Y_m 为原变量指标 $X_1, \cdots, X_p$ 第一、第二、$\cdots\cdots$、第 m 个主成分。

2. 总体主成分分析

设 $X_1, \cdots, X_p$ 为某实际问题所涉及的 p 个随机变量,二阶矩存在。记 $\boldsymbol{X} = (X_1, \cdots, X_p)^\mathrm{T}$,其协方差矩阵为

$$\boldsymbol{\Sigma} = (\sigma_{ij})_{p \times p} = E[(\boldsymbol{X} - E(\boldsymbol{X}))(\boldsymbol{X} - E(\boldsymbol{X}))^\mathrm{T}]$$

它是一个 p 阶对称且非负定矩阵。考虑 $X_1, \cdots, X_p$ 的线性变换

$$\begin{cases} Y_1 = \boldsymbol{l}_1^\mathrm{T} \boldsymbol{X} = l_{11} X_1 + l_{12} X_2 + \cdots + l_{1p} X_p \\ Y_2 = \boldsymbol{l}_2^\mathrm{T} \boldsymbol{X} = l_{21} X_1 + l_{22} X_2 + \cdots + l_{2p} X_p \\ \vdots \\ Y_p = \boldsymbol{l}_p^\mathrm{T} \boldsymbol{X} = l_{p1} X_1 + l_{p2} X_2 + \cdots + l_{pp} X_p \end{cases} \tag{8.1}$$

其中 $\boldsymbol{l}_i = (l_{i1}, l_{i2}, \cdots, l_{ip})^\mathrm{T}, i = 1, 2, \cdots, p$。则有

$$D(Y_i) = D(\boldsymbol{l}_i^\mathrm{T} \boldsymbol{X}) = \boldsymbol{l}_i^\mathrm{T} \boldsymbol{\Sigma} \boldsymbol{l}_i, i = 1, 2, \cdots, p \tag{8.2}$$

$$\mathrm{Cov}(Y_i, Y_j) = \mathrm{Cov}(\boldsymbol{l}_i^\mathrm{T} \boldsymbol{X}, \boldsymbol{l}_j^\mathrm{T} \boldsymbol{X}) = \boldsymbol{l}_i^\mathrm{T} \boldsymbol{\Sigma} \boldsymbol{l}_j, i = 1, 2, \cdots, p, j = 1, 2, \cdots, p$$

从(8.2)式看到,为使 $D(Y_i)$ 达到最大,对 $\boldsymbol{l}_i = (l_{i1}, l_{i2}, \cdots, l_{ip})^\mathrm{T}$ 必须有限制,否则会使 $D(Y_i) \to \infty$。常用的是在下面两个约束条件下,求 $\boldsymbol{l}_i$ 使 $D(Y_i)$ 达到最大,由此 $\boldsymbol{l}_i$ 所确定的 $Y_i = \boldsymbol{l}_i^\mathrm{T} \boldsymbol{X}$ 为 $X_1, \cdots, X_p$ 的第 i 个主成分。

$$\boldsymbol{l}_i^\mathrm{T} \boldsymbol{l}_i = 1$$

$$\mathrm{Cov}(Y_i, Y_k) = \boldsymbol{l}_i^\mathrm{T} \boldsymbol{\Sigma} \boldsymbol{l}_k = 0, k = 1, 2, \cdots, i - 1$$

定理 8.1 设 $\boldsymbol{\Sigma}$ 是 $\boldsymbol{X} = (X_1, \cdots, X_p)^\mathrm{T}$ 的协方差矩阵,则 $\boldsymbol{X}$ 的第 i 个主成分 Y_i 与方差 $D(Y_i)$ 分别为

$$Y_i = \boldsymbol{e}_i^\mathrm{T} \boldsymbol{X} = e_{i1} X_1 + e_{i2} X_2 + \cdots + e_{ip} X_p, i = 1, 2, \cdots, p \tag{8.3}$$

$$D(Y_i) = \boldsymbol{e}_i^\mathrm{T} \boldsymbol{\Sigma} \boldsymbol{e}_i = \lambda_i, i = 1, 2, \cdots, p$$

主成分之间满足不相关,即 $\mathrm{Cov}(Y_i, Y_k) = \boldsymbol{e}_i^\mathrm{T} \boldsymbol{\Sigma} \boldsymbol{e}_k = 0, i \neq k$

其中 $\lambda_1 \geqslant \lambda_2 \geqslant \cdots \geqslant \lambda_p \geqslant 0$ 为矩阵 $\boldsymbol{\Sigma}$ 的特征值,$e_1, e_2, \cdots, e_p$ 是相应的正交单位化特征向量。

定理表明原变量协方差矩阵的特征根是主成分的方差,所以前 p 个较大特征根就代表前 p 个较大的主成分方差值;原变量协方差矩阵前 p 个较大的特征值 λ_i(这样选取才能保证主成分的方差依次最大)所对应的正交单位化特征向量就是相应主成分 Y_i 线性表达式的系数。

记 $\boldsymbol{Y}=(Y_1,\cdots,Y_p)^{\mathrm{T}}$ 为主成分向量,$\boldsymbol{Y}=\boldsymbol{P}^{\mathrm{T}}\boldsymbol{X}$,其中 $\boldsymbol{P}=(e_1,\cdots,e_p)$ 是正交阵,总体主成分 $\boldsymbol{Y}$ 有以下性质。

1. 主成分的协方差矩阵及总方差分别为

$$\mathrm{Cov}(\boldsymbol{Y})=\mathrm{Cov}(\boldsymbol{P}^{\mathrm{T}}\boldsymbol{X})=\boldsymbol{P}^{\mathrm{T}}\boldsymbol{\Sigma}\boldsymbol{P}=\Lambda=\mathrm{Diag}(\lambda_1,\lambda_2,\cdots,\lambda_p)$$

$$\sum_{i=1}^{p}D(Y_i)=\sum_{i=1}^{p}\lambda_i=\mathrm{tr}(\boldsymbol{P}^{\mathrm{T}}\boldsymbol{\Sigma}\boldsymbol{P})=\mathrm{tr}(\boldsymbol{\Sigma}\boldsymbol{P}\boldsymbol{P}^{\mathrm{T}})=\mathrm{tr}(\boldsymbol{\Sigma})=\sum_{i=1}^{p}D(\boldsymbol{X}_i)$$

即主成分分析是把 p 个原始变量 $X_1,\cdots,X_p$ 的总方差 $\sum_{i=1}^{p}D(X_i)$ 分解成 p 个互不相关变量 $Y_1,\cdots,Y_p$ 的方差之和,而 $D(Y_i)=\lambda_i(i=1,2,\cdots,p)$。

主成分分析可以得到 p 个主成分,但是,由于各个主成分的方差是递减的,包含的信息量也是递减的,所以实际分析时,一般不是选取 p 个主成分,而是根据各个主成分累计贡献率的大小选取前 m 个主成分,这里贡献率就是指某个主成分的方差占全部方差的比重,实际也就是某个特征值占全部特征值合计的比重。即

第 i 个主成分 Y_i 的贡献率 $= \dfrac{\lambda_i}{\sum\limits_{i=1}^{p}\lambda_i}$

贡献率越大,说明该主成分所包含的原始变量的信息越强。

主成分个数 m 的选取,主要根据主成分的累积贡献率来决定,一般要求累计贡献率 $\sum\limits_{i=1}^{m}\lambda_i / \sum\limits_{i=1}^{p}\lambda_i$ 达到 85% 以上,才能保证综合变量能包括原始变量的绝大多数信息。

2. 主成分 Y_i 与变量 X_j 的相关系数为

$$\rho_{Y_i,X_j}=\frac{\mathrm{Cov}(Y_i,X_j)}{\sqrt{\mathrm{Var}(Y_i)}\sqrt{\mathrm{Var}(X_j)}}=\frac{\lambda_i e_{ij}}{\sqrt{\lambda_i}\sqrt{\sigma_{jj}}}=\frac{\sqrt{\lambda_i}}{\sqrt{\sigma_{jj}}}e_{ij} \tag{8.4}$$

这是由于 $\boldsymbol{Y}=\boldsymbol{P}^{\mathrm{T}}\boldsymbol{X}$,$\boldsymbol{P}$ 为正交矩阵,故 $\boldsymbol{X}=\boldsymbol{P}\boldsymbol{Y}$,$X_j=e_{1j}Y_1+e_{2j}Y_2+\cdots+e_{pj}Y_p$,所以 $\mathrm{Cov}(Y_i,X_j)=\lambda_i e_{ij}$,因此(8.4)式成立。

在主成分分析中,称 Y_i 与 X_j 的相关系数 ρ_{Y_i,X_j} 为因子负荷量,反映主成分 Y_i 与原变量 X_j 之间的相互关联程度。

3. 标准化变量的主成分

在实际问题中,不同的变量往往有不同的量纲,由于不同的量纲会引起各变量取值的分散程度差异较大,这时总体方差则主要受方差较大的变量的控制。为了消除由于量纲的不同可能带来的影响,常采用变量标准化的方法,即令

$$X_i^*=\frac{X_i-E(X_i)}{\sqrt{D(X_i)}}=\frac{X_i-\mu_i}{\sqrt{\sigma_{ii}}},i=1,2,\cdots,p \tag{8.5}$$

这时 $\boldsymbol{X}^* = (X_1^*, X_2^*, \cdots, X_p^*)^T$ 的协方差矩阵便是 $\boldsymbol{X} = (X_1, X_2, \cdots, X_p)^T$ 的相关矩阵 $\boldsymbol{\rho} = (\rho_{ij})_{p \times p}$,其中

$$\rho_{ij} = E(X_i^* X_j^*) = \frac{\text{Cov}(X_i, X_j)}{\sqrt{\sigma_{ii}\sigma_{jj}}} \tag{8.6}$$

这时 $\boldsymbol{X}^*$ 的第 i 个主成分为

$$Y_i^* = (e_i^*)^T \boldsymbol{X}^* = e_{i1}^* \frac{X_1 - \mu_1}{\sqrt{\sigma_{11}}} + e_{i2}^* \frac{X_2 - \mu_2}{\sqrt{\sigma_{22}}} + \cdots + e_{ip}^* \frac{X_p - \mu_p}{\sqrt{\sigma_{pp}}}, i = 1, 2, \cdots, p \tag{8.7}$$

并且主成分的总方差为

$$\sum_{i=1}^{p} D(Y_i^*) = \sum_{i=1}^{p} \lambda_i^* = \sum_{i=1}^{p} D(X_i^*) = p \tag{8.8}$$

其中 $\lambda_1^* \geq \lambda_2^* \geq \cdots \geq \lambda_p^* \geq 0$ 为 $\boldsymbol{\rho}$ 的特征值,$e_i^* = (e_{i1}^*, e_{i2}^*, \cdots, e_{ip}^*)^T$ 为相应于特征值 λ_i^* 的正交单位特征向量。

第 i 个主成分的贡献率为 λ_i^*/p,前 m 个主成分的累计贡献率为 $\sum_{i=1}^{m} \lambda_i^*/p$,$Y_i^*$ 与 X_j^* 的相关系数为 $\rho_{Y_i^*, X_j^*} = \sqrt{\lambda_i^*} e_{ij}^*$。

三、样本主成分分析

在实际问题中,一般 $\boldsymbol{\Sigma}$(或 $\boldsymbol{\rho}$)是未知的,需要通过样本来估计。设

$$\boldsymbol{x}_i = (x_{i1}, x_{i2}, \cdots, x_{ip})^T, i = 1, 2, \cdots, n$$

为取自 $\boldsymbol{X} = (X_1, X_2, \cdots, X_p)^T$ 的一个容量为 n 的简单随机样本,则样本协方差矩阵及样本相关矩阵分别为

$$\boldsymbol{S} = (s_{ij})_{p \times p} = \frac{1}{n-1} \sum_{k=1}^{n} (\boldsymbol{x}_k - \overline{\boldsymbol{x}})(\boldsymbol{x}_k - \overline{\boldsymbol{x}})^T$$

$$\boldsymbol{R} = (r_{ij})_{p \times p} = \left(\frac{s_{ij}}{\sqrt{s_{ii} s_{jj}}} \right)$$

其中 $\overline{\boldsymbol{x}} = (\overline{x}_1, \overline{x}_2, \cdots, \overline{x}_p)^T, \overline{x}_j = \frac{1}{n} \sum_{i=1}^{n} x_{ij}, s_{ij} = \frac{1}{n-1} \sum_{k=1}^{n} (x_{ki} - \overline{x}_i)(x_{kj} - \overline{x}_j)$,$i, j = 1, 2, \cdots, p$。

分别以 $\boldsymbol{S}$ 和 $\boldsymbol{R}$ 作为 $\boldsymbol{\Sigma}$ 和 $\boldsymbol{\rho}$ 的估计,然后按总体主成分分析的方法作样本主成分分析。

主成分分析的计算步骤为

第一步:对原始数据进行标准化处理。

$$x_{ij}^* = \frac{x_{ij} - \overline{x}_j}{\sqrt{\sigma_{jj}}} \quad (i = 1, 2, \cdots, n; j = 1, 2, \cdots, p)$$

其中 $\overline{x}_j = \dfrac{1}{n}\sum_{i=1}^{n}x_{ij}$, $\sigma_{jj} = \dfrac{1}{n-1}\sum_{i=1}^{n}(x_{ij}-\overline{x}_j)^2$ $(j=1,2,\cdots,p)$。

第二步：计算样本相关系数矩阵。

$$\hat{R}=\begin{bmatrix} r_{11} & r_{12} & \cdots & r_{1p} \\ r_{21} & r_{22} & \cdots & r_{2p} \\ \vdots & \vdots & & \vdots \\ r_{p1} & r_{p2} & \cdots & r_{pp} \end{bmatrix}$$

经标准化处理后的数据的相关系数为

$$r_{ij}=\dfrac{1}{n-1}\sum_{t=1}^{n}x_{ti}^{*}x_{tj}^{*}\quad (i,j=1,2,\cdots,p)$$

第三步：求 $\hat{R}$ 的特征根 $\lambda_1 \geqslant \lambda_2 \geqslant \cdots \geqslant \lambda_p \geqslant 0$ 及相应的标准正交化的特征向量 $e_1,e_2,\cdots,e_p$。

第四步：写出主成分表达式为 $y_i = e_i^T x (i=1,2,\cdots,p)$，选择重要的主成分。主要根据主成分的累积贡献率来决定，一般要求累计贡献率达到85%以上。这样才能保证综合变量能包括原始变量的绝大多数信息。

四、应用案例

某行业的 15 个工厂某年份的经济效益数据如表 8.6。

表 8.6　15 个工厂经济效益数据表

厂序	x_1	x_2	x_3	x_4	x_5	x_6	经济效益排序	Z 值
1	69.87	269.10	94.38	115.74	23.85	74	(1)	0.785
2	66.31	260.00	89.01	93.30	40.09	80	(2)	0.727
3	67.26	272.54	89.29	78.90	26.70	84	(3)	0.672
4	68.46	250.18	94.24	76.87	24.98	18	(4)	0.634
5	39.45	146.17	54.04	90.95	17.46	109	(5)	0.206
6	24.82	116.86	31.51	81.59	10.42	117	(6)	0.029
7	30.21	73.60	51.23	39.52	31.06	227	(7)	−0.083
8	31.24	168.31	38.37	62.16	14.29	129	(8)	−0.050
9	23.29	109.42	29.59	29.67	8.23	99	(9)	−0.170
10	23.10	92.41	30.80	43.57	12.48	136	(10)	−0.196
11	18.95	57.63	28.24	21.91	17.23	231	(11)	−0.32
12	8.65	21.71	14.35	9.63	8.26	177	(12)	−0.51
13	5.10	27.27	6.38	8.60	6.46	239	(13)	−0.55
14	4.66	18.42	6.24	8.59	4.54	231	(14)	−0.66
15	1.92	9.28	2.42	3.33	9.67	135	(15)	−0.64

分析 限于篇幅,省略数据标准化过程。用相关软件计算出样本相关矩阵为

$$\hat{R} = \begin{bmatrix} 1 & & & & & \\ 0.978 & 1 & & & & \\ 0.995 & 0.954 & 1 & & & \\ 0.880 & 0.895 & 0.862 & 1 & & \\ 0.008 & 0.724 & 0.842 & 0.643 & 1 & \\ -0.759 & -0.805 & -0.720 & -0.730 & -0.408 & 1 \end{bmatrix}$$

由 $\hat{R}$ 看到许多变量之间直接的相关性比较强,证明他们存在信息上的重叠。

表 8.7 $\hat{R}$ 的特征根及相应的标准正交化的特征向量

λ_i	特征向量						累计贡献率(%)
5.0390	0.441	0.437	0.436	0.410	0.359	−0.358	83.7
0.6230	0.083	−0.092	0.175	−0.184	0.667	0.678	94.5
0.1030	0.013	0.057	−0.006	0.737	−0.360	0.568	97.5
0.1030	−0.364	−0.401	−0.347	0.501	0.502	−0.285	99.5
0.0260	0.177	−0.757	0.554	0.050	−0.170	−0.095	99.9
0.0004	0.796	−0.243	−0.551	−0.002	−0.003	0.006	100

第一个主成分为

$$y_1 = 0.441x_1 + 0.437x_2 + 0.436x_3 + 0.41x_4 + 0.359x_5 - 0.358x_6$$

此主成分主要反映前四个经济指标的效果,因为其系数之值比较接近,它们几乎以一样的重要性综合说明了各厂的经济效益。

第二个主成分为

$$y_2 = 0.083x_1 - 0.092x_2 + 0.175x_3 - 0.184x_4 + 0.677x_5 + 0.678x_6$$

此主成分主要反映后两个经济指标的效果。

由于前两个主成分的累计贡献率已达 94.5%,因此可以选取 y_1, y_2 来评价这些工厂的综合经济效益。

在比较综合经济效益时,一般以每个主成分的贡献率作为权重计算主成分综合模型,可得到综合得分模型为

$$Z = y_1 f_1 + y_2 f_2 + \cdots + y_k f_k$$

其中 $f_i = \lambda_i / \sum_{j=1}^{m} \lambda_j$。

本案例中 $Z = 0.837 y_1 + 0.108 y_2$。用 Z 作为每个样品的综合得分,按其大小给样品排序,将每个样品的 Z 值列于表中最右边一列,按 Z 值大小排序结果列于右边第二列。

8.4 聚类分析模型

一、问题背景

在科学研究和社会生活中,经常会遇到分类的问题。例如,在考古学中,要将某些古生物化石进行科学分类;在生物学中,要根据各生物体的综合特征进行分类;在经济学中,要考虑哪些经济指标反映的是同一种经济特征;在产品质量管理中,要根据各产品的某些重要指标而将其分为一等品、二等品等等,这些问题可以用聚类分析方法来解决。

聚类分析的研究内容包括两个方面,一是对样品进行分类,称为 Q 型聚类法,使用的统计量是样品间的距离;二是对变量进行分类,称为 R 型聚类法,使用的统计量是变量间的相似系数。

二、有关概念

设共有 n 个样品,每个样品 x_i 有 p 个变量,它们的观测值可以表示为
$$x_i = (x_{1i}, x_{2i}, \cdots, x_{pi}), \quad i=1,2,\cdots,n$$
首先给出相似系数和距离的概念。目前已设计了 40 多种,但在数值分析中常用的是少数,以下只介绍在聚类分析中常用的相似系数和距离。

(一)样品间的距离

1. 明科夫斯基(Minkowski)距离 $d(x_i, x_j) = \left[\sum_{k=1}^{p} |x_{ki} - x_{kj}|^m \right]^{\frac{1}{m}}$

2. 绝对值距离 $d(x_i, x_j) = \sum_{k=1}^{p} |x_{ki} - x_{kj}|$

3. 欧氏距离 $d(x_i, x_j) = \left[\sum_{k=1}^{p} (x_{ki} - x_{kj})^2 \right]^{\frac{1}{2}}$

(二)变量间的相似系数

变量间的相似系数用来表示变量之间的亲疏程度,相似系数越接近 1,说明变量间的关联程度越好。常用的变量间的相似系数有

1. 夹角余弦

在 n 维空间中,向量 X_i 与 X_j 的夹角为 α_{ij},则夹角余弦为

$$\cos\alpha_{ij} = \frac{\sum_{k=1}^{n} x_{ik} x_{jk}}{\sqrt{\sum_{k=1}^{n} (x_{ik})^2 \cdot \sum_{k=1}^{n} (x_{jk})^2}}$$

2.相关系数

$$r_{ij} = \frac{\sum_{k=1}^{n}(x_{ik}-\overline{x}_{(i)})(x_{jk}-\overline{x}_{(j)})}{\sqrt{\sum_{k=1}^{n}(x_{ik}-\overline{x}_{(i)})^2 \cdot \sum_{k=1}^{n}(x_{jk}-\overline{x}_{(j)})^2}}$$

值得注意的是,当指标的测量值相差较大时,直接使用以上各式计算距离或相似系数常使数值较小的变量失去作用,为此需应先对数据进行标准化,然后再用标准化的数据来计算。标准化的具体方法是令

$$x_{ki}^* = \frac{x_{ki}-\overline{x}_k}{s_k}, \quad i=1,2,\cdots,n, \quad k=1,2,\cdots,p$$

其中 $\overline{x}_k = \frac{1}{n}\sum_{i=1}^{n}x_{ki}$, $s_k = \sqrt{\frac{1}{n-1}\sum_{i=1}^{n}(x_{ki}-\overline{x}_k)^2}$, $k=1,2,\cdots,p$

(三)类与类之间的距离

用 G_p 和 G_q 分别代表两个类,它们所包含的样品个数分别记为 n_p 和 n_q,类 G_p 和 G_q 之间的距离记为 $D(G_p,G_q)$。下面给出三种最常用的定义方法。

1.最短距离 $D(G_p,G_q) = \min(d_{ij} \mid x_i \in G_p, x_j \in G_q)$

类与类之间的最短距离有如下的递推公式,设 G_r 为由 G_p 和 G_q 合并所得,则 G_r 与其它类 $G_k(k \neq p,q)$ 的最短距离为

$D(G_r,G_k) = \min\{D(G_p,G_k), D(G_q,G_k)\}$

2.最长距离 $D(G_p,G_q) = \max(d_{ij} \mid x_i \in G_p, x_j \in G_q)$

类与类之间的最长距离有如下的递推公式,设 G_r 为由 G_p 和 G_q 合并所得,则 G_r 与其它类 $G_k(k \neq p,q)$ 的最长距离为

$D(G_r,G_k) = \max\{D(G_p,G_k), D(G_q,G_k)\}$

3.类平均距离 $D(G_p,G_q) = \frac{1}{n_p n_q}\sum_{x_i \in G_p}\sum_{x_j \in G_q}d_{ij}$

类与类之间的类平均距离有如下的递推公式,设 G_r 为由 G_p 和 G_q 合并所得,则 G_r 与其它类 $G_k(k \neq p,q)$ 的类平均距离

$D(G_r,G_k) = \frac{n_p}{n_r}D(G_p,G_k) + \frac{n_q}{n_r}D(G_q,G_k)$,其中 $n_r = n_p + n_q$。

以上类与类之间的距离,不但适用于 Q 型聚类,同样也适合于 R 型聚类,这只要将 d_{ij} 用变量间的相似系数 r_{ij} 代替就行了。为简单起见以下均记成 d_{ij}。

三、聚类分析算法

有了样品间的距离(或变量间的相似系数)以及类与类之间的距离后,便可进行系统聚类分析。以 Q 型聚类法为例说明聚类法的基本算法:将 n 个样品自

成一类,先计算 $\frac{1}{2}n(n-1)$ 个相似性测度,并把具有最小测度的两个样品合并成两个元素的类,然后按某种聚类方法计算这个类和其余 $n-2$ 个样品之间的距离,这样一直持续下去,并类过程中每一步并类都要使测度在系统中保持最小,这样每次减少一类,直至所有样品都归为一类为止。

聚类算法的基本步骤如下:

(1) n 个样品(或 p 个变量)看作 n 类(p 类),计算两两之间的距离(或相似系数),构成一个对称矩阵 $D_0=(d_{ij})_{n\times n}$,此时显然有 $D(G_p,G_q)=d_{pq}$;

(2) 选择 D_0 中对角线元素以外的下三角部分中的最小元素(相似系数矩阵则选择对角线元素以外的最大者),设其为 $D(G_p,G_q)$,则将 G_p 和 G_q 合并为一个新类 G_r。在 D_0 中划去 G_p 和 G_q 所对应的两行与两列,并加入由新类 G_r 与剩下的未聚合的各类之间的距离所组成的一行和一列,得到一个新的矩阵 D_1,它是降低了一阶的对称矩阵;

(3) 由 D_1 出发,重复步骤(2)得到对称矩阵 D_2,依此类推,直到 n 个样品(或 p 个变量)聚为一个大类为止;

(4) 在合并过程中记下两类合并时样品(或变量)的编号以及合并两类时的距离(或相似系数)的大小,并绘成聚类图,然后可根据实际问题的背景和要求选定相应的临界水平以确定类的个数。

聚类分析的计算量很大,实际运用时要用计算软件进行。

四、模型应用

为研究辽宁、浙江、河南、甘肃、青海 5 省在某年城镇居民生活消费的分布规律,需要用调查资料对这 5 个省分类。数据见表 8.8。

表 8.8

指标 省份	X_1	X_2	X_3	X_4	X_5	X_6	X_7	X_8
辽宁	7.90	39.77	8.49	12.94	19.27	11.05	2.04	13.29
浙江	7.68	50.37	11.35	13.30	19.25	14.59	2.75	14.87
河南	9.42	27.93	8.20	8.14	16.17	9.42	1.55	9.76
甘肃	9.16	27.98	9.01	9.32	15.99	9.10	1.82	11.35
青海	10.06	28.64	10.52	10.05	16.18	8.39	1.96	10.81

其中,X_1:人均粮食支出; X_2:人均副食品支出;X_3:人均烟、酒、茶支出;X_4:人均其它副食品支出;X_5:人均衣着商品支出;X_6:人均日用品支出;X_7:人均燃料支出;X_8:人均非商品支出。

上面是一个 Q 型聚类问题,现在用系统聚类法来解决。将每个省份看成一个样品,并以 1,2,3,4,5 分别表示辽宁、浙江、河南、甘肃、青海 5 省,计算样品间的欧氏距离,得到如下的距离矩阵 $\boldsymbol{D}_0$ 为

$$\boldsymbol{D}_0 = \begin{matrix} & \{1\} & \{2\} & \{3\} & \{4\} & \{5\} \\ & \begin{pmatrix} 0 & & & & \\ 11.67 & 0 & & & \\ 13.80 & 24.63 & 0 & & \\ 13.12 & 24.06 & 2.20 & 0 & \\ 12.80 & 23.54 & 3.51 & 2.21 & 0 \end{pmatrix} \end{matrix}$$

下面给出采用最短距离法的聚类过程:首先将 5 个省各看成一类,即令 $G_i = \{i\}$,($i=1,2,3,4,5$)。从 $\boldsymbol{D}_0$ 可以看出,其中最小的元素是 $D(\{4\},\{3\}) = d_{43} = 2.20$,故将 G_3 和 G_4 合并成一类 G_6,然后利用递推公式计算 G_6 与 G_1,G_2,G_5 之间的最短距离。

$$D(\{3,4\},\{1\}) = \min\{d_{31},d_{41}\} = \min\{13.80,13.12\} = 13.12$$
$$D(\{3,4\},\{2\}) = \min\{d_{32},d_{42}\} = \min\{24.63,24.06\} = 24.06$$
$$D(\{3,4\},\{5\}) = \min\{d_{35},d_{45}\} = \min\{3.51,2.21\} = 2.21$$

在 $\boldsymbol{D}_0$ 中划去 $\{3\},\{4\}$ 所对应的行和列,并加上新类 $\{3,4\}$ 到其它类距离作为新的一行一列,得到

$$\boldsymbol{D}_1 = \begin{matrix} & \{3,4\} & \{1\} & \{2\} & \{5\} \\ & \begin{pmatrix} 0 & & & \\ 13.12 & 0 & & \\ 24.06 & 11.67 & 0 & \\ 2.21 & 12.80 & 23.54 & 0 \end{pmatrix} \end{matrix}$$

重复上面的步骤,依次可得到相应的距离矩阵如下

$$\boldsymbol{D}_2 = \begin{matrix} \{3,4,5\} & \{1\} & \{2\} \\ \begin{pmatrix} 0 & & \\ 12.80 & 0 & \\ 23.54 & 11.67 & 0 \end{pmatrix} \end{matrix}, \quad \boldsymbol{D}_3 = \begin{matrix} \{3,4,5\} & \{1,2\} \\ \begin{pmatrix} 0 & \\ 12.80 & 0 \end{pmatrix} \end{matrix}$$

最后将 5 个省合并为一大类,画出聚类图如图 8.1:

由此可见,分成三类比较合适,即辽宁和浙江各为一类,河南、甘肃、青海为一类。

若类与类之间的距离用最长距离或类平均距离,也会得到相同的结论。

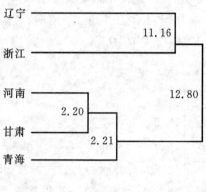

图 8.1

8.5 马尔可夫链模型

一、问题背景

马尔可夫(Markov)链是一个有着广泛应用的随机过程模型,它对一个系统由一种状态转移到另一种状态的现状提出了定量分析。马尔可夫链在社会、经济、金融市场、农业、生态、环境、工业控制等领域的一些动态问题上都有广泛的应用。

本节介绍马尔可夫链的基本原理及运用原理进行市场预测的基本方法。

二、马尔可夫链的基本原理

要描述某种特定时期的随机现象用一个随机变量 X 就可以了,但要描述未来不同时期的情况,则需要一系列的随机变量 $\{X_t\}$。

定义 8.1 设 $\{X_t, t \in T\}$ 是一族随机变量,T 是一个实数集合,若对任意实数 $t \in T$,X_t 是一个随机变量,则称 $\{X_t, t \in T\}$ 为随机过程,$\{X_t\}$ 的取值集合称为状态空间,用 E 表示。

例如,在一条自动生产线上检验产品质量,每次取一个,"废品"记为 1,"合格品"记为 0。以 X_n 表示第 n 次检验结果,则 X_n 是一个随机变量。若不间断检验,得到一列随机变量 $X_1, X_2, \cdots$,记为 $\{X_n, n = 1, 2, \cdots\}$,它是一个随机过程,其状态空间 $E = \{0, 1\}$。

又例如,统计某种商品在 t 时刻的库存量,对于不同的 t,得到一族随机变量 $\{X_t, t \in [0, +\infty)\}$,这是一个随机过程,状态空间为 $E = [0, R]$,其中 R 为最大库存量。

定义 8.2 设$\{X_n, n=1,2,\cdots\}$是一个随机变量序列,状态空间E为有限或可列集,对于任意的正整数m,n,若$i,j,i_k \in E(k=1,2,\cdots)$,有

$$P\{X_{n+m}=j|X_n=i, X_{n-1}=i_{n-1},\cdots, X_1=i_1\}=P\{X_{n+m}=j|X_n=i\} \quad (8.9)$$

则称$\{X_n, n=1,2,\cdots\}$为一个马尔可夫链(简称马氏链),(8.9)式称为马氏性或无后效性。

如果将随机变量X_n的下标n理解为步数,则随机变量X_n就是从起始点经过n步后到达的随机变量。定义中随机变量$X_n=i$是指第n步时随机变量X_n所处的状态i,条件概率$P(X_{n+m}=j|X_n=i)$是指第n步时的随机变量X_n所处的状态i发生的条件下,第$n+m$步时的随机变量X_n所处的状态j发生的条件概率。(8.9)式中两个条件概率相等说明在第n步以及第n步以前的随机变量所处的状态共同发生的条件下,第$n+m$步时的随机变量X_{n+m}所处的状态j只与第n步时的随机变量X_n所处的状态i有关,而与前面的第$n-1$步时的随机变量所处的状态无关,将此称为随机变量序列的无后效性。直观地说,如果把$\{X_n\}$的参数n看作时间的话,那么它在将来取什么值只与它现在的取值有关,而与过去取什么值无关。

可以证明若等式(8.9)对于$m=1$成立,则它对于任意的正整数m也成立。因此,只要当$m=1$时(8.9)式成立,就可以称随机序列$\{X_n, n=1,2,\cdots\}$具有马氏性。

定义 8.3 设$\{X_n, n=1,2,\cdots\}$是一个马氏链。如果等式(8.9)右边的条件概率与n无关,记

$$P\{X_{n+m}=j|X_n=i\}=p_{ij}(m) \quad (8.10)$$

则称$\{X_n, n=1,2,\cdots\}$为时齐的马氏链。称$p_{ij}(m)$为系统由状态i经过m步转移到状态j的转移概率。(8.10)式称为时齐性。

时齐的马尔可夫链即无论从第几步的状态i出发,再经过m步到达状态j的概率都相等。

转移概率$p_{ij}(m)$的含义是:系统由状态i转移到系统状态j的转移概率$p_{ij}(m)$,只依赖于时间间隔m(步数)的长短,与起始的时刻无关。

本节介绍的马氏链假定都是时齐的,因此省略"时齐"二字。

对具有N个状态的马氏链,在n时刻处于状态i而$n+1$时刻转移到状态j的一步转移概率为

$$P(X_{n+1}=j|X_n=i)=p_{ij}(n) \quad i,j=1,2,\cdots,N$$

若假定上式与n无关,即$p_{ij}(0)=p_{ij}(1)=\cdots=p_{ij}(n)=\cdots$,则可记为$p_{ij}$,此时,称这一随机过程是平稳的。记

$$P = \begin{pmatrix} p_{11} & p_{12} & \cdots & p_{1N} \\ p_{21} & p_{22} & \cdots & p_{2N} \\ \vdots & \vdots & & \vdots \\ p_{N1} & p_{N2} & \cdots & p_{NN} \end{pmatrix} \qquad (8.11)$$

称 P 为转移概率矩阵。

例 8.1 设某抗病毒药销售情况分为"畅销"和"滞销"两种,以"1"代表"畅销","2"代表"滞销"。以 X_n 表示第 n 个季度的销售状态,则 X_n 可以取值 1 或 2。若未来该药销售状态只与现在的市场状态有关,而与以前的市场状态无关,则抗病毒药的市场状态 $\{X_n, n \geq 1\}$ 就构成一个马氏链。设

$$p_{11} = 0.5, \quad p_{12} = 0.5, \quad p_{21} = 0.6, \quad p_{22} = 0.4$$

则转移概率矩阵为

$$P = \begin{pmatrix} 0.5 & 0.5 \\ 0.6 & 0.4 \end{pmatrix}$$

这里 $p_{11} = 0.5$ 表示连续畅销的可能性,$p_{12} = 0.5$ 表示由畅销转入滞销的可能性,$p_{21} = 0.6$ 表示由滞销转入畅销的可能性,$p_{22} = 0.4$ 表示连续滞销的可能性。

转移概率矩阵具有下述性质:

(1) $p_{ij} \geq 0, \quad i, j = 1, 2, \cdots, N$;

(2) $\sum_{j=1}^{N} p_{ij} = 1, \quad i = 1, 2, \cdots, N$,简称为行和是 1。

如果考虑状态多次转移的情况,则过程在 n 时刻处于状态 i,$n+k$ 时刻转移到状态 j 的 k 步转移概率为

$$P(X_{n+k} = j | X_n = i) = p_{ij}^{(k)}(n) \qquad i, j = 1, 2, \cdots, N$$

由时齐性,上式概率与 n 无关,可写成 $p_{ij}^{(k)}$。记

$$\boldsymbol{P}^{(k)} = \begin{pmatrix} p_{11}^{(k)} & p_{12}^{(k)} & \cdots & p_{1N}^{(k)} \\ p_{21}^{(k)} & p_{22}^{(k)} & \cdots & p_{2N}^{(k)} \\ \vdots & \vdots & & \vdots \\ p_{N1}^{(k)} & p_{N2}^{(k)} & \cdots & p_{NN}^{(k)} \end{pmatrix} \qquad (8.12)$$

称为 k 步转移概率矩阵。其中 $p_{ij}^{(k)}$ 具有性质:

$$p_{ij}^{(k)} \geq 0, \quad i, j = 1, 2, \cdots, N; \quad \sum_{j=1}^{N} p_{ij}^{(k)} = 1, \quad i = 1, 2, \cdots, N。$$

例 8.2 求例 8.1 中抗病毒药的销售状态 $\{X_n\}$ 的二步转移矩阵 $\boldsymbol{P}^{(2)}$。

解 若本季度抗病毒药的销售处于畅销(即处于状态"1"),经过两个季度以后,就经历了两次转移,可能转移到状态"2",也可能保持状态"1",这种转移的可能性的大小就是二步转移概率。用 $p_{11}^{(2)}$ 表示抗病毒药的销售由畅销经两次转移后仍然是畅销的概率,由全概率公式,有

$$p_{11}^{(2)} = P(X_3=1|X_1=1) = P(X_2=1|X_1=1)P(X_3=1|X_2=1) +$$
$$P(X_2=2|X_1=1)P(X_3=1|X_2=2)$$
$$= 0.5 \times 0.5 + 0.5 \times 0.6 = 0.55 = p_{11}p_{11} + p_{12}p_{21}$$

同理算得由畅销经两次转移到滞销的概率为

$$p_{12}^{(2)} = p_{11}p_{12} + p_{12}p_{22} = 0.5 \times 0.5 + 0.5 \times 0.4 = 0.45$$

由滞销经两次转移到畅销和滞销的概率分别为

$$p_{21}^{(2)} = p_{21}p_{11} + p_{22}p_{21} = 0.6 \times 0.5 + 0.4 \times 0.6 = 0.54$$
$$p_{22}^{(2)} = p_{21}p_{12} + p_{22}p_{22} = 0.6 \times 0.5 + 0.4 \times 0.4 = 0.46$$

所以二步转移矩阵为

$$\boldsymbol{P}^{(2)} = \begin{pmatrix} 0.55 & 0.45 \\ 0.54 & 0.46 \end{pmatrix}$$

由例 5 的计算过程知

$$\boldsymbol{P}^{(2)} = \begin{pmatrix} p_{11}^{(2)} & p_{12}^{(2)} \\ p_{21}^{(2)} & p_{22}^{(2)} \end{pmatrix} = \begin{pmatrix} p_{11}p_{11} + p_{12}p_{21} & p_{11}p_{12} + p_{12}p_{22} \\ p_{21}p_{11} + p_{22}p_{21} & p_{21}p_{12} + p_{22}p_{22} \end{pmatrix}$$
$$= \begin{pmatrix} p_{11} & p_{12} \\ p_{21} & p_{22} \end{pmatrix} \begin{pmatrix} p_{11} & p_{12} \\ p_{21} & p_{22} \end{pmatrix} = \boldsymbol{P}^2$$

一般地,对有 N 个状态的马尔可夫链,设 P 为一步转移矩阵,则 k 步转移矩阵为

$$\boldsymbol{P}^{(k)} = \begin{pmatrix} p_{11}^{(k)} & p_{12}^{(k)} & \cdots & p_{1N}^{(k)} \\ p_{21}^{(k)} & p_{22}^{(k)} & \cdots & p_{2N}^{(k)} \\ \vdots & \vdots & & \vdots \\ p_{N1}^{(k)} & p_{N2}^{(k)} & \cdots & p_{NN}^{(k)} \end{pmatrix} = \boldsymbol{P}^k \tag{8.13}$$

在马尔可夫预测方法中,系统状态的转移概率估算非常重要。估算的方法通常有两种:一是主观概率法,它是根据人们长期积累的经验以及对预测事件的了解,对事件发生的可能性大小的一种主观估计,这种方法一般是在缺乏历史统计资料或资料不全的情况下使用。二是统计估算法,现通过实例介绍如下。

例 8.3 记录了某抗病毒药的 6 年 24 个季度的销售情况,得到表 8.9。试

求其销售状态的转移概率矩阵。

表 8.9　某抗病毒药 24 个季度的销售情况

季度	销售状态	季度	销售状态	季度	销售状态	季度	销售状态
1	1（畅销）	7	1（畅销）	13	1（畅销）	19	2（滞销）
2	1（畅销）	8	1（畅销）	14	1（畅销）	20	1（畅销）
3	2（滞销）	9	1（畅销）	15	2（滞销）	21	2（滞销）
4	1（畅销）	10	2（滞销）	16	2（滞销）	22	1（畅销）
5	2（滞销）	11	1（畅销）	17	1（畅销）	23	1（畅销）
6	2（滞销）	12	2（滞销）	18	1（畅销）	24	1（畅销）

分析表中的数据，其中有 15 个季度畅销，9 个季度滞销，连续出现畅销和由畅销转入滞销以及由滞销转入畅销的次数均为 7，连续滞销的次数为 2。以频率代替概率，可得连续畅销的概率为

$$p_{11} = \frac{\text{连续出现畅销的次数}}{\text{出现畅销的次数}} = \frac{7}{15-1} = 0.5$$

分母中的数为 15 减 1 是因为第 24 季度是畅销，无后续记录，需减 1。

同理可得 $p_{12}=0.5, p_{21}=0.78, p_{22}=0.22$。

综上，得销售状态转移概率矩阵为

$$\boldsymbol{P} = \begin{pmatrix} p_{11} & p_{12} \\ p_{21} & p_{22} \end{pmatrix} = \begin{pmatrix} 0.5 & 0.5 \\ 0.78 & 0.22 \end{pmatrix}$$

从上面的计算过程知，所求转移概率矩阵 $\boldsymbol{P}$ 的元素可以直接通过表 8.10 中的数字计算而得到，即将表中数分别除以该数所在行的数字和即可。推广到一般情况，假定系统有 m 种状态 $S_1, S_2, \cdots, S_m$，根据系统的状态转移的历史记录，得到统计表 8.10。

表 8.10　系统状态转移情况表

状态＼次数＼状态		系统下步所处状态			
		S_1	S_2	$\cdots$	S_m
系统本步所处状态	S_1	n_{11}	n_{12}	$\cdots$	n_{1m}
	S_2	n_{21}	n_{22}	$\cdots$	n_{2m}
	$\vdots$	$\vdots$	$\vdots$		$\vdots$
	S_m	n_{m1}	n_{m2}	$\cdots$	n_{mm}

以 $\hat{p}_{ij}$ 表示系统从状态 i 转移到状态 j 的转移概率估计值，则由表 8.10 的数据计算估计值的公式如下：

$$\hat{p}_{ij} = \frac{n_{ij}}{\sum_{k=1}^{m} n_{ik}} \quad i,j = 1,2,\cdots,m \tag{8.14}$$

例 8.4 市场占有率的预测。预测 A、B、C 三个厂家生产的某种抗病毒药在未来的市场占有情况。

通过做市场调查了解了目前的市场占有情况。在购买该药的总共 1000 家对象(购买力相当的医院、药店等)中,买 A、B、C 三药厂的各有 400 家、300 家、300 家,那么 A、B、C 三药厂目前的市场占有份额分别为:40%、30%、30%。称 (0.4,0.3,0.3) 为目前市场的占有分布或称初始分布。

又调查了下一时期的订货单情况,A、B、C 三药厂的订单转移情况见表 8.11。

表 8.11 顾客订货情况表

	下季度订货情况			合计
	A	B	C	
A	160	120	120	400
B	180	90	30	300
C	180	30	90	300
合计	520	240	240	1000

下面建立预测的数学模型。

假定在未来的时期内,顾客相同间隔时间的流动情况不因时期的不同而发生变化,以 1、2、3 分别表示顾客买 A、B、C 三厂家的药这三个状态,以季度为模型的步长(即转移一步所需的时间)。根据表 8.11,可以得模型的转移概率矩阵为

$$\boldsymbol{P} = \begin{pmatrix} \frac{160}{400} & \frac{120}{400} & \frac{120}{400} \\ \frac{180}{300} & \frac{90}{300} & \frac{30}{300} \\ \frac{180}{300} & \frac{30}{300} & \frac{90}{300} \end{pmatrix} = \begin{pmatrix} 0.4 & 0.3 & 0.3 \\ 0.6 & 0.3 & 0.1 \\ 0.6 & 0.1 & 0.3 \end{pmatrix}$$

矩阵中的第一行 (0.4,0.3,0.3) 表示目前是 A 厂的顾客下季度有 40% 仍买 A 厂的药,转为买 B 厂和 C 厂的各有 30%。同样,第二行、第三行分别表示目前是 B 厂和 C 厂的顾客下季度的流向。

由 $\boldsymbol{P}$ 可以计算任意的 k 步转移矩阵,如三步转移矩阵为

$$\boldsymbol{P}^{(3)} = \boldsymbol{P}^3 = \begin{pmatrix} 0.4 & 0.3 & 0.3 \\ 0.6 & 0.3 & 0.1 \\ 0.6 & 0.1 & 0.3 \end{pmatrix}^3 = \begin{pmatrix} 0.496 & 0.252 & 0.252 \\ 0.504 & 0.252 & 0.244 \\ 0.504 & 0.244 & 0.252 \end{pmatrix}$$

从这个矩阵的各行可知三个季度以后各厂家顾客的流动情况。如从第二行$(0.504,0.252,0.244)$知,B 厂的顾客三个季度后有 50.4% 转向买 A 厂的药,25.2% 仍买 B 厂的,24.4% 转向买 C 厂的药。

设 $S^{(k)}=(p_1^{(k)},p_2^{(k)},p_3^{(k)})$ 表示预测对象 k 季度的市场占有率,初始分布则为 $S^{(0)}=(p_1^{(0)},p_2^{(0)},p_3^{(0)})$,则

$$S^{(1)}=S^{(0)}\cdot P,\ S^{(2)}=S^{(1)}\cdot P=S^{(0)}\cdot P^2,\ S^{(3)}=S^{(2)}\cdot P=S^{(0)}\cdot P^2$$

以此类推,第 k 季度市场占有率的预测模型为

$$S^{(k)}=S^{(k-1)}\cdot P=S^{(0)}\cdot P^k \tag{8.15}$$

已知 $S^{(0)}=(0.4,0.3,0.3)$,可预测任意时期 A、B、C 三厂家的市场占有率。例如,三个季度以后的预测值为

$$S^{(3)}=S^{(0)}\cdot P^3=(0.4\ \ 0.3\ \ 0.3)\begin{bmatrix}0.496&0.252&0.252\\0.504&0.252&0.244\\0.504&0.244&0.252\end{bmatrix}$$

$$=(0.5008\ \ 0.2496\ \ 0.2496)$$

所以 A 厂大致占有一半的市场,B 厂、C 厂各占四分之一。

下面进一步讨论 A、B、C 三家市场占有率的稳定性,即当很 k 大时,$S^{(k)}$ 的稳定性。设 $S^{(k)}$ 的稳定值为 $S=(p_1,p_2,p_3)$,满足 $p_1+p_2+p_3=1$。

当市场出现平衡状态时,从公式(8.15)可得方程 $S=S\cdot P$,即

$$\begin{cases}p_1=0.4p_1+0.6p_2+0.6p_3\\p_2=0.3p_1+0.3p_2+0.1p_3\\p_3=0.3p_1+0.1p_2+0.3p_3\end{cases}$$

经整理,并加上条件 $p_1+p_2+p_3=1$,得

$$\begin{cases}-0.6\,p_1+0.6\,p_2+0.6\,p_3=0\\0.3\,p_1-0.7\,p_2+0.1\,p_3=0\\0.3\,p_1+0.1\,p_2-0.7\,p_3=0\\p_1+p_2+p_3=1\end{cases}$$

上方程组是三个变量四个方程的方程组,在前三个方程中只有二个是独立的,任意删去一个,从剩下的三个方程中,可求出唯一解:

$$p_1=0.5,\ p_2=0.25,\ p_3=0.25$$

这就是 A、B、C 三家的最终市场占有率。

将例 8.4 的预测模型(8.15)可推广到 N 个状态的情形,设 $S^{(0)}=(p_1^{(0)},p_2^{(0)},\cdots p_N^{(0)})$ 为初始状态分布,P 为状态转移矩阵,则 k 步后的状态分布为

$$S^{(k)}=S^{(k-1)}P=S^{(0)}P^k \tag{8.16}$$

当 $k\to\infty$ 时,$S^{(k)}$ 的稳定性取决于 P^k 的稳定性,若记 $\lim_{k\to\infty}S^{(k)}=S^{(\infty)}$,称 $S^{(\infty)}$ 为

稳态概率向量。

定理 8.2 $S^{(\infty)}$ 是转移矩阵 P 的不动点,即 $S^{(\infty)} = S^{(\infty)} P$。

注意 $S^{(\infty)}$ 不一定存在,例如两人相互托球,概率转移矩阵与初始向量分别为

$$P = \begin{pmatrix} 0 & 1 \\ 1 & 0 \end{pmatrix}, S^{(0)} = (0,1)$$

则有 $S^{(1)} = S^{(0)} P = (1,0), S^{(0)} P^2 = (0,1), S^{(2)} = S^{(1)} P = (1,0), \cdots,$ 所以 $S^{(\infty)}$ 不存在。

定理 8.3 设马氏链的转移矩阵为 P,若存在正整数 N,使 $P^N > 0$(即 P^N 的每一元素大于零),则一定存在唯一的稳态概率向量 $S^{(\infty)}$。

一般 N 个状态的稳态概率 $S^{(\infty)} = (p_1, p_2, \cdots, p_N)$ 可通过解方程组

$$(p_1, p_2, \cdots, p_N) = (p_1, p_2, \cdots, p_N) \begin{bmatrix} p_{11} & p_{12} & \cdots & p_{1N} \\ p_{21} & p_{22} & \cdots & p_{2N} \\ \vdots & \vdots & & \vdots \\ p_{N1} & p_{N2} & \cdots & p_{NN} \end{bmatrix} \quad (8.12)$$

$$p_1 + p_2 + \cdots + p_N = 1$$

求得,而(8.12)的前 N 个方程中只有 $N-1$ 个是独立的,可任意删去一个。

三、带利润的马氏链

在马氏链模型中,随着时间的推移,系统的状态可能发生转移,这种转移常常会引起某种经济指标的变化。如抗病毒药的销售状态有畅销和滞销两种,在时间变化过程中,有时呈连续畅销或连续滞销,有时由畅销转为滞销或由滞销转为畅销,每次转移不是盈利就是亏本。假定连续畅销时盈 r_{11} 元,连续滞销时亏本 r_{22} 元,由畅销转为滞销盈利 r_{12} 元,由滞销转为畅销盈利 r_{21} 元,这种随着系统的状态转移,赋予一定利润的马氏链,称为有利润的马氏链。

当系统由 i 转移到 j 时,赋予利润 r_{ij} $(i,j=1,2,\cdots,N)$,则称

$$R = \begin{bmatrix} r_{11} & r_{12} & \cdots & r_{1N} \\ r_{21} & r_{22} & \cdots & r_{2N} \\ \vdots & \vdots & & \vdots \\ r_{N1} & r_{N2} & \cdots & r_{NN} \end{bmatrix} \quad (8.18)$$

为系统的利润矩阵,$r_{ij} > 0$ 称为盈利,$r_{ij} < 0$ 称为亏本,$r_{ij} = 0$ 称为不亏不盈。

随着时间的变化,系统的状态不断地转移,从而可得到一系列利润,由于状态的转移是随机的,因而一系列的利润是随机变量,其概率关系由马氏链的转移概率决定。例如从抗病毒药的销售状态的转移矩阵,得到一步利润随机变量

$x_1^{(1)}$、$x_2^{(1)}$ 的概率分布分别为

$x_1^{(1)}$	r_{11}	r_{12}
概率	p_{11}	p_{12}

,

$x_2^{(1)}$	r_{21}	r_{22}
概率	p_{21}	p_{22}

其中 $p_{11}+p_{12}=1$,$p_{21}+p_{22}=1$。

如果药品处于畅销阶段,即销售状态为 $i=1$,我们想知道,经过 n 个季度以后,期望获得的利润是多少? 为此,引入一些计算公式。

首先定义 $v_i^{(n)}$ 为抗病毒药现在处于 $i(i=1,2)$,经过 n 步转移之后的总期望利润,则一步转移的期望利润为

$$v_i^{(1)} = E(x_i^{(1)}) = r_{i1}p_{i1} + r_{i2}p_{i2} = \sum_{j=1}^{2} r_{ij}p_{ij}$$

二步利润随机变量 $x_i^{(2)}$ 的分布为

$$P(x_i^{(2)} = r_{ij} + v_j^{(1)}) = p_{ij}, i,j = 1,2$$

二步转移的期望利润为

$$v_i^{(2)} = E(x_i^{(2)}) = [r_{i1}+v_1^{(1)}]p_{i1} + [r_{i2}+v_2^{(1)}]p_{i2} = \sum_{j=1}^{2}[r_{ij}+v_j^{(1)}]p_{ij}$$

例如,若 $\boldsymbol{P} = \begin{pmatrix} 0.5 & 0.5 \\ 0.4 & 0.6 \end{pmatrix}$,$\boldsymbol{R} = \begin{pmatrix} 9 & 3 \\ 3 & -7 \end{pmatrix}$,抗病毒药畅销和滞销时的一步转移的期望利润分别为

$$v_1^{(1)} = E(x_1^{(1)}) = r_{11}p_{11} + r_{12}p_{12} = 9 \times 0.5 + 3 \times 0.5 = 6$$
$$v_2^{(1)} = E(x_2^{(1)}) = r_{21}p_{21} + r_{22}p_{22} = 3 \times 0.4 - 7 \times 0.6 = -3$$

二步利润随机变量分布为

$x_1^{(1)}$	$9+6$	$3-3$
概率	0.5	0.5

,

$x_2^{(1)}$	$3+6$	$-7-3$
概率	0.4	0.6

抗病毒药畅销和滞销时的二步转移的期望利润分别为

$$v_1^{(2)} = E(x_1^{(2)}) = [r_{11}+v_1^{(1)}]p_{11} + [r_{12}+v_2^{(1)}]p_{12}$$
$$= (9+6) \times 0.5 + (3-3) \times 0.5 = 7.5$$
$$v_2^{(2)} = E(x_2^{(2)}) = [r_{21}+v_1^{(1)}]p_{21} + [r_{22}+v_2^{(1)}]p_{22}$$
$$= (3+6) \times 0.4 + (-7-3) \times 0.6 = -2.4$$

同理可算得 $v_1^{(3)} = 8.55$,$v_2^{(3)} = -1.44$

由此可预测本季度处于畅销时,两个季度后可获期望获利 750 万元,三个季度后可期望获利 855 万元;当本季度处于滞销时,两个季度后将亏损 240 万元,三个季度后亏损 144 万元。

一般地定义 k 步转移利润随机变量 $x_i^{(k)} (i=1,2,\cdots N)$ 的分布为

$$P(x_i^{(k)} = r_{ij} + v_j^{(k-1)}) = p_{ij} \qquad j=1,2,\cdots,N$$

则系统处于状态 i 经过 k 步转移后所得的期望利润 $v_i^{(k)}$ 的递推计算式为

$$v_i^{(k)} = E(x_i^{(k)}) = \sum_{j=1}^{N}(r_{ij}+v_j^{(k-1)})p_{ij} = \sum_{j=1}^{N} r_{ij}p_{ij} + \sum_{j=1}^{N} v_j^{(k-1)} p_{ij}$$
$$= v_i^{(1)} + \sum_{j=1}^{N} v_j^{(k-1)} p_{ij} \qquad (8.19)$$

当 $k=1$ 时,规定 $v_i^{(0)} = 0$。

五、模型应用举例

马尔可夫链模型常用于描述时间和状态都是离散的随机过程。以下举例说明模型在流行病监测中的应用。应用模型对疾病发病情况随时间序列的变化规律进行分析和研究,预测疾病的发展变化趋势,为预防和控制疾病提供依据。

统计了某市 1990 年至 2005 年肾综合症出血热(HFRS)的发病率分别为(单位:1/10 万):2.95、6.28、10.28、7.01、7.36、13.78、33.93、35.87、33.40、28.38、30.50、33.79、39.70、30.39、39.70、33.59。下面进行建模预测。

首先根据资料将发病率划分为四个状态,统计各数据的状态归属及各状态出现的频率(初始概率),得表 8.12 和表 8.13。

由表 8.12 可得各状态的转移频率即状态转移概率的估计值,从而得模型的一步转移概率矩阵为

表 8.12 某市 HFRS 流行状况

年份	发病率(1/10 万)	状态	年份	发病率(1/10 万)	状态
1990	2.95	1	1998	33.40	4
1991	6.28	1	1999	28.38	3
1992	10.28	2	2000	30.50	4
1993	7.01	1	2001	33.79	4
1994	7.36	1	2002	39.70	4
1995	13.78	2	2003	30.39	4
1996	33.93	4	2004	39.70	4
1997	35.87	4	2005	33.59	4

表 8.13　各状态取值范围及初始概率

状态	发病率取值范围	初始概率
1	$X \leqslant 10$	4/16
2	$10 < X \leqslant 20$	2/16
3	$20 < X \leqslant 30$	1/16
4	$X > 30$	9/16

$$\boldsymbol{P} = \begin{pmatrix} 2/4 & 2/4 & 0 & 0 \\ 1/2 & 0 & 0 & 1/2 \\ 0 & 0 & 0 & 1 \\ 0 & 0 & 1/(9-1) & 7/(9-1) \end{pmatrix} = \begin{pmatrix} 0.5 & 0.5 & 0 & 0 \\ 0.5 & 0 & 0 & 0.5 \\ 0 & 0 & 0 & 1 \\ 0 & 0 & 0.125 & 0.875 \end{pmatrix}$$

可认为 HFRS 下一年的发病率只与当年发病率有关，而与过去的发病率无关，且任意时期的一步转移概率矩阵不变，从而满足无后效性和平稳性的假设，因而可用初始分布为 (4/16, 2/16, 1/16, 9/16)、转移概率矩阵为 $\boldsymbol{P}$ 的马氏链模型来预测 HFRS 发病率未来的情况。

用 matlab 软件计算多步转移矩阵

$$\boldsymbol{P}^{(2)} = \boldsymbol{P}^2 = \begin{pmatrix} 0.5000 & 0.2500 & 0.0000 & 0.2500 \\ 0.2500 & 0.2500 & 0.0625 & 0.4375 \\ 0.0000 & 0.0000 & 0.1250 & 0.8750 \\ 0.0000 & 0.0000 & 0.1094 & 0.8906 \end{pmatrix}$$

$$\boldsymbol{P}^{(3)} = \boldsymbol{P}^3 = \begin{pmatrix} 0.3750 & 0.2500 & 0.0312 & 0.3438 \\ 0.2500 & 0.1250 & 0.0547 & 0.5703 \\ 0.0000 & 0.0000 & 0.1094 & 0.8906 \\ 0.0000 & 0.0000 & 0.1113 & 0.8887 \end{pmatrix}$$

$$\boldsymbol{P}^{(4)} = \boldsymbol{P}^4 = \begin{pmatrix} 0.3125 & 0.1875 & 0.0430 & 0.4570 \\ 0.1875 & 0.1250 & 0.0713 & 0.6162 \\ 0.0000 & 0.0000 & 0.1113 & 0.8887 \\ 0.0000 & 0.0000 & 0.1111 & 0.8889 \end{pmatrix}$$

通过解方程

$$(p_1, p_2, p_3, p_4) = (p_1, p_2, p_3, p_4)\boldsymbol{P}, \quad \sum_{k=1}^{4} p_k = 1$$

得模型的稳态分布为

$$\boldsymbol{S}^{(\infty)} = (0, 0, 1/9, 8/9)$$

由于 2005 年处于状态 4，比较 $\boldsymbol{P}$ 的第 4 行的四个数字知，$p_{44} = 0.875$ 最大，所以预测 2006 年仍处于状态 4，即发病率大于 30/10 万。同样，从二、三、四步转移矩阵知,依然是状态4转入状态4的概率最大,所以预测2006年至2009年该市的HFRS发病率将持续在大于30/10万(高发区)水平,这提醒应该对此高度重视,采取相应对策。

如果转移概率矩阵始终不变,从极限分布看,最终HFRS发病率将保持在高发区水平,当然,这应该是不会符合实际情况的,因为随着各方面因素的改变,转移概率矩阵一般也会发生变化。所以马尔可夫链模型主要适用于短期预测。

在用马尔可夫链模型进行预测的过程中,无后效性和平稳性是最基本的要求,而模型是否合理有效,状态的划分和转移概率矩阵的估算是关键,不同的状态划分可能会得到不同的结果,通常我们根据有关预测对象的专业知识和数据的多少及范围来确定系统状态。

第九章

运筹管理应用模型

9.1 线性规划模型

一、问题背景

线性规划是运筹学的一个重要组成部分。在生产和管理问题中,决策者常会遇到这样的决策问题:在资源有限的情况下,如何安排生产才能使利润最大?或者,对于给定的任务,如何统筹安排现有资源,才能即完成任务又能使成本最小? 大量的这类问题都能用线性规划予以解决。1947 年丹契克(G. Dantzg)提出了求解线性规划的单纯形法,线性规划在理论上日趋成熟,在应用上日趋广泛,已成为现代管理中经常采用的基本方法之一。

二、线性规划问题的数学模型

1. 引例

某工厂在计划期内要安排生产 I、II 两种产品,已知生产单位产品所需的设备台时及 A、B 两种原材料的消耗,如表 9.1 所示。该厂每生产一件产品 I 可获利 2 元,每生产一件产品 II 可获利 3 元,问应如何安排计划使该厂获利最多?

表 9.1

	I	II	
设备	1	2	8 台时
原材料 A	4	0	16 kg
原材料 B	0	4	12 kg

分析 该问题是要求如何安排生产方案,即生产多少 I、II 两种产品,才能使所获得的利润最大。设 I、II 两种产品的产量分别为 x_1、x_2,x_1、x_2 称为决策变量,显然,x_1、x_2 的产量越大,所获得利润也越大,但 x_1、x_2 要受到材料设备等

资源的约束,在满足条件下再考虑如何使得总利润 z 最大,所以该生产计划问题的数学模型可表示为

$$\max z = 2x_1 + 3x_2$$

$$\text{s.t.} \begin{cases} x_1 + 2x_2 \leqslant 8 \\ 4x_1 \leqslant 16 \\ 4x_2 \leqslant 12 \\ x_1, x_2 \geqslant 0 \end{cases}$$

上式中的目标函数与约束条件均为线性函数,故称为线性规划模型。

2. 线性规划问题的数学模型

一般线性规划问题的数学模型为

$$\max(\min) f = c_1 x_1 + c_2 x_2 + \cdots + c_n x_n$$

$$\text{s.t.} \begin{cases} a_{11} x_1 + a_{12} x_2 + \cdots + a_{1n} x_n \leqslant (\geqslant, =) b_1 \\ a_{21} x_1 + a_{22} x_2 + \cdots + a_{2n} x_n \leqslant (\geqslant, =) b_2 \\ \quad\vdots \\ a_{m1} x_1 + a_{m2} x_2 + \cdots + a_{mn} x_n \leqslant (\geqslant, =) b_m \\ x_i \geqslant 0 \quad (i = 1, 2, \cdots, n) \end{cases}$$

线性规划数学模型具有如下的一些共同特征:

(1) 每一问题都可用一组称为决策变量的未知数 $x_1, x_2, \cdots, x_n$ 来表示相应的活动方案,由于实际问题的要求,这些决策变量通常是非负的。

(2) 对决策变量 $x_1, x_2, \cdots, x_n$,大都存在一定的限制条件(称为约束条件),且这些限制条件一般可用关于决策变量 $x_1, x_2, \cdots, x_n$ 的一组线性不等式或等式来表示。

(3) 有一个追求的目标函数,且目标函数一般可表示为决策变量 $x_1, x_2, \cdots, x_n$ 的线性函数,并由实际问题来决定目标函数应求最大还是最小。

3. 线性规划问题的标准型

线性规划的目标函数可以是求最大值,也可以是求最小值,约束条件可以是不等式也可以是等式,变量可以有非负要求也可以没有。为了避免由于形式多样性而带来的不便,规定线性规划的标准形式为

$$\max z = c_1 x_1 + c_2 x_2 + \cdots + c_n x_n$$

$$\text{s.t.} \begin{cases} a_{11} x_1 + a_{12} x_2 + \cdots + a_{1n} x_n = b_1 \\ a_{21} x_1 + a_{22} x_2 + \cdots + a_{2n} x_n = b_2 \\ \quad\vdots \\ a_{m1} x_1 + a_{m2} x_2 + \cdots + a_{mn} x_n = b_m \\ x_1, x_2, \cdots, x_n \geqslant 0 \end{cases}$$

并要求约束条件右端常数项 $b_1,b_2,\cdots,b_m$ 非负。

将上式写为矩阵形式为

$$\max f = \boldsymbol{CX}$$
$$\text{s.t.} \begin{cases} \boldsymbol{AX} = \boldsymbol{b} \\ \boldsymbol{X} \geqslant \boldsymbol{0} \end{cases} \tag{9.1}$$

其中：$\boldsymbol{C}=(c_1,c_2,\cdots,c_n)$，$\boldsymbol{X}=(x_1,x_2,\cdots,x_n)^{\mathrm{T}}$，$\boldsymbol{A}=(a_{ij})_{m\times n}$，$\boldsymbol{b}=(b_1,b_2,\cdots,b_m)^{\mathrm{T}}$。

任何一个一般形式的线性规划问题，都可以通过下面方法化为标准形式：

(1) 如果目标函数为求最小化 $\min z = \sum_{j=1}^{n} c_j x_j$，令 $z'=-z$，得

$$\max z' = \sum_{j=1}^{n} (-c_j) x_j;$$

(2) 如果某个约束条件的右端项 b_i 为负数，则将该约束条件两边乘以 -1；

(3) 如果约束条件为"$\leqslant$"形式，可在不等式左边加上一个非负的新变量，把不等号改成等号，这个新变量称为松弛变量；如果约束条件为"$\geqslant$"形式，可在不等式左边减去一个非负的新变量，把不等号改成等号，这个新变量称为剩余变量，有时也称为松弛变量；

(4) 如果有的变量有非正约束，即 $x_j \leqslant 0$，则可令 $x_j = -x_j'$，用 x_j' 非负变量代替 x_j；如果有无约束变量 x_j，可令 $x_j = x_j' - x_j''$，x_j' 和 x_j'' 为非负，x_j 的符号由 x_j' 和 x_j'' 的大小确定。

三、线性规划的图解法和基本定理

1. 图解法

为了解线性规划问题解的特征并导出求解算法，先应用图解法来求解引例。满足线性规划所有约束条件的解称为问题的可行解，所有可行解构成的集合称为问题的可行域，记为 R。对于每一固定的值 z，使目标函数值等于 z 的点组成的直线称为目标函数等位线，当 z 变动时，就得到了一族平行直线，见图 9.1。

对于引例，在 x_1、x_2 坐标面将问题的三个约束条件画出来，其相交的区域就是可行解域 $OQ_1Q_2Q_3Q_4$，等位线越趋于右上方，其中的点具有越大的目标函数值。不难看出，最优解为 $x_1=4, x_2=2$，最优目标值 $z=14$。

从上面的图解过程可以看出并不难证明以下结论：① 可行域 R 可能会出现多种情况。R 可能是空集也可能是非空集合，当 R 非空时必定是若干个半平面的交集（除非遇到空间维数的退化）。R 既可能是有界区域，也可能是无界区

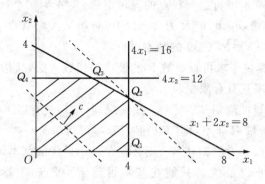

图 9.1

域。②在 R 非空时,线性规划既可以存在有限最优解,也可以不存在有限最优解(其目标函数值无界)。③若线性规划存在有限最优解,则必可找到具有最优目标函数值的可行域 R 的"顶点",称这种"顶点"为极点。

上述论断可以推广到一般的线性规划问题。线性规划若有最优解,它一定是在可行域某个顶点(极点)得到,而不是在可行域内某个点,而可行域顶点数总是有限的,这就给求解带来了简便。

2. 线性规划问题的基本定理

给定一个标准形式的线性规划问题(9.1),其中 $A=(a_{ij})_{m\times n}$,$m<n$ 且 A 的秩 $R(A)=m$。取出 A 的 m 个线性无关的列,这些列构成 A 的一个 m 阶非奇异子矩阵 B,称 B 为 A 的一个基矩阵。A 的其余 $n-m$ 列构成一个 $m\times(n-m)$ 矩阵 N,称对应于 B 的列的变量为基变量(共有 m 个),记它们为 X_B,其余变量称为非基变量,记为 X_N。

对线性规划(9.1),取定一个基矩阵 B(不妨假设位于前 m 列),令非基变量 $X_N=0$,可以唯一地解出 $X_B=B^{-1}b$,这样得到的解 $X=(B^{-1}b,0)$ 称为(9.1)的一个基本解,相应的目标函数值为 $C_BB^{-1}b$。这里为了方便将 X_B 放在了前面,但这并不影响到问题实质。显然,基本解不一定是可行解,因为还要求它们满足非负约束,当一个基本解同时还是可行解时(即 $B^{-1}b\geqslant 0$),称之为(9.1)的一个基本可行解。若 $B^{-1}b>0$,则称 $X=(B^{-1}b,0)$ 为(9.1)的一个非退化的基本可行解,并称 B 为非退化的可行基。

由于基矩阵最多只有 C_n^m 种不同的取法,即使 A 的任意 m 列均线性无关,且对应的基本解均可行,(9.1)最多也只能有 C_n^m 个不同的基本可行解。

在线性规划的求解中,下列定理起了关键性的作用,我们不加证明地引入这些定理。

定理 9.1 （基本可行解与极点的等价定理）设 A 为一个秩为 m 的 $m\times n$ 矩阵，b 为 m 维列向量，$b\geqslant 0$，记 R 为(9.1)的可行解域。则 X 为 R 的极点的充分必要条件是 X 是 $AX=b, X\geqslant 0$ 的基本可行解。

定理 9.1 既提供了求可行解域 R 的极点的代数方法，又指明了线性规划可行域 R 的极点至多只有限个。

定理 9.2 （线性规划基本定理）线性规划(9.1)具有以下性质：

(1) 若可行解域 R 非空，则(9.1)必有基本可行解。

(2) 若问题(9.1)存在最优解，则必存在一个最优的基本可行解。

定理 9.2 并非说最优解只能在基本可行解(极点)上达到，而是说只要(9.1)有有限最优解，就必定可在基本可行解(极点)中找到。

从模型本身来讲，线性规划显然应属于连续模型。但定理 9.2 表明，如果线性规划具有有限最优解，我们只需比较各个基本可行解上的目标函数值，即可找到一个最优解，而问题的基本可行解至多只有限个，从而问题化为一个从有限多个极点中去选取一个最优点的问题。正是基于这样一种想法，丹契克提出了求解线性规划问题的单纯形法。

四、线性规划的单纯形法

单纯形法的基本步骤如下：

(1) 选取一个初始可行基 B，再用高斯消去法求出初始基本可行解 X^0；

(2) 判断 X^0 是否最优解，如果 X^0 是最优解，输出 X^0；否则步骤(3)；

(3) 按某一改进准则，求一个更好的基本可行解，将一个非基变量转变为基变量，而将一个基变量转变为非基变量，这相当于交换 B 与 N 的一个列，同样可用高斯消去法，称为换基迭代。

单纯形算法最重要的三个问题是：如何确定最初的可行基；如何判断当前的可行基是否为最优基；如果当前的可行基不是最优基，应当如何改进。

设 B 为非退化的可行基，$X^{(0)}=(B^{-1}b, 0)$ 为其对应的基本可行解，我们来讨论如何判定 X^0 为最优解。为此，考察任一可行解 $X=\begin{bmatrix}X_B\\X_N\end{bmatrix}$，由 $AX=b$ 可得

$$X_B = B^{-1}b - B^{-1}NX_N \tag{9.2}$$

代入目标函数，得到

$$\begin{aligned}Z &= C_B X_B + C_N X_N = C_B B^{-1} b + (C_N - C_B B^{-1} N) X_N\\ &= CX^0 + (C_N - C_B B^{-1} N) X_N\end{aligned} \tag{9.3}$$

定理 9.3 （最优性判别定理）令 $r_N = C_N - C_B B^{-1} N$，则

(1) 若 $r_N \leqslant 0$，则 X^0 必为(9.1)的一个最优解。

(2) 记 $r_N = (r_j)_{j \in N}$，若存在 $j \in N$，有 $r_j > 0$，则当 B 为非退化可行基时，X^0 必非最优解。

定理 9.3 不仅给出了判别一个基本可行解是否为最优解的准则，而且在 X^0 非最优解时还指出了一条改进它的途径。由于 r_N 在判别现行基本可行解是否为最优解时起了重要作用，所以 r_N 被称为是 X^0 的检验向量，而 $r_j(j \in N)$ 则被称为非基变量 x_j 的检验数。

求最优解的过程可以在单纯形表上进行。我们以下面的问题为例给出单纯形法的方法。设问题的标准形式为

$$\max z = 4x_1 + 3x_2$$

$$\text{s.t.} \begin{cases} 2x_1 + x_2 + x_3 = 10 \\ x_1 + x_2 + x_4 = 8 \\ x_2 + x_5 = 7 \\ x_1, x_2, x_3, x_4, x_5 \geqslant 0 \end{cases}$$

容易看出它的一个初始基 $B = E$（以 x_3, x_4, x_5 为基变量），将目标函数和约束条件的增广矩阵写成表格形式，称为初始的单纯形表。

表 9.2 引例的初始单纯形表

		x_1	x_2	x_3	x_4	x_5	
基变量	x_3	2	1	1	0	0	10
	x_4	1	1	0	1	0	8
	x_5	0	1	0	0	1	7
检验数 r_j		4	3	0	0	0	0

由表 9.2 可知，$X^0 = (0, 0, 10, 8, 7)^T$，$z_0 = CX^0 = 0$，$r_N = (r_1, r_2) = (4, 3)$。由于存在着正的检验数，且 X^0 非退化，故 X^0 非最优解。因 r_1, r_2 均为正，x_1, x_2 增大（进基）均能改进目标函数值。取 x_1 进基，仍令 $x_2 = 0$（x_2 仍为非基变量），此时 $z = 4x_1 + 3x_2$，由约束条件有

$$\begin{cases} x_3 = 10 - 2x_1 \\ x_4 = 8 - x_1 \\ x_5 = 7 \end{cases}$$

x_1 增加得越多，目标函数值也增加得越多，但当 $x_1 = 5$ 时 $x_3 = 0$，x_1 再增大则 x_3 将变负。为保证可行性，x_1 最多只能增加到 5，此时 $x_3 = 0$ 成为非基变量（退基）。

不难看出，上述改进可以在单纯形表上进行。对于一般形式的单纯形表，记最后一列的 m 个分量为 $y_{i0}, i = 1, \cdots, m$。若取 x_{j_0} 进基，记 j_0 列 m 个分量为

$y_{ij_0}, i=1,\cdots,m$。易见,阻碍 x_{j_0} 增大的只可能是 $y_{ij_0}>0$ 的那些约束。

若 $y_{ij_0} \leqslant 0$ 对一切 $i=1,\cdots,m$ 成立(j_0 列 m 个分量中不存在正值),则 x_{j_0} 可任意增大,得到的均为可行解,但其目标值随之可任意增大,故问题无有限最优解。否则,至少有一个 $y_{ij_0}>0$,令

$$\frac{y_{i_0 0}}{y_{i_0 j_0}} = \min\left(\frac{y_{i_0}}{y_{ij_0}}\right), y_{ij_0}>0$$

则随着 x_{j_0} 的增大,x_{i_0} 将最先降为零(退出基变量),故只需以 $y_{i_0 j_0}$ 为主元作一次消去法运算,即可得到改进后的基本可行解处的单纯形表。在本例中,因取 x_1 进基($j=1$),$\frac{y_{10}}{y_{11}}=5$ 而 $\frac{y_{20}}{y_{21}}=8$,所以用 y_{11} 为主元作换基运算(高斯消去法运算),得到表 9.3。

表 9.3

		x_1	x_2	x_3	x_4	x_5	
基变量	x_1	1	$\frac{1}{2}$	$\frac{1}{2}$	0	0	5
	x_4	0	$\frac{1}{2}$	$\frac{1}{2}$	1	0	3
	x_5	0	1	0	0	1	7
	r_j	0	1	-2	0	0	-20

由表 9.3 可得 $\boldsymbol{X}^1 = (5,0,0,3,7)^T$,$z_1=20$,$\boldsymbol{r}_N=(r_2,r_3)=(1,-2)$。注意最后一行所对应的表达式为 $z=20+x_2-2x_3$,即 $20+x_2-2x_3=-20+z$,所以表中右下角的数字是 z 的相反数。

表 9.3 中 $r_2>0$,$\boldsymbol{X}^1$ 仍非最优解,按 $y_{i0}/y_{i2}(y_{i2}>0)$ 最小选定 $y_{22}=\frac{1}{2}$ 为主元,得到下一个基本可行解 $\boldsymbol{X}^2$ 的单纯形表 9.4。

表 9.4

		x_1	x_2	x_3	x_4	x_5	
基变量	x_1	1	0	1	-1	0	2
	x_2	0	1	-1	2	0	6
	x_5	0	0	1	-2	1	1
	r_j	0	0	-1	-2	0	-26

由表 9.4 可知,$\boldsymbol{X}^2=(2,6,0,0,1)^T$,$z_2=26$,$\boldsymbol{r}_N=(r_3,r_4)=(-1,-2)$。

对于 $\boldsymbol{X}^2$,由于 $\boldsymbol{r}_N=(-1,-2)$ 已为非正向量,所以 $\boldsymbol{X}^2$ 为最优解,最优目标值为 26。于是,原问题的最优解 $\boldsymbol{X}^*=(2,6)^T$,最优目标值为 26。

当线性规划(9.1)的初始可行解不易求出时,可采用两阶段单纯形法求出原问题的可行基。在此省略。

求解线性规划的软件很多,下面给出 matlab 单纯形算法的命令。

matlab 中规定的线性规划模型为

$$\min f = CX$$
$$\text{s.t.} \begin{cases} AX \leqslant b \\ Aeq \cdot X = Beq \\ VLB \leqslant X \leqslant VUB \end{cases}$$

命令输入格式为

$$X = \text{linprog}(C, A, b, Aeq, Beq, VLB, VUB)$$

其中 Aeq、Beq 分别是等式约束条件的系数矩阵和常数项矩阵,VLB、VUB 分别是决策变量向量的上界和下界向量。若没有等式约束,则 Aeq=[ ],Beq=[ ],决策变量向量若无上界和下界限制,则令 VLB=[ ],VUB=[ ]。

五、线性规划建模案例

空气污染管理问题　位于钢城的某公司为当地的主要钢铁厂家之一,公司为钢城的繁荣与发展作出了一定的贡献。但现在情况有所改变,由于钢厂对熔炉的排放物未进行管理,致使空气污染破坏了钢城的环境,并危害了当地居民的健康。公司董事会就此作出了明智的决定,指定专门人员与市政官员和人民团体商讨解决空气污染问题,以保证工厂的排放物能达到环保部门的要求。研究发现,造成空气污染的物质主要有三种:微粒、氧化硫及碳化氢,钢厂每年须减少的污染物排放量达到表 9.5 的要求时,方满足环保的要求。

表 9.5　环保部门的空气清洁标准

污染物	每年须减少的污染物排放量(百万磅)
微粒	60
氧化硫	150
碳化氢	125

污染物的主要来源为制造生铁之鼓风炉和炼钢之敞炉。减少污染物排放的有效方法为:①增加烟囱高度;②在烟囱内安装过滤器;③使用优质燃料。这些方法对减少污染虽有帮助(其效果见表 9.6),但任一方法的单独使用,均不能达到环保部门的要求,若三种方法同时以最高的标准实施,则工厂的产品成本将陡增,从而使产品失去市场竞争力甚至因此而破产,管理部门因此而忧心忡忡。

表 9.6 各减污法每年最高可能减少的污染排放量（单位：百万磅）

污染物	增高烟囱		安装过滤器		使用优质燃料	
	鼓风炉	敞炉	鼓风炉	敞炉	鼓风炉	敞炉
微 粒	12	9	25	20	17	13
氧化硫	35	42	18	31	56	49
碳化氢	37	53	28	24	29	20

专题组人员经分析知各减污方法中最高减污量之总成本的近似值如表 9.7 所示。而公司每年可拨出的治污专款也有一底限，试确定该公司是否能实施"空气污染管理"工程。

表 9.7 最高减污法总成本 （单位：百万元）

减污法	鼓风炉	敞 炉
增高烟囱	8	10
过滤器	7	6
优质燃料	11	9

工程实施的关键在于既要确保排污效果能达到环保部门的要求，又要最大限度地降低成本（不超过其所能承受的底限）。由于问题的解决具有组合性，故可考虑用线性规划模型求解，假设决策变量 $x_1, x_2, \cdots, x_6$ 分别表示各减污法中最高成本的比例值，见表 9.8。

表 9.8

减污方法	鼓风炉	敞炉
增高烟囱	x_1	x_2
过滤器	x_3	x_4
优质燃料	x_5	x_6

则其目标函数为求总成本 z 最小：
$$\min z = 8x_1 + 10x_2 + 7x_3 + 6x_4 + 11x_5 + 9x_6$$

约束条件为各减污法每年最高可能减少的污染排放量满足环保要求：

$12x_1 + 9x_2 + 25x_3 + 20x_4 + 17x_5 + 13x_6 \geqslant 60$

$35x_1 + 42x_2 + 18x_3 + 31x_4 + 56x_5 + 49x_6 \geqslant 150$ $\quad (0 \leqslant x_j \leqslant 1, j = 1, 2, \cdots, 6)$

$37x_1 + 53x_2 + 28x_3 + 24x_4 + 29x_5 + 20x_6 \geqslant 125$

用 matlab 求解得最优解为

$$(x_1, x_2, x_3, x_4, x_5, x_6) = (1, 0.623, 0.343, 1, 0.048, 1)$$

最优方案可以解释为：要确保排污效果能达到环保部门的要求，又要最大限度地降低成本,则按最高减污法总成本对鼓风炉增高烟囱、对敞炉安装过滤器和使用优质燃料;而对其他减污方式可按最高成本的相应比例依次投入,相应方案工程造价为 $z=32.159$(百万元)。

若问题的最优解 3215.9 万元未超过公司所能承受的底限,则该治污工程可上马,否则得另谋它法。

9.2 对偶规划与影子价格模型

一、问题背景

对偶规划理论是线性规划中最重要的理论之一,也是线性规划理论中的精华内容,它充分显示出线性规划理论逻辑的严谨性和结构的对称美,被研究美学的学者称为是数学对称美的经典例子。对偶理论也具有重要的经济意义,是进行经济分析的重要工具。下面以资源最优利用问题为引例,提出对偶问题。

引例 (资源最优利用问题)某企业用 m 种资源 $A_1, A_2, \cdots, A_m$ 生产 n 种产品 $B_1, B_2, \cdots, B_n$,资源 $A_1, A_2, \cdots, A_m$ 的拥有量分别为 $b_1, b_2, \cdots, b_m$,单位产品 B_j 消耗 A_i 资源的数量为 $a_{ij}(i=1,2,\cdots,m, j=1,2,\cdots,n)$,单位产品 B_j 创造的效益为 $c_j(j=1,2,\cdots,n)$,将上述条件列为表 9.9。

表 9.9 资源最优利用问题数据表

消耗资源 \ 产品	B_1	B_2	$\cdots$	B_n	资源限量
A_1	a_{11}	a_{12}	$\cdots$	a_{1n}	b_1
A_2	a_{21}	a_{22}	$\cdots$	a_{2n}	b_2
$\vdots$	$\vdots$	$\vdots$		$\vdots$	$\vdots$
A_m	a_{m1}	a_{m2}	$\cdots$	a_{mn}	b_m
效益	c_1	c_2		c_n	

(1)如何安排生产,才使总效益最大;
(2)若转让或出租资源,如何对各种资源合理估价?

分析 对问题(1),设生产 B_j 产品 x_j 单位$(j=1,2,\cdots,n)$,总收益为 z,建立线性规划模型为

$$\max z = c_1 x_1 + c_2 x_2 + \cdots + c_n x_n$$

$$\text{s.t.} \begin{cases} a_{11} x_1 + a_{12} x_2 + \cdots + a_{1n} x_n \leqslant b_1 \\ a_{21} x_1 + a_{22} x_2 + \cdots + a_{2n} x_n \leqslant b_2 \\ \vdots \\ a_{m1} x_1 + a_{m2} x_2 + \cdots + a_{mn} x_n \leqslant b_m \\ x_j \geqslant 0, j = 1, 2, \cdots, n \end{cases} \quad (9.4)$$

最优生产方案就是上述模型的最优解。

对于问题(2),设对第 A_i 种资源的估价为 $y_i (i=1,2,\cdots m)$,则企业愿意转让的原则是,考虑生产单位 B_j 产品所消耗资源 $\boldsymbol{P}_j = (a_{1j}, a_{2j}, \cdots, a_{mj})^{\mathrm{T}}$,将它们转让所获收益 $a_{1j} y_1 + a_{2j} y_2 + \cdots + a_{mj} y_m$ 应不低于自己生产所获收益 $c_j (j=1, 2, \cdots, n)$,否则宁可自己生产。在此基础上,应考虑让对方所付钱 w 最小。于是得到如下模型

$$\min w = b_1 y_1 + b_2 y_2 + \cdots + b_m y_m$$

$$\text{s.t.} \begin{cases} a_{11} y_1 + a_{21} y_2 + \cdots + a_{m1} y_m \geqslant c_1 \\ a_{12} y_1 + a_{22} y_2 + \cdots + a_{m2} y_m \geqslant c_2 \\ \vdots \\ a_{1n} y_1 + a_{2n} y_2 + \cdots + a_{mn} y_m \geqslant c_n \\ y_i \geqslant 0, i = 1, 2, \cdots, m \end{cases} \quad (9.5)$$

(9.4)和(9.5)式都是线性规划模型,虽然使用的数据相同(系统资源系数都没变),但问题的出发点和内容是不同的。(9.4)问题是企业如何利用有限资源追求最大效益的线性规化模型,(9.5)问题是在相同资源的条件下,科学合理估价资源的使用价值且考虑市场竞争条件让对手支付最少的线性规划模型,称(9.4)模型为原问题,(9.5)模型为原问题的对偶问题,并称(9.4)和(9.5)为对称型对偶问题。

原问题和对偶问题在形式上可以变形,事实上可以写出任意问题的对偶问题。将(9.4)和(9.5)形式上的关系列为表 9.10。

下面讨论对称形式的对偶问题解的性质。引入矩阵符号,将(9.4)问题和(9.5)问题写为矩阵形式。令

$$\boldsymbol{X} = \begin{bmatrix} x_1 \\ x_2 \\ \vdots \\ x_n \end{bmatrix}, \boldsymbol{C} = (c_1, c_2, \cdots, c_n), \boldsymbol{b} = \begin{bmatrix} b_1 \\ b_2 \\ \vdots \\ b_m \end{bmatrix}, \boldsymbol{A} = \begin{bmatrix} a_{11} & a_{12} & \cdots & a_{1n} \\ a_{21} & a_{22} & \cdots & a_{2n} \\ \vdots & \vdots & & \vdots \\ a_{m1} & a_{m2} & \cdots & a_{mn} \end{bmatrix},$$

$$\boldsymbol{Y} = (y_1, y_2, \cdots, y_m)。$$

则(9.4)问题可以写为

$$\max z = CX$$
$$\begin{cases} AX \leqslant b \\ X \geqslant 0 \end{cases}$$

(9.5)问题可以写为

$$\min w = Yb$$
$$\begin{cases} YA \geqslant C \\ Y \geqslant 0 \end{cases}$$

表 9.10 原问题和对偶问题形式上的关系

原问题(或对偶问题)	对偶问题(或原问题)
目标函数形式 $\max z$	目标函数形式 $\min w$
有 n 个变量	有 n 个约束条件
变量 $\geqslant 0$	约束条件 $\geqslant$
变量 $\leqslant 0$	约束条件 $\leqslant$
第 i 个变量为自由变量	第 i 个约束为等式
有 m 个约束条件	有 m 个变量
约束条件 $\leqslant$	变量 $\geqslant 0$
约束条件 $\geqslant$	变量 $\leqslant 0$
第 i 个约束为等式	第 i 个变量为自由变量
约束条件右端常数 $b=(b_1,b_2,\cdots,b_m)^T$	目标函数系数向量 $b=(b_1,b_2,\cdots,b_m)$
目标函数系数向量 $C=(c_1,c_2,\cdots,c_n)$	约束右端常数向量 $C=(c_1,c_2,\cdots,c_n)$

二、对偶问题的重要性质

定理 9.4 （对称性）：对偶问题(9.5)的对偶是原问题(9.4)。

对称性说明对(9.4)成立的性质对(9.5)问题也成立。

定理 9.5 （弱对偶定理）设 X_0 和 Y_0 分别是(9.4)和(9.5)的可行解，则对应两个问题的目标函数值的关系是 $z_0 = CX_0 \leqslant w_0 = Y_0 b$。

定理 9.5 的经济意义为：考虑资源估价时和自己生产的每种产品比较，因为任一种产品消耗掉的资源按(9.5)约束定价时的总价值都不小于该产品的单位收益，所以满足(9.5)约束的任一定价方案所获收益一定不小于自己生产所获收益。

推论 若(9.4)问题(或(9.5)问题)有可行解，但目标值无界，则(9.5)问题(或(9.4)问题)无可行解。

定理 9.6 （最优准则）若 X^* 和 Y^* 分别是(9.4)和(9.5)的可行解，且 $CX^* = Y^* b$，则 X^*、Y^* 分别是(9.4)和(9.5)最优解。

定理 9.7 （对偶定理）若(9.4)问题有最优解，则(9.5)问题也有最优解，且相应的两个最优目标函数值相等。

定理 9.8 （松紧定理）X^* 和 Y^* 分别是(9.4)问题和(9.5)问题最优解的充要条件是，对所有 i,j：

(1) 若 $y_i^* > 0$，则 $\sum_{j=1}^{n} a_{ij} x_j^* = b_i$；

(2) 若 $\sum_{j=1}^{n} a_{ij} x_j^* < b_i$，则 $y_i^* = 0$；

(3) 若 $x_j^* > 0$，由 $\sum_{i=1}^{m} a_{ij} y_j^* = c_j$；

(4) 若 $\sum_{i=1}^{m} a_{ij} y_j^* > c_j$，则 $x_j^* = 0$。

松紧定理是说，若(9.5)问题最优解的第 i 个变量 $y_i^* > 0$，则相应于原问题的约束条件是等式，即约束是紧的；也就是其剩余变量（或称松弛变量）等于 0；若(9.4)问题的第 i 个约束在最优方案中是松的，即剩余变量大于零，则相应的对偶变量必等于零。

松紧定理的经济意义也是很明显的：若某资源的最优估值 $y_i > 0$，则该资源在最优生产方案中必用尽，对应约束是紧的，增加该资源，会使企业增加收益。若在实施最优方案中第 i 种资源还未用尽，约束是松的，则这种资源的价值 $y_i = 0$。

在实际的资源最优利用问题中，决策者在制定决策之后，应当对各种资源（因素）的稀缺程度进行分析，找出主要矛盾所在，以便在有限资源补给的条件下改善限制条件，尽可能获得更大的收益。因此，首先必须在统一的度量标准之下，正确估价各种资源的稀缺程度以及它们对目标函数值的影响。这就是本节要讨论的影子价格。

三、影子价格的概念

定义 9.1 在资源有限的某经济结构中，若将某种资源增加一个单位，在其它条件都不变的情况下，最优目标函数值的增量称为该资源的影子价格。

由影子价格的的定义看到，影子价格是资源的单位改变量而引起最优目标函数值的改变量，所以它是对系统内部资源的一种客观估价，也是资源在最优决策下边际价值的反映，没有最优决策就没有影子价格，所以影子价格也称为"最优计划价格"、"预测价格"。注意影子价格只是资源在系统内部的价值体现,可以说是一种虚拟的的价格,故称之为影子价格。

在一定条件下,影子价格可以用对偶规划问题的最优解表示。设线性规划问题(9.4)在非退化情况下有唯一最优解,B 为最优基,根据线性规划理论,(9.4)问题的最优目标函数值为 $C_B B^{-1} b$,其对偶问题(9.5)的最优解为 $Y^* = C_B B^{-1}$。

如果资源限制向量在不影响 B 为最优基的前提下,由 b 增到 $b+\Delta b$,目标函数值的增量为

$$\Delta z^* = C_B B^{-1}(b+\Delta b) - C_B B^{-1} b = C_B B^{-1} \Delta b = Y^* \Delta b$$

当只有第 i 种资源增加 Δb_i 单位,其它资源均不变化时,则有

$$\Delta z^* = y_i^* \Delta b_i$$

于是

$$\frac{\Delta z^*}{\Delta b_i} = y_i^*$$

上式就是资源边际价值的表现形式,由于 Δb_i 仅是在不改变 B 为原问题的最优基条件下的微小变化,按经济分析中的惯例,以微分近似代替差分,所以上式可写为

$$\frac{\partial z^*}{\partial b_i} = y_i^*$$

上式是在最优决策下第 i 种资源影子价格的数学表达形式,它表示了当第 i 种资源 b_i 产生微小变化时所引起目标函数值的变化等于最优对偶解向量 $Y^* = C_B B^{-1}$ 的第 i 个分量 y_i^* 的值。当 $\Delta b_i = 1$ 时,$y_i^* = \Delta z^*$。因此,y_i^* 表明了资源 b_i 在最优决策下的边际价值,也就是经济学中的影子价格。

资源的边际阶值依赖于决策,同种资源在不同的决策下,边际价值可能不同。影子价格只受经济结构本身客观条件所制约,不受人为因素的影响。在这种意义下,资源的影子价格也可称为在最优方案中投入生产的资源的机会成本。

从影子价格的定义可知,对于资源最优利用的线性规划问题,如果原问题在非退化情况下有唯一最优解,B 为最优基,则资源的影子价格就等于对偶问题的最优解:$Y^* = C_B B^{-1}$。因此,我们可利用原问题的最优基求出各资源的影子价格。

例 9.1 某工厂生产三种产品,三种产品对于材料费用、劳动力、电力的单位消耗系数,资源限量,单位产品价格如表 9.11 所示。

表 9.11

消耗系数＼产品＼资源	A	B	C	资源限量
材料费用/元	2	2.5	4	320
劳动力/小时	6	1	8	640
电力/千瓦·时	5	5	10	750
单位价格/元	4	6	10	

（1）求最佳生产方案使总产值最大；

（2）求各资源的影子价格并解释其经济意义。

解 （1）设生产 A 产品 x_1 单位，B 产品 x_2 单位，C 产品 x_3 单位，其数学模型为

$$\max z = 4x_1 + 6x_2 + 10x_3$$

$$\text{s.t.} \begin{cases} 2x_1 + 2.5x_2 + 4x_3 \leqslant 320 \\ 6x_1 + x_2 + 8x_3 \leqslant 640 \\ 5x_1 + 5x_2 + 10x_3 \leqslant 750 \\ x_j \geqslant 0 \quad j = 1, 2, 3 \end{cases}$$

引入松弛变量 x_4, x_5, x_6，将问题标准化：

$$\max z = 4x_1 + 6x_2 + 10x_3$$

$$\begin{cases} 2x_1 + 2.5x_2 + 4x_3 + x_4 = 320 \\ 6x_1 + x_2 + 8x_3 + x_5 = 640 \\ 5x_1 + 5x_2 + 10x_3 + x_6 = 750 \\ x_j \geqslant 0 \quad j = 1, 2, \cdots, 6 \end{cases}$$

其中：x_4 是材料费用约束对应的松弛变量；x_5 是劳动力约束对应的松弛变量；x_6 是电力约束对应的松弛变量。

可以用 matlab 工具求解上述问题。为说明问题方便，用单纯形法求问题的最终解，最终表如表 9.12。

表 9.12

		x_1	x_2	x_3	x_4	x_5	x_6	
量	x_2	0	1	0	2	0	−0.8	40
基	x_5	2	0	0	6	0	−3.2	160
变	x_3	0.5	0	1	−1	0	0.5	55
检验数	r_j	−1	0	0	−2	0	−0.2	−790

生产方案为：A产品不投产，B产品生产 40 单位，C产品生产 55 单位，最大产值为 790(元)。

(2) 由于材料费用约束对应的松弛变量 x_4 的检验数是 -2，根据对偶理论，相应对偶变量 $y_1=2$，由影子价格与对偶问题最优解的关系，材料费用的影子价格为 2。又因为对偶问题最优解的第一个分量 $y_1=2>0$，根据松紧定理知原问题第一个约束是"紧"的。事实上 $40\times25+4\times55=320$，说明材料费用已全部用尽，且由影子价格定义可知追加一元材料费，可使总产值增加 2 元，净获利 1 元，显然追加材料费用有利可图。

同理，电力的影子价格 y_2 是 $0.2>0$，说明电力资源已用尽。增加一度电，可使总产值增加 0.2 元，这种情况下应计算电力的成本价，根据电力成本价来决定是否补充电力资源。

注意到劳动力资源的影子价格为 0，即再增加劳动力，总产值的增值为 0，说明此时劳动力已有剩余，进一步由最终表中看出，劳动力资源相应松弛变量 $x_5=160$，说明在最优方案中劳动力已剩余 160 小时。实际上生产 40 单位 B 产品和 55 单位 C 产品只需劳动力为 $1\times40+8\times55=480$ 小时，剩余劳动力 $640-480=160$ 小时。

综上所述，该厂若要扩大生产，增加总产值，应优先补充材料费用。

四、影子价格的意义

影子价格真实地反映了资源在最优决策下对总收益(目标函数)的影响和贡献大小，客观表现了资源在系统内的稀缺程度。资源的影子价格越大，表明该种资源对总收益的贡献越大，如果某资源影子价格为零，尽管它有实实在在的市场价格，但说明这种资源在系统内已是无用资源。事实上由前面分析过程看到，表示总收益的目标函数值的大小是由投入生产的各种资源的数量和它的影子价格所决定的。

在例 9.1 中，三种资源(材料费用、劳动力、电力)的影子价格分别为 2，0，0.2，即 $C_B\boldsymbol{B}^{-1}=(2,0,0.2)$，它们的数量分别为 320，640，750，它们所提供的总产值为 $2\times320+0\times610+0.2\times750=790$ 元。

其中，320 元的材料费用为总产值提供了 $2\times320=640$(元)。750 度的电力为总产值提供了 $0.2\times750=150$(元)。剩余劳动力没有提供产值。

显然，影子价格为正数，表明该种资源在最优决策下已充分利用耗尽，并成为进一步增加总收益的紧缺资源，亦称短线资源，影子价格为零，表明该种资源在最优决策下尚有剩余，成了长线资源，增加该资源的供应不会引起系统目标的任何变化，这些已在例 9.1 中得到充分的说明。

如何有效地利用资源影子价格在数量上提供的依据,对指导经济活动有重要意义。对影子价格在微观经济分析的作用归纳如下:

1. 影子价格从资源是优利用的角度,指出了企业挖潜革新,扬长避短的方向

由于影子价格为正数的短线资源,已成为企业进一步发展生产、增加总收益的瓶颈,所以企业管理者一方面可在资源影子价格大于该种资源的市场单价时,适量的增加购进这种资源(以不改变现行最优方案的前提)即可增加企业收入,另一方面可在资源影子价格小于该种资源的市场单价时,适量的卖出这种资源(以不改变现行最优方案为前提)即可增加企业利润,提高经济效益。

对于影子价格为零的长线资源,其剩余资源就是进一步发展生产的潜在优势,它给企业管理者提供了增加生产以长线资源为主要资源的新产品的可能性。

2. 影子价格可以指导资源的管理部门对紧缺资源实行"择优分配"的原则

例如,几个企业都为了增加流动资金而向银行贷款,银行在发放贷款时首先考查各企业的资金利润率:

$$资金利润率 = \frac{总利润 - 投资量}{投资量}$$

特别地,令投资量是一个单位,于是资金的利润率在数值上等于资金的影子价格减1。

银行可参考各企业资金利润率的水平,择优予以扶持。若资金的影子价格大于1,则利润率大于0,这表明,对企业投资有经济效果,投资方案可行。利润率越大,投资的效果就越显著。资金的影子价格小于或等于1,则利润率小于或等于0,从经济效果上看对企业投资是不必要的。

3. 用影子价格可以预测产品价格

资源的价格直接关系到企业的利益,对买卖双方都十分重要,预测价格的方法很多,而影子价格从资源最优利用的角度对价格进行预测有独特的作用。

假设买方要购入卖方的产品作为自己生产的资源投入生产,当然,买方希望价格尽量的低,而卖方希望价格要尽量的高,双方都希望找到一个彼此能接受的"合理价格"。该资源的影子价格就是买方定价的一个重要的依据。

买方要求产品的价格必须小于该产品作为自己最优生产方案的资源的影子价格,否则将无利可图;卖方要求产品的价格必须大于自己生产的"成本",否则亏本。因此产品价格必在"成本"和影子价格之间。可见,在经济管理中,如果能计算出某产品在不同经济结构中的影子价格,就可以从资源利用的角度为产品的价格预测出上限和下限。

4. 资源的影子价格为决策者提供调整企业最优生产方案提供了信息

根据单纯型法原理,在最终单纯形表中,第 j 种产品产量所对应的检验数

为 $c_j - C_B B^{-1} p_j$,其中 c_j 表示第 j 种产品的单位价格;p_j 表示生产单位第 j 种产品所需要各种资源的数量;若 B 为最优基,则 $C_B B^{-1} p_j$ 表示在最优生产方案下,生产单位第 j 种产品所必须提供的产值。因为影子价格向量为 $Y^* = C_B B^{-1}$,所以当 $c_j - Y^* p_j < 0$ 时,表明第 j 种产品的单位售价低于该产品必须提供的产值时,生产第 j 种立品是不合算的,故不能生产该种产品。

当 $c_j - Y^* p_j \geq 0$ 时,表明第 j 种产品的单位售价高于该产品必须提供的产值,此时,生产第 j 种产品将是有利可图的,故意应该投产该种产品。

由于产品的市场价格是经常发生波动的,因此企业的决策者可根据产品的市场价格变化的情况调整自己的生产方案,改换产品,使企业始终处于最优生产方案下的生产状态之中。

5. 资源影子价格的高低可作为同类企业经济效益的评估标准之一

同一种资源在不同企业的影子价格是不同的,资源的影子价格越高,说明资源发挥的作用越大,资源被利用的效益越好。所以影子价格的高低可作为衡量企业经济效益的评估标准之一。

9.3 特殊线性规划模型

一、问题背景

我们已经知道线性规划问题都可以用单纯形法求解,但也有一些线性规划问题由于结构特殊或在约束条件上有特殊要求,因而有特殊的解法,如果仍用单纯形法求解反而不便。由于这些线性规划问题具有特殊结构和特殊解法,所以称为特殊线性规划问题。本节简要介绍运输问题,整数规划,0-1规划模型。

二、运输问题模型

1. 运输问题模型

在实际问题中,经常需要将某种物资从一些产地运往一些销地,因而存在如何调运使总的运费最小的问题,这类问题称为运输问题。因为运输问题模型结构特殊,所以对其提供了更为简便和直观的解法。此外,除运输问题外,许多非运输的实际问题可以转化为相应的运输问题模型,并由此而求出其最优解。

设有 m 个物资产地(发点)$A_1, A_2, \cdots, A_m$,n 个物资销地(收点)$B_1, B_2, \cdots, B_n$,a_i 为发点 A_i 的物资供应量(发量),b_j 为收点 B_j 对物资的需求量(收量),c_{ij} 表示把物资从 A_i 运到 B_j 的单位运价,x_{ij} 表示把物资从 A_i 运到 B_j 的运输量($i=1,2,\cdots,m;j=1,2,\cdots,n$),问应如何运输才能使运费最小?

表 9.13　运输收发单位运价表（简称运输表）

销地＼产地	B_1	B_2	…	B_n	产量
A_1	c_{11}	c_{12}	…	c_{1n}	a_1
A_2	c_{21}	c_{22}	…	c_{2n}	a_2
⋮	⋮	⋮		⋮	⋮
A_m	c_{m1}	c_{m2}	…	c_{mn}	a_m
销量	b_1	b_2	…	b_n	$\sum a_i$ / $\sum b_j$

运输问题的数学模型根据产量和销量状况有三种形式：

(1) 产销平衡问题，即 $\sum_{i=1}^{m} a_i = \sum_{j=1}^{n} b_j$，其数学模型为

$$\min f = \sum_{i=1}^{m}\sum_{j=1}^{n} c_{ij} x_{ij}$$

$$\begin{cases} \sum_{j=1}^{n} x_{ij} = a_i, & i=1,\cdots,m \\ \sum_{i=1}^{m} x_{ij} = b_j, & j=1,\cdots,n \\ x_{ij} \geqslant 0, i=1,\cdots,m; j=1,\cdots,n \end{cases}$$

(2) 供过于求，即 $\sum_{i=1}^{m} a_i > \sum_{j=1}^{n} b_j$，其数学模型为

$$\min f = \sum_{i=1}^{m}\sum_{j=1}^{n} c_{ij} x_{ij}$$

$$\begin{cases} \sum_{j=1}^{n} x_{ij} \leqslant a_i, & i=1,\cdots,m \\ \sum_{i=1}^{m} x_{ij} = b_j, & j=1,\cdots,n \\ x_{ij} \geqslant 0, i=1,\cdots,m; j=1,\cdots,n \end{cases}$$

(3) 供不应求，即 $\sum_{i=1}^{m} a_i < \sum_{j=1}^{n} b_j$，其数学模型为

$$\min f = \sum_{i=1}^{m}\sum_{j=1}^{n} c_{ij} x_{ij}$$

$$\begin{cases} \sum_{j=1}^{n} x_{ij} = a_i, & i=1,\cdots,m \\ \sum_{i=1}^{m} x_{ij} \leqslant b_j, & j=1,\cdots,n \\ x_{ij} \geqslant 0, i=1,\cdots,m; j=1,\cdots,n \end{cases}$$

其中产销平衡问题称为运输问题的标准模型,产销不平衡时,增加虚拟的收点或发点(松弛变量)即可化为产销平衡问题。

2. 运输问题求解方法

对于平衡运输问题的数学模型,有如下结论。

(1) 运输问题的数学模型必有最优解。

首先,运输问题一定有可行解;而任何单位运价 $c_{ij} \geqslant 0$,因此对于任一可行解必有目标函数值大等于零,即目标函数有下界。因此,对于极小化的运输问题必有最优解。

(2) 运输问题约束方程系数矩阵 A 的秩为 $m+n-1$。

由以上结论可知,在求解运输问题时不需要进行无最优解的判别,运输问题任一基可行解的基变量的个数为 $m+n-1$。

显然线性规划的解法适用运输问题,但是针对运输问题的特殊性有其特殊解法,称为表上作业法。其实质仍然是先作出一个初始基本可行解,然后用最优性准则检验是否为最优,并逐次改进直至满足最优性准则为止。

运输问题也可应用 matlab 软件求解。

3. 运输模型案例

(1) 物资最优调运问题

设有三个化肥厂供应四个地区的农用化肥,假设每个地区使用各厂的化肥效果相同,各化肥厂年产量(万吨)、从各化肥厂到各个地区送化肥的运价(万元/万吨)如表 9.14,试求使总运费最省的化肥调运方案。

表 9.14 化肥运输表

化肥厂＼地区	B_1	B_2	B_3	B_4	产量
A_1	16	13	22	17	50
A_2	14	13	19	15	60
A_3	19	20	23	—	50
最低需求	30	70	0	10	
最高需求	50	70	30	不限	

分析建模 由于各地区的需求量分为两部分:最低需求量和最高需求量。

所以,在建立模型时,需要对单位运价表进行改造。

四个地区的最低需求量为 110 万吨,最高需求量不限(B_4 不限)。总产量为 160 万吨,根据现有产量,在满足 B_1、B_2、B_3 地区的最低需求的情况下,最多能提供给 B_4 的产量为 $160-30+70=60$ 万吨,这四个地区的最高需求量为 $50+70+30+60=210$ 万吨。

由于销量大于产量,所以,在产销平衡表中,应增加一个假想的化肥厂 A_4,其年产量为 $210-160=50$ 万吨。

每个销地的需求量实际上可分为最低需求和额外需求,前者是必须满足,后者在有条件时尽量满足。比如,地区 B_1 的最低需求为 30 万吨,是必须满足的,不能由假想化肥厂 A_4 提供,所以它的单位运价应为 M(很大的正数),而另一部分为 $50-30=20$ 万吨,属于额外部分,可尽量满足,可考虑由假想化肥厂 A_4 提供,相应的运价为 0,其它地区都可以作类似分析。凡是需求量分成两部分的地区,可按两个地区对待。

改写后的单位运价表如表 9.15。

表 9.15　化肥运输平衡表

化肥厂＼地区	B_1'	B_1''	B_2	B_3	B_4'	B_4''	产量
A_1	16	16	13	22	17	17	50
A_2	14	14	13	19	15	15	60
A_3	19	19	20	23	M	M	50
A_4	M	0	M	0	M	0	50
需求量	30	20	70	30	10	50	210

这样,将原来不平衡问题转化为一个平衡问题。用 matlab 软件可求得这个问题的最优调运方案,如表 9.16。

表 9.16　化肥最优调运表

化肥厂＼地区	B_1'	B_1''	B_2	B_3	B_4'	B_4''	产量
A_1			50				50
A_2			20		10	30	60
A_3	30	20	0				50
A_4				30		20	50
需求量	30	20	70	30	10	50	210

从表 9.16 中,可以看出,地区 B_1 的最高需求量 50 万吨全部满足了,地区

B_4 供应了 40 万吨,而地区 B_3 没有供应,地区 B_2 的 70 万吨是必须保证供应的,这种供应方式显然是合理的。

(2) 生产与存储问题

某高科技企业生产某种光电通讯产品,现要安排今后 4 个季度的生产计划。已知今后四个季度的合同签定数,企业各季度生产能力以及各季度的生产成本如表 9.17 所示。预计每件产品每存储一个季度的费用为 0.1 千元。在完成合同的条件下,试安排这四个季度的生产计划,使生产成本与存储费用之和最小。

表 9.17

季度	合同签定数(台)	生产能力(台)	生产成本(千元)
1	230	270	3.2
2	265	260	3.33
3	255	280	3.31
4	245	270	3.42

分析建模 设 x_{ij} 表示第 i 季度生产第 j 季度交货的该种产品的数量($i,j=1,2,3,4$),c_{ij} 表示第 i 季度生产第 j 季度交货的每件产品的实际成本,它包括生产成本与存储费用,c_{ij} 具体数值如表 9.18 所示。

表 9.18 第 i 季度生产第 j 季度交货的单位成本 c_{ij}

i \ j	1	2	3	4
1	3.2	3.3	3.4	3.5
2		3.33	3.43	3.53
3			3.31	3.41
4				3.42

观察该问题,若将发点看为四个季度的生产,收点看为四个季度的合同签定数,则可以将问题转化为一个运输问题。因为生产能力大于合同数,所以是一个产大于销的非平衡运输问题。当 $i>j$ 时,实际上不可能把第 i 季度生产的产品在第 j 季度销售,因此可以将相应的成本 c_{ij} 设为 M(M 是很大的正数),将其转化为平衡运输问题后的产销表及运价表如表 9.19 所示。

表 9.19 生产计划的平衡表

产地＼销地	1	2	3	4	5	产量
1	3.2	3.3	3.4	3.5	0	270
2	M	3.33	3.43	3.53	0	280
3	M	M	3.31	3.41	0	260
4	M	M	M	3.42	0	270
销量	230	265	255	245	85	1080 / 1080

用 matlab 软件，可求得四个季度的生产计划如表 9.20 所示。

表 9.20 四个季度的最优生产计划

产地＼销地	1	2	3	4	5	产量
1	230	40				270
2		225			55	280
3			255	5		260
4				240	30	270
销量	230	265	255	245	85	1080 / 1080

从最优调运表中可以看出，第 1 季度生产 270 台，其中 40 台用于满足第 2 季度需要，第 2 季度生产 225 台，第 3 季度生产 260 台，其中 5 台用于满足第 4 季度的需要，第 4 季度则生产 240 台。总费用为 3299.15 千元。

3. 转运问题

某公司生产某种高科技产品。该公司在大连和广州设有两个分厂，在上海和天津设有两个销售公司负责对南京、济南、南昌和青岛四个城市进行产品供应。因大连与青岛相距较近，公司同意也可以向青岛直接供货。各厂产量、各地需要量、线路网络及相应各城市间的每单位产品的运费均标在图 9.2 中，单位为百元。如何调运这种产品使公司总的运费最小？

分析建模　如图 9.2 所示，给各城市编号，即 $i=1,2,\cdots,8$ 分别代表广州、大连、上海、天津、南京、济南、南昌和青岛。

这个问题的总产量等于总销量，可以建立线性规划模型求解，但如果将其转化成运输问题模型，不仅简单而且直观。具体做法是：每个中转站对于发点来说可以看作是销地，其销量为所有可以运到该地的产量之和；每个中转站对于销地来说可以看作是产地，其产量等于其销量。这样，该问题就变成了 4 个

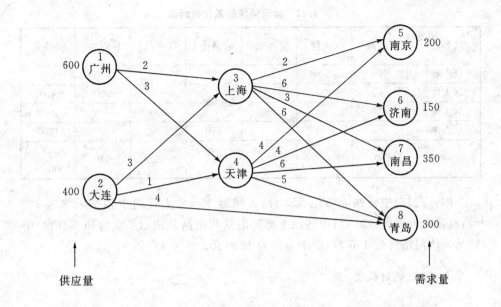

图 9.2　公司运输网络

产地、6 个销地的运输问题。产地到销地的单位运价的处理办法是：中转站自己到自己的运价为 0，网络图中，不能直接运输的产地到销地之间的运价为 M，其余运价直接用网络图中标明的数字。问题的产销平衡表如表 9.21 所示。

表 9.21　转运问题的运输表

销地＼产地	3（上海）	4（天津）	5（南京）	6（济南）	7（南昌）	8（青岛）	供应量
1（广州）	2	3	M	M	M	M	600
2（大连）	3	1	M	M	M	4	400
3（上海）	0	M	2	6	3	6	1000
4（天津）	M	0	4	4	6	5	1000
需求量	1000	1000	200	150	350	300	3000／3000

用表上作业法或 matlab 软件，可求得该问题的最优调运方案如表 9.22 所示。

表 9.22　转运问题的最优调运表

销地＼产地	3(上海)	4(天津)	5(南京)	6(济南)	7(南昌)	8(青岛)	供应量
1(广州)	550	50					600
2(大连)		100				300	400
3(上海)			200		350		1000
4(天津)		850		150			1000
需求量	1000	1000	200	150	350	300	3000／3000

即，广州向中转站上海运 550 台，天津运 50 台；大连向中转站天津运 100 台，直接向青岛运 300 台；中转站上海向南京和南昌分别运 200 台和 350 台；中转站天津向济南运 150 台，最小运费为 4600 元。

三、整数规划模型

1. 整数规划

当规划模型中的变量(部分或全部)限制为整数时，称为整数规划。若在线性规划模型中，变量限制为整数，则称为整数线性规划。我们主要讨论整数线性规划。

整数线性规划模型大致可分为三类：

(1) 变量全限制为整数时，称纯(完全)整数线性规划。

(2) 变量部分限制为整数的，称混合整数线性规划。

(3) 变量只能取 0 或 1 时，称之为 0—1 线性规划。

2. 整数线性规划特点

(1) 原线性规划有最优解，当自变量限制为整数后，其整数规划解会出现下述情况：

①原线性规划最优解全是整数，则整数线性规划最优解与线性规划最优解一致。

②整数线性规划无可行解。

③有可行解(当然就存在最优解)，但最优解值一定不会优于原线性规划的最优值。

(2) 整数规划最优解不能按照实数最优解简单取整而获得。

3. 整数规划的解法

整数规划问题的求解方法主要有割平面法和分枝定界法两种，因为各种数学软件都是以分枝定界法为原理，所以我们下面介绍分枝定界法。

以纯整数线性规划为例,一般问题的数学模型为

$$\min(\max) z = c_1 x_1 + c_2 x_2 + \cdots + c_n x_n$$

$$\text{s.t.} \begin{cases} a_{11} x_1 + a_{12} x_2 + \cdots + a_{1n} x_n \leqslant (\geqslant, =) b_1 \\ a_{21} x_1 + a_{22} x_2 + \cdots + a_{2n} x_n \leqslant (\geqslant, =) b_2 \\ \vdots \\ a_{m1} x_1 + a_{m2} x_2 + \cdots + a_{mn} x_n \leqslant (\geqslant, =) b_m \\ x_i \text{ 为整数} (i = 1, 2, \cdots, n) \end{cases}$$

若在上述模型中不考虑整数约束,称为相应整数线性规划问题的松弛问题。

松弛问题的主要特点是它的可行域比原问题的可行域的范围更大。松弛问题具有以下三个性质。

性质 1 若松弛问题没有可行解,则原问题一定也没有可行解。

性质 2 松弛问题目标函数的最优值给出原问题目标函数最优值的一个下界或上界。

性质 3 若松弛问题的某个最优解是原问题的可行解,则它也是原问题的一个最优解。

下面以目标函数最大化为例,说明分枝定界法的基本思想。

(1) 定界:找出整数规划的任一整数可行解,并算出其目标函数值,以这个值作为目标函数最优值的下界 $\underline{z}$,然后解该整数规划对应的松弛线性规划问题。若松弛线性规划问题无解,则原整数规划问题也无解。若松弛线性规划问题的最优解满足整数条件,则这个解就是原整数规划问题的最优解。若松弛线性规划问题的最优解不满足整数条件,则算出其目标函数值,以这个值为原整数规划问题目标函数最优值的一个上界 $\bar{z}$,显然,原整数线性规划问题的最优目标函数值 z^* 满足: $\underline{z} \leqslant z^* \leqslant \bar{z}$

(2) 分枝:从松弛问题最优解的非整数分量中选取一个分量,假定它是 x_j,其值为 b_j,将新的约束条件 $x_j \leqslant [b_j]$ 和 $x_j \geqslant [b_j] + 1$ 分别加入原整数规划问题中,从而把原整数规划问题分解成两个子问题。

(3) 解上述两个子问题的松弛问题,如果子问题的松弛问题无解,则该子问题已经查明就不再向下分枝。如果子问题的松弛问题的最优解满足整数性约束,则该子问题同样也被查明不再向下分枝,这个解对应的目标函数值,如果比原来的下界大,那么就以它为原整数规划问题的目标函数最优值的新的下界 $\underline{z}$,如果它比原整数规划问题的上界小,并且在各个平行分枝中提供的上界中是最大的,就以它为原整数规划问题的目标函数最优值的新的上界 $\bar{z}$。如果子问题的松弛问题的最优解不是整数解并且其目标函数值小于原整数规划问题目标

函数最优值的下界 $\underline{z}$，则说明该子问题不可能含有原整数规划问题的最优解，因此就不再向下分枝。如果其目标函数值在下界和上界之间，就返回第 2 步继续进行分枝。

如上继续进行分枝，求解松弛问题，修改上下界和剪枝，当求出的下界和上界相等时就达到了最优解。现用下例来说明。

例 9.2 求解下述整数规划

$$\max z = 40x_1 + 90x_2$$

$$\text{s.t.} \begin{cases} 9x_1 + 7x_2 \leqslant 56 \\ 7x_1 + 20x_2 \geqslant 70 \\ x_1, x_2 \geqslant 0 \quad \text{且为整数} \end{cases}$$

解 先不考虑整数限制，求解相应的松弛问题，得最优解为 $x_1 = 4.8092, x_2 = 1.8168, z = 355.8779$。

可见它不符合整数条件。这时 z 是原问题 A 的最优目标函数值 z^* 的上界，记作 $\bar{z}$。而 $x_1 = 0, x_2 = 0$ 显然是原问题 A 的一个整数可行解，这时 $z = 0$，是 z^* 的一个下界，记作 $\underline{z}$，即 $0 \leqslant z^* \leqslant 356$。

因为 x_1, x_2 当前均为非整数，故不满足整数要求，任选一个进行分枝。设选 x_1 进行分枝：$x_1 \leqslant [4.8092] = 4, x_1 \geqslant [4.8092] + 1 = 5$，将原问题 A 分成两个子问题 B_1 和 B_2。

问题 B_1：
$$\max z = 40x_1 + 90x_2$$
$$\text{s.t.} \begin{cases} 9x_1 + 7x_2 \leqslant 56 \\ 7x_1 + 20x_2 \geqslant 70 \\ 0 \leqslant x_1 \leqslant 4, x_2 \geqslant 0 \end{cases}$$

松弛问题最优解为 $x_1 = 4.0, x_2 = 2.1, z_1 = 349$。

问题 B_2：
$$\max z = 40x_1 + 90x_2$$
$$\text{s.t.} \begin{cases} 9x_1 + 7x_2 \leqslant 56 \\ 7x_1 + 20x_2 \geqslant 70 \\ x_1 \geqslant 5, x_2 \geqslant 0 \end{cases}$$

松弛问题最优解为 $x_1 = 5.0, x_2 = 1.57, z_1 = 341.4$。

再定界：$0 \leqslant z^* \leqslant 349$。

对问题 B_1 中 x_2 再进行分枝：$x_2 \leqslant 2, x_2 \geqslant 3$，得问题 B_{11} 和 B_{12}，它们的最优解为

$B_{11}: x_1 = 4, x_2 = 2, z_{11} = 340$

$B_{12}: x_1 = 1.43, x_2 = 3.00, z_{12} = 327.14$

再定界：$340 \leqslant z^* \leqslant 341$，并将 B_{12} 剪枝。

对问题 B_2 中 x_2 再进行分枝：$x_2 \leqslant 1, x_2 \geqslant 2$，得问题 B_{21} 和 B_{22}，它们的最优解为

$B_{21}: x_1 = 5.44, x_2 = 1.00, z_{22} = 308$

B_{22} 无可行解。

将 B_{21}, B_{22} 剪枝。

于是可以断定原问题的最优解为 $x_1 = 4, x_2 = 2, z^* = 340$

四、0-1 规划模型及应用案例

0-1 规划是整数规划中的特殊情形，它的变量 x_j 仅取值 0 或 1。解 0-1 整数规划最容易想到的方法，就是穷举法，即检查变量取值为 0 或 1 的每一种组合，比较目标函数值以求得最优解，这就需要检查变量取值的 2^n 个组合。对于变量个数 n 较大（例如 $n > 10$），这几乎是不可能的。因此常设计一些方法，只检查变量取值组合的一部分，就能求到问题的最优解。这样的方法称为隐枚举法，分枝定界法也是一种隐枚举法。当然，对有些问题隐枚举法并不适用，所以有时穷举法还是必要的。

对于 0-1 规划问题，matlab 提供了 bintprog 命令求解。matlab 中 0-1 规划的标准形式为

$$\min f = CX$$
$$\text{s.t.} \begin{cases} AX \leqslant B \\ AeqX = Beq \end{cases}$$

其中 X 的每个分量为 0 或者 1。求解 0-1 规划命令格式为

$$X = \text{bintprog}(C, A, b, Aeq, Beq)$$

对 0-1 整数规划，下面通过案例讨论如何建立模型。

1. 投资场所的选定

某公司拟在市东、西、南三区建立门市部。拟议中有 7 个位置（点）$A_i(i=1,2,\cdots,7)$ 可供选择。规定

在东区：由 A_1, A_2, A_3 三个点中至多选两个；

在西区：由 A_4, A_5 两个点中至少选一个；

在南区：由 A_6, A_7 两个点中至少选一个。

如选用 A_i 点，设备投资估计为 b_i 元，每年可获利润估计为 c_i 元，但投资总额不能超过 B 元。问应选择哪几个点可使年利润为最大？

引入 0-1 变量 $x_i(i=1,2,\cdots,7)$，令

$$x_i = \begin{cases} 1, & \text{当 } A_i \text{ 点被选中} \\ 0, & \text{当 } A_i \text{ 点没被选中} \end{cases} \quad i=1,2,\cdots,7$$

于是问题的数学模型为

$$\max z = \sum_{i=1}^{7} c_i x_i$$

$$\text{s.t.} \begin{cases} \sum_{i=1}^{7} b_i x_i \leqslant B \\ x_1 + x_2 + x_3 \leqslant 2 \\ x_4 + x_5 \geqslant 1 \\ x_6 + x_7 \geqslant 1 \\ x_i = 0 \text{ 或 } 1, i = 1, 2, \cdots 7 \end{cases}$$

2. 指派问题

拟分配 n 人去干 n 项工作,每人干且仅干一项工作,若分配第 i 人去干第 j 项工作,需花费 c_{ij} 单位时间,问应如何分配工作才能使工人花费的总时间最少?

容易看出,要给出一个指派问题的实例,只需给出矩阵 $\boldsymbol{C} = (c_{ij})$,$\boldsymbol{C}$ 被称为指派问题的系数矩阵。

引入变量 x_{ij},若分配 i 干 j 工作,则取 $x_{ij} = 1$,否则取 $x_{ij} = 0$。上述指派问题的数学模型为

$$\min \sum_{i=1}^{n} \sum_{j=1}^{n} c_{ij} x_{ij}$$

$$\text{s.t.} \begin{cases} \sum_{j=1}^{n} x_{ij} = 1, i = 1, 2, \cdots, n \\ \sum_{i=1}^{n} x_{ij} = 1, j = 1, 2, \cdots, n \\ x_{ij} = 0 \text{ 或 } 1, i, j = 1, 2, \cdots, n \end{cases}$$

这是一个 0-1 规划问题。由于其约束方程组的系数矩阵十分特殊(被称为全单位模矩阵,其各阶非零子式均为 ± 1),其非负可行解的分量只能取 0 或 1,故约束 $x_{ij} = 0$ 或 1 可改写为 $x_{ij} \geqslant 0$ 而不改变其解。此时,指派问题被转化为一个特殊的运输问题,其中 $m = n, a_i = b_j = 1$。由于指派问题的特殊性,美国数学家库恩(Kuhn)引用了匈牙利数学家康尼格(Konig)给出的一种更为简便的算法——匈牙利算法。

3. 投资项目优选问题

某公司有 5 个项目被列入投资计划,各项目的投资额和期望的投资收益见表 9.23。

表 9.23

项目	投资额(百万)	投资收益(百万)
1	210	150
2	300	210
3	100	60
4	130	80
5	260	180

该公司只有 600 百万资金可用于投资,由于技术上的原因投资受到以下约束:

(1)在项目 1,2 和 3 中必须有一项被选中;
(2)项目 3 和 4 只能选中一项;
(3)项目 5 被选中的前提是项目 1 必须被选中;

问如何在上述条件下选择一个最好的投资方案,使投资收益最大?

设 0-1 变量为

$$x_i = \begin{cases} 1, \text{选中项目 } i \\ 0, \text{不选项目 } i \end{cases}, i=1,2,\cdots,5$$

得到问题的数学模型为

$$\max z = 150x_1 + 210x_2 + 60x_3 + 80x_4 + 180x_5$$

$$\text{s.t.} \begin{cases} 210x_1 + 300x_2 + 100x_3 + 130x_4 + 260x_5 \leqslant 600 \\ x_1 + x_2 + x_3 = 1 \\ x_3 + x_4 \leqslant 1 \\ x_5 \leqslant x_1 \\ x_i = 0 \text{ 或 } 1, i=1,2\cdots,5 \end{cases}$$

用 matlab 求解,程序为

C=−[150,210,60,80,180];
A=[210,300,100,130,260;0,0,1,1,0;−1,0,0,0,1];
B=[600;1;0];
Beq=[1,1,1,0,0];
Beq=1;
[X,fval]=bintprog(C,A,b,Aeq,Beq)
X= 1 0 0 1 1,fval = −410

9.4 目标规划模型

一、问题背景

在一般线性规划问题中，决策目的是对单一目标的优化问题（如最大利润或最小成本等）作出决策或计划安排，但实际问题中要实现的目标往往不止一个，而且有时这些目标之间是相互矛盾的，若把各项要求作为线性规划的约束，则大多数是不存在可行解域，也就无可行解，更没有最优解。1961年，美国的查恩斯(A. Charnes)和库伯(W. Cooper)首先提出了目标规划的有关概念，建立了相应的数学模型，它主要用于解决多个目标的经济管理问题。

二、目标规划数学模型

下面通过具体例子来说明目标规划的思想和数学模型。

例9.3　某工厂生产A、B两种产品，已知生产这两种产品每件产品资源消耗数、现有资源拥有量及每件产品可获得的利润如表9.24。

表 9.24

	A	B	拥有量
原材料(kg)	2	1	11
设备(hr)	1	2	10
利润(元/件)	8	10	

工厂决策者在制订生产计划时，根据经济管理的需要，考虑了一些其它因素：

(1) 据市场调查，产品A的销售量有下降的趋势，决定产品A的产量应不大于产品B；

(2) 原材料超计划使用时，需要高价采购，会使成本增加；

(3) 要尽可能充分利用设备有效台时，不加班；

(4) 应尽可能达到并超过计划利润指标56元。

综合考虑各项指标，决策者认为产品B的产量不低于产品A的产量最重要；其次是应充分利用设备有效台时，不加班；第三是利润额应不小于56元。问如何制订生产计划。

这个问题是资源的合理利用问题，如果只考虑利润目标，显然是一个单目标的线性规划问题，若用 x_1、x_2 分别表示A和B的产量，则线性规划模型为

$$\max z = 8x_1 + 10x_2$$
$$\begin{cases} 2x_1 + x_2 \leqslant 11 \\ x_1 + 2x_2 \leqslant 10 \\ x_1, x_2 \geqslant 0 \end{cases}$$

用图解法可求得问题最优解为 $x_1=4, x_2=3$。

若要考虑多项指标的实现,就要允许目标实现有一定的误差,这在一般的线性规划模型中无法表示。这样的多目标决策问题可以用目标规划方法来分析决策。

先给出目标规划中一些基本概念。

1. 目标值、决策值、正负偏差变量 d^+、d^-

目标值:指预先给定的某个目标的一个期望值;

决策值:指当决策变量确定后,目标实现达到的值;

决策值和目标值之间有一定的误差,但这种误差是一个不确定的值,用变量表示,称为偏差变量;偏差变量又分为正偏差变量和负偏差变量;

正偏差变量:指决策值超过目标值的部分,记 d^+,且 $d^+>0$;

负偏差变量:指决策值低于目标值的部分,记 d^-,且 $d^->0$;

在例 9.3 中要求达到或超过的利润指标值 56 元即为目标值,而在工厂安排产品 A、B 生产后,可能实现的利润值即为决策值,这两者之间有一定误差,这个误差可用偏差变量表示。

正偏差变量 d^+ 和负偏差变量 d^- 之间的关系有以下几种情况:

① 决策值超过目标值,则有 $d^+>0$,$d^-=0$;

② 决策值没有达到目标值,则有 $d^+=0$,$d^->0$;

③ 决策值等于目标值,则有 $d^+=0$,$d^-=0$;

显然,偏差变量一定满足 $d^+ \cdot d^-=0$,即正偏差变量 d^+ 和负偏差变量 d^- 至少有一个为零。

2. 绝对约束和目标约束

在目标规划中有两类约束条件,绝对约束和目标约束。

绝对约束(刚性约束):指必须严格满足的等式和不等式约束。目标规划中的绝对约束同线性规划问题中的所有约束条件的形式一样,不满足这些约束条件的解称为非可行解,所以又称为刚性约束。

目标约束(软约束):是目标规划特有的约束条件,在目标规划中对于所要达到的目标是作为约束条件来处理的。它是将所要达到的目标式子加上负偏差变量 d^-,减去正偏差变量 d^+,并取等于目标值所构成的约束条件。由于允许目标实现可以有一定的误差,并不严格要求达到目标值,所以称为软约束。

线性规划问题的目标函数和约束条件在给定了目标值,并引入正负偏差变量后,都可以转化为目标约束。

3. 优先因子(优先等级)和权系数

在目标规划中,各个目标的重要性对决策者来说是有主次之分的,决策者在实现目标时是区别对待的,用优先因子(或等级)来表示各个目标实现的优先次序和重要性,记为 P_1、P_2、$\cdots$、P_n,并规定 $P_k \gg P_{k+1}$,即 P_k 比 P_{k+1} 有更大的优先权,也就是说在决策时,首先要保证 P_1 级目标的实现,这时可以不考虑次级目标;而 P_2 级目标的实现不能破坏 P_1 级目标,要在 P_1 级目标的基础上考虑 P_2 级目标的实现。如果有两个或多个目标重要程度相同,可以赋以它们相同的优先等级。对于具有相同优先级的多个目标还可以赋以不同的权系数 ω_i 以表示它们重要程度的不同。

4. 目标规划的目标函数

由于目标规划追求的是使各项目标的实现值与目标值之间的偏差为最小,越小越好,所以,目标规划的目标函数是以求所有目标的偏差为最小值的函数,即 $\min z = f(d^+, d^-)$。

在目标规划的目标函数中,由于每一目标控制偏差的性质不同,所以,有以下三种情形:

(1) 要求目标实现值恰好达到目标值,即正负偏差都应尽可能的小:$\min z = f(d^+, d^-)$;

(2) 要求目标实现值不超过目标值,即正偏差都应尽可能的小:$\min z = f(d^+)$

(3) 要求目标实现值超过目标值,即负偏差都应尽可能的小:$\min z = f(d^-)$

具体构造目标函数时,首先应由决策者根据各个目标的重要性确定优先等级和权系数以及要求控制的偏差变量,然后再组成一个由优先因子和权系数以及相应的偏差变量构成的使总偏差为最小的目标函数。

5. 满意解

目标规划的求解是分级进行的,首先求满足 P_1 级目标的解,然后在保证 P_1 级目标不被破坏的前提下,再求满足 P_2 级目标的解,依次类推。分级求出的解,对于前面的目标可以保证实现或部分实现,但对后面的目标就不能保证实现或部分实现,有些不能实现,所以最后求出的解不是通常意义上的最优解,称为满意解。

目标规划与线性规划在求解上有差别,线性规划立足于求最优解,目标规划着眼于求满意解,目标规划的求解结果可以是非可行解。

下面对例 9.3 的目标规划模型进行分析。设 d_k^+、d_k^- 分别为第 k 个目标约

束的正、负偏差变量,决策者要实现的目标有:

(1)产品 B 的产量不低于产品 A 的产量,用 d_1^-、d_1^+ 分别表示 A 的产量与 B 的产量的负偏差和正偏差,可得到目标约束为

$x_1 - x_2 + d_1^- - d_1^+ = 0, \min(d_1^+)$

(2)充分利用设备有效台时,不加班。生产这两种产品所消耗的台时数为 $x_1 + 2x_2$,目标值为 10,用 d_2^-、d_2^+ 分别表示与 10 的负偏差和正偏差,得到目标约束为

$x_1 + 2x_2 + d_2^- - d_2^+ = 10, \min(d_2^- + d_2^+)$

(3)利润额不低于 56 元,生产这两种产品的利润为 $8x_1 + 10x_2$,目标值为 56 元,用 d_3^-、d_3^+ 分别表示与目标值 56 元的负偏差和正偏差,目标约束为

$8x_1 + 10x_2 + d_3^- - d_3^+ = 56, \min(d_3^-)$

(4)严格控制原材料的使用量,即要满足绝对约束条件 $2x_1 + x_2 \leq 11$。

各目标的优先等级是:P_1 级表示产品乙的产量不低于产品甲的产量;P_2 级表示要充分利用设备有效台时,不加班;P_3 级表示利润额不低于 56 元,因此,要使得总偏差量为最小,目标规划模型为

$$\min z = P_1 d_1^+ + P_2 (d_2^- + d_2^+) + P_3 d_3^-$$

$$\begin{cases} 2x_1 + x_2 \leq 11 \\ x_1 - x_2 + d_1^- - d_1^+ = 0 \\ x_1 + 2x_2 + d_2^- - d_2^+ = 10 \\ 8x_1 + 10x_2 + d_3^- - d_3^+ = 56 \\ x_1, x_2, d_k^-, d_k^+ \geq 0, d_k^- \cdot d_k^+ = 0, k = 1, 2, 3 \end{cases}$$

三、目标规划的求解

目标规划模型与线性规划模型在结构形式上很相似,因此,可以利用线性规划的单纯形法来求解目标规划的满意解。首先介绍图解法,图解法只适用于两个决策变量的目标规划问题,但其求解简便,原理一目了然,有助于理解目标规划问题的求解原理和过程。图解法的求解步骤如下:

(1)将绝对约束和目标约束(暂不考虑正负偏差变量)在坐标平面上绘制出来,确定可行域;由于有非负约束要求,所以,只需在第一象限绘制,各约束条件以直线形式绘制出来;

(2)在目标约束所表示的直线上,用箭头标出正负偏差变量值增大的方向;标注有 d^- 方向的区域,表示实现值没有达到目标值的区域;标注有 d^+ 方向的区域,表示实现值超过目标值的区域。

(3)求满足最高优先级目标的解(绝对约束比目标约束优先级高),在不破

坏所有上一级较高优先级目标的前提下，再求出该优先级目标解。

(4) 重复进行，直至所有优先级目标都求解完，确定满意解。

下面用图解法求解例 9.3。以决策变量 x_1 和 x_2 分别表示两个坐标轴，先不考虑每个约束的正、负偏差变量，由绝对约束和变量非负条件确定出可行解域，如图 9.3，可行域为 $\triangle OAB$。

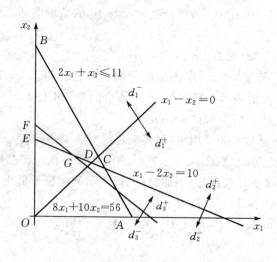

图 9.3

再用两个箭头分别表示各个目标约束中的正、负偏差变量 d^- 和 d^+，d^+ 方向代表直线的法线方向，d^- 方向代表直线的负法线方向。下面根据目标函数中的优先级分级求解。

P_1 优先级目标的要求是 $\min(d_1^+)$，要满足这个目标，就必须尽可能使 $d_1^+=0$，则在 $\triangle OBC$ 内的点以及 OC 边上的点都满足这个要求。

P_2 优先级目标的要求是 $\min(d_2^-+d_2^+)$，要满足这个目标，必须使 $d_2^-=d_2^+=0$，而又不破坏 P_1 优先级目标的要求，就只能在直线 ED 上取值。

P_3 优先级目标的要求是 $\min(d_3^-)$，要满足这个目标，则必须使 $d_3^-=0$，而又不破坏 P_1 和 P_2 优先级目标的要求，就只能在 GD 线段上取值。

综上所述 GD 线上的点即为这个问题的满意解，而且有无穷多个解，G 点的坐标为 $x_1=2, x_2=4$，D 点的坐标为 $x_1=x_2=10/3$，这两点连线上的点也为满意解，它们全部满足了约束条件（绝对约束和目标约束）：$d_1^+=0$、$d_2^-=d_2^+=0$ 和 $d_3^-=0$。

当目标规划中变量个数超过 2 个时，可以用线性规划的单纯形法来求解目标规划的满意解。但在利用单纯形法求满意解时，由于目标规划的满意解是按照优先级高低由高向低逐级求解的,所以在目标规划单纯形表中检验数行是按照优先级高低分行列出的;另外最优性检验是按照目标优先级的次序依次检验各个非基变量的最优性的;非基变量检验数的正负首先取决于 P_1 级系数的正负,若 P_1 级的系数为 0,则取决于 P_2 级系数的正负,依次类推。

四、目标规划应用案例

某电视机厂装配黑白电视机和彩色电视机,每装配一台电视机需占用装配线 1 小时,装配线每周计划开动 40 小时。预计市场每周彩色电视机的销量是 24 台,每台可获利 80 元;黑白电视机的销量是 30 台,每台可获利 40 元。该厂确定的目标为

第一优先级:充分利用装配线每周计划开动 40 小时;

第二优先级:允许装配线加班;但加班时间每周尽量不超过 10 小时;

第三优先级:装配电视机数量尽量满足市场需要。因彩色电视机的利润高,取其权系数为 2。

确定该厂为满足上面目标应制订的周生产计划,要求建立目标规划模型。

设 x_1 为每周生产彩色电视机的台数,x_2 为每周生产黑白电视机的台数。问题中所给出的要求都有确定的优先级,所以均为目标约束。

(1) 充分利用装配线每周计划开动 40 小时。每装配一台黑白和彩色电视机需要占用装配线各 1 小时,占用装配线的小时数为 x_1+x_2,充分利用 40 小时(实际上,应不小于 40 小时),允许有偏差,加减正、负偏差,则有下列目标约束:

$$x_1+x_2+d_1^- -d_1^+ =40, \min(d_1^-)$$

(2) 允许装配线加班,但加班时间每周尽量不超过 10 小时。即装配线工作时间可以是 50 小时,但不能超过 50 小时,允许有偏差,加减正、负偏差,则有下列目标约束:

$$x_1+x_2+d_2^- -d_2^+ =50, \min(d_2^+)$$

(3) 彩色电视机黑白电视机的数量应尽量满足市场需要。彩色电视机的市场需求是 24 台,黑白电视机的市场需求是 30 台,都不应少于这个数量,所以有下列目标约束:

彩色电视机:$x_1+d_3^- -d_3^+ =24, \min(d_3^-)$

黑白电视机:$x_2+d_4^- -d_4^+ =30, \quad \min(d_4^-)$

再结合各目标的优先等级和权系数,使得各目标的偏差最小,该厂的每周生产计划目标规划模型为

$$\min z = P_1 d_1^- + P_2 d_2^+ + P_3 (2d_3^- + d_4^-)$$

$$\begin{cases} x_1 + x_2 + d_1^- - d_1^+ = 40 \\ x_1 + x_2 + d_2^- - d_2^+ = 50 \\ x_1 + d_3^- - d_3^+ = 24 \\ x_2 + d_4^- - d_4^+ = 30 \\ x_1, x_2, d_k^-, d_k^+ \geq 0, d_k^- \cdot d_k^+ = 0, k = 1, 2, 3, 4 \end{cases}$$

因为只有两个决策变量，所以用图解法求解这个目标规划问题。在 $x_1 o x_2$ 坐标平面上，以直线绘制约束条件，并标注正负偏差增大的方向，如图 9.4 所示。

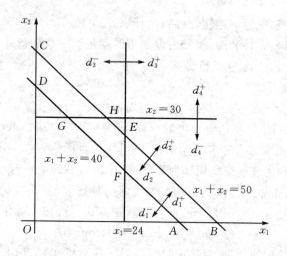

图 9.4

P_1 优先级目标的要求是 $\min d_1^-$，要满足这个目标，则必须 $d_1^- = 0$，所以，变量的取值范围为在第一象限 DA 线段的右上方半平面及 DA 线段上；

P_2 优先级目标的要求是 $\min d_2^+$，要满足这个目标，则必须 $d_2^+ = 0$，在不破坏 P_1 优先级目标的前提下，变量的取值范围又限定为由 DA 线段和 BC 线段围成的 ABCD 区域内；

再考虑 P_3 优先级目标，它的要求是 $\min(2d_3^- + d_4^-)$，在这一级目标中，d_3^- 的权系数为 2 比 d_4^- 权系数大，优先考虑 $\min(2d_3^-)$，要满足这个目标，则必须 $d_3^- = 0$，在不破坏前面几级目标的前提下，取值范围只能取 ABEF 区域内的点；再考虑 $\min d_4^-$，要满足这个目标，必须 $d_4^- = 0$，但在不破坏上一级目标的前提下，不可能找到这样的解，使得 $d_4^- = 0$，也就不能满足这个目标的要求，但只能得到使 d_4^- 尽可能小的解。从图 9.4 中可以看出，E 点可以使得 d_4^- 最小，所以，

E 点($x_1=24, x_2=26$)是该问题的满意解,显然这个解不能满足全部的约束条件(要求黑白电视机为 30 台,不能满足)。

9.5 投资组合的规划模型

一、问题背景

在现代商业、金融的投资中,任何理性的投资者总是希望收益能够取得最大化,但也会面临着不确定性所引致的风险,而且大的收益总是伴随着高的风险。为了同时兼顾收益和风险,需要建立数学模型来优化投资方案。

不失一般性,本节以一个具体问题为例,建立一个求收益最大化和风险最小化的两个目标决策问题的数学模型,依据决策者对收益和风险的偏好将其转化为一个单目标最优化问题求解。根据投资者对收益和风险的不同偏好,可以选择满意的投资组合方案来提高投资效益。

设某公司有数额为 M(较大)的资金,可用作一个时期的投资,市场上现有 5 种资产(S_i)(如债券、股票等)可以作为被选的投资项目。投资者对这五种资产进行评估,估算出在这一段时期内购买 S_i 的期望收益率为 r_i、交易费率为 p_i、风险损失率为 q_i,同期银行存款利率为 r_0($r_0=3\%$),在投资的这一时期内各项目的 r_i, p_i, q_i 数据如表 9.25 所示。现要设计出一种投资组合方案,使净收益尽可能大,风险尽可能小。

表 9.25 r_i, p_i, q_i 数据表

投资项目 S_i	期望收益率 $r_i(\%)$	风险损失率 $q_i(\%)$	交易费率 $p_i(\%)$
存银行 S_0	3	0	0
S_1	27	2.4	1
S_2	22	1.6	2
S_3	25	5.2	4.5
S_4	23	2.2	6.5
S_5	21	1.5	2

二、建立模型

1. 模型假设

(1) 总体风险可用投资的这五种项目中最大的一个风险来度量;

(2) 5 种资产 S_i 之间是相互独立的;

(3) 在投资中,不考虑通货膨胀因素,不考虑系统风险,在投资的这一时期

内，r_i, q_i, p_i 为定值；

(4) 不考虑投资者对于风险的心理承受能力。

用 x_i 表示购买第 i 种资产的资金数额占资金总额的百分比；Mx_i 就是购买第 i 种资产的资金数额；Mx_0 是存银行的金额；用 $f(x_i)$ 表示交易费用；用 R 表示净收益；用 Q 表示总体风险；用 ρ_i 表示第 i 种投资的净收益率（$i=0,1,\cdots,5$）。

2. 建立模型

购买第 i 种资产交易费用为

$$f(x_i)=\begin{cases} Mx_i p_i, & x_i>0 \\ 0, & x_i=0 \end{cases} \quad (i=0,1,\cdots,5) \tag{9.6}$$

则投资者的净收益为

$$R=\sum_{i=0}^{5} M(1+r_i)x_i - M \tag{9.7}$$

总体风险为

$$Q=\max_{0\leqslant i\leqslant 5} Mx_i q_i \tag{9.8}$$

约束条件为

$$\sum_{i=0}^{5} f(x_i) + \sum_{i=0}^{5} Mx_i = M \tag{9.9}$$

用(9.6)式可以将(9.9)简化为

$$\sum_{i=0}^{5}(1+p_i)x_i = 1$$

将(9.9)式代入(9.7)式得

$$R=\sum_{i=0}^{5} M(1+r_i)x_i - M\sum_{i=0}^{5}(1+p_i)x_i = M\sum_{i=0}^{5}(r_i-p_i)x_i$$

因为 M 是常数，略去，原问题化为双目标决策问题：

$$\max R = \sum_{i=0}^{5} x_i(r_i-p_i)$$

$$\min Q = \max_{0\leqslant i\leqslant 5} x_i q_i$$

$$\text{s.t.} \begin{cases} \sum_{i=0}^{5}(1+p_i)x_i = 1, \\ x_i \geqslant 0, \ i=0,1,\cdots,5 \end{cases} \tag{9.10}$$

以下设 $r_i - p_i \geqslant 0$，否则不对该资产投资。

3. 求解模型

因为多目标规划不易求解，一般做法是将多目标规划转化为单目标规划问题求解。

(1) 固定净收益 R 使总风险 Q 最小，将模型 (9.10) 转化为

$$\min Q = \max_{0 \leqslant i \leqslant 5}\{q_i x_i\}$$

$$\text{s.t.} \begin{cases} \sum_{i=0}^{5}(r_i - p_i)x_i = R \\ \sum_{i=0}^{5}(1+p_i)x_i = 1 \\ x_i \geqslant 0, i = 0,1,\cdots,5 \end{cases} \quad (9.11)$$

此模型又可改写为

$$\min y$$

$$\text{s.t.} \begin{cases} (r_0 - p_0)x_0 + (r_1 - p_1)x_1 + \cdots + (r_5 - p_5)x_5 = R \\ (1+p_0)x_0 + (1+p_1)x_1 + \cdots + (1+p_5)x_5 = 1 \\ x_i q_i \leqslant y \\ x_i \geqslant 0, y \geqslant 0 \\ i = 0,1,\cdots,5 \end{cases} \quad (9.12)$$

令 $\rho_i = (r_i - p_i)/(1 + p_i)$，$\rho_i$ 表示第 i 种投资的净收益率，则 ρ_i 必大于 ρ_0，否则，若 $\rho_i \leqslant \rho_0$，则不对 S_i 投资，因为对该项目投资纯收益率不如存银行，而风险损失率又大于存银行。将 ρ_i 从小到大排序，设 ρ_k 最大，则易见模型 (9.12) 的可行解必有 $0.03 \leqslant R \leqslant \rho_k$。

当 $R = 0.03$ 时，所有资金都存银行，$Q = 0$；当 $R = \rho_k$ 时，所有资金用于购买 S_k，$Q = \dfrac{q_k}{1 + p_k}$；当 $0.03 < R < \rho_k$ 时，容易证明若 $(x_0, x_1, \cdots, x_5)$ 是模型 (9.12) 的最优解，则 $x_1 q_1 = \cdots = x_5 q_5$，即对固定收益使风险最小的模型来说，在前 5 项投资总额一定的前提下，各项投资的风险损失相等，即 $x_1 q_1 = x_2 q_2 = \cdots = x_5 q_5$ 时，总体风险最小。

因此，当 $R \in (0.03, \rho_k)$ 时，令 $x_1 q_1 = x_2 q_2 = \cdots = x_5 q_5 = Q$，用 (9.12) 式中的前两个式子消去 x_0，将 $x_i = \dfrac{Q}{q_i}$ 代入解出 Q，由 $x_i = \dfrac{Q}{q_i}(1 \leqslant i \leqslant 5)$，$x_0 = 1 - \sum_{i=1}^{5}(1 + p_i)x_i$ 求出最优解。

用所给数据可以算得如下结果：

当 $R = 0.03$ 时，$x_0 = 1, x_1 = x_2 = x_3 = x_4 = x_5 = 0, Q = 0$；

当 $R = 0.26/1.01$ 时，$x_0 = x_2 = x_3 = x_4 = x_5 = 0, x_1 = 1/1.01, Q = 0.024/1.01$；

当 $R \in (0.03, 0.26/1.01)$ 时，

$$Q = \frac{R-0.03}{40.1721}, \quad x_1 = \frac{R-0.03}{0.9641}, \quad x_2 = \frac{R-0.03}{0.6428}, \quad x_3 = \frac{R-0.03}{2.0889},$$

$$x_4 = \frac{R-0.03}{0.8838}, \quad x_5 = \frac{R-0.03}{0.6026},$$

$$x_0 = 1 - 1.01x_1 - 1.02x_2 - 1.045x_3 - 1.065x_4 - 1.02x_5。$$

应用 matlab 软件画出了 Q 随 R 变化的图形,如图 9.5 所示。

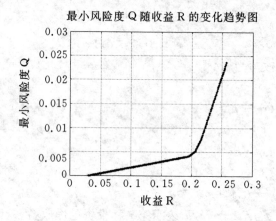

图 9.5

(2) 固定风险 Q 使总收益 R 最大

固定 Q 使 R 最大,将模型(9.10)转化为

$$\max R = \sum_{i=0}^{5}(r_i - p_i)x_i$$

$$\text{s.t.} \begin{cases} x_i q_i \leqslant Q \\ \sum_{i=0}^{5}(1+p_i)x_i = 1 \\ x_i \geqslant 0, (i=0,1,\cdots,5) \end{cases} \quad (9.13)$$

这是一个线性规划问题,对于每一个 Q,用模型(9.13)都能求出最优方案和最大收益率 R。由净收益率表达式 $\rho_i = (r_i - p_i)/(1+p_i)$ 直观上看,ρ_i 越大,x_i 应越大才能达到最优解,在理论上可以证明:若 $(x_0, x_1, \cdots, x_5)$ 是模型(9.13)的最优解,如果 $\rho_i > \rho_j$,$x_j > 0$,则 $x_i = Q/q_i$。

由上述结论,可将 ρ_i 从大到小排序,使 ρ_i 最大的 k 应尽量满足 $x_k q_k = Q$,若还有多余资金,再投资 ρ_i 次大的。对于不同的 Q,会有不同的投资方案,可以算出 Q 的临界值,从而确定各项目的投资值。

为了能够给不同风险承受能力的投资者提供某种风险水平下的最优投资

组合的决策方案,应该确定最优收益值 R 和风险度 Q 的值之间的对应关系。

将模型(9.13)改写成如下形式:

$$\max R = (r_0 - p_0)x_0 + (r_1 - p_1)x_1 + \cdots + (r_5 - p_5)x_5$$

$$\text{s.t.} \begin{cases} x_0 + 1.01x_1 + 1.02x_2 + 1.045x_3 + 1.065x_4 + 1.02x_5 = 1 \\ 0.024x_1 \leqslant Q \\ 0.016x_2 \leqslant Q \\ 0.052x_3 \leqslant Q \\ 0.022x_4 \leqslant Q \\ 0.015x_5 \leqslant Q \\ x_i \geqslant 0 (i = 0,1,2,3,4,5) \end{cases}$$

编写 matlab 程序,从风险度 $Q=0$ 开始,以每次增加 0.001 的风险度进行搜索,将最优收益值 R 和风险度 Q 以及投资额之间的对应关系列为表 9.26(部分结果)。

表 9.26 最优收益值 R 和 Q 数值表

风险度 Q	最优收益 R	投资 S_i 的资金百分比 x_i ($i=0,1,2,3,4,5$.)					
		x_0	x_1	x_2	x_3	x_4	x_5
0	0.0300	1.0000	0.0000	0.0000	0.0000	0.0000	0.0000
0.0010	0.0702	0.7577	0.0417	0.0625	0.0192	0.0455	0.0667
0.0020	0.1103	0.5153	0.0833	0.1250	0.0385	0.0909	0.1333
0.0040	0.1907	0.0306	0.1667	0.2500	0.0769	0.1818	0.2667
0.0060	0.2092	0.0000	0.2500	0.3750	0.1154	0.0000	0.2396
0.0080	0.2167	0.0000	0.3333	0.4927	0.1538	0.0000	0.0000
0.0100	0.2219	0.0000	0.4167	0.3708	0.1923	0.0000	0.0000
0.0120	0.2271	0.0000	0.5000	0.2489	0.2308	0.0000	0.0000
0.0140	0.2322	0.0000	0.5833	0.1269	0.2692	0.0000	0.0000
0.0160	0.2374	0.0000	0.6667	0.0051	0.3077	0.0000	0.0000
0.0180	0.2426	0.0000	0.7500	0.0000	0.2321	0.0000	0.0000
0.0200	0.2477	0.0000	0.8333	0.0000	0.1515	0.0000	0.0000
0.0220	0.2529	0.0000	0.9167	0.0000	0.0710	0.0000	0.0000
0.0240	0.2574	0.0000	0.9901	0.0000	0.0000	0.0000	0.0000
0.0250	0.2574	0.0000	0.9901	0.0000	0.0000	0.0000	0.0000

应用 matlab 软件画出了最优收益 R 随风险度 Q 变化的图形,如图 9.6 所示。

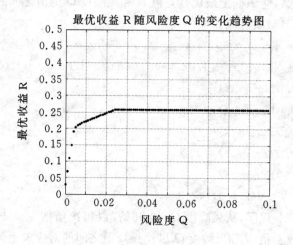

图 9.6

从表 9.26 可以看出,风险越大,收益也越大。冒险的投资者可能会集中投资,而保守的投资者则会尽量分散投资。显然,在风险度 Q 从 0.0000 增长到 0.0080 过程中,风险增加很少时,收益增加很快;而风险度 Q 在 0.0080 之后,风险增加很大时而收益却增加的很缓慢,图 9.6 表现了最优收益值 R 和风险度 Q 的关系。由于风险度 Q 从 0.0240 之后,最优收益 R 已经达到最大,不再增加,所以对于一般投资者来说,选择 $Q=0.0240, R=0.2574$ 时的方案才为最优投资组合方案。

(3) 使 R/Q 最大或 Q/R 最小的模型

按照单位风险所获收益最大原则,建立如下模型

$$\max R/Q$$

$$\text{s.t.} \begin{cases} \sum_{i=0}^{5}(1+p_i)x_i = 1 \\ x_i \geqslant 0, (i=0,1,\cdots,5) \end{cases}$$

也可按单位收益所承担风险最小原则建立模型

$$\min Q/R$$

$$\text{s.t.} \begin{cases} \sum_{i=0}^{5}(1+p_i)x_i = 1 \\ x_i \geqslant 0, (i=0,1,\cdots,5) \end{cases}$$

以上两个模型都属于非线性模型,求解比较困难。

(4) 偏好系数模型

根据投资人对收益或风险的偏好,适当选取偏好系数 $\mu(0 \leqslant \mu \leqslant 1)$,建立模型

$$\max[(1-\mu)R - \mu Q]$$

$$\text{s.t.} \begin{cases} \sum_{i=0}^{5} x_i(1+p_i) = 1, \\ x_i q_i \leqslant Q, \\ x_i \geqslant 0, (i = 0,1,2,3,4,5.) \end{cases}$$

具体数据可应用参数规划法进行计算。

附录：求解模型(9.12)的 matlab 程序(求解模型(9.13)的 matlab 程序类似，在此省略)

```
>> R=0.03
>> while R<0.26/1.01;
C= [0 0 0 0 0 1];
A= [0 0.024 0 0 0 0 -1;0 0 0.016 0 0 0 -1;0 0 0 0.052 0 0 -1;0 0 0 0 0.022 0 -1;0 0 0 0 0 0.015 -1];
B= [0;0;0;0;0];
Aeq= [0.03 0.26 0.2 0.205 0.165 0.19 0;1 1.01 1.02 1.045 1.065 1.02 0];
Beq= [R;1];
Vlb= [0;0;0;0;0;0;0]; % or Vlb= zeros(7,1);
Vub= [ ];
[x,fval]= linprog(C,A,B,Aeq,Beq,Vlb,Vub);
R
Q=fval
x=x'
plot(R, Q, 'm.')
axis([0 0.3 0 0.03])
xlabel('收益 R')
ylabel('最小风险度 Q')
title('最小风险度 Q 随收益 R 的变化趋势图')
hold on
R=R+0.01;
grid on
end
R=0.26/1.01;
C= [0 0 0 0 0 0 1];
```

```
A= [0 0.024 0 0 0 0 -1;0 0 0.016 0 0 0 -1;0 0 0 0.052 0 0 -1;0 0 0 0
0.022 0 -1;0 0 0 0 0 0.015 -1];
B= [0;0;0;0;0];
Aeq= [0.03 0.26 0.2 0.205 0.165 0.19 0;1 1.01 1.02 1.045 1.065 1.02
0];
Beq= [R;1];
Vlb= [0;0;0;0;0;0;0]; or Vlb= zeros(7,1);
Vub= [ ];
[x,fval]= linprog(C,A,B,Aeq,Beq,Vlb,Vub)
```

9.6 动态规划模型

一、问题背景

一个系统依据某种方式分为许多个不同的阶段,这些阶段不仅有着次序推移性,而且相互间有着依赖和影响。系统最优决策问题要求在系统每个阶段所提供的多种方案(决策)中,选择一个合适的决策,使整个系统达到最优。动态规划是解决多阶段决策过程最优化的一种数学方法。

在多阶段决策过程中,每个阶段决策的选择,不仅要依据次序来考查某阶段的效果,更要顾及此决策对以后各阶段决策的影响,特别是对以后各个阶段决策的影响。各个阶段所做的决策形成确定整个系统的决策序列,称这样的决策序列为系统的一个策略。对应某一确定的策略,整个系统依据某种数量指标衡量其优劣,在所有允许策略集合中确定一个达到最优指标的最优策略。这种衡量系统的指标一般取最大值或最小值的策略。因此,多阶段决策过程也是一个可以构成多个变量的最优化问题。动态规划就是解决此类多阶段决策过程的最优化方法。

二、动态规划的基本原理

1. 引例

最短路线问题。某人要从城市 A 到城市 E 旅行,途中经过三个中间停留站,且每个中间停留站有几个不同的城市可供选择,选择不同的中间站旅行的距离是不同的,两点之间的连线上的数字表示两点间的距离,如图 9.7 所示。试求一条从 A 到 E 的旅行线路,使总距离最短。

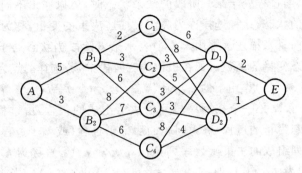

图 9.7

对于这样一个比较简单的问题,可直接使用枚举法列举所有从 A 到 E 的路线,共有 $2\times 3\times 2\times 1=12$ 条不同的路线,比较这 12 条不同路线的距离,最短距离的路线为: $A\to B_1\to C_2\to D_1\to E$,相应最小值为 13。显然,当路线数不多时这种方法是有效的,但当中间停留站和路线很多时,这种方法的计算量将大大增加,甚至在计算机上也无法实现。所以必须寻找更好的一般方法,动态规划正是解决此类问题的方法。为使动态规划的思想和方法便于数学描述,下面先引入动态规划中基本概念。

2. 动态规划的基本概念

(1) **阶段** 把所给问题的过程,恰当地分为若干个相互联系的阶段,以便能按一定的次序去求解。描述阶段的变量称为阶段变量,常用 k 表示。阶段的划分,一般是根据时间和空间的自然特征来划分,但要便于把问题的过程转化为多阶段决策的过程,如引例中,可将问题分为 4 个阶段来求解,$k=1,2,3,4$。

(2) **状态** 状态表示每个阶段开始所处的自然状况或客观条件,它描述了研究问题过程的状况。在引例中,状态就是某阶段的出发位置。它既是该阶段某支路的起点,又是下一阶段某支路的终点。通常一个阶段有若干个状态,第一阶段状态为 $\{D_1,D_2\}$,第二阶段状态为 $\{C_1,C_2,C_3,C_4\}$,一般第 k 阶段的状态就是第 k 阶段所有始点的集合。

描述过程状态的变量称为状态变量。它可用一个数或一向量来表示,常用 s_k 表示第 k 阶段的状态变量。如在引例中第三阶段有两个状态,我们记 $s_3=\{B_1,B_2\}$。

动态规划的状态应具有下面的性质:如果某阶段状态给定后,则在这阶段以后过程的发展不受这阶段以前各阶段状态的影响。换句话说,过程的过去历史只能通过当前的状态去影响它未来的发展,当前的状态是以往历史的一个总结,这个性质称为无后效性。

（3）**决策**　当过程处于某一阶段的某个状态时，可以作出不同的选择，从而确定下一阶段的状态，这种选择称为决策。描述决策的变量，称为决策变量，它可用一个数或向量来描述。常用 $x_k(s_k)$ 表示第 k 阶段当状态处于 s_k 时的决策变量。它是状态变量的函数。如在引例第二阶段中，若选择的点为 D_1，则 D_1 是状态 C_1 在决策 $x_2(C_1)$ 作用下的一个新状态，记 $x_2(C_1)=D_1$。

（4）**策略**　策略是一个按顺序排列的决策组成的集合，由过程的第 k 阶段开始到终止状态为止的过程，称为问题的后部子过程（或 k 子过程）。由每段的决策按顺序排列组成的决策函数序列 $\{x_1(s_1),\cdots,x_k(s_k)\}$ 称为 k 子过程策略，简称子策略，记为 $p_{k,n}(s_k)$，即 $p_{k,n}(s_k)=\{x_1(s_1),\cdots,x_k(s_k)\}$，当 $k=n$ 时，此决策函数序列称为全过程的一个策略，简称策略，记为 $p_{n,n}(s_n)$，即 $p_{n,n}(s_n)=\{x_1(s_1),x_2(s_2),\cdots,x_n(s_n)\}$。

（5）**状态转移方程**　状态转移方程是确定过程由一个状态到另一个状态的演变过程。若给定第 $k+1$ 阶段状态变量 s_{k+1} 的值，如果该段的决策变量 x_{k+1} 确定后，第 k 阶段的状态变量 s_k 的值就完全确定。这种确定的对应关系记为 $s_k=T_{k+1}(s_{k+1},x_{k+1})$，它描述了由 $k+1$ 阶段到 k 阶段的状态转移规律，称为状态转移方程，T_{k+1} 称为状态转移函数。

（6）**指标函数和最优值函数**　用来衡量所实现过程优劣的一种数量指标，称为指标函数。指标函数的最优值，称为最优值函数，记为 $f_k(s_k)$，它表示从第 k 阶段的状态 s_k 开始到第 n 阶段的终止状态的过程，采取最优策略所得到的指标函数值。在不同问题中，指标函数的含义是不同的，它可能是距离、利润、成本等。

3. 动态规划的最优化原理

动态规划方法是基于贝尔曼等人提出的最优化原理，这个最优化原理指出："作为整个过程的最优策略具有这样的性质，即无论过去的状态和决策如何，对前面的决策所形成的状态而言，余下的诸决策必须构成最优策略。"简而言之，一个最优策略的子策略总是最优的。利用这一原理，可以把多阶段决策问题的求解过程表示成一个连续的递推过程，由后向前逐步计算。在求解时，前面的各状态与决策，对后面的子过程来说，只相当于初始条件，并不影响后面子过程的最优决策。

下面结合最短路线问题来介绍动态规划方法的基本思想和最优化原理。最短路线有一个重要特性：如果由起点 A 经过点 P 和点 H 而到达终点 E 是一条最短路线，则由点 P 出发经过点 H 到达终点 E 的这条子路线，对于从点 P 出发到达终点 E 的所有可能选择的不同路线来说，必定也是最短路线。例如，在最短路线问题中，若找到了 $A\to B_1\to C_2\to D_1\to E$ 是由 A 到 E 的最短路线，则

$C_2 \to D_1 \to E$ 应该是由 C_2 出发到 E 的所有可能路线的最短路线。

根据最短路线这一特性,寻找最短路线的方法,就是从最后一段开始,用由后向前逐步递推的方法,求出各点到 E 的最短路线,最后求得由 A 到 E 的最短路线,所以动态规划的方法是从终点逐段向始点方向寻找最短路线的一种方法。

下面按照动态规划的方法,将引例从最后一段开始计算,然后逐步推移至 A 点。

当 $k=1$ 时,由 D_1 到终点 E 只有一条路线,故 $f_1(D_1)=2$,同理 $f_1(D_2)=1$。

当 $k=2$ 时,出发点有 C_1、C_2、C_3 和 C_4 四个,若从 C_1 出发,则

$$f_2(C_1) = \min\begin{Bmatrix} d_2(C_1, D_1) + f_1(D_1) \\ d_2(C_1, D_2) + f_1(D_2) \end{Bmatrix} = \min\begin{Bmatrix} 6+2 \\ 8+1 \end{Bmatrix} = 8$$

其相应的决策为 $x_2(C_1)=D_1$,这说明由 C_1 至终点 E 的最短距离为 8,最短路线为 $C_1 \to D_1 \to E$。

同理,从 C_2、C_3 和 C_4 出发,有

$$f_2(C_2) = \min\begin{Bmatrix} d_2(C_2, D_1) + f_1(D_1) \\ d_2(C_2, D_2) + f_1(D_2) \end{Bmatrix} = \min\begin{Bmatrix} 3+2 \\ 5+1 \end{Bmatrix} = 5$$

其相应的决策为 $x_2(C_2)=D_1$。

$$f_2(C_3) = \min\begin{Bmatrix} d_2(C_3, D_1) + f_2(D_1) \\ d_2(C_3, D_2) + f_2(D_2) \end{Bmatrix} = \min\begin{Bmatrix} 3+2 \\ 3+1 \end{Bmatrix} = 4$$

其相应的决策为 $x_2(C_3) = D_2$。

$$f_2(C_4) = \min\begin{Bmatrix} d_2(C_4, D_1) + f_1(D_1) \\ d_2(C_4, D_2) + f_1(D_2) \end{Bmatrix} = \min\begin{Bmatrix} 8+2 \\ 4+1 \end{Bmatrix} = 5$$

其相应的决策为 $x_2(C_4) = D_2$。

类似地,可算得当 $k=3$ 时,有

$f_3(B_1) = 8, x_3(B_1) = C_2,\ f_3(B_2) = 11, x_3(B_2) = C_3$ 或 $x_3(B_2) = C_4$

当 $k=4$ 时,出发点只有一个 A 点,则

$$f_4(A) = \min\begin{Bmatrix} d_4(A, B_1) + f_3(B_1) \\ d_4(A, B_2) + f_3(B_2) \end{Bmatrix} = \min\begin{Bmatrix} 5+8 \\ 3+11 \end{Bmatrix} = 13$$

且 $x_4(A) = B_1$。于是得到从起点 A 到终点 E 的最短距离为 13。

因而最短路线为 $A \to B_1 \to C_2 \to D_1 \to E$。

从上面的计算过程中可以看出,在求解的各个阶段,利用了 k 阶段与 $k+1$ 阶段之间的递推关系:

$$\begin{cases} f_{k+1}(s_{k+1}) = \min\{d_{k+1}(s_{k+1}, x_{k+1}) + f_k(x_k(s_k))\}, & k=1,2,3,4 \\ f_0(s_0) = 0 \end{cases}$$

一般情况下，k 阶段与 $k+1$ 阶段的递推关系式可写为

$$\begin{cases} f_{k+1}(s_{k+1}) = opt\{v_{k+1}(s_{k+1},x_{k+1}) + f_k(s_k)\}, & k=1,2,\cdots,n \\ f_0(s_0) = 0 \end{cases}$$

其中 $v_k(s_k,x_k)$ 是阶段指标，这种递推关系称为动态规划的基本方程，$f_0(s_0)=0$ 称为边界条件。

上述求解动态规划的过程，是由终点逆推至始点，故这种解法称为逆序解法。当然，对某些动态规划问题也可采用顺序解法，其原理和逆序解法相同。

三、动态规划应用案例

1. 背包问题

背包问题的一般提法是：一位旅行者携带背包去登山，他所能承受的背包重量最多为 a 千克，现有 n 中物品可供选择装入背包，第 i 种物品的单位重量为 a_i 千克，其价值为携带量函数 $c_i(x_i)$。问旅行者应如何选择携带各种物品的件数，使得总价值最大？

背包问题应用范围很广，车、船、飞机等工具的最优装载问题都属于背包问题。

设 x_i 为 i 种物品装入的件数，则背包问题可归结为如下的整数规划模型

$$\max z = \sum_{i=1}^{n} c_i(x_i)$$

$$\text{s.t.} \begin{cases} \sum_{i=1}^{n} a_i x_i \leqslant a \\ x_i \geqslant 0 \text{ 且为整数}, \quad i=1,2,\cdots,n \end{cases}$$

上述模型可用动态规划建模求解。

阶段变量 k 表示将可装入物品按 $1,2,\cdots,n$ 排序，每段装一种物品，共划分为 n 阶段，即 $k=1,2,\cdots,n$；状态变量 s_k 表示在第 k 阶段，背包中允许装入的从第 1 种物品到第 k 种物品的总重量；决策变量 x_k 表示装入第 k 种物品的件数，状态转移方程为

$$s_{k+1} = s_k + a_{k+1} x_{k+1}$$

允许决策集合为 $D_k(s_k) = \{x_k \mid 0 \leqslant x_k \leqslant [s_k/a_k], x_k \text{ 为整数}\}$，其中 $[s_k/a_k]$ 表示不超过 s_k/a_k 的最大整数。

最优指标函数 $f_k(s_k)$ 表示在背包中允许装入的第 1 种到第 k 种物品总重量不超过 s_k 千克时所获得的最大价值。

动态规划的递推公式为

$$\begin{cases} f_{k+1}(s_{k+1}) = \max_{0 \leq x_{k+1} \leq \lceil s_{k+1}/a_{k+1} \rceil} \{c_{k+1}(x_{k+1}) + f_k(s_k)\}, k = 0,1,2,\cdots,n-1 \\ f_0(s_0) = 0 \end{cases}$$

利用上面这个递推关系式求解出 $f_n(a)$ 即为所求最大价值。

当 x_i 的取值仅为 0 或 1 时,则模型为 0-1 背包问题。

2. 随机采购问题

某公司打算在 5 周内采购一批原料,未来五周的原料价格是随机的,可能性有三种,分别为 500、600、700,相应概率分别为 0.3、0.3、0.4。该部门由于生产需要,必须在五周内采购这批原料,若第一周价格很高,可以等到第二周;同样的第二周如果对价格不满意,可以等到第三周。类似的未来几周可能选择等待或者购买,但必须保证第五周时采购了该原料。问该采取哪种采购方案,才能使得采购费用最小?

设 n 为阶段数(周),s_n 为第 n 周价格,$f_n(s_n)$ 表示当第 n 周价格为 s_n 时,按最优策略进行采购时所花费的最低费用。(这里假设前 $n-1$ 周都没有进行采购)。

若前四周没有采购,则第五周必须采购,即

$$f_5(s_5) = \begin{cases} 500, s_5 = 500 \\ 600, s_5 = 600 \\ 700, s_5 = 700 \end{cases}$$

下面考虑第四周,用 s_k^E 表示第 k 周等待以后采购的期望值,则
$s_4^E = 500 \times 0.3 + 600 \times 0.3 + 700 \times 0.4 = 610$

$$f_4(s_4) = \min\{s_4, s_4^E\} = \min\{s_4, 610\} = \begin{cases} 500, s_4 = 500 \\ 600, s_4 = 600 \\ 610, s_4 = 700 \end{cases}$$

即在第四周的价格如果为 500 或 600 时选择采购,700 时选择等待。

考虑第三周,因为
$s_3^E = 0.3 \times 500 + 0.3 \times 600 + 0.4 \times 610 = 574$

所以 $f_3(s_3) = \min\{s_3, s_3^E\} = \min\{s_4, 574\} = \begin{cases} 500, s_3 = 500 \\ 574, s_3 = 600 \\ 574, s_3 = 700 \end{cases}$

即在第三周的价格如果为 500 时选择采购,否则选择等待。

考虑第二周,因为
$s_2^E = 0.3 \times 500 + 0.3 \times 574 + 0.4 \times 574 = 551$

所以 $f_2(s_2) = \min\{s_2, s_2^E\} = \min\{s_2, 551\} = \begin{cases} 500, s_2 = 500 \\ 551, s_2 = 600 \\ 551, s_2 = 700 \end{cases}$

对第一周,因为
$s_1^E = 0.3 \times 500 + 0.3 \times 551 + 0.4 \times 551 = 535.7$

所以 $f_1(s_1) = \min\{s_1, s_1^E\} = \min\{s_1, 535.7\} = \begin{cases} 500, s_1 = 500 \\ 535.7, s_1 = 600 \\ 535.7, s_1 = 700 \end{cases}$

最优的采购策略为:第 1,2,3 周的市场价格为 500 时选择采购,否则等待;第四周时,若市场价格为 500 或 600 时选择采购,否则等待;若等到第五周,只能采购。

9.7 非线性规划模型

一、问题背景

如果目标函数或约束条件中包含非线性函数,就称这种规划问题为非线性规划问题。一般说来,解非线性规划要比解线性规划问题困难得多。而且,也不像线性规划有单纯形法这一通用方法,非线性规划目前还没有适于各种问题的一般算法,各个方法都有自己特定的适用范围。

下面通过实例给出非线性规划数学模型的一般形式,并介绍有关非线性规划的基本概念。

引例 某商店经销 A、B 两种产品,售价分别为 20 和 380 元。据统计,售出一件 A 产品的平均时间为 0.5 小时,而售出一件 B 产品的平均时间与其销售的数量成正比,表达式为 $1+0.2n$,其中 n 表示 B 产品售出数量。若该商店总的营业时间为 1000 小时,试确定使其营业额最大的营业计划。

设 x_1 和 x_2 分别代表商店经销 A、B 两种产品的件数,于是有如下数学模型
$$\max f(x) = 20x_1 + 380x_2$$
$$\text{s.t. } \begin{cases} 0.5x_1 + x_2 + 0.2x_2^2 \leqslant 1000 \\ x_1 \geqslant 0, x_2 \geqslant 0 \end{cases}$$

上面模型是在一组等式或不等式的约束下,求一个函数的最大值(或最小值)问题,其中目标函数或约束条件中至少有一个非线性函数,这类问题为非线性规划问题。

二、非线性规划模型的基本概念

非线性规划问题的一般形式为

$$\min f(x)$$
$$\text{s.t.} \begin{cases} g_i(x) = 0, & i = 1, \cdots, p \\ h_j(x) \leqslant 0, & j = 1, \cdots, q \end{cases} \quad (9.14)$$

其中 $x = (x_1 \ \cdots \ x_n)^T$ 称决策变量,f 称为目标函数,$g_i(i=1,\cdots,p)$ 和 $h_j(j=1,\cdots,q)$ 称为约束函数。$g_i(x) = 0 \ (i=1,\cdots,p)$ 称为等式约束,$h_j(x) \leqslant 0 \ (j=1,\cdots,q)$ 称为不等式约束。求目标函数的最大值或约束条件为大于等于零的情况,都可通过取其相反数化为上述一般形式

特别称 $\min f(x), \quad x \in \mathbf{R}^n$

为无约束极值问题。

称

$$\min \frac{1}{2} x^T H x + C x$$
$$\text{s.t.} \quad A x \leqslant b$$

为二次规划问题。其中 H 是实对称矩阵,C 为行向量,目标函数为自变量 x 的二次函数,约束条件则全是线性函数。

定义 9.2 把满足问题 (9.14) 中条件的解 $x \in \mathbf{R}^n$ 称为可行解,所有可行点的集合称为可行集(或可行域),记为 D。即

$$D = \{X \mid h_j(x) \leqslant 0, g_i(x) = 0, x \in \mathbf{R}^n\},$$

问题 (9.14) 可简记为 $\min\limits_{x \in D} f(x)$。

定义 9.3 对于问题 (9.14),设 $x^* \in D$,若存在 $\delta > 0$,使得对一切 $x \in D$,且 $\|x - x^*\| < \delta$,都有 $f(x^*) \leqslant f(x)$,则称 x^* 是 $f(x)$ 在 D 上的局部极小值点(局部最优解)。特别地当 $x \neq x^*$ 时,若 $f(x^*) < f(x)$,则称 x^* 是 $f(x)$ 在 D 上的严格局部极小值点(严格局部最优解)。

定义 9.4 对于问题 (9.14),设 $x^* \in D$,对任意的 $x \in D$,都有 $f(x^*) \leqslant f(x)$ 则称 x^* 是 $f(x)$ 在 D 上的全局极小值点(全局最优解)。特别地当 $x \neq x^*$ 时,若 $f(x^*) < f(x)$,则称 x^* 是 $f(x)$ 在 D 上的严格全局极小值点(严格全局最优解)。

三、非线性规划的基本解法简介

因为非线性规划目前还没有适用于各种问题的一般算法,所有非线性规划问题最终都是通过一系列的线搜索来求解的,限于篇幅省略。本节重点给出非线性规划求解的 matlab 方法。

1. 无约束极值问题求解方法

求解无约束极值问题通常采用迭代法,迭代法可大体分为两大类:一类要用到函数的一阶导数或二阶导数,由于此种方法涉及函数的解析性质,故称为解析法;另一类在迭代过程中只用到函数的数值,而不要求函数的解析性质,故称为直接法。一般来讲,直接法的收敛速度较慢,只有在变量较少时才能使用。当然,直接法也有其自身的长处,那就是它的迭代过程简单,并能处理导数难以求得或根本不存在的函数极值问题。

2. 有约束问题求解方法

求解有约束规划问题要比求解无约束问题更困难。对极小化问题来说除了要使目标函数在每次迭代时有所下降之外,还要时刻注意解的可行性。求解带有约束条件的非线性规划问题常见的方法是:将约束问题化为无约束问题,将非线性规划转化为线性规划。

(1)近似规划法

近似规划法的基本思想是将非线性规划问题中的目标函数和约束条件近似为线性函数,并限制变量的取值范围,从而得到一个近似线性规划问题。对近似线性规划问题求解可得原问题的一个近似解,从这个近似解出发,重复以上步骤,产生一个由线性规划最优解组成的序列。这样的序列往往收敛于非线性规划问题的最优解。

(2)罚函数法

罚函数法的基本思想是通过构造罚函数将非线性规划问题的求解转化为求解一系列无约束极值问题,这类方法也称为序列无约束最小化方法,该方法主要有两种形式,一种叫外罚函数法,另一种叫内罚函数法。

若非线性规划问题为

$$\min f(x)$$
$$\text{s.t.} \begin{cases} g_i(x) \leqslant 0, i=1,\cdots,r \\ h_i(x) \geqslant 0, i=1,\cdots,s \\ k_i(x) = 0, i=1,\cdots,t \end{cases}$$

取一个充分大的数 $M>0$,构造函数

$$P(x,M) = f(x) + M\sum_{i=1}^{r}\max(g_i(x),0) - M\sum_{i=1}^{s}\min(h_i(x),0) + M\sum_{i=1}^{t}|k_i(x)|$$

或 $P(x,M) = f(x) + M_1\max(G(x),0) + M_2\min(H(x),0) + M_3\|K(x)\|$

其中 $G(x) = \begin{bmatrix} g_1(x) \\ \vdots \\ g_r(x) \end{bmatrix}, H(x) = \begin{bmatrix} h_1(x) \\ \vdots \\ h_s(x) \end{bmatrix}, K(x) = \begin{bmatrix} k_1(x) \\ \vdots \\ k_t(x) \end{bmatrix}, M_1, M_2, M_3$ 为适当

的行向量,则以目标函数 $P(x,M)$ 为目标函数的无约束极值问题 $\min P(x,M)$ 的最优解 x 也是原问题的最优解。

3. 求解非线性规划的 matlab 命令

(1) 有约束非线性规划问题

matlab 中非线性规划的数学模型写成以下形式:

$$\min f(x)$$

$$\text{s. t.} \begin{cases} Ax \leqslant B \\ Aeq \cdot x = Beq \\ C(x) \leqslant 0 \\ Ceq(x) = 0 \end{cases}$$

其中 $f(x)$ 是标量函数,A,B,Aeq,Beq 是相应维数的矩阵和向量,$C(x),Ceq(x)$ 是非线性向量函数。

解非线性规划的 matlab 命令为

x=fmincon(fun,x0,A,B,Aeq,Beq,LB,UB,nonlcon,options)

它的返回值是向量 x,其中 fun 是用 M 文件定义的函数 $f(x)$;x0 是 x 的初始值;A,B,Aeq,Beq 是线性约束 $AX \leqslant B, AeqX = Beq$ 的系数阵,如果没有约束则 A=[],B=[],Aeq=[],Beq=[];LB 和 UB 是变量 x 的下界和上界,如果上界和下界没有约束,则 LB=[],UB=[],如果 x 无下界,则 LB=-inf,如果 x 无上界,则 UB=inf;nonlcon 是用 M 文件定义的非线性向量函数 $C(x),Ceq(x)$;options 定义了优化参数,可以使用 matlab 缺省的参数设置。

例 9.4 求下列非线性规划问题

$$\min f = -x_1 - 2x_2 + \frac{1}{2}x_1^2 + \frac{1}{2}x_2^2$$

$$\text{s. t.} \begin{cases} 2x_1 + 3x_2 \leqslant 6 \\ x_1 + 4x_2 \leqslant 5 \\ x_1 \geqslant 0, x_2 \geqslant 0 \end{cases}$$

解 先建立 M-文件 fun1.m:

function f=fun1(x);

f=-x(1)-2*x(2)+(1/2)*x(1)^2+(1/2)*x(2)^2

再建立主程序

x0=[1;1];

A=[2 3 ;1 4]; b=[6;5];

Aeq=[];Beq=[];

LB=[0;0]; UB=[];

[x,fval]=fmincon('fun1',x0,A,b,Aeq,Beq,LB,UB)

运算结果为

x = 0.7647   1.0588, fval = −2.0294

(2) 无约束非线性规划问题

matlab 中无约束极值问题写成 $\min_{x} f(x)$，其中 x 是一个向量，$f(x)$ 是一个标量函数。

matlab 中的基本命令是

[x,fval]=fminunc(fun,x0,options,P1,P2,⋯)

它的返回值是向量 x 的值和函数的极小值。fun 是一个 M 文件，当 fun 只有一个返回值时，它的返回值是函数 $f(x)$；当 fun 有两个返回值时，它的第二个返回值是 $f(x)$ 的一阶导数行向量；当 fun 有三个返回值时，它的第三个返回值是 $f(x)$ 的二阶导数阵(Hessian 阵)。x0 是向量 x 的初始值，options 是优化参数，使用缺省参数时，options 为空矩阵。P1,P2 是可以传递给 fun 的一些参数。

例 9.5 求函数 $f(x)=100(x_2-x_1^2)^2+(1-x_1)^2$ 的最小值。

解 编写 M 文件 fun2.m 如下：

function f=fun2(x);
f=100*(x(2)−x(1)^2)^2+(1−x(1))^2;

在 matlab 命令窗口输入

x=fminunc('fun2',rand(1,2))

运算结果为

x=1.0000   1.0000

f=6.1785e−011

求多元函数的极值也可以使用 matlab 命令

[x,fval]=fminsearch(fun,x0,options,P1,P2,⋯)

例 9.6 用罚函数法求非线性规划问题

$$\min f(x) = x_1^2 + x_2^2 + 8$$

$$\text{s.t.} \begin{cases} x_1^2 - x_2 \geq 0 \\ -x_1 - x_2^2 + 2 = 0 \\ x_1, x_2 \geq 0. \end{cases}$$

解 编写 M 文件 test.m

function g=test(x);
M=50000;
f=x(1)^2+x(2)^2+8;

g=f-M*min(x(1),0)-M*min(x(2),0)-M*min(x(1)^2-x(2),0)
+M*abs(-x(1)-x(2)^2+2);

在 matlab 命令窗口输入

[x,y]=fminunc('test',rand(2,1))

运算结果为 x = 0.8214 0.4447, y=4.9050e+004

(3)二次规划

matlab 中二次规划的数学模型为

$$\min \frac{1}{2}x^\mathrm{T}Hx + Cx$$

$$\text{s.t.} \begin{cases} Ax \leqslant b \\ Aeq \cdot x = Beq \\ LB \leqslant x \leqslant UB \end{cases}$$

这里 H 是实对称矩阵,C 是行向量,b,Beq,LB,UB 是列向量,A,Aeq 是相应维数的矩阵。

matlab 中求解二次规划的命令是

[x,fval]=quadprog(H,C,A,b,Aeq,Beq,LB,UB,x0,options)

x 的返回值是向量,fval 的返回值是目标函数在 x 处的值。

例 9.7 求解二次规划

$$\min f(x_1,x_2) = x_1^2 - 2x_1x_2 + 2x_2^2 - 2x_1 - 6x_2$$

$$\text{s.t.} \begin{cases} x_1 + x_2 \leqslant 2 \\ -x_1 + 2x_2 \leqslant 2 \\ x_1, x_2 \geqslant 0 \end{cases}$$

解 将问题写成标准形式为

$$\min f = (x_1, x_2)\begin{pmatrix} 1 & -1 \\ -1 & 2 \end{pmatrix}\begin{bmatrix} x_1 \\ x_2 \end{bmatrix} + \begin{pmatrix} -2 \\ -6 \end{pmatrix}^\mathrm{T}\begin{bmatrix} x_1 \\ x_2 \end{bmatrix}$$

$$\text{s.t.} \begin{pmatrix} 1 & 1 \\ -1 & 2 \end{pmatrix}\begin{bmatrix} x_1 \\ x_2 \end{bmatrix} \leqslant \begin{pmatrix} 2 \\ 2 \end{pmatrix}$$

$$\begin{pmatrix} 0 \\ 0 \end{pmatrix} \leqslant \begin{bmatrix} x_1 \\ x_2 \end{bmatrix}$$

在 matlab 命令窗口输入

H=[1 -1;-1 2];
c=[-2 ;-6];A=[1 1; -1 2];b=[2;2];
Aeq=[];Beq=[]; LB=[0;0];UB=[];
[x,z]=quadprog(H,c,A,b,Aeq,Beq,LB,UB)

运算结果为

x＝0.6667　1.3333,　f＝－8.2222

四、非线性规划建模案例

1. 选址问题

某公司有6个建筑工地要开工,每个工地的位置(用平面坐标系 a,b 表示,距离单位:km)及水泥日用量 d (单位:t)由表9.27给出。现计划建两个临时料场,日储量各有20t。假设从料场到工地之间均有直线道路相连。试确定料场的位置,使各料场对各建筑工地的运输量与路程乘积之和为最小。

表9.27　工地位置 (a,b) 及水泥日用量 d

工地	1	2	3	4	5	6
a	1.25	8.75	0.5	5.75	3	7.25
b	1.25	0.75	4.75	5	6.5	7.25
d	3	5	4	7	6	11

建立模型　记工地的位置为 (a_i,b_i),水泥的日用量为 $d_i(i=1,2,\cdots,6)$;料场的位置为 (x_j,y_j),日储量为 $e_j(j=1,2)$;从料场 j 向工地 i 的运送量为 x_{ij} $(i=1,2,\cdots,6;j=1,2)$。在各工地用量必须满足要求和各料场运送量不超过日储量的条件下,使总的吨千米数最小,这是非线性规划问题。可建立数学模型如下:

$$\min f = \sum_{i=1}^{6}\sum_{j=1}^{2} x_{ij} \sqrt{(x_j-a_i)^2+(y_j-b_i)^2}$$

$$\text{s.t.} \begin{cases} \sum_{j=1}^{2} x_{ij} = d_i, & i=1,2,\cdots,6 \\ \sum_{i=1}^{6} x_{ij} \leqslant e_j, & j=1,2 \\ x_{ij} \geqslant 0 \end{cases}$$

利用 matlab 编程(留给读者)求解,得两个料场的坐标分别为(6.3875,4.3943),(5.7511,7.1867),总的吨千米数最小值为105.4626。由料场A,B向6个工地运料方案见表9.28。

表 9.28 6 个工地运料方案

工地	1	2	3	4	5	6
料场 A	3	5	0.0707	7	0	0.9293
料场 B	0	0	3.9293	0	6	10.070
合计	3	5	4	7	6	11

2. 投资决策问题

某企业有 n 个项目可供选择投资,并且至少要对其中一个项目投资。已知该企业拥有总资金 A 元,投资于第 $i(i=1,\cdots,n)$ 个项目需花资金 a_i 元,并预计可收益 b_i 元。试选择最佳投资方案。

建立模型 设投资决策变量为

$$x_i = \begin{cases} 1, & \text{决定投资第 } i \text{ 个项目} \\ 0, & \text{决定不投资第 } i \text{ 个项目} \end{cases}, i=1,\cdots,n$$

则投资总额为 $\sum_{i=1}^{n} a_i x_i$,投资总收益为 $\sum_{i=1}^{n} b_i x_i$。因为该公司至少要对一个项目投资,并且总的投资金额不能超过总资金 A,故有限制条件

$$0 < \sum_{i=1}^{n} a_i x_i \leqslant A$$

由于 $x_i(i=1,\cdots,n)$ 只取值 0 或 1,所以有

$$x_i(1-x_i)=0, i=1,\cdots,n$$

最佳投资方案应是投资额最小而总收益最大的方案,所以这个最佳投资决策问题归结为总资金以及决策变量(取 0 或 1)满足限制条件下,极大化总收益和总投资之比。因此,其数学模型为

$$\max Q = \frac{\sum_{i=1}^{n} b_i x_i}{\sum_{i=1}^{n} a_i x_i}$$

$$\text{s.t.} \begin{cases} 0 < \sum_{i=1}^{n} a_i x_i \leqslant A \\ x_i(1-x_i)=0, i=1,\cdots,n \end{cases}$$

这是一个非线性规划模型。

9.8 对策论模型

一、问题背景

对策论又称博弈论,是研究具有竞争性质现象的数学理论和方法。对策论的发展历史并不长,但由于它所研究的现象与人们的政治、经济、军事活动乃至日常的生活都有着密切的关系,所以日益引起人们的广泛关注,对策论在经济学中的应用也是最广泛和最成功的。

具有竞争或对抗性质的行为称为对策行为。在对策行为中,竞争或对抗的各方各自具有不同的目标和利益,为达到自己的目标和利益,各方必须考虑对方可能采取的各种行动方案并力图选取对自己最有利或最为合理的方案。对策论就是研究对策行为中竞争各方是否存在着最合理的行动方案,以及如何寻找这个合理的行动方案的数学理论和方法。

对策行为大量存在,如日常生活中的下棋、打牌;政治生活中的选举策略、外交策略;经济生活中的谈判策略、价格策略等等,举不胜举。对策论中的对策行为具有广泛的内涵,许多表面不具有对抗性质的行为,完全可能转换为深层次上的对抗行为;如在生产过程中,如果将管理者看成对抗的一方,那么各种费用便可看成为对抗的另一方,从而构成对抗行为。

二、基本对策模型

1. 基本概念

对策现象一般包括三个基本要素:局中人、策略集和赢得函数。

(1) **局中人** 局中人指有权决定自己行动方案的对策参加者。一般要求一个对策中至少有 2 个局中人。局中人可以是人,也可以是集团,还可以把大自然看作一局中人。同时,假定各局中人都是聪明的、有理智的。

(2) **策略集** 策略集指局中人预先作出的对付其他局中人的完整的行动方案。每个局中人拥有策略的个数,可以相等,也可不等,可以是有限个,也可是无限个。其策略的全体,称为策略集。

(3) **赢得函数** 一局对策的结果,可能是胜或负、排名的前或后、物质收支的多或少等,这些统称为得失。一局对策的得失,实际上与全体局中人所选定的一组策略有关,换句话说,局中人的得失是局势的函数,通常称为赢得函数(亦称支付函数)。

对策分为静态对策和动态对策两大类。静态对策又分结盟与不结盟两种。

不结盟对策按局中人数分,有二人对策和多人对策;以结局分,有零和对策与非零和对策;以策略分,有纯策略对策、混合策略对策、有限策略对策和无限策略对策;就赢得函数的结构分,可有矩阵对策和非矩阵对策。

2. 二人有限零和对策及其一般解

二人有限零和对策是最基本、最简单的一类对策,在理论和方法上比较成熟,同时,它又是研究其他类型对策模型的基础。

(1) 二人有限零和对策的数学模型

二人有限零和对策,是指局中人仅有两个,且各自只有有限个策略可供选择,同时,在任一局势下,两个局中人的赢得之和总为零,即一局中人的所得等于另一局中人的所失,由于赢得函数可用一个矩阵表示,因而二人有限零和对策亦称矩阵对策。

一般地,用Ⅰ、Ⅱ分别表示两个局中人,并设局中人Ⅰ有 m 个纯策略 $\alpha_1, \alpha_2, \cdots, \alpha_m$,局中人Ⅱ有 n 个纯策略 $\beta_1, \beta_2, \cdots, \beta_n$,分别构成各自的策略集

$$S_1 = \{\alpha_1, \alpha_2, \cdots, \alpha_m\}$$
$$S_2 = \{\beta_1, \beta_2, \cdots, \beta_n\}$$

当局中人Ⅰ、Ⅱ分别采用纯策略 α_i, β_i 时,就形成一局势 (α_i, β_i)。设局中人Ⅰ的赢得为 $a_{ij}(i=1,2,\cdots,m; j=1,2,\cdots,n)$,则局中人的Ⅰ的赢得矩阵是

$$A = \begin{bmatrix} a_{11} & a_{12} & \cdots & a_{1n} \\ a_{21} & a_{22} & \cdots & a_{2n} \\ \vdots & \vdots & & \vdots \\ a_{m1} & a_{m2} & \cdots & a_{mn} \end{bmatrix}$$

通常将二人有限零和对策的数学模型记为 $G = \{Ⅰ, Ⅱ; S_1, S_2; A\}$ 或 $G\{S_1, S_2; A\}$。

(2) 在纯策略下对策的解法——最大最小原则

所谓最大最小原则是指在竞争的策略中,竞争的双方都依据使自己的损失达到最小的原则来选择策略,立足于不利的情况下获取最好的结果,也就是根据最大最小原则求出双方的策略对各自来说都是最稳妥的。

设矩阵对策 $G = \{S_1, S_2; A\}$,如果等式

$$\max_i \min_j \{a_{ij}\} = \min_j \max_i \{a_{ij}\} = a_{i^* j^*}$$

成立,则称此公共值 $a_{i^* j^*}$ 为对策 G 的值,记为 $V_G = a_{i^* j^*}$,称使上式成立的纯局势 $(\alpha_{i^*}, \beta_{j^*})$ 为对策 G 在纯策略下的解(或均衡局势),α_{i^*} 和 β_{j^*} 分别称为局中人Ⅰ和Ⅱ的最优纯策略。

显然,在纯策略下有解的矩阵对策,值 $a_{i^* j^*}$ 既是所在行的最小值,又是所在列的最大值,称其为鞍点。所以,这类矩阵对策亦称为有鞍点的对策。

上述事实可推广到一般情况。在纯策略下矩阵对策 $G=\{S_1,S_2;A\}$ 有解的充要条件是:存在纯局势 $(\alpha_{i^*},\beta_{j^*})$,使得对于一切 $i=1,2,\cdots,m;j=1,2,\cdots,n$ 均有 $a_{ij^*}\leqslant a_{i^*j^*}\leqslant a_{i^*j}$。这表明,当在纯策略下矩阵对策 $G=\{S_1,S_2;A\}$ 有解时,若一个局中人采用最优纯策略,另一个局中人也必须采用最优纯策略,否则对自己不利。

矩阵对策的解可以不唯一。当解不唯一时,对策的值相等,此外若 (α_1,β_1) 和 (α_2,β_2) 是对策 G 的两个解,则 (α_1,β_2) 和 (α_2,β_1) 也是对策 G 的两个解。

(3) 具有混合策略的对策

前面讨论的是在纯策略下有解的对策,即有鞍点的对策。但一般情况下,对策未必存在纯策略下的解。因此,必须把解的意义扩充,引入混合策略的概念。

给定矩阵对策 $G=\{S_1,S_2;A\}$,设

$$X=\{x \mid x=(x_1,x_2,\cdots,x_m)\geqslant 0, \sum_{i=1}^{m}x_i=1\}$$

$$Y=\{y \mid y=(y_1,y_2,\cdots,y_n)\geqslant 0, \sum_{j=1}^{n}y_j=1\}$$

对于任意 $x\in X$ 和 $y\in Y$,它们分别称为局中人 I 和 II 的混合策略,简称策略;(x,y) 称为对策 G 的混合局势,简称局势;X 和 Y 分别称为局中人 I 和 II 的混合策略集。称

$$E(x,y)=\sum_{i=1}^{m}\sum_{j=1}^{n}a_{ij}x_iy_j=xAy^T$$

为给定局势 (x,y) 时,局中人 I 的赢得,亦为 II 的付出。称

$$G^*=\{x,y;E\}$$

为对策 G 的混合扩充。

实际上,局中人 I 的混合策略 x 是 S_1 上的概率分布,即 I 分别以概率 $x_1,x_2,\cdots,x_m$ 采用策略 $\alpha_1,\alpha_2,\cdots,\alpha_m$。局中人 II 的混合策略 y 是 S_2 上的概率分布,II 分别以概率 $y_1,y_2,\cdots,y_n$ 采用策略 $\beta_1,\beta_2,\cdots,\beta_n$,而纯策略可以看作是混合策略的特例。

设 $G^*=\{x,y;E\}$ 是矩阵对策 $G=\{S_1,S_2;A\}$ 的混合扩充,若

$$\max_{x\in X}\min_{y\in Y}E(x,y)=\min_{y\in Y}\max_{x\in X}E(x,y)=E(x^*,y^*)$$

成立,称 $E(x^*,y^*)$ 为对策 G 的值,仍记为 V_G,称 (x^*,y^*) 为对策 G 在混合策略下的解。x^* 和 y^* 分别称为局中人 I 和 II 的最优混合策略,简称为最优策略。

在对解的概念推广后,有如下的对策基本定理。

定理 9.9 在混合扩充中,任何矩阵对策都有解。即存在局势 (x^*,y^*),使

对任意的 $x \in X$ 和 $y \in Y$,都有
$$E(x,y^*) \leqslant E(x^*,y^*) \leqslant E(x^*,y)$$
即 $E(x^*,y^*)$ 是对策的解。

定理 9.9 的直观意义是,局中人 Ⅰ 或 Ⅱ 谁不采用最优策略,谁就有可能受到不应有的损失。事实上,局中人 Ⅰ 希望自己期望赢得的 $E(x,y)$ 越大越好,局中人 Ⅱ 则希望自己的期望付出 $E(x,y)$ 越小越好。若局中人 Ⅰ 不采用最优策略 x^*,而采用其他策略 x,则只要局中人 Ⅱ 坚持采用最优策略 y^* 就会有 $E(x,y^*) \leqslant E(x^*,y^*)$,即局中人 Ⅰ 的期望赢得不会超过他采用最优策略时的期望值。同理,若局中人 Ⅱ 不采用最优策略 y^*,而采用其他策略 y,则他的期望付出可能会更多。

3. 二人有限零和对策的一般解

对于有鞍点的矩阵对策,可用最大最小原则进行求解。对于无鞍点的矩阵对策,可在混合扩充后,求出其最优混合策略,并且还可做进一步推广。

(1) 设有两个矩阵对策
$$G_1 = \{S_1, S_2; A_1\}$$
$$G_2 = \{S_1, S_2; A_2\}$$
其中 $A_1 = (a_{ij})_{m \times n}$, $A_2 = (a_{ij}+d)_{m \times n}$,$d$ 为常数。则对策 G_1 和 G_2 有相同的最优混合策略解,且 $V_2 = V_1 + d$,这里 V_1 和 V_2 分别是 G_1 和 G_2 的对策值。

(2) 设对策 $G = \{S_1, S_2; A\}$,A 为 n 阶对角矩阵,若 $a_{11}, a_{22}, \cdots, a_{mm}$ 符号相同,则 G 的最优混合策略为
$$x^* = y^* = \left(\frac{\lambda}{a_{11}}, \frac{\lambda}{a_{22}}, \cdots, \frac{\lambda}{a_{mm}}\right)$$
且 $V_G = \lambda$,其中 $\lambda = \left(\sum_{i=1}^{n} a_{ii}^{-1}\right)^{-1}$。

(3) 设对策 $G = \{S_1, S_2; A\}$,A 为 n 阶方阵,若 A 的各行各列的元素之和都为 λ,则 $x^* = y^* = \left(\frac{1}{n}, \frac{1}{n}, \cdots, \frac{1}{n}\right)$,$V_G = \frac{\lambda}{n}$。

(4) 对于任意矩阵对策 $G = \{S_1, S_2; A\}$,(x^*, y^*) 为对策的解的充要条件是:存在数 v,使得 x^* 和 y^* 分别是不等式组
$$\begin{cases} \sum_{i=1}^{m} a_{ij} x_i \geqslant v, & j = 1, 2, \cdots, n \\ \sum_{i=1}^{m} x_i = 1 \\ x_i \geqslant 0, & i = 1, 2, \cdots, m \end{cases}$$

和
$$\begin{cases} \sum_{j=1}^{n} a_{ij} y_j \leqslant v, & i=1,2,\cdots,m \\ \sum_{j=1}^{n} y_j = 1 \\ y_j \geqslant 0, & j=1,2,\cdots,n \end{cases}$$

的解,且 $V_G = v$。

根据以上性质,对于一般的无鞍点矩阵对策,可以用线性规划解之。

根据(1),不妨设 A>0,这时(4)中的 $v>0$。设 $x_i' = \dfrac{x_i}{v}(i=1,2,\cdots,m)$, $y_j' = \dfrac{y_j}{v}(j=1,2,\cdots,n)$,则有

$$\min z = \sum_{i=1}^{m} x_i'$$

$$\begin{cases} \sum_{i=1}^{m} a_{ij} x_i' \geqslant 1, & j=1,2,\cdots,n \\ x_i' \geqslant 0, & i=1,2,\cdots,m \end{cases}$$

和

$$\max \omega = \sum_{j=1}^{n} y_j'$$

$$\begin{cases} \sum_{j=1}^{n} a_{ij} y_j' \leqslant 1, & j=1,2,\cdots,m \\ y_j' \geqslant 0, & j=1,2,\cdots,n \end{cases}$$

上面两个式子是互为对偶的线性规划问题,按对偶线性规划理论只需求解其中之一即可。设 $G=\{S_1,S_2;A\}$,其中 $A=(a_{ij})_{m\times n}$,用线性规划法求解矩阵对策的具体步骤如下:

① 选择适当的常数 d,使 $A' = (a_{ij}+d)_{m\times n}$ 的各元素均为非负;

② 对 A' 建立相应的线性规划模型,用单纯形法求解,设分别得最优解 $x' = (x_1', x_2', \cdots, x_m')$ 和 $y' = (y_1', y_2', \cdots, y_n')$;

③ 由 $v' = \dfrac{1}{\omega}$ 和 $v = v' - d$ 及 $x^* = v'x'$, $y^* = v'y'$ 求得对策的值 $V_G = v$ 和局中人Ⅰ、Ⅱ的最优混合策略 x^*, y^*。

在用线性规划法求解之前,还可以用优超法简化计算。

一般地,对于给定的对策 $G=\{S_1,S_2;A\}$,其中 $A=(a_{ij})_{m\times n}$。若第 k 行与第 l 行的所有元素均有 $a_{kj} \geqslant a_{lj}(j=1,2,\cdots,n)$,则称局中人Ⅰ的第 k 个纯策略 α_k 优超于 l 个纯策略 α_l。若第 p 列与第 q 列的所有元素均有 $a_{ip} \leqslant a_{iq}(i=1,2,$

$\cdots,m$),则称局中人Ⅱ的第 p 个纯策略 β_p 优超于第 q 个纯策略 β_q。

若发现局中人Ⅰ的策略 α_k 优超于 α_l,就可以在 A 中把第 l 行删去,且在最优混合策略中必有 $x_l=0$。若发现局中人Ⅱ的策略 β_p 优超于 β_q,就可以在 A 中把第 q 列删去,且在最优混合策略中必有 $y_q=0$。这样就可以将 A 的阶数降低,从而达到在求解时简化计算之目的。

4. 二人有限非零和对策

在二人有限零和对策中,对策的双方利益完全相反,但在现实生活的对策过程中经常出现一个局中人的所得并不一定等于另一个局中人的所失。对于每一局势,二局中人的赢得之和不一定为零,这就是二人非零和对策。许多经济活动过程中的对策模型就是非零和的。

一般地,二人有限非零和对策的数学模型可用 $G=\{S_1,S_2;(A,B)\}$ 表示,其中 S_1 和 S_2 分别为局中人Ⅰ和Ⅱ的纯策略集,矩阵 $A=(a_{ij})_{m\times n}$ 和矩阵 $B=(b_{ij})_{m\times n}$ 分别为局中人Ⅰ和Ⅱ的赢得矩阵,$(A,B)=(a_{ij},b_{ij})$,一般来说 $B\neq A$。

随着 A,B 的确定,二人有限非零和对策也就确定。因此,二人有限非零和对策又称为双矩阵对策。矩阵对策是双矩阵对策的一种特殊情况。非零和对策比零和对策更加复杂,求解也更加困难。

以下讨论非零和二人对策的解法。

假定在二人有限非零和对策中,彼此了解对方的纯策略集和赢得函数,但不合作,且局中人在选择自己策略时不知道对方的选择。

(1) 非合作二人对策的解——纳什均衡

一般地,对于非合作二人对策 $G=\{S_1,S_2;(A,B)\}$,若 $\alpha_i^*\in S_1,\beta_j^*\in S_2$ 分别是局中人Ⅰ和Ⅱ的最优纯策略,则称局势(α_i^*,β_j^*)是一个纳什均衡。

求非合作二人对策的解,就是求对策的纳什均衡,求纳什均衡的步骤如下:

① 在双矩阵对策(A,B)表中,对于矩阵 A 的每列,分别找出赢得最大的数字,并在其下划一横线;

② 在双矩阵对策(A,B)表中,对于矩阵 B 的每行,分别找出赢得最大的数字,并在其下划一横线;

③ 如果表中某格的两个数字下面都被划有横线,则此格对应于二个局中人相应策略的组合就是一个(纯策略下的)纳什均衡,否则该对策不存在纯策略下的纳什均衡。

一个非合作的两人对策可能有多个纳什均衡,到底哪一个会实际出现,就需要知道对策进入的具体过程。

(2) 混合策略纳什均衡

在实际问题中,有些对策不存在纯策略下的纳什均衡,如下面的问题。

设局中人是政府和一个经营者。经营者有两个策略:照章纳税或偷税漏税;政府也有两个策略:完税后退税奖励或完税后不进行退税奖励,政府对经营者完税后退税奖励的前提是后者必须照章纳税;否则,前者不予退税奖励。经营者只在得不到政府退税奖励时才会偷税漏税。下表给出了对策的赢得双矩阵。

表 9.29 政府和经营者的对策

	β_1 照章纳税	β_2 偷税漏税
α_1 完税后退税奖励	(3,2)	(−1,3)
α_2 完税后不退税奖励	(−1,1)	(0,0)

观察表 9.29 容易看到,当给定政府策略为完税后退税奖励时,经营者的最优策略是照章纳税;给定政府策略为完税后不退税奖励时,经营者的最优策略是偷税漏税;当经营者选定照章纳税策略时,政府的最优策略是完税后退税奖励;经营者选定偷税漏税时,政府的最优策略是不进行退税奖励。总之,在纯策略下,没有一个策略组合构成纳什均衡。但是,此对策却存在混合纳什均衡。

设 A,B 分别为局中人 Ⅰ 和 Ⅱ 的赢得矩阵,且皆为 $m \times n$ 矩阵,局中人 Ⅰ 和 Ⅱ 的混合策略集为

$$X = \left\{ x \mid x = (x_1, x_2, \cdots, x_m) \geqslant 0, \sum_{i=1}^{m} x_i = 1 \right\}$$

$$Y = \left\{ y \mid y = (y_1, y_2, \cdots, y_n) \geqslant 0, \sum_{j=1}^{m} y_j = 1 \right\}$$

分别称

$$E_A(x,y) = xAy^\mathrm{T}, E_B(x,y) = xBy^\mathrm{T}$$

为给定局势 (x,y) 时,局中人 Ⅰ 和 Ⅱ 的赢得。若一人混合策略组合 (x^*, y^*) 同时满足

$$xAy^{*\mathrm{T}} \leqslant x^* Ay^{*\mathrm{T}}, x^* By^\mathrm{T} \leqslant x^* By^{*\mathrm{T}}$$

则称策略组合:局势 (x^*, y^*) 是一个混合策略纳什均衡,其中 x, y 分别是局中人 Ⅰ 和 Ⅱ 的任意混合策略。

如是政府以概率 x 选择完税后退税奖励,以概率 $1-x$ 选择完税后不进行退税奖励,即政府的混合策略为 $(x, 1-x)$。经营者以概率 y 选择照章纳税,以概率 $1-y$ 选择偷税漏税,即经营者的混合策略为 $(y, 1-y)$。则政府的期望赢得函数为

$$E_A(x,y) = \boldsymbol{x A y}^\mathrm{T} = 5xy - x - y$$

用微分可求得其极值,令 $\dfrac{\partial E_A}{\partial x} = 5y - 1$,得 $y^* = 0.2$。

这说明在混合策略均衡中,经营者在对付给定政府的混合策略下,最优策

略是以 0.2 的概率选择照章纳税，0.8 的概率选择偷税漏税，即 $y^* = (0.2, 0.8)$。

同样，经营者的期望赢得函数为

$$E_B(x,y) = xBy^T = -2xy + 3x + y$$

用微分同样可求得其极值，令 $\dfrac{\partial E_B}{\partial y} = -2x + 1$，得 $x^* = 0.5$。

这说明在混合策略均衡中，政府在对付经营者的混合策略下，最优策略是 $x^* = (0.5, 0.5)$。

由于纳什均衡要求每个局中人的混合策略是在给定对方的混合策略下的最优选择，因此，由 $x^* = (0.5, 0.5)$ 和 $y^* = (0.2, 0.8)$ 构成的局势 (x^*, y^*) 是唯一的纳什均衡。

三、对策模型应用案例

1. 争夺市场份额的对策模型

甲、乙两个医疗器械厂生产同一种医疗器械，两个厂都想在经营管理上采取措施而获得更多的医疗市场销售份额，甲厂可以采取的措施有：①降低原医疗器械价格 α_1；②研制出新产品 α_2；③提高原医疗器械的质量 α_3。乙厂可以采取的措施有：①扩大原医疗器械的广告宣传力度 β_1；②增设维修网点，加强售后服务 β_2；③改进原医疗器械的性能 β_3。由于两个厂的财力有限，都只能采取一个措施。通过预测两个厂各自采取不同的措施后所占的市场总份额变动情况如表 9.30 所示（正值为甲厂所增加的市场占有份额，负值为甲厂所减少的市场份额），试求这两个医疗器械厂各自的最优策略。

表 9.30　两个厂采取不同措施后甲厂的市场占有份额

	β_1	β_2	β_3
α_1	3	-3	-1
α_2	-3	1	1
α_3	1	-1	-1

建立模型　此问题可看成是一个矩阵对策问题。设甲厂采用措施 α_1、α_2、α_3 的概率分别为 x_1, x_2, x_3，乙厂采用措施 β_1、β_2、β_3 的概率分别为 y_1, y_2, y_3。

由表 9.30 中数据得

$$A = \begin{bmatrix} 3 & -3 & -1 \\ -3 & 1 & 1 \\ 1 & -1 & -1 \end{bmatrix}$$

显然该矩阵对策不存在鞍点。

为了保证 $v>0$，先用同解变换把矩阵 A 中所有元素都加上 3 化为非负，得

$$A' = \begin{bmatrix} 6 & 0 & 2 \\ 0 & 4 & 4 \\ 4 & 2 & 2 \end{bmatrix}$$

建立两个线性规划模型，模型 I 为

$$\min(x_1' + x_2' + x_3')$$

$$\begin{cases} 6x_1' + 0x_2' + 4x_3' \geqslant 1 \\ 0x_1' + 4x_2' + 2x_3' \geqslant 1 \\ 2x_1' + 4x_2' + 2x_3' \geqslant 1 \\ x_i' \geqslant 0 \quad i=1,2,3 \end{cases}$$

模型 II 为

$$\max(y_1' + y_2' + y_3')$$

$$\begin{cases} 6y_1' + 0y_2' + 2y_3' \leqslant 1 \\ 0y_1' + 4y_2' + 4y_3' \leqslant 1 \\ 4y_1' + 2y_2' + 2y_3' \leqslant 1 \\ y_1', y_2', y_3' \geqslant 0 \end{cases}$$

用单纯形法解得 $x_1'=0, x_2'=1/8, x_3'=1/4, y_1'=1/8, y_2'=1/8, y_3'=1/8$。

因为 $V' = \dfrac{1}{x_1'+x_2'+x_3'} = \dfrac{1}{0+1/8+2/8} = \dfrac{8}{3}$，所以

$x_1=0, x_2=1/3, x_3=2/3, V=\dfrac{8}{3}-3=-\dfrac{1}{3}, y_1=y_2=y_3=1/3$

所以局中人甲厂的最优混合策略是：$X^*=(0,1/3,2/3)$，局中人乙厂的最优混合策略是 $Y^*=(1/3,1/3,1/3)$，对策值 $V=-1/3$。

2. 队员选拔问题

有甲、乙两只游泳队举行包括三个项目的对抗赛。这两只游泳队各有一名健将级队员(甲队为李,乙队为王)，在这三个项目中成绩都非常突出，但规则要求他们每人只能参加两场比赛，每队的其他两名队员可参加全部比赛。已知各运动员的平均成绩(s)见表 9.31。

表 9.31 各队员平均成绩表

	甲队			乙队		
	A_1	A_2	李	王	B_1	B_2
100m 蝶泳	59.7	63.2	57.1	58.6	61.4	64.8
100m 仰泳	67.2	68.4	63.2	61.5	64.7	66.5
100m 蛙泳	74.1	75.5	70.3	72.6	73.4	76.9

假设各运动员在比赛中都发挥正常水平,又比赛第一名得 5 分,第二名得 3 分,第 3 名得 1 分,问教练员应决定让自己队健将参加哪两项比赛,使本队得分最多?(各队参加比赛名单互相保密,定下来之后不许变动)

建立模型　首先构造两名健将不参加某项比赛时甲、乙两队的得分表,见表 9.32 和表 9.33。

表 9.32　甲队得分表

		王不参加此项比赛		
		蝶泳	仰泳	蛙泳
李不参加此项比赛	蝶泳	14	13	12
	仰泳	13	12	12
	蛙泳	12	12	13

表 9.33　乙队得分表

		王不参加此项比赛		
		蝶泳	仰泳	蛙泳
李不参加此项比赛	蝶泳	13	14	15
	仰泳	14	14	15
	蛙泳	15	15	14

将甲队得分表减去乙队得分表,得甲队赢得矩阵为

$$A = \begin{bmatrix} 1 & -1 & -3 \\ -1 & -3 & -3 \\ -3 & -3 & -1 \end{bmatrix}$$

甲队策略集为:$S_1 = \{\alpha_1, \alpha_2, \alpha_3\}$,其中 $\alpha_1, \alpha_2, \alpha_3$ 分别表示李不参加蝶泳、仰泳、蛙泳。

乙队策略集为:$S_2 = \{\beta_1, \beta_2, \beta_3\}$　其中 $\beta_1, \beta_2, \beta_3$ 分别表示王不参加蝶泳、仰泳、蛙泳。

用对策论方法可以解得

$$\begin{cases} x_1 = 0.5 \\ x_2 = 0 \\ x_3 = 0.5 \end{cases}, \begin{cases} y_1 = 0 \\ y_2 = 0.5 \\ y_3 = 0.5 \end{cases} \quad V = -2$$

结论是:甲队李将参加仰泳比赛,并以各 0.5 的概率参加蛙泳和仰泳比赛;乙队王将参加蝶泳比赛,并以各 0.5 的概率参加仰泳和蛙泳比赛。

9.9 排队论模型

一、问题背景

排队论又称随机服务系统理论,是一门研究拥挤现象(排队、等待)的科学。具体地说,它是在研究各种排队系统概率规律性的基础上,解决相应排队系统的最优设计和最优控制问题。

排队是我们在日常生活和生产中经常遇到的现象。例如,上下班搭乘公共汽车,顾客到超市购买物品后付款;病人到医院看病,旅客到售票处购买车票,学生去食堂就餐,等等,常常出现排队和等待现象。除了上述有形的排队之外,还有大量的所谓"无形"排队现象,如几个顾客打电话到出租汽车站要求派车,如果出租汽车站无足够车辆、则部分顾客只得在各自的要车处等待,他们分散在不同地方,却形成了一个无形队列在等待派车。排队的不一定是人,也可以是物。例如,生产线上的原料、半成品等待加工,因故障停止运转的机器等待工人修理,船只在码头等待装卸货物;要降落的飞机因跑道不空而在空中盘旋等等。

面对拥挤现象,人们总是希望尽量设法减少排队,通常的做法是增加服务设施。但是增加的数量越多,人力、物力的支出就越大,甚至会出现空闲浪费,如果服务设施太少,顾客排队等待的时间就会很长,这样对顾客会带来不良影响。于是,顾客排队时间的长短与服务设施规模的大小,就构成了设计随机服务系统中的一对矛盾。如何做到既保证一定的服务质量指标,又使服务设施费用经济合理,恰当地解决顾客排队时间与服务设施费用大小这对矛盾,这就是随机服务系统理论——排队论所要研究解决的问题。

二、排队论的基本概念

(一)系统特征

实际的排队系统虽然千差万别,但是它们有以下的共同特征:
(1)有请求服务的人或物,简称为"顾客"。
(2)有为顾客服务的人或物,即服务员或服务台,简称为"服务员"。
(3)顾客到达系统的时刻是随机的,为每一位顾客提供服务的时间是随机的,因而整个排队系统的状态也是随机的。排队系统的这种随机性造成某个阶段顾客排队较长,而另外一些时候服务员(台)又空闲无事。

(二)排队系统的基本组成部分

通常,排队系统都有输入过程、服务规则和服务台等三个组成部分。

(1) 输入过程　即顾客到服务台的概率。排队问题首先要根据原始资料，由顾客到达的规律作出经验分布，然后按照统计学的方法（如卡方检验法）确定服从哪种理论分布，并估计它的参数值。我们主要讨论顾客来到服务台的概率分布服从泊松分布，且顾客的到达是相互独立的、平稳的输入过程。所谓"平稳"是指分布的期望值和方差参数都不受时间的影响。

(2) 排队规则　即顾客排队和等待的规律。排队规则一般有即时制和等待制两种。所谓即时制就是服务台被占用时顾客便随即离去；等待制就是服务台被占用时，顾客便排队等候服务。等待制服务的次序规则有先到先服务、随机服务、有优先权的先服务等，我们主要讨论先到先服务的系统。

(3) 服务机构规则　即提供服务机构的具体规则。服务机构可以是没有服务员的，也可以是一个或多个服务员的；可以对单独顾客进行服务，也可以对成批顾客进行服务。和输入过程一样，多数的服务时间是随机的，且我们总是假定服务时间的分布是平稳的。若以 ξ_n 表示服务员为第 n 个顾客提供服务所需的时间，则服务时间所构成的序列 $\{\xi_n\}$ 所服从的概率分布表达了排队系统的服务机制。一般假定，相继的服务时间 $\xi_1, \xi_2, \cdots$ 是独立同分布的，并且任意两个顾客到来的时间间隔序列 $\{T_n\}$ 也是独立的。

如果按服务系统的以上三个特征的各种可能情形来对服务系统进行分类，那么分类就太多了。因此，现在已被广泛采用的是按顾客相继到达时间间隔的分布、服务时间的分布和服务台的个数进行分类。

研究排队问题的目的，是研究排队系统的运行效率，估计服务质量，确定系统参数的最优值，以决定系统的结构是否合理，设计改进措施等。所以，必须确定用来判断系统运行优劣的基本数量指标。

(三) 排队系统的主要数量指标及记号

(1) 队长：指排队系统中的顾客数，它的期望记为 $L_系$；

(2) 排队长：指在排队系统中排队等待服务的顾客数，它的期望记为 $L_队$；

系统中的顾客数＝等待的顾客数＋正被服务的顾客数

(3) 逗留时间：指顾客进入服务系统到服务完毕的全部时间，其期望记为 $W_系$；

(4) 等待时间：指一个顾客在排队系统中等待服务的时间，其期望记为 $W_队$；

逗留时间＝服务时间＋等待服务时间

(5) 忙期：指从顾客到达空闲的服务系统起，到服务系统再次空闲的这段时间，即服务机构连续工作的时段。它关系到服务员的工作强度，即忙期的长度和一个忙期中平均完成服务的顾客数。

这几项主要性能指标(又称主要工作指标)的值越小,说明系统排队越少,等待时间越少,因而系统性能越好。显然,它们是顾客与服务系统的管理者都很关注的。

要计算以上这些指标就必须知道系统状态的概率。所谓系统状态即时刻 t 时排队系统中的顾客数。如果时刻 t 时排队系统中有 n 个顾客,就说系统的状态是 n,其概率一般用 $P_n(t)$ 表示。求 $P_n(t)$ 的方法是首先要建立含 $P_n(t)$ 的关系式。因为 t 是连续型变量,而 n 只取非负整数,所以建立的 $P_n(t)$ 的关系式一般是微分差分方程,求解是不容易的,有时即使求出也很难利用。因此,往往只求稳态解 P_n,求 P_n 并不一定是求 $t\to\infty$ 时 $P_n(t)$ 的极限,而只需由 $P_n'(t)=0$,用 P_n 代替 $P_n(t)$ 即可。

三、几个常见的排队系统模型

1. 标准的单通道等待排队模型

这种情况是指顾客源无限,顾客单个到来,相互独立,单位时间到达的顾客数服从参数为 λ 的泊松分布,到达过程是平稳的,单队排队,队长无限制,先到先服务,各顾客的服务时间服从参数(均值)为 μ 的指数分布且相互独立。同时还假定顾客到达的时间间隔和服务时间是相互对立的。

可以证明,顾客相继到达的时间间隔独立且为负指数分布的充要条件是输入过程服从泊松分布。

首先求出排队系统在任意时刻 t、状态为 n 的概率 $P_n(t)$,因为顾客到达规律服从参数为 λ 的泊松分布,服务时间服从参数为 μ 的指数分布,所以在 $[t,t+\Delta t]$ 内,系统状态概率分布有以下三种状态:

(1) 有 1 个顾客到达的概率为 $\lambda\cdot\Delta t+o(\Delta t)$,没有顾客到达的概率是 $1-\lambda\cdot\Delta t+o(\Delta t)$;

这是因为单位时间内顾客到达数 $X\sim p(\lambda)$,所以 Δt 内顾客到达数 $Y\sim p(\lambda\Delta t)$,因而在 Δt 内有一个顾客到达的概率为:$P\{Y=1\}=\lambda\Delta t\cdot e^{-\lambda\Delta t}=\lambda\Delta t+o(\Delta t)$,没有顾客到达的概率为 $P\{Y=0\}=e^{-\lambda\Delta t}=1-\lambda\Delta t+o(\Delta t)$。

(2) 当有顾客在接受服务时,服务完 1 个顾客的概率是 $\mu\cdot\Delta t+o(\Delta t)$,没有服务完的概率是 $1-\mu\cdot\Delta t+o(\Delta t)$;

这是因为服务时间 $T\sim\exp(\mu)$,故在有顾客接受服务时,一个顾客被服务完的概率为 $P\{T\leqslant\Delta t\}=1-e^{-\mu\Delta t}=\mu\Delta t+o(\Delta t)$,没有被服务完的概率为 $1-\mu\Delta t+o(\Delta t)$。

(3) 多于一个顾客到达或服务完的概率为 $o(\Delta t)$,均可忽略。

在上述系统状态下,在 $t+\Delta t$ 时刻系统中有 n 个顾客的状态由 t 时刻的以下状态决定：

① t 时刻系统中有 n 个顾客，没有顾客到达且没有顾客服务完毕，其概率为

$$[1-\lambda\Delta t+o(\Delta t)][1-\mu\Delta t+o(\Delta t)]=1-\lambda\Delta t-\mu\Delta t+o(\Delta t)$$

② t 时刻系统中有 $n+1$ 个顾客，没有顾客到达且有一个顾客服务完毕，其概率为

$$[1-\lambda\Delta t+o(\Delta t)][\mu\Delta t+o(\Delta t)]=\mu\Delta t+o(\Delta t)$$

③ t 时刻系统中有 $n-1$ 个顾客，有一个顾客到达且没有顾客服务完毕，其概率为

$$[\lambda\Delta t+o(\Delta t)][1-\mu\Delta t+o(\Delta t)]=\lambda\Delta t+o(\Delta t)$$

④ 其他状态的概率为 $o(\Delta t)$。

因此，在 $t+\Delta t$ 时刻，系统中有 n 个顾客的概率 $P_n(t+\Delta t)$ 满足

$$P_n(t+\Delta t)=P_n(t)(1-\lambda\Delta t-\mu\Delta t)+P_{n+1}(t)\mu\Delta t+P_{n-1}(t)\lambda\Delta t+o(\Delta t)$$

所以

$$\frac{[P_n(t+\Delta t)-P_n(t)]}{\Delta t}=\lambda P_{n-1}(t)+\mu P_{n+1}(t)-(\lambda-\mu)P_n(t)+\frac{o(\Delta t)}{\Delta t}$$

令 $\Delta t \to 0$，得到

$$\frac{\mathrm{d}P_n(t)}{\mathrm{d}t}=\lambda P_{n-1}(t)+\mu P_{n+1}(t)-(\lambda+\mu)P_n(t) \quad n=1,2,\cdots$$

当 $n=0$ 时，因为

$$P_0(t+\Delta t)=P_0(t)(1-\lambda\Delta t)+P_1(t)(1-\lambda\Delta t)\mu\Delta t+o(\Delta t)$$

所以有

$$\frac{\mathrm{d}P_0(t)}{\mathrm{d}t}=-\lambda P_0(t)+\mu P_1(t)$$

对于稳态情形，与 t 无关，其导数为零，因此，得到差分方程

$$\begin{cases}\lambda P_{n-1}+\mu P_{n+1}-(\lambda+\mu)P_n=0, n\geqslant 1\\ -\lambda P_0+\mu P_1=0\end{cases}$$

求解此差分方程得

$$P_n=\left(\frac{\lambda}{\mu}\right)^n P_0$$

由概率的性质知 $\sum_{n=0}^{\infty}P_n=1$，将上式代入得 $\frac{\lambda}{\mu}<1$，$P_0=1-\frac{\lambda}{\mu}$，所以有

$$P_n=\left(1-\frac{\lambda}{\mu}\right)\left(\frac{\lambda}{\mu}\right)^n$$

因为顾客到达规律服从参数为 λ 的泊松分布，服务时间服从参数为 μ 的指数分布，其期望值就分别为 λ，$\frac{1}{\mu}$。所以 λ 表示单位时间内平均到达的顾客数，μ

表示单位时间内能服务完的顾客数。如果令 $\rho=\dfrac{\lambda}{\mu}$，这时 ρ 就表示相同区间内顾客到达的平均数与能被服务的平均数之比，它是刻画服务效率和服务机构利用程度的重要标志，称 ρ 为服务强度。上面在 $\rho<1$ 的条件下得到了稳定状态下的概率 $P_n, n=0,1,2,\cdots$。如果 $\rho>1$，可以证明排队长度将是无限增加的，即使 $\rho=1$ 的情况下，$P_0(t)$ 也是随时间而变化的，系统达不到稳定状态。因此，这里只讨论 $\rho<1$ 的情况，从上面的推导知

$$P_n=\rho^n(1-\rho) \quad n=0,1,2,\cdots$$

下面计算出系统的运行指标。

$$L_{\text{系}}=\sum_{n=0}^{\infty}nP_n=\sum_{n=1}^{\infty}n(1-\rho)\rho^n=\rho/(1-\rho)=\lambda/(\mu-\lambda)$$

$$L_{\text{队}}=\sum_{n=1}^{\infty}(n-1)P_n=\sum_{n=1}^{\infty}(n-1)\rho^n(1-\rho)=\rho^2/(1-\rho)=\rho\lambda/(\mu-\lambda)$$

可以证明，顾客在系统中逗留时间服从参数为 $\mu-\lambda$ 的负指数分布。因此有

$$W_{\text{系}}=\dfrac{1}{\mu-\lambda},\quad W_{\text{队}}=W_{\text{系}}-\dfrac{1}{\mu}=\dfrac{\rho}{\mu-\lambda}$$

由以上结论可以看出，各指标之间关系为

$$L_{\text{系}}=\lambda W_{\text{系}},\quad L_{\text{队}}=\lambda W_{\text{队}};\quad L_{\text{系}}=L_{\text{队}}+\dfrac{\lambda}{\mu}=L_{\text{队}}+\rho,\quad W_{\text{系}}=W_{\text{队}}+\dfrac{1}{\mu}$$

在指标的计算过程中，一般只要计算其中一个，其它的指标便可随之导出。

2. 单通道、系统容量有限的排队模型

因为是单服务台，设排队系统的容量为 N，即是排队等待的顾客最多为 $N-1$，在某时刻一顾客到达时，如系统中已有 N 个顾客，那么这个顾客就被拒绝进入系统。在研究系统中有 n 个顾客的概率为 $P_n(t)$ 时，和标准模型研究方法相同，当 $n=N$ 时有

$$P_N'(t)=\lambda P_{N-1}(t)-\mu P_N(t)$$

在稳态情形下，令 $\rho=\dfrac{\lambda}{\mu}$，得

$$\begin{cases} P_1=\rho P_0 \\ P_{n+1}+\rho P_{n-1}=(1+\rho)P_n, & n=1,2,\cdots,N-1 \\ P_N=\rho P_{N-1} \end{cases}$$

在条件 $\sum_{i=0}^{N}P_i=1$ 下解上式得到

$$\begin{cases} P_0 = P_1 \cdots = P_N = \dfrac{1}{N+1}, & \rho = 1 \\ P_n = \dfrac{1-\rho}{1-\rho^{N+1}}\rho^n & n \leqslant N, \rho \neq 1 \end{cases}$$

这里没有假设 $\rho < 1$。下面给出系统的各种指标的计算结果：

$$L_{\text{系}} = \sum_{n=0}^{N} nP_n = \sum_{n=0}^{N} \frac{n}{N+1} = \frac{N}{2}, \qquad \rho = 1$$

$$L_{\text{系}} = \sum_{n=1}^{N} nP_n = \sum_{n=0}^{N} \frac{n(1-\rho)\rho^n}{1-\rho^{N+1}}$$

$$= \frac{\rho}{1-\rho} - \frac{(N+1)\rho^{N+1}}{1-\rho^{N+1}}, \qquad \rho \neq 1$$

$$L_{\text{队}} = \sum_{n=1}^{N} (n-1)P_n = L_{\text{系}} - (1-P_0)$$

$$= \begin{cases} \dfrac{N}{2} - \dfrac{N}{N+1}, & \rho = 1 \\ \dfrac{\rho}{1-\rho} - \dfrac{N\rho^{N+1} - \rho}{1-\rho^{N+1}}, & \rho \neq 1 \end{cases}$$

$$W_{\text{系}} = \frac{L_{\text{系}}}{\mu(1-P_0)}, \qquad W_{\text{队}} = W_{\text{系}} - \frac{1}{\mu}$$

应该指出，$W_{\text{系}}$、$W_{\text{队}}$ 的导出过程中不是采用平均达到率 λ，而是采用有效到达率 $\lambda_{\text{效}}$。这主要是由于当系统已满时，顾客的实际到达率为零，因为正在被服务的顾客的平均数为 $1-P_0 = \dfrac{\lambda_{\text{效}}}{\mu}$，于是 $\lambda_{\text{效}} = \mu(1-P_0)$。

3. 标准的多通道等待制的排队模型

多通道指有多个服务台，其特征与单通道完全相同，只是服务台为多个，设为 m 个，每个服务台服务效率相同，即平均服务个数相同。每个服务台服务相互独立，顾客源无限，单位时间到达的顾客数服从参数为 λ 的泊松分布，按 m 队排队，队长无限，先到先服务，服务时间服从参数（均值）为 μ 的指数分布，则整个服务机构的平均服务率为 $m\mu$，显然只有当 $\dfrac{\lambda}{m\mu} < 1$ 时才不会排成无限长的队列，下面不加证明的给出稳定状态概率 P_n 和系统指标。

服务强度为 $\qquad \rho = \dfrac{\lambda}{m\mu}$

无顾客的概率为 $\qquad P_0 = \left(\sum_{k=0}^{m-1} \dfrac{1}{k!} \left(\dfrac{\lambda}{\mu} \right)^k + \dfrac{1}{m!} \cdot \dfrac{1}{1-\rho} \left(\dfrac{\lambda}{\mu} \right)^m \right)^{-1}$

系统中有 n 个顾客的概率为 $P_n = \begin{cases} \dfrac{1}{n!}\left(\dfrac{\lambda}{\mu}\right)^n P_0, & n \leqslant m \\ \dfrac{1}{m!} \cdot \dfrac{1}{m^{n-m}}\left(\dfrac{\lambda}{\mu}\right)^n P_0, & n > m \end{cases}$

$$L_{系} = L_{队} + \frac{\lambda}{\mu} = L_{队} + m\rho, \quad L_{队} = \frac{(m\rho)^m \rho}{m!(1-\rho)^2} P_0$$

$$W_{系} = W_{队} + \frac{1}{\mu} = \frac{L_{系}}{\lambda}, \quad W_{队} = \frac{L_{队}}{\lambda}。$$

四、排队论模型应用案例

1. 病人候诊问题

某单位医院的一个科室有一位值班医生,经过长期观察每小时平均有 4 位病人,医生每小时平均可诊 5 个病人,病人的到来服从泊松分布,医生的诊病时间服从指数分布,试分析该科室的工作状况。如果满足 99% 以上的病人有座,此科室至少应设多少个座位?如果该单位每天 24 小时上班,病人看病 1 小时,因耽误工作,单位损失 30 元,这样单位平均每天损失多少元?如果医生提高看病速度,每小时平均可诊 6 个病人,单位每天可减少损失多少元?可减少多少个座位?

分析建模 由题知 $\lambda = 4, \mu = 5, \rho = \dfrac{\lambda}{\mu} = 0.8$。由于 $\rho < 1$,所以排队系统的稳态概率为

$$P_n = \rho^n(1-\rho) = 0.2 \times 0.8^n, \quad n = 0, 1, 2, \cdots$$

该科室平均有病人人数(单位时间(小时)的病人数)为

$$L_{系} = \sum_{n=0}^{\infty} nP_n = \sum_{n=0}^{\infty} n(1-\rho)\rho^n = \frac{\rho}{1-\rho} = \frac{\lambda}{\mu - \lambda} = 4$$

该科室排队候诊病人的平均数(单位时间(小时)的病人数)为

$$L_{队} = L_{系} - \frac{\lambda}{\mu} = 4 - 0.8 = 3.2$$

看病平均用时为

$$W_{系} = \frac{L_{系}}{\lambda} = \frac{4}{4} = 1 (小时)$$

排队等待看病的平均时间为

$$W_{队} = W_{系} - \frac{1}{\mu} = 1 - \frac{1}{5} = 0.8 (小时)$$

为满足 99% 以上的病人有座位等待看病,应设 m 个座位,则 P(该科室病人数 $\leqslant m$) $\geqslant 0.99$,即

$$\begin{cases} P_0 = P_1 \cdots = P_N = \dfrac{1}{N+1}, & \rho = 1 \\ P_n = \dfrac{1-\rho}{1-\rho^{N+1}} \rho^n & n \leqslant N, \rho \neq 1 \end{cases}$$

这里没有假设 $\rho < 1$。下面给出系统的各种指标的计算结果：

$$L_{系} = \sum_{n=0}^{N} n P_n = \sum_{n=0}^{N} \frac{n}{N+1} = \frac{N}{2}, \qquad \rho = 1$$

$$L_{系} = \sum_{n=1}^{N} n P_n = \sum_{n=0}^{N} \frac{n(1-\rho)\rho^n}{1-\rho^{N+1}}$$

$$= \frac{\rho}{1-\rho} - \frac{(N+1)\rho^{N+1}}{1-\rho^{N+1}}, \qquad \rho \neq 1$$

$$L_{队} = \sum_{n=1}^{N} (n-1) P_n = L_{系} - (1 - P_0)$$

$$= \begin{cases} \dfrac{N}{2} - \dfrac{N}{N+1}, & \rho = 1 \\ \dfrac{\rho}{1-\rho} - \dfrac{N\rho^{N+1} - \rho}{1-\rho^{N+1}}, & \rho \neq 1 \end{cases}$$

$$W_{系} = \frac{L_{系}}{\mu(1-P_0)}, \quad W_{队} = W_{系} - \frac{1}{\mu}$$

应该指出，$W_{系}$、$W_{队}$ 的导出过程中不是采用平均达到率 λ，而是采用有效到达率 $\lambda_{效}$。这主要是由于当系统已满时，顾客的实际到达率为零，因为正在被服务的顾客的平均数为 $1 - P_0 = \dfrac{\lambda_{效}}{\mu}$，于是 $\lambda_{效} = \mu(1 - P_0)$。

3. 标准的多通道等待制的排队模型

多通道指有多个服务台，其特征与单通道完全相同，只是服务台为多个，设为 m 个，每个服务台服务效率相同，即平均服务个数相同。每个服务台服务相互独立，顾客源无限，单位时间到达的顾客数服从参数为 λ 的泊松分布，按 m 队排队，队长无限，先到先服务，服务时间服从参数（均值）为 μ 的指数分布，则整个服务机构的平均服务率为 $m\mu$，显然只有当 $\dfrac{\lambda}{m\mu} < 1$ 时才不会排成无限长的队列，下面不加证明的给出稳定状态概率 P_n 和系统指标。

服务强度为 $\qquad \rho = \dfrac{\lambda}{m\mu}$

无顾客的概率为 $\qquad P_0 = \left(\sum_{k=0}^{m-1} \dfrac{1}{k!} \left(\dfrac{\lambda}{\mu}\right)^k + \dfrac{1}{m!} \cdot \dfrac{1}{1-\rho} \left(\dfrac{\lambda}{\mu}\right)^m \right)^{-1}$

系统中有 n 个顾客的概率为 $P_n = \begin{cases} \dfrac{1}{n!}\left(\dfrac{\lambda}{\mu}\right)^n P_0, & n \leqslant m \\ \dfrac{1}{m!} \cdot \dfrac{1}{m^{n-m}}\left(\dfrac{\lambda}{\mu}\right)^n P_0, & n > m \end{cases}$

$$L_{系} = L_{队} + \frac{\lambda}{\mu} = L_{队} + m\rho, \quad L_{队} = \frac{(m\rho)^m \rho}{m!(1-\rho)^2} P_0$$

$$W_{系} = W_{队} + \frac{1}{\mu} = \frac{L_{系}}{\lambda}, \quad W_{队} = \frac{L_{队}}{\lambda}。$$

四、排队论模型应用案例

1. 病人候诊问题

某单位医院的一个科室有一位值班医生，经过长期观察每小时平均有 4 位病人，医生每小时平均可诊 5 个病人，病人的到来服从泊松分布，医生的诊病时间服从指数分布，试分析该科室的工作状况。如果满足 99% 以上的病人有座，此科室至少应设多少个座位？如果该单位每天 24 小时上班，病人看病 1 小时，因耽误工作，单位损失 30 元，这样单位平均每天损失多少元？如果医生提高看病速度，每小时平均可诊 6 个病人，单位每天可减少损失多少元？可减少多少个座位？

分析建模 由题知 $\lambda = 4, \mu = 5, \rho = \dfrac{\lambda}{\mu} = 0.8$。由于 $\rho < 1$，所以排队系统的稳态概率为

$$P_n = \rho^n(1-\rho) = 0.2 \times 0.8^n, \quad n = 0, 1, 2, \cdots$$

该科室平均有病人人数（单位时间（小时）的病人数）为

$$L_{系} = \sum_{n=0}^{\infty} n P_n = \sum_{n=0}^{\infty} n(1-\rho)\rho^n = \frac{\rho}{1-\rho} = \frac{\lambda}{\mu-\lambda} = 4$$

该科室排队候诊病人的平均数（单位时间（小时）的病人数）为

$$L_{队} = L_{系} - \frac{\lambda}{\mu} = 4 - 0.8 = 3.2$$

看病平均用时为

$$W_{系} = \frac{L_{系}}{\lambda} = \frac{4}{4} = 1（小时）$$

排队等待看病的平均时间为

$$W_{队} = W_{系} - \frac{1}{\mu} = 1 - \frac{1}{5} = 0.8（小时）$$

为满足 99% 以上的病人有座位等待看病，应设 m 个座位，则 P（该科室病人数 $\leqslant m) \geqslant 0.99$，即

$$\sum_{n=0}^{m}(1-\rho)\rho^n = 1-\rho^{m+1} \geqslant 0.99$$

所以 $\rho^{m+1} \leqslant 0.01$，从而

$$m \geqslant \frac{\ln 0.01}{\ln \rho} - 1 = 20$$

如果该科室 24 小时上班，则每天平均有病人 $4 \times 24 = 96$ 人，看病花费总时间为 $1 \times 96 = 96$ 小时，因此，因病人看病该单位平均每天损失 $30 \times 96 = 2880$ 元。

如果医生每小时可诊 6 个病人，即 $\mu = 6$，则 $\rho = \frac{\lambda}{\mu} = \frac{2}{3}$，这时该科室平均有病人数（单位时间（小时）的病人数）为

$$L_{\text{系}} = \sum_{n=0}^{\infty} n P_n = \sum_{n=0}^{\infty} n(1-\rho)\rho^n = \frac{\rho}{1-\rho} = \frac{\lambda}{\mu-\lambda} = 2$$

该科室排队候诊病人的平均数（单位时间（小时）的病人数）为

$$L_{\text{队}} = L_{\text{系}} - \frac{\lambda}{\mu} = 2 - \frac{2}{3} = \frac{4}{3}$$

看病平均用时为

$$W_{\text{系}} = \frac{L_{\text{系}}}{\lambda} = \frac{2}{4} = 0.5 \text{（小时）}$$

排队等待看病的平均时间为

$$W_{\text{队}} = W_{\text{系}} - \frac{1}{\mu} = 0.5 - \frac{1}{6} = \frac{1}{3} \text{（小时）}$$

该科室 24 小时上班，每天平均有病人 $4 \times 24 = 96$ 人，看病花费总时间为 $0.5 \times 96 = 48$ 小时，因病人看病该单位平均每天损失 $30 \times 48 = 1440$ 元。从而减少损失 $2880 - 1440 = 1440$ 元，此时满足 99% 以上病人有座位等待看病，则座位数为

$$m \geqslant \frac{\ln 0.01}{\ln \rho} - 1 = \frac{\ln 0.01}{\ln\left(\frac{2}{3}\right)} - 1 = 11$$

比原来减少 9 个座位。

2. 修理工录用问题

某工厂平均每小时有一台机器发生故障而需要修理，机器的故障数服从泊松分布。修理一台机器平均花费 20 元。现有技术水平不同的修理工人 A 和 B，A 修理工平均每小时能修理 1.2 台机器，每天工资 30 元；B 修理工平均每小时能修理 1.5 台机器，每小时工资 50 元，两个修理工修理机器的时间为负指数分布。问工厂录用哪个工人较合算？

分析建模 用 N 表示每小时发生故障机器的平均数,包括正在修理和等待修理的机器数,即等于排队 $L_系$,C_1 和 C_2 分别表示修理一台机器的费用和工人的工资,则工厂每天平均损失费用为

$$R = NC_1 + NC_2$$

若录用 A 修理工,据题意知 $\lambda=1$,$\mu_A=1.2$,$\rho_A=\dfrac{\lambda}{\mu_A}=\dfrac{5}{6}$,$L_系^A=\dfrac{\rho_A}{(1-\rho_A)}=5$ 台,工厂每小时平均损失费用为

$$R_A = 5 \times 20 + 30 = 130 \text{ 元}$$

若录用 B 修理工,据题意知 $\lambda=1$,$\mu_B=1.5$,$\rho_B=\dfrac{2}{3}$,$L_系^B=2$ 台,工厂每小时平均损失费用为

$$R_B = 2 \times 20 + 50 = 90 \text{ 元}$$

比较可知,工厂录用 B 修理工较为合算。如果计入机器停工损失费用,这一选择更为合算。

3. 火车站售票问题

某火车站售票处有 3 个窗口,客人的到达服从泊松分布,平均每分钟有 0.9 人到达,服务时间服从指数分布,平均每分钟可服务 0.4 人。现排队在窗口购票,请分析该服务系统。

分析建模 据题知 $m=3$,$\lambda=0.9$,$\mu=0.4$,则 $\rho=\dfrac{\lambda}{m\mu}=0.75$。

$$P_0 = \left(\sum_{k=0}^{m-1} \frac{1}{k!} \left(\frac{\lambda}{\mu}\right)^k + \frac{1}{m!} \cdot \frac{1}{1-\rho} \left(\frac{\lambda}{\mu}\right)^m \right)^{-1}$$

$$= \left(1 + \frac{0.9}{0.4} + \frac{1}{2!}\left(\frac{0.9}{0.4}\right)^2 + \frac{1}{3!}\left(\frac{0.9}{0.4}\right)^3 \frac{1}{1-0.75} \right)^{-1} \approx 0.0743$$

即空闲概率为 0.0743。

平均队长(单位时间(分钟)的人数)为

$$L_队 = \frac{(m\rho)^m \rho}{m!(1-\rho)^2} P_0 = \frac{\left(\dfrac{0.9}{0.4}\right)^3 0.75}{3!(1-0.75)^2} \times 0.0743 \approx 1.7$$

平均乘客人数(单位时间(分钟)的人数)为

$$L_系 = L_队 + m\rho = 1.7 + 3 \times 0.75 = 3.95$$

等待购票平均用时为

$$W_队 = \frac{L_队}{\lambda} = \frac{1.7}{0.9} = 1.89 \text{(分钟)}$$

平均逗留时间为

$$W_系 = W_队 + \frac{1}{\mu} = \frac{L_系}{\lambda} = 4.39 \text{(分钟)}$$

排队论的内容十分丰富,像单通道顾客数有限,多通道容量有限,多通道顾客数目有限等情形这里未予介绍,有兴趣的读者可参阅有关资料。

　　在实际中我们碰到的问题往往比这里的案例要复杂得多,只能根据对研究对象的有关历史数据进行分析,利用上述排队模型理论建立与之相符的数学模型,通过对模型的求解和对解的结果进行分析,为实际决策提供更加科学、更具针对性的依据。

参考文献

[1] 姜启源,谢金星,叶俊.数学模型.第3版.北京:高等教育出版社,2003
[2] 姜启源,谢金星.数学建模案例选集.北京:高等教育出版社,2007
[3] 姜启源,邢文训,谢金星等.大学数学实验.北京:清华大学出版社,2005
[4] 格里高利·曼昆.宏观经济学.北京:中国人民大学出版社,1996
[5] 斯蒂格利茨.经济学(上、下).北京:中国人民大学出版社,2009
[6] 王一鸣.数理金融经济学.北京:北京大学出版社,2000
[7] 钱颂迪等.运筹学.修订版.北京:清华大学出版社,1990
[8] 杨启帆,方道元.数学建模.杭州:浙江大学出版社,1999
[9] 蔡常丰.数学模型建模分析.北京:科学出版社,1995
[10] 李大潜.中国大学生数学建模竞赛.北京:高等教育出版社,1998
[11] 谭勇基,朱晓明等.经济管理数学模型案例教程.北京:高等教育出版社,2006
[12] 洪毅,贺德化,昌志华.经济应用模型.广州:华南理工大学出版社,2005
[13] 张从军,孙春燕,陈美霞等.经济应用模型.上海:复旦大学出版社,2011
[14] 郭多祚.数理金融.北京:清华大学出版社,2006
[15] 单锋,朱丽梅,田贺民.数学模型.北京:国防工业出版社,2012
[16] 饶友玲等.经管财经建模方法及应用.北京:清华大学出版社,2005
[17] 罗积玉,邢瑛.经济统计分析方法与预测.北京:清华大学出版社,1987
[18] 张莹.运筹学基础.北京:清华大学出版社,1995
[19] 赵仪娜等.概率论与数理统计.西安:西安交通大学出版社,2009
[20] 韩伯棠.管理运筹学.北京:高等教育出版社,2002
[21] 周义仓,赫孝良.数学建模实验.第2版.西安:西安交通大学出版社,2007
[22] 齐欢.数学模型方法.武汉:华中理工大学出版社,1996
[23] 赵怀章,周森唐,汤兵勇.实用市场经济数学模型.上海:同济大学出版社,1997
[24] 程理民,张亚光.运筹学.北京:科学技术文献出版社,1988